Europa – Politik – Gesellschaft

Herausgegeben von
M. Bach, Passau, Deutschland

Die Begriffe Europa und Europäisierung stehen für einen paradigmatischen Prozess des sozialen Wandels, der Transnationalisierung und der gesellschaftlichen sowie politisch-institutionellen Modernisierung – Dynamiken, die das historische Vergesellschaftungsmodell des Nationalstaates transzendieren und transformieren. Staatlichkeit und Märkte, Recht und Sozialpolitik, Öffentlichkeit, Migration, Bildung, Wissenschaft und Forschung, die gesellschaftlichen Konfliktregimes, kollektive Identitäten und Geschlechterverhältnisse sind mittlerweile unter den Einfluss der europäischen Governance und nachhaltiger Europäisierung geraten. Für die Sozialwissenschaften sind damit neue Forschungsfelder und Problemstellungen entstanden. Die Reihe Europa – Politik – Gesellschaft versammelt innovative und wissenschaftlich gehaltvolle Forschungsarbeiten aus Soziologie, Politik- und Verwaltungswissenschaft, Kultur-, Medien und Kommunikationswissenschaft sowie aus einschlägigen interdisziplinären Forschungsverbünden, wie den European Studies, der Osteuropaforschung und den Europawissenschaften. Die Reihe ist dem state of the art der sozialwissenschaftlichen Europaforschung verpflichtet und öffnet neue Forschungshorizonte an den Schnittstellen von nationaler Gesellschaft, europäischen Institutionen und globalen Arenen.

Weitere Bände in dieser Reihe
http://www.springer.com/series/11707

Wolfgang Aschauer • Elisabeth Donat
Julia Hofmann
(Hrsg.)

Solidaritätsbrüche in Europa

Konzeptuelle Überlegungen
und empirische Befunde

 Springer VS

Herausgeber
Wolfgang Aschauer
Universität Salzburg
Salzburg, Österreich

Julia Hofmann
Johannes Kepler Universität Linz
Linz, Österreich

Elisabeth Donat
Universität Salzburg
Salzburg, Österreich

Europa – Politik – Gesellschaft
ISBN 978-3-658-06404-4
DOI 10.1007/978-3-658-06405-1

ISBN 978-3-658-06405-1 (eBook)

Die Deutsche Nationalbibliothek verzeichnet diese Publikation in der Deutschen Nationalbiblio-grafie; detaillierte bibliografische Daten sind im Internet über http://dnb.d-nb.de abrufbar.

Springer VS
© Springer Fachmedien Wiesbaden 2016

Gedruckt auf säurefreiem und chlorfrei gebleichtem Papier

Springer Fachmedien Wiesbaden ist Teil der Fachverlagsgruppe Springer Science+Business Media
(www.springer.com)

Inhaltsverzeichnis

Mitarbeiterverzeichnis

Wolfgang Aschauer Abteilung Soziologie und Kulturwissenschaft, Universität Salzburg/FB Politikwissenschaft und Soziologie, Salzburg, Österreich

Elmar Brähler Department für Psychische Gesundheit, Universitätsklinikum Leipzig AöR, Leipzig, Deutschland

Oliver Decker Selbst. Abteilung für Medizinische Psychologie und Medizinische Soziologie, Universität Leipzig/Medizinische Fakultät, Leipzig, Deutschland

Elisabeth Donat Wien, Österreich

Sonja Fehr Lehrstuhl für Mikrosoziologie, Universität Kassel/Fachbereich Gesellschaftswissenschaft, Kassel, Deutschland

Max Haller Institut für Soziologie, Universität Graz, Graz, Österreich

Benedikt Hassler Fachhochschule Nordwestschweiz FHNW

Julia Hofmann Abteilung für Wirtschafts- und Organisationssoziologie, Institut für Soziologie, Johannes Kepler Universität Linz, Linz, Österreich

Stefan Immerfall Abteilung: Soziologie/Politikwissenschaft, Pädagogische Hochschule Schwäbisch Gmünd, Schwäbisch Gmünd, Deutschland

Johannes Kiess Fach Soziologie, Universität Siegen/Seminar für Sozialwissenschaften, Siegen, Deutschland

Stefan Selke Institut für Angewandte Forschung, Hochschule Furtwangen/Fakultät Gesundheit, Sicherheit, Gesellschaft, Furtwangen, Deutschland

Mathias Wagner Fakultät für Soziologie, Universität Bielefeld, Bielefeld, Deutschland

Gefährdungen der europäischen und innerstaatlichen Solidarität: Zur Ausrichtung des Sammelbandes

Wolfgang Aschauer und Julia Hofmann

Die Finanz- und Wirtschaftskrise zieht Europa weiterhin in ihren Bann; trotz einzelner positiver Anzeichen aus einigen Ländern scheint die Krise noch lange nicht vorüber. Das vorherrschende Klima der Verunsicherung (jüngst Bude 2014) bewirkt in vielen Mitgliedstaaten eine verstärkte Sehnsucht nach nationaler Abgrenzung; die eigenen Errungenschaften sollen zuungunsten eines europäischen Gemeinwohls abgesichert werden. Zudem sind soziale Ungleichheiten in vielen europäischen Ländern im Steigen begriffen (z. B. Fredriksen 2012) und neue sozioökonomische und soziokulturelle Spaltungslinien innerhalb der Staaten werden deutlich. Die Soziologie ist dringend gefordert, die aktuellen Krisenzustände der Solidarität einerseits konzeptuell zu fassen und andererseits empirisch zu beleuchten. Mit dem Sammelband „Solidaritätsbrüche in Europa" wollen wir einen Schritt in diese Richtung setzen und gegenwärtige Tendenzen der Entsolidarisierung aufgreifen. Der Untertitel des Buches „*Konzeptuelle Überlegungen und empirische Befunde*" verweist auf den übergeordneten Fokus der Beiträge. Die Dynamik der Solidaritätsbrüche soll als generelles Phänomen am Beispiel der aktuellen Situation in Europa grundlegend aufgearbeitet werden.

W. Aschauer (✉)
Abteilung Soziologie und Kulturwissenschaft, FB Politikwissenschaft und Soziologie, Universität Salzburg, Rudolfskai 42, 5020 Salzburg, Österreich
E-Mail: wolfgang.aschauer@sbg.ac.at

J. Hofmann
Abteilung für Wirtschafts- und Organisationssoziologie, Institut für Soziologie, Johannes Kepler Universität Linz, Altenbergerstr. 69, 4040 Linz, Österreich
E-Mail: julia.hofmann@jku.at

© Springer Fachmedien Wiesbaden 2016
W. Aschauer et al. (Hrsg.), *Solidaritätsbrüche in Europa,*
Europa – Politik – Gesellschaft, DOI 10.1007/978-3-658-06405-1_1

Insgesamt bildet die Analyse aktueller Brüche der sozialen Ordnung *innerhalb* der jeweiligen Staaten den Kern der theoretischen und empirischen Auseinandersetzung. Wenn eine der Schlüsselfragen der Soziologie – nämlich diejenige nach den Bedingungen sozialer Ordnung (vgl. Rosa et al. 2007, S. 13) und den weitreichenden Konsequenzen von Ordnungsbrüchen – adressiert wird, nimmt der *Begriff der Sozialintegration* (z. B. Lockwood 1971; Habermas 1981; Giddens 1990) zwangsläufig eine prominente Position ein. Die EU-BürgerInnen erscheinen zunehmend verwundbar, nicht nur auf der breit diskutierten strukturellen Ebene, wo hohe Arbeitslosenraten (z. B. Heidenreich 2014b), prekäre Beschäftigungsverhältnisse (z. B. im Überblick Castel und Dörre 2009) und Abstiegsängste (z. B. im Überblick Burzan und Berger 2010) in zahlreichen Gesellschaften der Europäischen Union allgegenwärtig sind, sondern auch auf der politischen Ebene (z. B. Crouch 2008; Blühdorn 2013), wo eine Ohnmacht in Bezug auf politische Entscheidungsdynamiken spürbar wird, die sich in hoher Politikverdrossenheit und geringer gesellschaftlicher Partizipation ausdrückt. Die gegenwärtigen Umbrüche in Europa sind Signale eines potentiellen Versagens der spätmodernen gesellschaftlichen Ordnung auf europäischer Ebene. Die BürgerInnen sind verstärkt Widersprüchen ausgesetzt, mit der Deutung der als instabil wahrgenommenen Welt überfordert und in der Bewältigung der entstehenden Ambivalenzen oft auf sich allein gestellt. Ob mittels der bloßen Berufung auf Solidarität die Brüche in der europäischen Integration aufgefangen werden können, ist mehr als fraglich. Schließlich merkte Zygmunt Bauman bereits 1995 an: „Die Postmoderne ist eine Chance der Moderne. Toleranz ist eine Chance der Postmoderne. Solidarität ist die Chance der Toleranz" (Bauman 1995, S. 313). Da die derzeitige Wirtschaftskrise jedoch mit zunehmenden gesellschaftlichen Spaltungstendenzen einhergeht, muss offen bleiben, ob europäische Identifikationsprozesse fortschreiten (z. B. Münch 2008; Gerhards und Lengfeld 2013), oder ob Krisenerscheinungen (verbunden mit Entsolidarisierung) (z. B. im Überblick Heidenreich 2014a) an Boden gewinnen. Entsolidarisierungstendenzen, die aus dem kurz angesprochenen, mehrdimensionalen und diffusen Unbehagen abgeleitet werden können, verdeutlichen wesentliche kulturelle Folgewirkungen der gegenwärtigen europäischen Konstellation und könnten sich im Zuge der andauernden Krise weiter verschärfen.

Wenn wir uns einer soziologischen Konzeption der Solidarität begriffsgeschichtlich annähern, weist Solidarität stets auf ein *Bewusstsein von Zusammengehörigkeit* hin, das aus unterschiedlichen Gründen entstehen kann und sich im Zuge gesellschaftlicher Veränderungen ständig neu ausformt. Solidarität ist ein „vergängliches Band" (Hondrich und Koch-Arzberger 1992, S. 24); sie kann aktiviert, aber nicht vorausgesetzt werden. Zur Erklärung der gegenwärtigen Solidaritätspotentiale bleiben soziologische Tiefenerklärungen (z. B. Coleman 1991; Esser

1993) maßgeblich, denn es sind die jeweiligen ökonomischen und institutionellen Kontexte, die Solidarität anregen oder erschweren.

Zahlreiche KlassikerInnen der Soziologie haben das Konzept der Solidarität in den einzelnen gesellschaftstheoretischen Perspektiven prominent behandelt und mit unterschiedlichen Bedeutungen versehen. Für Karl Marx stellt die Solidarität in seiner materialistischen Gesellschaftstheorie eine notwendige Bedingung, aber auch eine Folge des Klassenkampfes dar. Die ArbeiterInnenklasse sollte durch *Bewusstseinsbildung* ihre problematische Lage erkennen und danach trachten, die bestehenden Herrschaftsverhältnisse im Kapitalismus zu überwinden. Durch gemeinsame Erfahrungen des Klassenkampfes würden bestehende Gefühle des Klassenbewusstseins und der Solidarität weiter verstärkt (vgl. Marx und Engels 1959, S. 493). In einer modernisierungstheoretischen Perspektive analysierten Tönnies (1988) und Durkheim (1977) den Wandel von Gemeinschaft zu Gesellschaft im Zuge der Industrialisierung. Besonders Durkheim sieht Solidarität als Garant der Sozialintegration und beschreibt mit seinem bekannten Gegensatzpaar der mechanischen und organischen Solidarität den Übergang von der segmentierten zur arbeitsteiligen Gesellschaft. Je stärker der „Kult des Individuums" (Durkheim 1977, S. 222) voranschreitet, desto eher sind die Individuen von ihren produzierten Leistungen abhängig. Ein differenziertes Regelwerk wird schließlich im Rechtssystem verwirklicht, um die Funktionsfähigkeit der einzelnen gesellschaftlichen Teilbereiche sicherzustellen und geteilte Normen und Werte zu erreichen.

Wie Durkheim (1983) schon prophezeite, kann das soziale Band im Zuge massiver gesellschaftlicher Wandlungsprozesse Risse erhalten und anomische Zustände der Regellosigkeit bewirken. Mit der Renaissance anomietheoretischer Ansätze in den 1990er Jahren (z. B. Bohle et al. 1997) rückte die Frage, ob hochindividualisierte und ethnisch-kulturell vielfältige Gesellschaften noch „integrierbar" seien, wieder verstärkt ins Blickfeld der Forschung (z. B. im Überblick Beck und Sopp 1997; Heitmeyer 1997a, b). Der Prozess der Individualisierung sei in den 1980er Jahren von den Individuen selbst initiiert worden (Beck 1983). Diese wären nun aber einem paradoxen Zwang zur Autonomie (vgl. Schroer 2000, S. 36) ausgesetzt. Solidarität, so konstatiert vor allem die Individualisierungsforschung, kann sich also gesamtgesellschaftlich nur noch „durch das Nadelöhr der autonomen Entscheidungen der Subjekte" (Meyer 1997, S. 316) entfalten, während die Ansätze der Gesellschaftsbildung, die auf klassische Formen der Solidarität abzielen, an Relevanz zu verlieren scheinen. Die politisch-emanzipatorische Konzeption von Solidarität erscheint praktisch schwierig durchsetzbar, da kollektives Handeln aufgrund gemeinsamer Interessen einem Bedeutungsverlust unterliegt (vgl. Billmann und Held 2013, S. 22). Der klassische Begriff der ArbeiterInnensolidarität (also das solidarische Eintreten für gemeinsame Ziele und die Durchsetzung politischer und wirtschaftlicher Interessen) erreicht im Zuge der Vielfalt der gesellschaftlichen Milieus weniger Durchsetzungskraft. Auch die integrationstheoretische Konzeption der Solidarität nach Durkheim (1983) (geteilte Werte und Normen als Hort der Sozialintegration) ist aufgrund der gesellschaftlichen Fragmentierung in der Forschung umstritten. Weil die Zivilgesellschaft durch ein Regime des Pluralismus (z. B. Münch 2010) gekennzeichnet werden kann, scheint sich die Wirkkraft verbindender Werthaltungen abzuschwächen. In einer Zeit des rapiden sozialen Wandels können sich einerseits Prozesse der Solidaritätsbildung durch neue Medien ungeahnt rasch entfalten, während andererseits klassische Organisationen (wie etwa Gewerkschaften) enorme Ressourcen zur Mobilisierung ihrer Mitglieder verwenden und bestehende Bündnisse stets diskursiv erneuern müssen. Das Leben in der Spätmoderne bedeutet folglich, dass allgemeingültige Werte und Ressourcen zur Ausformung einer stabilen Identität einer Destabilisierung unterliegen und die BürgerInnen sich vielfach mit offenen und ambivalenten Kategorien der gesellschaftlichen Einbettung begnügen müssen. Solidaritätsbestrebungen bleiben somit in der Spätmoderne instabil und die Wirkkraft der Solidarität für die soziale Integration bescheiden. Solidarisches Handeln dürfte im Zuge der gegenwärtigen Krisenstimmung eine *schwindende Ressource* der Sozialintegration (vgl. *Aschauer* in diesem Band) darstellen. Deshalb ist es in der Analyse der gegenwärtigen gesellschaftlichen Wandlungsprozesse entscheidend, vorhandene Entfaltungs- und Einschränkungspotentiale umfassend zu analysieren und Solidaritätsbekundungen auf verschiedenen Ebenen (z. B. Denz 2003, S. 323) zu verorten.

Auf der Mikroebene können sich solidarische Handlungen auf die Familie, Freundschaften und den nachbarschaftlichen Zusammenhalt beziehen. Solidarität kann unter diesem Blickwinkel als „voraussehbar reziprokes Verhalten" gedeutet werden. Die Vorannahme, dass der/die Eine für den/die Andere/n einsteht, dient als wertvolle Vertrauensbasis im zwischenmenschlichen Bereich. Auf der Mikroebene des sozialen Zusammenhalts steht Solidarität folglich für ein Gefühl von Verbundenheit und bildet quasi den letzten Hort gemeinschaftlicher Kohäsion in einer individualisierten Welt. In den Restbeständen an gemeinschaftlicher Bindung (z. B. innerhalb der Familie) bestehen somit oft „ethische Verpflichtungen". Sie sind durch superrogative Ansprüche gekennzeichnet, die über rein moralische Verpflichtungen des/der Einzelnen hinausgehen (vgl. Habermas 2013, S. 102 ff.). Gleichzeitig beeinflussen auch auf der Mikroebene gesamtgesellschaftliche Macht- und Herrschaftsverhältnisse (z. B. Geschlechterverhältnisse) das solidarische Handeln. Reduziert man das Moment der Solidarität rein auf die netzwerkartigen Verbindungen innerhalb einzelner Gruppierungen, so wird übersehen, dass derartige Formen der Binnensolidarität oft mit deutlichen Ingroup-Outgroup-Differenzierungen und somit mit ausgrenzenden Ideologien einhergehen können. Zu Recht wird in der aktuellen Sozialkapitalforschung zwischen Bridging und Bonding (z. B. Putnam und Goss 2001) unterschieden, wobei vor allem die verdichteten Netzwerke innerhalb einzelner Gruppen auf zunehmende Abgrenzungen hindeuten und als unvorteilhaft für die gesellschaftliche Integration gedeutet werden. Im Zuge einer zunehmenden Abgrenzung von Milieus (z. B. Lessenich und Nullmeier 2006) und daraus resultierender Bonding-Prozesse müssen gesellschaftliche Gruppen mit einer hohen Binnensolidarität noch lange nicht bereit sein, Solidarität zwischen gesellschaftlichen Gruppen zu praktizieren (Mesosolidarität) bzw. offene Haltungen gegenüber kultureller Vielfalt (Makrosolidarität) einzunehmen.

Während die Mikrosolidarität primär durch den Begriff der *Verbundenheit* gefasst werden kann, deutet Mesosolidarität stärker auf das Gemeinwohl hin. Mesosolidarität wird über die Etablierung von weak ties (z. B. Granovetter 1973) sichtbar und bedingt eine diskursive Verständigung zwischen Gruppen. Ein derartiges Verständnis der Sozialintegration kommt dem Modell der „deliberativen Demokratie" von Jürgen Habermas (1992) durchaus nahe. Habermas fokussiert auf die Ressourcen der *öffentlichen Konsensbildung* und vertraut auf die mündigen BürgerInnen, die mit ihren jeweiligen sozialen, kulturellen und ökonomischen Interessen in der Lage sind, einen konstruktiven Diskurs zu entfachen. Aspekte der Mesosolidarität beziehen sich damit nicht mehr auf ein (ethisch) vorausgesetztes Band, sondern auf politisch zu gestaltende Lebenszusammenhänge (vgl. Habermas 2013, S. 106 ff.). Als Lösungsweg der derzeitigen Tendenzen der Entkoppelung der BürgerInnen und im Kampf gegen die bestehende Politikverdrossenheit und Unzufriedenheit mit gesellschaftlichen Entwicklungen wird sehr häufig auf die Zauberformel der Stärkung der Zivilgesellschaft verwiesen. Die euphorische Betrachtung des zivilgesellschaftlichen Engagements, das aus der Sicht Putnams (2000) als Rettungsanker der Demokratie fungieren könnte, ist durch die Vielzahl neuer Forschungsergebnisse einer differenzierten Betrachtung der Licht- und Schattenseiten netzwerkartiger Verbindungen gewichen (vgl. Geißel 2004, S. 103). Die Lebenswelt steht unter dem Einfluss der Sozialstruktur und ist von einem starken Macht- und Partizipationsgefälle durchzogen (vgl. hierzu auch Selke in diesem Band). Sie ist – in Anlehnung an Bourdieu (1987) – auf der Ebene des sozialen Handelns wie auf Systemebene – durch einen ständigen Machtkampf um Ressourcen gekennzeichnet. AkteurInnen, die ein gezieltes Interesse an der Erhaltung des Systems aufweisen, stehen sowohl progressiven als auch reaktionären Kräften gegenüber. Konflikttheoretische Zugänge (z. B. Dubiel 1997) erscheinen im Zuge der gegenwärtigen Ordnungsproblematik deshalb eher zeitgemäß als integrationstheoretische Konzepte. Es geht in vielen öffentlichen Auseinandersetzungen sichtlich weniger um das Erzielen von Konsens, als um das produktive Aushandeln von Konflikten; um eine gleichberechtigte Repräsentation verschiedener Interessen in

einem öffentlichen Diskursraum. Deliberative Verfahren beziehen jedoch in der
Regel nur jene ein, die aktiv sind. Sie entfalten auch nur für die *aktiven* Kräfte
potentiell produktive Wirkungen, während die Interessen der sozialen Gruppen am
Rande der Gesellschaft missachtet werden. Somit ist das Modell von Habermas
(1992) in einer Zeit sich verschärfender sozialer Polarisierungen nur bedingt tragfähig. Es erscheint derzeit kaum vorstellbar, dass alle Interessensgruppen an den
bestimmenden öffentlichen Diskursen der Gegenwart gleichberechtigt beteiligt
sein können und somit die Interessen des Gemeinwohls gefördert werden.

Makrosolidarität kann am ehesten als Form der *Überwindung* eigener Interessen
gefasst werden. Durch Makrosolidarität werden Vorstellungen des Gemeinwohls
verallgemeinert und etwa über die Grenze der Nationalstaaten hinaus ausgedehnt.
Im Unterschied zur innergesellschaftlichen Solidarität geht es um universalistische
Werthaltungen, die im Sinne einer kosmopolitischen Ethik gelebt werden. In Hinblick auf eine Solidarität *zwischen* den EU-Ländern würde dies bedeuten, dass
eine Politik des fairen Ausgleichs unter Berücksichtigung der Vor- und Nachteile
der einzelnen Mitgliedsländer von den Bevölkerungen getragen und legitimiert
sein müsste. Münch (2010) bezeichnet den Pluralismus und den Individualismus
– in Anlehnung an Durkheim – als die beiden wichtigsten Pfeiler der europäischen
„Zivilreligion der Moderne". Die „Glaubenssätze", die gesellschaftliche Ordnung
legitimieren, liegen in den staatlich garantierten BürgerInnen- und Menschenrechten, die in der EU-Grundrechtecharta festgeschrieben sind (vgl. König 2002). Die
Prozesse der Pluralisierung und Individualisierung betreffen alle Mitgliedstaaten
und zwar umso intensiver, je stärker diese in den grenzüberschreitenden Prozess
der Globalisierung und Europäisierung eingebunden sind. Äußere Angleichung
und interne Pluralisierung sind nach Münch „zwei Seiten ein und derselben Medaille" (Münch 2010, S. 8). Sie führen in einer optimistischen Sichtweise zur Herausbildung transnationaler Solidarität (z. B. Faist 2000). In einer rein *horizontalen*
Betrachtung der europäischen Integration mögen diese Prozesse Spill-over-Effekte der ökonomisch-politisch-rechtlich forcierten Integration auf die kulturelle
Ebene markieren. Sie betreffen jedoch nicht alle gesellschaftlichen Gruppen und
können aus der vertikalen Perspektive *konkurrierender* Nationalstaaten innerhalb
Europas und *fragmentierter Schichten* innerhalb der Länder bei weitem nicht so
optimistisch gedeutet werden. Denn neben einer vertikalen Differenzierung der
Zivilgesellschaft gewinnen die horizontalen Abgrenzungsmechanismen (z. B. nach
Interessensgemeinschaften, Milieuzugehörigkeiten und Herkunft) verstärkt an Bedeutung. Die vertikalen gesellschaftlichen Spaltungen werden durch die Überbe-
tonung (scheinbar) kultureller Spannungen überlagert. Der Verlust der (nationalstaatlichen) Homogenität bewirkt eine Art kollektive *Identitätsverunsicherung*, die
sich durch die Erfahrungen zunehmender kultureller Diversität häufig in negativer

Form gegen Außengruppen richtet. Es stellt sich somit die Frage, ob sich der in Europa etablierte individualistische Pluralismus zugunsten eines verstärkten Gruppenpartikularismus wieder zurückbilden könnte.

Während sich die EU-BürgerInnen in den 1970er und 1980er Jahren zunehmend als autonome Subjekte definierten und die zivilgesellschaftliche Selbstbestimmung und Selbstorganisation vehement einforderten, ist die Individualisierung mittlerweile zur *Zumutung* (Schroer 2010) geworden. Es scheint sich in Europa zunehmend eine „neoliberale Kultur" (Hall 2011) auszuformen, die das freie Individuum, das für sich selbst verantwortlich ist und sich selbst vermarktet, protegiert. Die Vermarktung der eigenen Arbeitskraft (vgl. Sennett 1998; Voß und Pongratz 1998; Bröckling 2007) und das Management des privaten Lebens erfordern Flexibilität, Vielseitigkeit und Innovationsbereitschaft. Solange die Kraft zur eigenen Inszenierung anhält und die eigene Identitätsstärke erfolgreich nach außen getragen werden kann, ist das Individuum im Spiel der kapitalistischen Leistungslogik integriert. Ein komplexes und fluides Selbst ist in der flüchtigen Moderne (Bauman 2003) zur neuen Referenznorm geworden, wodurch es für Institutionen immer schwieriger wird, die vielfältigen und sich dynamisch wandelnden Lebenswelten anzusprechen. Im Zuge einer „zweiten Emanzipation" (Blühdorn 2013) *delegieren* die BürgerInnen deshalb ihre gesellschaftliche Verantwortung an professionelle DienstleisterInnen, um sich selbst (aufgrund des erhöhten Leistungsdrucks) von der persönlichen Gemeinwohlverpflichtung zu befreien. Insofern wird – provokant gesprochen – der aktuell häufig beobachtete Rückgang des zivilgesellschaftlichen Engagements von der Mehrheit der Bevölkerung nicht als Verlust empfunden, sondern als Befreiung von Verpflichtungen (vgl. Wolin 2001, S. 567).

Die angesprochenen Verunsicherungstendenzen, die weit in die gesellschaftliche Mitte hineinreichen (z. B. Lengfeld und Hirschle 2010) bewirken, dass die Individuen stark auf sich selbst fokussiert sind und der Blick auf die Gesellschaft bestenfalls noch neidisch nach oben, konkurrierend seitwärts und abgrenzend nach unten gerichtet wird. Es sind also auch jene Bevölkerungsgruppen, die mit dem Modernisierungsdruck Schritt zu halten versuchen, in einer egozentrischen Handlungslogik verstrickt, wobei diese weniger durch souveräne Selbstdurchsetzung, sondern durch eine Anpassung an den gesellschaftlichen Leistungsethos verbunden mit Abgrenzungsstrategien gegenüber dem Scheitern und dem scheinbar „Anderen" zu kennzeichnen ist (Koppetsch 2013). Ansprüche auf ökonomische und kulturelle Teilhabe sollen nur für jene Mitglieder der Gesellschaft bestehen, die einen erkennbaren Beitrag zur gesellschaftlichen Entwicklung leisten. Randgruppen der Gesellschaft und insbesondere ethnischen Gruppen wird vorgeworfen, dem Leistungsethos der Gesellschaften nicht gerecht zu werden und sich Vorteile auf Kosten der Gemeinschaft der „Leistungswilligen" zu erschleichen (vgl. Dörre et al. 2006). Nicht nur in der bedrohten Mitte, sondern auch in den oberen Segmenten der Gesellschaft können Abgrenzungsstrategien von ethnozentrischen Haltungen begleitet sein (Heitmeyer 2012).

Die defensiven Bewältigungsstile der gesellschaftlichen Transformationen können für mittlere und untere soziale Schichten aus *Ohnmachtsgefühlen* abgeleitet werden. Aus der Vorgabe der ständigen Anpassung an eine Welt, die in sich sehr instabil und unvorhersehbar geworden ist, entsteht das Gefühl einer fehlenden Einflussmöglichkeit und einer fehlenden Bestimmbarkeit des eigenen Handelns. Diese weitreichenden Exklusions- und Verunsicherungsempfindungen (Bude und Lantermann 2006) lösen notgedrungen Anerkennungsdefizite aus. Nationale Identitäten dienen in diesem Sinne als Deutungsmuster. Sie bieten überschaubare Sinnzusammenhänge und ziehen klare Grenzen der Zugehörigkeit. Die starke Abschottung etwa gegenüber MigrantInnen birgt jedoch gewaltigen Zündstoff in sich. Denn die Gruppe der *Verunsicherten, Vulnerablen* und *Exkludierten* konkurriert zunehmend direkt mit MigrantInnen, die ihrerseits Prekarisierungserfahrungen ausgesetzt sind. Neben Verteilungskonflikten könnten sich also auch Identitätskonflikte zu einer Gefahr für die gesellschaftliche Kohäsion in der EU entwickeln.

Die Krise in Europa und die zunehmende Kluft zwischen Arm und Reich bewirken also mehrere Gefahren für die Solidarität. Unter der Maxime der „bindungslosen Flexibilität" wandeln sich zwischenmenschliche Ressourcen gesellschaftlicher Kohäsion, durch die „rohe Bürgerlichkeit" (Heitmeyer 2012, S. 35) verbunden mit Abgrenzungsmechanismen sinkt die Bereitschaft für sozialen Ausgleich einzutreten (innerstaatliche Mesosolidarität) und durch weit verbreitete Vorurteile (vgl. Zick et al. 2010), werden die Werte der Gleichberechtigung und Toleranz (vgl. Meyer 2009) (interkulturelle Makrosolidarität) untergraben.

Im vorliegenden Buch wollen wir diese unterschiedlichen Ebenen sowohl in konzeptueller Hinsicht bearbeiten als auch mit differenzierten empirischen Fallstudien beleuchten. Um die Ausrichtung der Beiträge näher zu verdeutlichen, soll der folgende Abschnitt eine erste Übersicht über die jeweiligen Kernaussagen der Beiträge geben.

Ausgehend von der Ukraine-Krise argumentiert *Max Haller* in seinem Beitrag *Die drei Europas. Wie die Integration zu neuen Spaltungen in Europa führte und wie man diese durch abgestufte Integration verhindern könnte*, dass die Prozesse der Vertiefung und der Erweiterung im Rahmen des europäischen Integrationsprozesses zu schnell und zu unkoordiniert erfolgten. Nicht eine weitergehende institutionelle Vertiefung wäre die Lösung der europäischen Probleme, sondern eine Rückbesinnung auf die Ziele der Integration. Im historischen Rückblick (am Beispiel des Beitritts Großbritanniens, Griechenlands, Bulgariens/Rumäniens sowie der Einführung des Euro) zeigt der Autor, dass der EU-Integrationsprozess in wirtschafts- wie sozialpolitischer Hinsicht problembehaftet vollzogen wurde. Die schnelle, marktliberale Integration habe auch entscheidend zum Ausbruch der gegenwärtigen Wirtschaftskrise beigetragen. Mit Blick auf die Zukunft Europas argumentiert Haller daher für eine abgestufte Integration, für ein „Europa der drei Geschwindigkeiten". In diesem neuen Europa müssten auch die Grenzen neu überdacht werden. Russland wie Nordafrika könnten in diesem Zusammenhang auch als Teil eines umfassenden europäischen Wirtschafts- und Sozialraumes verstanden werden. Diese Form der Neuorientierung in der Integrationspolitik könnte – so das Argument des Autors – auch dazu führen, dass Frieden, Sicherheit und Prosperität – auch in Krisenregionen wie dem Nahen Osten oder der Ukraine –besser gesichert werden können.

Stefan Immerfall stellt sich in seinem Beitrag die Frage, ob *Mehr Solidarität durch mehr Europa* erreicht werden kann. In diesem Zusammenhang überprüft er die von vielen EuropaforscherInnen vorgebrachte These, dass zunehmende grenzüberschreitende Verflechtungen und Interaktionen (vgl. Gerhards und Lengfeld 2013; Heidenreich et al. 2012) die Herausbildung einer transnationalen Solidarität begünstigen. Immerfall widerlegt diese These mit Verweisen auf einschlägige empirische Untersuchungen: Die zunehmenden (v. a. wirtschaftlichen) grenzüberschreitenden Austauschprozesse in der EU hätten keineswegs zu einem Mehr an Sozialintegration geführt. Der Autor erklärt dies mit Verweis auf den Prozess der europäischen Integration: Im Zuge der institutionellen Europäisierung wären nationale Solidargemeinschaften geschwächt, ohne dass gleichzeitig eine europäische Sozialintegration vorangetrieben worden wäre. Um dieses strukturelle Ungleichgewicht aufzuheben, schließt Immerfall seine Ausführungen mit einem Plädoyer für eine Stärkung des Subsidiaritätsgedankens und der Frage nach den Potentialen einer Renationalisierung einzelner Instrumente der makropolitischen EU-Politik.

Der fehlenden Sozialintegration Europas und ihren kulturellen Folgen widmet sich auch *Wolfgang Aschauer* in seinem konzeptionellen Beitrag *Solidarität als schwindende Ressource der Sozialintegration? Eine Annäherung an Entkopplungstendenzen der EU-BürgerInnen.* Unter Rückgriff auf die Theorien von Jürgen Habermas argumentiert Aschauer für die Notwendigkeit einer getrennten Analyse systemischer und lebensweltlicher Integrationsdynamiken. Durch die zunehmende Verselbständigung von gesellschaftlichen Subsystemen in der EU hat sich die Lebenswelt der BürgerInnen immer mehr von diesen entkoppelt. Die im Zuge der Kolonisierung der Lebenswelt vorangetriebene marktgetriebene Individualisierung forciere individuelle Verunsicherungen. Diesen entgegnen die einzelnen Bevölkerungsschichten – abhängig von den ihnen zur Verfügung stehenden Kapitalien – entweder offensiv-egozentrisch oder defensiv-ethnozentrisch. Beide Handlungsmodi bergen, wie Aschauer argumentiert, eine große gesellschaftliche

Sprengkraft. Während etwa Jürgen Habermas dennoch große Zukunftshoffnungen in das Projekt der europäischen Integration setzt, zieht Aschauer in seinem Beitrag ein überwiegend negatives Fazit: Solange die Auseinandersetzungen zwischen den verschiedenen gesellschaftlichen Gruppen nicht im Rahmen „gehegter Konflikte" stattfinden, werden die Entsolidarisierungstendenzen in Europa weiter zunehmen.

Die empirischen Beiträge dieses Sammelbandes beginnen mit einem Artikel von *Elisabeth Donat*, der den Titel *Solidarität – eine einfache Gleichung? Gerechtigkeitsvorstellungen von ÖsterreicherInnen in Zeiten einer europäischen Krise* trägt. Ausgangspunkt von Donats empirischer Analyse ist die Frage nach der Erklärung der schwindenden Solidarität insbesondere gegenüber dem Süden Europas seit Ausbruch der Krise. Unter Rückgriff auf Debatten aus der aktuellen Ungleichheitsforschung geht die Autorin davon aus, dass individuelle Biographien und die darin entstehenden Handlungsstrategien einen Einfluss auf die Einstellungen gegenüber den Entwicklungen auf europäischer Ebene haben. Anhand von 18 in Österreich durchführten, narrativen Interviews zeigt Donat die enge Verknüpfung von biographischen und europapolitischen Deutungsmustern und Strategien auf. Den von ihr identifizierten drei zentralen Handlungsmodi auf individueller Ebene (Kämpfen, Berechnen, Kommunizieren) entsprechen drei Einstellungstypen auf europäischer Ebene (Verunsicherte, PerformerInnen, Unkonventionelle). Donat schließt ihre empirischen Ausführungen mit dem überraschenden Befund, dass keiner dieser Typen als genuin EU-feindlich zu charakterisieren wäre. Die Fähigkeit, tatsächlich Solidarität in Krisenzeiten bekunden zu können, hängt aus ihrer Sicht stark von individuellen, biographischen Erfahrungen und Strategien ab.

Stefan Selke nähert sich in seinem Beitrag *Solidarität in moralischen Unternehmen. Grenzverschiebungen im System und Sozialraum der „Tafeln"* dem veränderten Umgang mit Armut am Beispiel der (deutschen) Armutstafeln, wobei das Ziel dieser Freiwilligenorganisationen ist, verzehrfähige Lebensmittel an Bedürftige zu verteilen. Selke ortet in der Tafelbewegung einen doppelten Solidaritätsbruch: Einerseits können Tafeln als eine Form der De-Institutionalisierung von Solidarität (etwa im Rahmen von universalistischen Sozialpolitiken) angesehen werden. Für ihn sind sie eine Form der „inszenierten Solidarität" und sollten als Zeichen der Entpolitisierung der Armutsdebatte verstanden werden. Andererseits zeigt eine genauere Betrachtung der Tafelpraxis, dass Solidarität hier nur mehr in komprimierter Form zugelassen wird. Der Autor argumentiert, dass im Rahmen der „Vertafelung" der Gesellschaft Solidarität zu einer „opaken Leerformel" werde und von den Betroffenen als „gebrochen" erlebt wird.

Die Einführung von Hartz 4 in Deutschland wurde politisch wie medial kontrovers diskutiert; auch von Solidaritätsbrüchen gegenüber den vulnerabelsten Gruppen der Gesellschaft war die Rede. *Sonja Fehr* prüft in ihrem Beitrag *Gefan-*

gen in Arbeitslosigkeit? (Des)Integrationsprozesse im Zuge der Hartz-Reformen in Deutschland, ob sich das zentrale Ziel der Hartz-Reformen – die Dynamisierung von Phasen der Arbeitslosigkeit durch erhöhten Erwerbsdruck – erfüllt hat. Mit Hilfe der Daten des Sozioökonomischen Panels (SOEP) weist sie zwar nach, dass sich ein hoher Erwerbsdruck tatsächlich „positiv" auf die Abgangschancen aus der Arbeitslosigkeit auswirkt. Schnelle Austritte aus der Arbeitslosigkeit lassen sich sowohl vor als auch nach der Einführung von Hartz 4 beobachten. Gleichzeitig konnte Hartz 4 auch nicht dazu beitragen, soziale Exklusionsprozesse zu verhindern: So befinden sich weiterhin knapp sieben Prozent der Arbeitslosen in Deutschland in verfestigten Armutslagen.

Auch in der Schweiz hat sich der Sozialstaat in den letzten Jahrzehnten stark transformiert. *Benedikt Hassler* zeigt in seinem Beitrag *Arbeitsmarktfähigkeit unter Beobachtung. „Scheininvalidität" in der Schweiz* am Beispiel der Veränderungen in der Invalidenversicherung zweierlei: 1) wie sich diese Transformation konkret vollzogen hat und 2) welche Auswirkungen diese Veränderungen auf den Umgang mit sozial schwachen Gruppen im Land haben. Der Autor argumentiert, dass nicht nur Leistungen gekürzt und an aktivierende Elemente gekoppelt wurden. Gleichzeitig begann auch eine Auseinandersetzung um scheinbar „ungerechtfertigte Ansprüche": Die Scheininvalidität wurde zu einem sozialen Problem hochstilisiert und Personen, die Invalidenrente beziehen, unter Generalverdacht gestellt. Im Zuge dessen wurden die rechtlichen Möglichkeiten zur Beschattung und Observierung dieser Personen ausgeweitet. Hassler zufolge ist die Debatte rund um die sogenannte Scheininvalidität ein Ausdruck einer sich mindernden Solidarität gegenüber sozial Schwachen im Land.

Der neoliberalen Umgestaltung von Gesellschaften und ihren sozialen Folgen widmet sich auch *Mathias Wagner* am Beispiel der osteuropäischen, kapitalistischen Transformation. In seinem Beitrag *Zwischen Individualismus und sozialer Verantwortung. Polens eigenwilliger Weg des gesellschaftlichen Wandels* zeigt der Autor, dass sich im Zuge der Systemtransformation kulturelle Werte wie Selbständigkeit und persönlicher Erfolg auch in Polen durchsetzen. Jedoch sind diese Flexibilisierungstendenzen am Arbeitsmarkt nicht mit der sozialen Struktur (hohe Arbeitslosigkeit, zunehmende soziale Ungleichheit) in peripheren Regionen vereinbar. Da unter dem Einfluss des Neoliberalismus traditionelle Solidarbeziehungen zerstört wurden, wichen und weichen vor allem untere soziale Schichten in den Bereich der Informalität aus, um die an sie gestellten Ansprüche zu erfüllen und nicht als „Verlierer" der Gesellschaft zu gelten. Schwarzarbeit und Schmuggel werden in Polen als „normale Wege" der Überlebenssicherung angesehen und von staatlicher Seite nicht bekämpft. Diese Akzeptanz des informellen Sektors bringt jedoch eine massive soziale Unsicherheit der Betroffenen und eine zunehmende soziale Spaltung im Land mit sich.

Unter Rückgriff auf Analysen aus den 1930er Jahren (Geiger) und der frühen Nachkriegszeit (Lipset, Kritische Theorie) zeigen *Oliver Decker, Johannes Kiess* und *Elmar Brähler*, dass Solidaritätsbrüche und antidemokratische Tendenzen (wie der Rechtextremismus) von der gesellschaftlichen Mitte getragen werden. In ihrem Beitrag *„Gesegneter Boden ideologischer Verwirrung" (Geiger)? Der Extremismus der Mitte* argumentieren die Autoren, dass der Wohlstand in den „goldenen Zeiten" nach dem 2. Weltkrieg als „narzisstische Plombe" gewirkt habe; die Mittelschicht hätte in dieser Phase die Demokratie akzeptiert, da Aufstiegs- und Konsumversprechen eingehalten werden konnten. Die Plombenfunktion kapitalistischer Gesellschaften wäre jedoch in Zeiten wirtschaftlicher Krisen zunehmend in Gefahr; autoritäre Reaktionen würden auf Phasen der zunehmenden sozialen Unsicherheit und der Deprivation folgen. Am Beispiel eigener empirischer Erhebungen zeigen die Autoren, dass Deutschland derzeit, auf Grund seiner guten ökonomischen Lage, seine Mitte zwar stabilisieren könnte; in Ostdeutschland wäre das Wegbrechen der Plombenfunktion jedoch offensichtlich.

Zu guter Letzt beschäftigt sich *Julia Hofmann* in ihrem Beitrag *Abstiegsangst und Tritt nach unten? Die Verbreitung von Vorurteilen und die Rolle sozialer Unsicherheit bei der Entstehung dieser am Beispiel Österreichs* mit der Verbreitung von Vorurteilen gegenüber marginalisierten sozialen Gruppen. Die Autorin interpretiert die Zunahme sozialer Vorurteile als Indikator für soziale Spaltungen und zeigt am Beispiel Österreichs, dass diese sehr weit verbreitet und im Ansteigen begriffen sind. Des Weiteren prüft sie anhand eigener Daten den Zusammenhang zwischen sozialer Unsicherheit und der Annahme von Vorurteilen. Hofmann kommt zu dem Schluss, dass Vorurteile zwar als Vehikel materieller Auseinandersetzungen dienen. Diese sind jedoch weniger als unmittelbare Verteilungskämpfe zwischen benachteiligten Gruppen zu interpretieren, sondern mehr als eine Form des Umgangs mit Abstiegsängsten und sozialen Verunsicherungen zu sehen. Des Weiteren weist die Autorin daraufhin, dass nicht alle Vorurteile gleichermaßen wirken und somit stets auf die Heterogenität und Mehrdimensionalität des Problems verwiesen werden muss.

Zusammenfassend stehen also in drei konzeptuell orientierten Beiträgen einerseits systemische Krisendynamiken (*Haller* und *Immerfall* in diesem Band) als auch soziale Krisenfolgen (*Aschauer* in diesem Band) im Zentrum der Analyse. Weitere Beiträge setzen stärker auf der institutionellen Ebene an und befassen sich mit der veränderten Wirkkraft sozialpolitischer Steuerungsinstrumente und ehrenamtlicher Praktiken, die für benachteiligte Gruppen „neuartige Flugbahnen negativer Individualisierung" (Koppetsch 2010, S. 226) und somit Autonomieverluste bewirken (z. B. *Hassler* und *Selke* in diesem Band). Die weiteren fünf Beiträge illustrieren die auftretenden Solidaritätsbrüche aus verschiedenen empirischen Blickwinkeln unter Verwendung ethnographischer Analysen sowie qualitativer und quantitativer Daten. Sie legen den Fokus auf die veränderten Lebenswelten und Einstellungsspektren der Mittelschicht (z. B. *Donat* in diesem Band) oder befassen sich mit Abgrenzungsmechanismen und sozialen Schließungsprozessen, die vorrangig die Entkoppelten am Rande der Gesellschaft treffen (z. B. *Wagner* und *Fehr* in diesem Band). Die beiden letzten Beiträge liefern schließlich auf Basis aktuell durchgeführter repräsentativer Umfragen in Deutschland und Österreich neuartige Erklärungsmuster, warum Vorurteile zunehmend salonfähig werden (Decker et al. in diesem Band) bzw. wie das Recycling diffuser Ängste zu spezifischen Vorurteilen und Gruppenantagonismen einzuschätzen ist (*Hofmann* in diesem Band). Die empirischen Beiträge beschränken sich im vorliegenden Sammelband noch überwiegend auf den deutschsprachigen Raum. Sie beleuchten (mit der Ausnahme eines Beitrags zu Polen, siehe Matthias *Wagner* in diesem Band) primär das gegenwärtige Klima in einzelnen westeuropäischen Staaten, die von der Krise weitgehend verschont geblieben sind (Österreich, Deutschland und Schweiz).

Das vorliegende Buch soll deshalb primär als Initialzündung einer überfälligen soziologischen Debatte zu Entsolidarisierungstendenzen in Europa verstanden werden. Es bleibt zu hoffen, dass die vorliegenden Arbeiten durch internationale Fallstudien aus mehreren EU-Ländern ergänzt werden, um die Dynamik des Solidaritätsbruchs im gesamteuropäischen Vergleich angemessen bestimmen zu können.

Literatur

Bauman, Z. (1995). *Moderne und Ambivalenz. Das Ende der Eindeutigkeit.* Frankfurt a. M.: Fischer Taschenbuch Verlag.
Bauman, Z. (2003). *Flüchtige Moderne.* Frankfurt a. M.: Suhrkamp.
Beck, U. (1983). Jenseits von Stand und Klasse? Soziale Ungleichheiten, gesellschaftliche Individualisierungsprozesse und die Entstehung neuer sozialer Formationen und Identitäten. In R. Kreckel (Hrsg.), *Soziale Ungleichheiten. Soziale Welt, Sonderband 2* (S. 35–74). Göttingen: Schwartz.
Beck, U., & Sopp, P. (Hrsg.). (1997). *Individualisierung und Integration: neue Konfliktlinien und neuer Integrationsmodus?* Opladen: Leske & Budrich.
Billmann, L., & Held, J. (2013). Einführung. Solidarität, kollektives Handeln und Widerstand. In L. Billmann & J. Held (Hrsg.), *Solidarität in der Krise? Gesellschaftliche, soziale und kulturelle Herausforderungen solidarischer Praxis* (S. 13–29). Wiesbaden: VS Verlag für Sozialwissenschaften.
Blühdorn, I. (2013). *Simulative Demokratie. Neue Politik nach der postdemokratischen Wende.* Frankfurt a. M.: Suhrkamp.

Bohle, H. H., et al. (1997). Anomie in der modernen Gesellschaft. Bestandsaufnahme und Kritik eines klassischen Ansatzes soziologischer Analyse. In W. Heitmeyer (Hrsg.), *Was treibt die Gesellschaft auseinander?* (S. 29–68). Frankfurt a. M.: Suhrkamp.

Bourdieu, P. (1987). *Die feinen Unterschiede. Kritik der gesellschaftlichen Urteilskraft.* Frankfurt a. M.: Suhrkamp.

Bröckling, U. (2007). *Das unternehmerische Selbst. Soziologie einer Subjektivierungsform.* Frankfurt a. M.: Suhrkamp.

Bude, H. (2008). *Die Ausgeschlossenen. Das Ende vom Traum einer gerechten Gesellschaft.* München: Hanser.

Bude, H. (2014). *Gesellschaft der Angst.* Hamburg: Hamburger Institut für Sozialforschung.

Bude, H., & Lantermann, E. D. (2006). Soziale Exklusion und Exklusionsempfinden. *Kölner Zeitschrift für Soziologie und Sozialpsychologie, 58*(1), 233–252.

Burzan, N., & Berger, P. A. (Hrsg.). (2010). *Dynamiken (in) der gesellschaftlichen Mitte.* Wiesbaden: VS Verlag für Sozialwissenschaften.

Castel, R., & Dörre, K. (Hrsg.). (2009). *Prekarität-Abstieg-Ausgrenzung. Die soziale Frage am Beginn des 21. Jahrhunderts.* Frankfurt a. M.: Campus.

Coleman, J. S. (1991). *Grundlagen der Sozialtheorie.* München: Oldenbourg.

Crouch, C. (2008). *Postdemokratie.* Frankfurt a. M.: Suhrkamp.

Denz, H. (2003). Solidarität in Österreich. Strukturen und Trends. *SWS-Rundschau, 43*(3), 321–336.

Dörre, K., Krämer, K. & Speidel, F. (2006). The increasing precariousness of the employment society: Driving force for a new right wing populism? *International Journal of Action Research, 2*(1), 98–128.

Dubiel, H. (1997). Unversöhnlichkeit und Demokratie. In W. Heitmeyer (Hrsg.), *Was hält die Gesellschaft zusammen?* (S. 425–446). Frankfurt a. M.: Suhrkamp.

Durkheim, E. (1977, 1893). *Über die Teilung der sozialen Arbeit.* Frankfurt a. M.: Suhrkamp.

Durkheim, E. (1983, 1897). *Der Selbstmord.* Frankfurt a. M.: Suhrkamp.

Esser, H. (1993). *Soziologie. Allgemeine Grundlagen.* Frankfurt a. M.: Campus.

Faist, T. (2000). *The volume and dynamics of international migration and transnational social spaces.* Oxford: Oxford University Press.

Fredriksen, K. (2012). Income inequality in the European union. OECD Economics Department Working Papers No. 952. OECD Publishing. http://search.oecd.org/officialdocuments/displaydocumentpdf/?cote=ECO/WKP%282012%2929&docLanguage=En. Zugegriffen: 30. April 2014.

Geißel, B. (2004). Einleitung. Sozialkapital im demokratischen Prozess. Theorieangebote und empirische Befunde. In A. Klein et al (Hrsg.), *Zivilgesellschaft und Sozialkapital. Herausforderungen politischer und sozialer Integration* (S. 103–109). Wiesbaden: VS Verlag für Sozialwissenschaften.

Gerhards, J., & Lengfeld, H. (2013). *Wir, ein europäisches Volk? Sozialintegration Europas und die Idee der Gleichheit aller europäischen Bürger.* Wiesbaden: VS Verlag für Sozialwissenschaften.

Giddens, A. (1990). *Konsequenzen der Moderne.* Frankfurt a. M.: Suhrkamp.

Granovetter, M. S. (1973). The strength of weak ties. *American Journal of Sociology, 78*(6), 1360–1380.

Habermas, J. (1981). *Theorie des kommunikativen Handelns. Band 2: Zur Kritik der funktionalistischen Vernunft.* Frankfurt a. M.: Suhrkamp.

Habermas, J. (1992). *Faktizität und Geltung: Beiträge zur Diskurstheorie des Rechts und des demokratischen Rechtsstaats*. Frankfurt a. M.: Suhrkamp.

Habermas, J. (2013). Im Sog der Technokratie. Ein Plädoyer für europäische Solidarität. In J. Habermas (Hrsg.), *Im Sog der Technokratie. Kleine politische Schriften XII* (S. 82–115). Berlin: Suhrkamp.

Hall, S. (2011). Eine permanente neoliberale Revolution? *Das Argument, 294*(5), 651–671.

Heidenreich, M. (Hrsg.). (2014a). *Krise der europäischen Vergesellschaftung? Soziologische Perspektiven*. Wiesbaden: VS Verlag für Sozialwissenschaften.

Heidenreich, M. (2014b). Europäische Beschäftigungsordnungen in der Krise. Die Rückkehr segmentierter Arbeitsmärkte. In M. Heidenreich (Hrsg.), *Krise der europäischen Vergesellschaftung? Soziologische Perspektiven* (S. 281–309). Wiesbaden: VS Verlag für Sozialwissenschaften.

Heidenreich, M., Delhey, J., Lahusen, C., Gerhards, J., Mau, S., Münch, R., & Pernicka, S. (2012). Europäische Vergesellschaftungsprozesse. Horizontale Europäisierung zwischen nationalstaatlicher und globaler Vergesellschaftung. Pre-prints of the DFG Research Unit „Horizontal Europeanization" No. 2012/01. http://www.horizontal-europeanization.eu/downloads/pre-prints/PP_HoEu_2012-01_heidenreich_etal_europaeische_vergesellschaftungsprozesse.pdf. Zugegriffen: 24. Nov. 2014.

Heitmeyer, W. (1997a). *Was treibt die Gesellschaft auseinander? Bundesrepublik Deutschland: Auf dem Weg von einer Konsens- zur Konfliktgesellschaft* (Bd. 1). Frankfurt a. M.: Suhrkamp.

Heitmeyer, W. (1997b). *Was hält die Gesellschaft zusammen? Bundesrepublik Deutschland: Auf dem Weg von einer Konsens- zur Konfliktgesellschaft* (Bd. 2). Frankfurt a. M.: Suhrkamp.

Heitmeyer, W. (2012). Gruppenbezogene Menschenfeindlichkeit in einem entsicherten Jahrzehnt. In W. Heitmeyer (Hrsg.), *Deutsche Zustände* (Bd. 10, S. 15–41). Frankfurt a. M.: Suhrkamp.

Hondrich, O. & Koch-Arzberger, C. (1992). *Solidarität in der modernen Gesellschaft*. Frankfurt a. M.: Fischer Taschenbuch Verlag.

König, M. (2002). *Menschenrechte bei Durkheim und Weber. Normative Dimensionen des soziologischen Diskurses in der Moderne*. Frankfurt a. M.: Campus.

Koppetsch, C. (2010). Jenseits der individualisierten Mittelstandsgesellschaft? In P.A. Berger & R. Hitzler (Hrsg.), *Individualisierungen. Ein Vierteljahrhundert jenseits von Stand und Klasse* (S. 225–243). Wiesbaden: VS Verlag für Sozialwissenschaften.

Koppetsch, C. (2013). *Die Wiederkehr der Konformität. Streifzüge durch die gefährdete Mitte*. Frankfurt a. M.: Campus.

Lengfeld, H., & Hirschle, J. (2010). Die Angst der Mittelschicht vor dem sozialen Abstieg. In N. Burzan & P.A. Berger (Hrsg.), *Dynamiken (in) der gesellschaftlichen Mitte* (S. 181–200). Wiesbaden: VS Verlag für Sozialwissenschaften.

Lessenich, S., & Nullmeier, F. (Hrsg.). (2006). *Deutschland – eine gespaltene Gesellschaft*. Frankfurt a. M.: Campus.

Lockwood, D. (1971). Sozialintegration und Systemintegration. In W. Zapf (Hrsg.), *Theorien des sozialen Wandels* (S. 124–137). Köln: Kiepenheuer & Witsch.

Marx, K., & Engels, F. (1959, 1848). *Manifest der kommunistischen Partei* (Bd. 4, S. 459–493). Berlin: Dietz.

Meyer, T. (1997). Solidarität und kulturelle Differenz. In W. Heitmeyer (Hrsg.), *Was hält die Gesellschaft zusammen? Bundesrepublik Deutschland: Auf dem Weg von einer Konsens- zur Konfliktgesellschaft* (Bd. 2, S. 313–333). Frankfurt a. M.: Suhrkamp.

Meyer, T. (2009). Europäische Identität. In T. Meyer & J. Eisenberg (Hrsg.), *Europäische Identität als Projekt. Innen- und Außensichten* (S. 15–30). Wiesbaden: VS Verlag für Sozialwissenschaften.

Münch, R. (2008). *Die Konstruktion der europäischen Gesellschaft. Zur Dialektik von transnationaler Integration und nationaler Desintegration.* Frankfurt a. M.: Campus.

Münch, R. (2010). *Das Regime des Pluralismus. Zivilgesellschaft im Kontext der Globalisierung.* Frankfurt a. M.: Campus.

Putnam, R. D. (2000). *Bowling alone. The collapse and revival of the American community.* New York: Simon & Schuster.

Putnam, R. D., & Goss, K. A. (2001). Einleitung. In R. D. Putnam (Hrsg.), *Gesellschaft und Gemeinsinn. Sozialkapital im internationalen Vergleich* (S. 15–44). Gütersloh: Verlag Bertelsmann Stiftung.

Rosa, H., Strecker, D., & Kottmann, A. (2007). *Soziologische Theorien.* Konstanz: UVK-Verlagsgesellschaft.

Schroer, M. (2000). *Das Individuum in der Gesellschaft.* Frankfurt a. M.: Suhrkamp.

Schroer, M. (2010). Individualisierung als Zumutung. In P.A. Berger & R. Hitzler (Hrsg.), *Individualisierungen. Ein Vierteljahrhundert jenseits von Stand und Klasse?* (S. 275–289). Wiesbaden: VS Verlag für Sozialwissenschaften.

Sennett, R. (1998). *Der flexible Mensch. Die Kultur des neuen Kapitalismus.* Berlin: Berlin Verlag.

Standing, G. (2011). *The Precariat. The new dangerous class.* London: Bloomsbury.

Tönnies, F. (1988, 1935). *Gemeinschaft und Gesellschaft. Grundbegriffe der reinen Soziologie.* Darmstadt: Wissenschaftliche Buchgesellschaft.

Voß, G. G., & Pongratz, H. J. (1998). Der Arbeitskraftunternehmer. Eine neue Grundform der Ware Arbeitskraft? *Kölner Zeitschrift für Soziologie und Sozialpsychologie, 50*(1), 131–158.

Wolin, S. (2001). *Tocqueville between two worlds.* Princeton: Princeton University Press.

Zick, A., Küpper, B., & Hövermann, A. (2010). Die Abwertung der Anderen. Eine europäische Zustandsbeschreibung zu Intoleranz, Vorurteilen und Diskriminierung. http://www.uni-bielefeld.de/ikg/zick/ZicketalGFED.pdf. Zugegriffen: 21. Okt. 2014.

Ass. Prof. MMag. Dr. Wolfgang Aschauer: seit 2011 Assistenzprofessor im Bereich europäisch vergleichende Sozialstrukturanalyse am Fachbereich Politikwissenschaft und Soziologie, Abteilung Soziologie und Kulturwissenschaft der Universität Salzburg. Studium der Soziologie, Psychologie und Kommunikationswissenschaft an der Universität Salzburg; 2007 Promotion mit der Dissertation: Tourismus im Schatten des Terrors. Eine vergleichende Analyse der Auswirkungen von Terroranschlägen (Bali, Sinai, Spanien), erschienen als Buch im Profil Verlag (München, Wien) 2008. Von 2007 bis 2011 Postdoc; Forschungsschwerpunkte: ländervergleichende Europaforschung, Ethnozentrismus, Migrationsforschung, Tourismussoziologie, quantitative Methoden. Derzeit Habilitationsprojekt zu Ursachen, Dimensionen und Folgen des gesellschaftlichen Unbehagens in der EU. Aktuelle Publikationen: Aschauer, W. (2014). Societal functioning in Europe – from theoretical perspectives to a multidimensional measurement. L'Année sociologique, 64 (2), 295–330; Bachleitner, R.; Weichbold, M.; Aschauer, W. & Pausch, M. (2013). Methodologie und Methodik interkultureller Umfrageforschung. Zur Mehrdimensionalität der funktionalen Äquivalenz. Berlin: Springer-VS.

Mag. Julia Hofmann, arbeitet als Universitätsassistentin (prae doc) am Institut für Soziologie der Johannes Kepler Universität Linz. Ihre Forschungsschwerpunkte sind die Auswirkungen sozialer Ungleichheit auf den sozialen Zusammenhalt sowie Arbeits- und Gewerkschaftsforschung. Sie ist Mitautorin im Sammelband „Horizontale Europäisierung im Feld der Arbeitsbeziehungen" (VS Verlag 2015, Hrsg. Susanne Pernicka) und hat u. a. mit Hilde Weiss einen Artikel zum Thema „Grenzziehungsprozesse und wechselseitige Wahrnehmungen zwischen MuslimInnen und der Mehrheitsgesellschaft" (erscheint in: VS Verlag 2015, Hrsg. Weiss/Schnell/Ates) verfasst.

Teil I
Systemische und soziale Dynamiken der Entsolidarisierung

Die drei Europas. Wie die Integration zu neuen Spaltungen in Europa führte und wie man diese durch abgestufte Integration überwinden könnte

Max Haller

2.1 Einleitung

Die erschreckenden Ereignisse in der Ukraine und die „Annexion" der Halbinsel Krim durch Russland haben einmal mehr aufgezeigt, wie wichtig eine klare Haltung der Europäischen Union zur Frage ihrer zukünftigen Erweiterung ist. Die schwere Krise in der Ukraine hat ihren Ausgang ja gerade an den widersprüchlichen Haltungen zur EU genommen; die oft mehrdeutigen Signale in dieser Richtung, welche von manchen VertreterInnen der EU ausgesandt wurden, haben ohne Zweifel mit zu diesen dramatischen Ereignissen beigetragen. In diesem Beitrag wird die These entwickelt, dass die Frage der Erweiterung der EU mit einem zentralen Identitätsproblem zusammenhängt, dessen Klärung bzw. Lösung Voraussetzung dafür ist, dass sich in ganz Europa und ihren Nachbarregionen in Nordafrika und im Nahen Osten wechselseitig nutzbringende Wirtschaftsbeziehungen entwickeln und ein Klima des Vertrauens entsteht, das wegführt von den heutigen Konfrontationen und Abschottungstendenzen und hin zu einem umfassenden, prosperierenden und friedlichen großen Wirtschafts- und Sozialraum „Europa". Die extreme Arbeitslosigkeit in Südeuropa, die gesellschaftlichen und politischen Verwerfungen im post-kommunistischen Osteuropa, und die dramatischen Schicksale von Flüchtlingen und Migranten im Mittelmeer sind durchwegs Indikatoren dafür,

M. Haller (✉)
Institut für Soziologie, Universität Graz, Universitätsstraße 15, Bauteil G/IV, 8010 Graz, Österreich
E-Mail: max.haller@uni-graz.at

© Springer Fachmedien Wiesbaden 2016
W. Aschauer et al. (Hrsg.), *Solidaritätsbrüche in Europa,*
Europa – Politik – Gesellschaft, DOI 10.1007/978-3-658-06405-1_2

dass es in einem umfassender verstandenen Europa massive neue Probleme gibt, die tiefgehende Solidaritätsbrüche indizieren. Im Zeitalter der Globalisierung wird von vielen Seiten zu Recht gefordert, Solidarität nicht mehr nur auf den Nationalstaat zu beziehen; es wäre verhängnisvoll, wenn die Europäische Union sich nur als Nationalstaat auf höherer Ebene verstehen und sich nach außen wieder stärker abschotten würde.

Die zentrale These dieses Beitrags lautet, dass Vertiefung und Erweiterung parallel und unkoordiniert erfolgten; es war gerade die zu schnelle Erweiterung und die zu starke institutionelle Vertiefung – oder besser: Zentralisierung – der EU, die diese Krisen selbst erst erzeugt und zu der neuen Spaltung in einen von den Folgen der Krise schwer getroffenen Süden und einen prosperierenden „Norden" beigetragen hat. Die Lösung der Krise kann daher nicht in einer weitergehenden institutionellen Vertiefung der Union liegen, sondern in einer Besinnung darauf, welche Ziele regionale Integration grundsätzlich verfolgen kann (vgl. dazu Haller 2011) und welche Erfolge die EU in dieser Hinsicht wirklich aufzuweisen hat. Der Beitrag ist in drei Teile gegliedert. Im folgenden Teil werden einige besonders kritischen Schritte des bisherigen Erweiterungsprozesses diskutiert; im zweiten Teil geht es um die Folgen der institutionellen Integration der EU, insbesondere die Rolle, welche die Idee des „universalen Marktes" dabei spielte und die negativen Effekte der Redistributionsmaßnahmen der EU durch Agrar-, Regional- und Strukturpolitik; im letzten Teil werden die Implikationen der Befunde für die weitere institutionelle Vertiefung und geographische Erweiterung der EU diskutiert.

2.2 Neue Weltmacht Europa – die latente Motivation für problematische EU-Erweiterungsprozesse

Die Saat für die Krisen von Griechenland und Zypern wurde schon durch ihre Aufnahme in die EU gelegt. Aber auch in anderen Fällen wurden durch Erweiterungen bzw. Aufnahme von Staaten, welche die Voraussetzungen für den Beitritt nicht erfüllten oder nicht bereit waren, sie voll zu akzeptieren, die Keime für bis heute andauernde und ungelöste Missverständnisse und Konflikte gelegt. Hinter vielen dieser Erweiterungen stand eine Vorstellung, die man im Anschluss an H. A. Winkler als „Vision von Großeuropa" bezeichnen kann.[1] In der Geschichte der Ideen zur europäischen Integration ist dies keine neue Vision. Schon der Abbé de Saint Pierre (1658–1743), der nach St. Helena verbannte Napoleon, Friedrich

---

[1] Heinrich A. Winkler, „Europa an der Krisenkreuzung", Frankfurter Allgemeine Feuilleton, 15.8.2010.

Nietzsche, vor allem aber der unermüdliche Europa-Kämpfer Richard Coudenhove-Kalergi (1953) hatten eine solche Vision. Sein Konzept sah – nicht unähnlich Huntingtons *Great Civilisations* (1996) – fünf Weltmächte vor: neben „Paneuropa" das Britische Commonwealth, Russland, Indien, sowie Ostasien mit China und Indien. Paneuropa sollte auch die europäischen Kolonien vor allem in Afrika einschließen. Demokratische Ideen spielten für all diese Autoren keine Rolle (vgl. Haller 2009, S. 365 ff.).

Die Gründung der EWG im Jahre 1957 umfasste sechs Staaten, die alle dem kontinentalen, zentral- und westeuropäischen Raum angehörten. Der EWG-Vertrag formulierte aber auch schon in der Präambel das vage, aber weitgehende Ziel, „die Grundlagen für einen immer engeren Zusammenschluss der europäischen Völker zu schaffen". Bei diesen sechs Staaten handelte es sich um eine Gruppe von Ländern, die seit jeher eng miteinander verflochten gewesen waren, die sich auch kulturell sehr nahestanden und die in vieler Hinsicht ähnliche Institutionen aufwiesen.

Der Beitritt Großbritanniens, gemeinsam mit Irland und Dänemark, erfolgte in der ersten Erweiterungsrunde der EG 1973. Diese Erweiterung muss bereits als problematisch angesehen werden. Großbritannien war bis ins 20. Jahrhundert hinein ein weltweit ausgerichtetes Imperium; der neue *Commonwealth of Nations* ist auch heute noch aktiv, ebenso sind die Beziehungen zu den USA weiterhin sehr eng; Großbritannien hat vielfach ganz andere Institutionen als Kontinentaleuropa. In Großbritannien gab es daher nicht ohne Grund seit jeher höchst kontroverse Haltungen zum EG-EU-Beitritt. So forderte die Labour-Regierung bereits 1974 Neuverhandlungen, in denen sich Großbritannien Sonderbedingungen erstreiten konnte, die bis heute umstritten sind. In der Folge (1975) stimmte zwar eine große Mehrheit der BritInnen (67,2 %) in einer Volksabstimmung dem Verbleib in der EG zu. Der „Briten-Rabatt" wurde jedoch durch Margaret Thatcher 1984 zementiert; er wurde begründet dadurch, dass Großbritannien weniger von den EG-Agrarsubventionen profitierte. Großbritannien erhandelte sich weiters ein zeitweises *Opt-out* von den sozialpolitischen Bestimmungen des Maastricht-Vertrags; bei der Erarbeitung der Charta der sozialen Grundrechte für die Verfassung für Europa war es einer der Hauptbremser. Heute blockiert Großbritannien wirksame Regulierungen des Bankensystems und der Finanzmärkte, nicht zuletzt unter dem Einfluss der starken Lobbys der Londoner City, einem der größten Finanzplätze der Welt.

Besonders problematisch war die zweite Erweiterung der EU im Süden durch den Beitritt von Griechenland 1981. Dort war erst kurz zuvor eine Militärregierung abgelöst worden und das Land hatte äußerst gespannte und konfliktbehaftete Beziehungen zur Türkei. In der EU und insbesondere in Deutschland hegte man daher große Vorbehalte, vor allem in Bezug auf die nachhinkende griechische Wirtschaft und die absehbare Notwendigkeit massiver Transferzahlungen. In Griechenland selbst gab es nur unter den regierenden Eliten einhellige Zustimmung; die sozialistische Partei war dagegen, auch in der Bevölkerung bestand alles andere als Enthusiasmus (Stergiou 2012), von der Erfüllung der ökonomischen Beitrittskriterien war das Land noch 1998 weit entfernt. Aus Sicht der EU waren eindeutig politische Gründe – Erweiterung des EU-Einflusses und der Sicherheit des Raumes in dieser kritischen Region – ausschlaggebend für die Aufnahme; das historisch-symbolische Argument von Griechenland als Wiege der europäischen Kultur eignete sich gut als zusätzliche Begründung. Nicht weniger fragwürdig war der Beitritt Griechenlands zur Euro-Zone. Während viele dies wenige Jahre vorher noch explizit ausgeschlossen hatten, wendete sich das Blatt kurz vor der Euro-Einführung plötzlich. Wie im Falle des Euro-Beitritts von Italien und anderen wurden Schein-Transaktionen und Fälschungen von Budgetdaten vorgenommen, um das staatliche Defizit zu reduzieren.

Eine nahezu unendliche, noch immer offene und höchst problematische Frage ist der EU-Beitritt der Türkei. Dieses geographisch Europa und Asien zugehörige, islamische Land verfolgt seit Atatürk (1924–1938) einen entschiedenen Kurs der Integration in den Westen. Seit 1949 Mitglied des Europarats, bewarb sich die Türkei schon 1959 um die Mitgliedschaft in der EWG; 1963 erreichte sie ein Assoziierungsabkommen, 1992 wurde die Türkei assoziiertes Mitglied der WEU, 1996 bildete die EU mit ihr eine Zollunion. 1997 erklärte die EU die Türkei zum realen Mitgliedskandidaten, nahm jedoch – sehr zu deren Verärgerung – keine Mitgliedsverhandlungen auf. 1999 wurde der Kandidatenstatus der Türkei neuerlich bestätigt und 2002/03 nahm sie am Konvent teil, der die „Verfassung für Europa" ausarbeitete. 2004 wurde offiziell die Aufnahme von Beitrittsverhandlungen beschlossen, jedoch unter einer Reihe von Auflagen, darunter auch die völlig neue zu prüfen, ob die EU selbst den Beitritt der Türkei verkraften könne. Die Gründe für dieses Verhalten der EU, das man wohl nur als Zickzack-Kurs bezeichnen kann, waren paradigmatisch für das ungeklärte Verhältnis zwischen Vertiefung und Erweiterung. Aus der Sicht der institutionellen Strukturen der EU erklären drei Gründe ihre zögerliche Haltung: Zum Ersten der soziale, wirtschaftliche und politische Entwicklungsrückstand der Türkei gegenüber Westeuropa, auch im Hinblick auf westliche Standards der Menschenrechte und Demokratie. Zum Zweiten ist die Türkei ein islamisch geprägter Staat – ein problematisches Faktum für all jene, für welche das „christliche Abendland" die Wiege der EU darstellt. Dieser Umstand wird auch nicht entkräftet durch die Tatsache, dass die Wertorientierungen der TürkInnen heute vielfach europäischen Standards entsprechen (Gerhards 2006). Der dritte Faktor ist die zunehmende Ablehnung des türkischen EU-Beitritts durch eine Mehrheit der Bevölkerungen in mehreren EU-Ländern, vor allem in

Deutschland (Haller 2013). Als Reaktion darauf haben führende PolitikerInnen ihre Meinung gegenüber ihren VorgängerInnen geändert; der französische Präsident Sarkozy und der österreichische Bundeskanzler Schüssel kündigten an, im Falle einer Entscheidung der EU für die Mitgliedschaft der Türkei in ihren Ländern Volksabstimmungen durchführen zu lassen. Es ist keineswegs auszuschließen, dass ein oder mehrere Länder dann tatsächlich gegen den Beitritt votieren würden, womit er unmöglich würde – eine Situation, die enormes Konfliktpotential erzeugen würde. Der Hauptgrund für das Aufnehmen von Beitrittsverhandlungen mit der Türkei von Seiten der EG/EU waren wirtschaftliche Interessen von Unternehmen sowie geopolitisch-strategische Ambitionen. Dies erklärt auch, warum der Verhandlungsprozess der EWG/EG/EU mit der Türkei ein Paradebeispiel für den elitengesteuerten Charakter des europäischen Integrationsprozesses ist. Keine der einschlägigen Verhandlungen und Beschlüsse war je Gegenstand eines eingehenden europäischen Meinungsbildungsprozesses. Dabei erfolgte auch ein massiver amerikanischer Druck.

Als fragwürdig muss auch die Aufnahme Bulgariens und Rumäniens in die EU im Jahre 2007 angesehen werden. Auch hier spielten wirtschaftliche (Kapital-)Interessen und geostrategische Überlegungen eine wesentliche Rolle – wie übrigens auch bei der sehr raschen Aufnahme der postkommunistischen mittel-osteuropäischen Länder. Bulgarien und Rumänien hatten seit dem Zweiten Weltkrieg bis zur Wende 1989 kommunistische Regierungen mit autoritären Führern (Ceausescu und Schiwkow); die wirtschaftliche Entwicklung verschlechterte sich zusehends, weite Teile der Bevölkerung verarmten. In den Jahren zwischen Wende und EU-Beitritt konnte sich die Wirtschaft, auch durch Vor-Beitrittshilfen der EU, besser entwickeln, aber massive soziale Probleme bestanden weiter. Die Lösung von politischen Problemen wurde im Blick auf den EU-Beitritt zwar in Angriff genommen, aber bis heute nicht wirklich erledigt, wie die Diskriminierung von Minderheiten und sozialen Randgruppen, Bestechung und Korruption. Die EU-Mitgliedschaft konnte bis jetzt auch nicht wirklich die politische Situation stabilisieren – sehr ähnlich wie in Italien. Heute denkt die EU selber darüber nach, ob sie nicht die Eintrittskriterien für neue Mitglieder verschärfen müsse. Es ist also evident, dass große, ungelöste Probleme der EU heute als Folgen von problematischen Prozessen der Erweiterung zu sehen sind. Im nächsten Abschnitt soll gezeigt werden, dass auch die institutionelle Vertiefung und Zentralisierung zu unvorhergesehenen, negativen Konsequenzen geführt haben.

2.3 Entstehung neuer sozialer Spaltungen und Solidaritätsbrüche innerhalb der EU als Folge von Liberalisierung und zentralistisch-bürokratischer Redistribution

Ein zentrales Ziel der europäischen Integration von Beginn an war die Schaffung eines großen, integrierten Binnenmarktes. Die Durchsetzung der vier Freiheiten – unbehinderter Austausch und Verkehr auf den Güter-, Dienstleistungs-, Kapital- und Arbeitsmärkten – wurde bereits im EWG-Vertrag 1957 formuliert und durch die Einheitliche Europäische Akte 1987 und den Maastricht-Vertrag 1992 voll umgesetzt. Die Schaffung dieses großen Binnenmarktes wurde den 1980er Jahren ergänzt durch eine Politik der Liberalisierung, Privatisierung und Deregulierung. Diesen weltweiten Trend hat die EU selbst – insbesondere die Kommission und der EuGH – eigenständig vorangetrieben (Schmidt 1998; Höpner 2009; Höpner und Schäfer 2010; Höferl 2005). Die EU-Wettbewerbspolitik hat damit den Binnen- markt entscheidend umgestaltet und zwar nicht nur (wie etwa das deutsche Grund- gesetz) in einer „wirtschaftspolitisch neutralen" Art und Weise. Für das Handeln der Kommission waren nicht ideologische Präferenzen für das neoliberale Gesell- schaftsbild ausschlaggebend, sondern ihre Eigeninteressen als korporativer Akteur (Schmidt 1998; vgl. auch Haller 2009; Majone 2009).

Seit Beginn des 21. Jahrhunderts hat jedoch ein Umdenken stattgefunden. Die Liberalisierung, Deregulierung und Privatisierung haben in vielen Bereichen nicht gehalten, was man sich von ihnen versprach (Höferl 2005). Die Ungleichverteilung von Nutzen und Kosten der Integration zeigt sich deutlich in den Einstellungen zu den Liberalisierungsprogrammen: Während sie von ManagerInnen und Arbeitgeb- erInnen befürwortet werden, werden sie von ArbeitnehmerInnen und ExpertInnen abgelehnt (Armingeon und Labanino 2012). Mit diesen Maßnahmen haben die Nationalstaaten an Steuerungsfähigkeit eingebüßt, ohne dass sie diese auf euro- päischer Ebene wieder erlangt hätten. Es entsteht eine Lücke, die nicht nur für den Sozialstaat, sondern für die Demokratie in Europa generell problematische Aus- wirkungen haben könnte, da sich die Balance zwischen kapitalistischer Ökonomie und demokratisch legitimierter Politik zugunsten der Ersteren verschiebt (Scharpf 2003, S. 320; vgl. auch Fitoussi und Le Cacheux 2005; Höpner und Schäfer 2010; Armingeon und Baccaro 2013).

Die problematischen Wirkungen der EU-Maßnahmen zur Realisierung eines „universalen Marktes" sollen im Folgenden in aller Kürze in drei Bereichen darge- stellt werden: Im Bereich der Deregulierung der Finanzmärkte, der Wirkungen der Einführung der gemeinsamen Währung und der Schaffung eines schrankenlosen Arbeitsmarktes.

2.3.1 Deregulierung der Finanzmärkte als Ursache für massive Abstiegsprozesse

Die tiefe Wirtschafts- und Finanzkrise 2007/08 hatte ihren Ursprung in den USA, aber die EU trug selber wesentlich dazu bei, zuletzt vor allem durch die Einführung des Euro. Auch in den USA erfolgte – wie in der EU später – de facto eine Mischung aus Liberalisierungsmaßnahmen und Interventionen (vgl. dazu u. a. Tajalli 2005; Hörl 2011, S. 73 ff.; Marterbauer 2011, S. 33 ff.). Eine starke Reduktion der staatlichen Bankenkontrolle und Politik niedriger Zinsen führten zu einem Bauboom und steigenden Immobilienpreisen, die einen Kauf- und „Renditerausch" breiter Schichten auslösten. Zugleich entwickelten sich neue Formen riskanter Kreditgeschäfte (Münch 2009, S. 267). Kurzfristige, auf unmittelbare Gewinne (*share-holder value*) abzielende Finanzgeschäfte gewannen an Bedeutung gegenüber der klassischen Gläubiger-Schuldner Beziehung (Tajalli 2005; Lütz 2008, S. 352; Dörre et al. 2009; Jakubowski et al. 2010). Bei all diesen Innovationen spielten FinanzmathematikerInnen, Finanzbroker und neue Typen von Bank- und Hedge-Fonds ManagerInnen die zentrale Rolle; sie verdrängten die alten, auf Solidität und Sicherheit bedachten BankerInnen; ihr Hauptziel war die Erzielung hoher Renditen, ihre Gratifikation enorme Einkommen und Gewinnbeteiligungen (Münch 2009, S. 281 ff.; Marterbauer 2011, S. 34 ff.).

In Europa hat sich diese Art eines „extremen Finanzkapitalismus" (Windolf 2005) nicht durchgesetzt. Es war jedoch von Anfang an klar, dass die der Integration zugrundeliegende neoklassische Effizienztheorie der Integration – wirtschaftliche Vorteile und Sachzwänge erzwingen eine immer weitergehende Integration – auch für den Finanz- und Währungsbereich als relevant angesehen wurde. Schon im EWG-Vertrag stellt die Herstellung der Kapitalverkehrsfreiheit eine der vier Grundlagen des Gemeinsamen Marktes dar. Erste Schritte zur Liberalisierung des Kapitalverkehrs erfolgten in der EU im Rahmen der Einheitlichen Europäischen Akte 1986 (Lütz 2008, S. 350). Der entscheidende Katalysator war jedoch die Einführung des Euro als Gemeinschaftswährung zum 1. Jänner 1999. Hier soll der Fall Irland dargestellt werden, in welchem sich die Liberalisierung des Banken- und Kreditgewerbes zu einem verhängnisvollen Hype auswuchs.[2]

Die irische Krise war keine originäre Staatsschuldenkrise, sondern zuerst eindeutig eine Krise des Banken- und Finanzsystems. Seit dem EU-Beitritt Irlands 2002 strömten massives ausländisches Kapital und ausländische Unternehmen

---

[2] Ein ähnlicher Fall war Zypern, wo neben westlichen auch russische Banken und Anleger eine große Rolle spielten. Das Bankwesen von Zypern war weit überdimensioniert; auch hier bestanden zahlreiche Scheinfirmen; wie in Irland spielten niedrige Besteuerung und laxe Bankenaufsicht eine wichtige Rolle.

nach Irland, das – vor allem für US-Anleger – den Vorteil der gleichen Sprache bot, aber auch durch sehr günstige Steuersätze lockte. Beides kam aber nur zur Wirkung, weil Irland eine sichere Operationsbasis für den großen Euro-Währungsraum bot. Mit den genannten Investitionen wurde ein enormes Wirtschaftswachstum ausgelöst, das Irland vom Armenhaus zu einem der reichsten Länder Europas machte. Ebenfalls dazu bei trugen die massiven Subventionen der EU seit 1973 für die Landwirtschaft und für Infrastrukturprojekte. Der Aufstieg des „keltischen Tigers" war jedoch zu einem guten Teil auf Sand gebaut. Viele der großen Unternehmen, die Haupt- oder wichtige Niederlassungen nach Irland verlagerten (IBM, Hewlett Packard, Intel usw.), taten dies nur auf dem Papier; in der Krise zogen dann viele wieder ab. Die Expansion des Finanzsektors wiederum beruhte vor allem auf einem Bauboom, ermöglicht durch leichten Zugang zu günstigem Kapital aus dem Ausland, und einer laxen Regulierung des Finanzsektors. 2009 betrug die irische Auslandsverschuldung das Vierfache des BIP. Dabei waren ausländische, vor allem deutsche und französische Geldinstitute maßgeblich beteiligt; 15 der 35 größten irischen Banken waren Ableger deutscher Banken. Nachdem 2007, kurz nach den USA, auch in Irland die Immobilienblase platzte und die Preise in den Boden stürzten, gerieten die Banken in gewaltige Schieflagen. Nun entschloss sich der Staat für die gigantischen Schulden der Banken einzuspringen. Diese staatlichen Rettungsaktionen führten dazu, dass das Budgetdefizit auf 108 % des BNP explodierte. Für breite Schichten der Bevölkerung bedeutete die Krise eine Katastrophe durch Privatkonkurse, den Anstieg der Arbeitslosigkeit auf über 14 % und eine Ausbreitung massiver Armut.

2.3.2 Die De-Industrialisierung Südeuropas als Folge der Währungsunion

Die Einführung einer gemeinsamen Währung als Krönung der WWU war von Anfang an umstritten. Positive wirtschaftliche Erwartungen, die mit ihr verknüpft wurden, waren ein allgemeiner Wachstumsschub durch Beseitigung von Wechselkursrisiken, Einsparung von Transaktionskosten und erhöhte Markttransparenz, sowie höhere Preisstabilität in Ländern mit hoher Inflation (so vor allem in Italien). Mögliche negative wirtschaftliche Folgen sah man vor allem in Deutschland, etwa durch Ansteigen der Inflation. Es ist heute wohl unbestritten, dass der entscheidende Grund für die erfolgreiche Durchsetzung des Jahrhundertprojekts politischer Natur war: Von Seiten Frankreichs der Wunsch, der Abhängigkeit von der Politik der Bundesbank zu entkommen und währungspolitisch an Gewicht zu gewinnen, und von Seiten Deutschlands der Wunsch nach rascher Wiedervereinigung mit der

DDR, die sich Helmut Kohl als Ziel an die Fahnenstange geheftet hatte. In der Bevölkerung war eine Mehrheit dagegen. Das Gleiche galt für zahlreiche ÖkonomInnen in- und außerhalb Deutschlands. Deren Hauptargument war, dass die dem Euro beitretenden Länder nicht die Voraussetzungen für einen funktionierenden Währungsraum bildeten, da es – entsprechend der „Theorie des optimalen Währungsraums" von R. Mundell – zwischen ihnen keine unbegrenzte Faktormobilität gab, vor allem nicht im Bereich der Arbeitskräfte. Der wohl gewichtigste Einwand war, dass durch die einheitliche Geld- und Zinspolitik der Europäischen Zentralbank die ökonomischen AkteurInnen in traditionellen Hochinflationsländern falsche ökonomische Anreize erhalten und die Nationalstaaten die Möglichkeit verlieren, durch Auf- und Abwertungen Unterschiede in der Entwicklung der Löhne und der Produktivität auszugleichen.

Dies trat in der Tat ein. Es entwickeltes sich eine fundamentale, neue Spaltung der Europäischen Union zwischen den südlichen Mitgliedsländern und Irland (abgekürzt GIIPS-Staaten) einerseits, und den exportstarken zentraleuropäischen Staaten nördlich davon, allen voran Deutschland. Die ökonomischen Zusammenhänge lassen sich relativ einfach darstellen (vgl. Müller 1999; Höpner und Schäfer 2010; Maurer 2010; Hörl 2011; Hankel et al. 2011; Bozsoki 2012; Sarrazin 2012; Sinn 2012; Jovanovic 2013). Durch das Absinken der Zinsen in Ländern, die bislang hohe Inflationsraten und Zinsen aufwiesen, werden private und öffentliche AkteurInnen dazu verleitet, hohe Kredite für konsumtive Zwecke aufzunehmen. Damit erfolgen ein Rückgang privater Ersparnisse und ein Zufluss ausländischen Kapitals, mit Preis- und Lohnsteigerungen als Begleiterscheinung. Da der Anstieg der Löhne und Lohnstückkosten nicht durch einen Produktivitätsanstieg gedeckt ist, verteuern sich die für den Export produzierten Waren und die internationale Wettbewerbsfähigkeit sinkt. Solange ein Land noch eine eigene Währung besaß, konnte es darauf bauen, dass durch die laufende stille Inflation seine Schulden de facto zurückgehen oder es konnte durch gezielte Abwertungen den Export fördern. Dies fällt in der Eurozone weg. Auch Regierungen werden animiert, die Staatsverschuldung auszuweiten, weil das starke Wirtschaftswachstum hohe Einnahmen bringt, die Zinssätze jedoch niedrig bleiben. Werden die Ausgaben nur für konsumtive Zwecke und nicht für produktivitätssteigernde Investitionen verwendet, sinkt die Wettbewerbsfähigkeit und aus der Schuldenmechanik kann eine Schuldenfalle werden (Baumgarten und Klodt 2010; Zechner 2012).

Die Folgen der Einführung des Euro kamen schon nach einem Jahrzehnt in dramatischer Weise zum Ausdruck (vgl. Daten in Eurostat 2012; Sarrazin 2012, S. 106 ff.; Sinn 2012): Die Lohnstückkosten 2000–2010 wuchsen in Deutschland nur um 6 %, in den GIIPS-Staaten jedoch um 27 bis 30 %; es tat sich eine enorme Diskrepanz in der Leistungsbilanz auf: Jene von Deutschland wurde immer besser,

jene der GIIPS-Staaten immer negativer. Die Folge war eine steigende Diskrepanz in den Arbeitslosenraten, in den Zinsen für Staatsanleihen und im Ausmaß
der öffentlichen Verschuldung. In all diesen Bereichen gerieten die GIIPS-Staaten
in immer größere Schwierigkeiten. Durch die gemeinsame Währung war also – in
Gegensatz zu den Erwartungen – eine gefährliche Spaltung der Europäischen Union eingetreten; kritische Stimmen hatten dies schon von Anfang an vorausgesehen.

2.3.3 Der schrankenlose Arbeitsmarkt und die Beschäftigungskatastrophe in Südeuropa

Auch im Bereich des Arbeitsmarkts versprach sich die EU von einer Liberalisierung positive Effekte. Die Freizügigkeit der ArbeitnehmerInnen war seit jeher
einer der Eckpfeiler der vier Grundfreiheiten des Gemeinsamen Marktes. Jede/r
BürgerIn der Union hat das Recht, in jedem anderen Mitgliedsstaat unter den gleichen Voraussetzungen eine Beschäftigung auszuüben wie ein Angehöriger dieses
Staates. Die EU ist bis heute bestrebt, die interne Mobilität zu steigern, weil sie
sich damit eine Verbesserung der Beschäftigungssituation verspricht; dieser Bereich gehört zu den notorischen Schwachstellen vieler EU-Mitgliedsstaaten.

De facto war die internationale Mobilität in Europa jedoch seit jeher gering,
weit geringer als etwa in den USA. Wenn EuropäerIn heute aus Beschäftigungs-
gründen einen Ortswechsel in Betracht ziehen, dann allenfalls innerhalb ihres jeweiligen Staates, aber viel seltener darüber hinaus (Hadler 2006). Die Gründe sind
die sprachlich-kulturellen Unterschiede, institutionelle Differenzen in den nationalen Leistungen aus Versicherungen und Sozialleistungen und die hohe Ortsver-
bundenheit und starke nationale Identität der Europäer (Haller und Ressler 2006).
Eine völlig andere Entwicklung trat jedoch seit Anfang der 1990er Jahre ein, kurz
nach dem EU-Beitritt Spaniens und Portugals 1986. Es setzte eine massive Ein-
wanderung in die südeuropäischen Länder ein, die deren bislang weit unterdurch-
schnittlichen Ausländeranteile von 1–3 % auf EU-Spitzenränge von 8 bis 12 %
katapultierte. Meine These lautet, dass die Politik der EU, sowohl ihre allgemeine
Forcierung der Marktöffnung wie auch jene des Zusammenschlusses von Ländern
mit völlig unterschiedlichen institutionellen Voraussetzungen, wesentlich zu dieser
massiven neuen Form der Wanderung beigetragen hat, die deshalb als höchst problematisch erscheint, weil in Spanien damit auch die Arbeitslosigkeit besonders
stark gestiegen ist (vgl. auch Agrela 2002; Lopez-Sala und Ferrero-Turrion 2009;
Èltetö 2011; Sinn 2012, S. 98). Die Integration der MigrantInnen in den spanischen
Arbeitsmarkt wurde erleichtert durch dessen extreme institutionelle Spaltung in
einen privilegierten Sektor mit gut abgesicherten Beschäftigungsverhältnissen und

einen prekären Sektor mit sehr schlechten, zeitlich begrenzten und sofort künd-
baren Verhältnissen (Reichmann 1994). Mit der großen EU-Erweiterungsrunde
2004 öffnete Spanien seinen Arbeitsmarkt sofort für Beschäftigte aus Osteuropa;
60 % der Zugewanderten waren 2008/09 in Bereichen prekärer Beschäftigung tätig
gegenüber nur 30 % der SpanierInnen (Eltetö 2011, S. 71).

Zuwanderung an sich ist nicht negativ zu bewerten, im Gegenteil. Sie hat un-
zweifelhaft auch positive Effekte, wie die Situation der Schweiz und Österreich belegt – beides Länder mit einem der höchsten Anteile von MigrantInnen in Europa,
zugleich aber mit einer sehr guten Wirtschaftsentwicklung und niedriger Arbeitslosigkeit. Entscheidend ist jedoch, ob die Zuwanderung kontrolliert erfolgt oder
nicht. Genau diese beiden Länder sind auch bekannt dafür, dass sie sehr strenge
Bestimmungen für die Gewährung von Aufenthalts- und Arbeitsbewilligungen an
ausländische Arbeitskräfte haben – ein Faktor, der die Integration von Migrant-
Innen erhöht (Koopmans 2010). Die enorme Zuwanderung nach Spanien erfolgte jedoch in einem unkontrollierten Ausmaß und sie legte den Grundstein dafür,
dass in der Krise dann die Arbeitslosigkeit explodierte. Bei einer Jugendarbeits-
losigkeitsrate von 55 % (in Griechenland 59 %) muss man von einer wirklichen
Katastrophe sprechen, die für eine ganze Generation von jungen Menschen einen
aktuellen sozialen Ausschluss und eine lebenslange Benachteiligung im Hinblick
auf Karrierechancen zur Folge hat.[3] Ein negativer Effekt der unkontrollierten,
massiven Zuwanderung ist auch eine Zunahme ausländerfeindlicher Einstellungen in der Bevölkerung (Schlueter und Davidov 2011; vgl. auch Agrela 2002).
In Rechnung stellen muss man aber auch die Folgen der Ost-West Migration für
die Entsendeländer (vgl. u. a. Bélorgey et al. 2012). Ein positiver Aspekt sind die
finanziellen Rücküberweisungen der im Ausland Tätigen (1 % bis 4 % des BIP)
(Bélorgey et al. 2012, S. 45). Negative Auswirkungen sind u. a. ein massiver *brain-
drain* von AkademikerInnen. Insgesamt sind aus den neuen mittelosteuropäischen
Mitgliedsländern bis 2009 4,8 Mio. Menschen abgewandert – sicherlich auch ein
Grund für die signifikante Bevölkerungsabnahme in vielen dieser Länder. Problematisch für die Entsendeländer ist auch, dass vor allem Jüngere und besser Ausgebildete abwandern; darunter leidet u. a. auch der Gesundheitsbereich. Während
westliche Haushalte von den Pflegerinnen aus Osteuropa profitieren, müssen diese
dort oft Kinder in der Obhut von Großeltern oder anderen Verwandten, wenn nicht
überhaupt ohne Betreuung, zurücklassen; nach Schätzungen betrifft dies eine halbe
Million Kinder. Zugleich ist der Anteil der älteren Bevölkerung angestiegen, für

---

[3] Dies ungeachtet der Tatsache, dass die Arbeitslosigkeit unter AusländerInnen – vor allem MarokkanerInnen – nahezu doppelt so hoch ist wie unter Einheimischen; vgl. A. Cala,
Spain's Immigrants Suffer in Economic Downturn, Time World, 26.8.2010.

die jedoch wieder jüngere Familienangehörige fehlen, die sie betreuen können. Für
große Teile der Bevölkerung in Osteuropa brachte die EU-Mitgliedschaft also eine
massive Depravation mit sich.

2.3.4 Die „griechische Krankheit": Wie zentralistisch-bürokratische Redistribution zur Korruption von Staat und Gesellschaft beitragen kann

Meine These lautet, dass die Krise des Staates Griechenland nicht nur durch über-
höhte staatliche Ausgaben und Misswirtschaft, sondern auch durch die EU selber
verursacht worden ist. Hier geht es nicht mehr um die EU als Promotor von Liberalisierung, sondern um ihre Ambitionen als Umverteilungsstaat. Bei den Subventionen der EU geht es um enorme Summen. Die Ausgaben für Landwirtschaft machen
noch immer 41 % des EU-Budgets (2009) aus, rund 55 der insgesamt 133 Mrd.
Euro des EU-Haushalts. Der Bereich Struktur- und Regionalpolitik ist der nächst
größere mit Ausgaben von 38 Mrd. oder 28,7 % des Budgets.[4] Für kleinere Länder, die erhebliche Zahlungen aus EU-Töpfen erhalten, impliziert dies gravierende
volkswirtschaftliche Effekte. Dabei – so meine These – hat sich in schleichender
Form ein neues Problem entwickelt, die „griechische Krankheit" – eine Bezeichnung in Anlehnung an den in der Ökonomie etablierten Begriff der „holländischen
Krankheit". Gemeint ist dabei das Phänomen, dass unerwartete Renten-Einnahmen
(z. B. aus Bodenschätzen) zum Niedergang der produktiven Industrie und zu einer
allgemeinen Wirtschaftskrise führen können.[5]

Meine These lautet, dass ähnliche Mechanismen auch im Falle der EU-Direkt-
subventionen an die peripheren südlichen (und vermutlich auch östlichen) Mitgliedsländer wirksam waren. Die Probleme der *griechischen Krankheit*[6] sind
klar zu benennen; sie umfassen nicht nur wirtschaftliche, sondern auch gesellschaftliche und politische Aspekte. Durch den Zustrom massiver finanzieller Mittel nicht durch eigene Arbeit, sondern aus externen Quellen wird eine Gesellschaft
und Staat aus dem Gleichgewicht gebracht, gewinnen moralisch fragwürdige Verhaltensweisen, Korruption usw. die Oberhand; die daran Beteiligten und Profiteure
sind vor allem UnternehmerInnen und Wohlhabende, aber auch BeamtInnen und

---

[4] Genaue Zahlen in http://ec.europa.eu/budget/library/publications/budget_in_fig/synt-
chif_2010_de.pdf.

[5] Ab Mitte der 1970er Jahre schlitterten die Niederlande in eine tiefe Wirtschaftskrise als
Folge erheblicher neuer Einnahmen durch die Entdeckung von Erdgasvorkommen in der
Nordsee vor der Küste.

[6] Müller und Schmidt (2010, S. 3) sprechen vom „griechischen Patienten".

Mittelklassen, BäuerInnen und RentnerInnen. Ich möchte hier sieben Probleme benennen (vgl. auch Stergiou 2012):

- Durch die EU-Subventionen wird vor allem ein wenig produktiver und zukunftsträchtiger Sektor wie die Landwirtschaft gefördert, wobei es in erster Linie um Strukturerhaltung geht. Das reichliche Fließen dieser Subventionen fördert Vorteilsnahme, Klientelismus und Korruption. Dies ist seit jeher ein massives Problem der EU-Agrarsubventionen.
- Die Regional- und Strukturfonds der EU werden vielfach für Investitionen der Bauwirtschaft ohne langfristige Beschäftigungswirkungen genutzt. Nicht nur in Spanien, auch in Griechenland wurden gewaltige Großinvestitionen von der EU gefördert.[7] Es werden vielfach Betriebsansiedlungen und -umsiedlungen unterstützt, die ausschließlich dazu erfolgen, damit ein Unternehmen EU-Förderungen lukrieren kann.
- Ein besonders gravierender Ausgabenposten war das überproportionale Verteidigungsbudget. Griechenland leistete sich auch in neuester Zeit noch bizarre Konflikte wie jenen mit Mazedonien, vor allem aber mit der Türkei (Müller und Schmidt 2010, S. 3 ff.). Der Anteil des Verteidigungsbudgets am BIP betrug 3 bis 4 % – weit mehr als in allen anderen EU-Mitgliedsstaaten; absolut 2009 8,6 Mrd. Euro (zum Vergleich Österreich rund 2 Mrd.).[8]
- Zu erwähnen sind hier auch die Interessen großer westeuropäischer Banken und Unternehmen, die vom Boom in Griechenland profitiert haben. Dies gilt insbesondere für Rüstungsfirmen; vor allem deutsche (aber auch französische) Firmen wie Thyssen-Krupp, Krauss-Maffei und andere. Auch hier war vielfach massive Korruption im Spiel, in die auch deutsche Firmen involviert waren (Jovanovic 2013, S. 23).
- Der öffentliche Dienst ist stark aufgebläht und zahlt überdurchschnittlich hohe Gehälter als Folge der Praxis, dass sich siegreiche Parteien bei den WählerInnen vor allem durch Beschaffung von Jobs revanchieren (Müller und Schmidt 2010, S. 9). Der Staat leistet sich auch – vor allem für seine BeamtInnen – ein Rentensystem, das Privilegien bietet, wie sie anderswo undenkbar sind.
- Auch illegale Aktivitäten, Steuerhinterziehung und offener Betrug haben sich in weiten Teilen vor allem der wohlhabenderen Bevölkerung ausgebreitet. Es wird geschätzt, dass Schwarzarbeit 40 % des BIP ausmacht; dadurch sind dem Staat 2009 30 Mrd. an Steuereinnahmen entgangen. „Steuern nicht zu bezahlen wurde ein Teil der Lebensart der griechischen Mittelklasse" (Lynn und Roth 2011, S. 151).

---

[7] Vgl. dazu http://biossol.de/info_aktuell_griechenland_in_kürze.htm.

[8] „Krise, Krieg & Kapitel: Griechenlands Militärausgaben", Libertad! Online (http://www.info.libertad.de/print/620).

2.4   Abgestufte Integration als Weg zur Schaffung eines solidarischen und friedlichen Gesamt-Europas

Es ist also evident, dass die europäische Integration nicht, wie von politischen und wirtschaftlichen Eliten immer wieder behauptet, nur positive Folgen mit sich gebracht hat, sondern auch zu neuen, tiefgreifenden wirtschaftlichen und sozialen Verwerfungen geführt hat. In diesem letzten Abschnitt werden zwei Fragen diskutiert: Wie weit soll die institutionelle Vertiefung der EU gehen? Wie lange soll die EU-Erweiterung weitergeführt werden? Diese beiden Fragen sind eng miteinander verknüpft; es ist eine zentrale These dieses Beitrags, dass diese Verknüpfung bislang oft missachtet wurde.

Angesichts der krisenhaften Entwicklung in Südeuropa und der neuen sozialen und politischen Spaltungen in der EU erscheint es wenig verwunderlich, dass bei den BürgerInnen – im Gegensatz zu den Eliten – die Zustimmung zur Integration deutlich abgenommen hat. Die Eurobarometer-Umfragen zeigen: 2006 hatten noch 50 % der Befragten EU-weit ein positives Bild von der EU; bis 2009 war dieser Anteil auf 43 % gesunken, bis 2012 auf 31 %. Dagegen nahm der Anteil jener, die ein negatives Gesamtbild hatten, von 15 % auf 28 % zu.[9] Eine zweite problematische Entwicklung in der öffentlichen Meinung betrifft das Aufbrechen von wechselseitigen Schuldzuschreibungen und Anfeindungen, Stereotypen und Vorurteilen. In ganz Südeuropa, vor allem aber in Griechenland, sind verbale Ausfälle gegen Deutschland an der Tagesordnung; ihm wird die Schuld an den rigiden Sparmaßnahmen der EU in die Schuhe geschoben.[10] Auch die SpanierInnen, die generell eine sehr positive Meinung von Deutschland haben, kritisieren dessen Europapolitik als „egoistisch"; die Beliebtheit von Merkel nahm signifikant ab.[11] Wie konträr die Sichtweisen in verschiedenen Ländern sind – ebenfalls ein klares Indiz für die Entstehung neuer Solidaritätsbrüche – zeigt sich am Beispiel Merkel klar: Während sie in Südeuropa, wie dargestellt, unter scharfe Kritik geriet, ist ihr Beliebtheitsgrad in der Bundesrepublik extrem hoch.[12] Man könnte sagen, dass sich viele SüdeuropäerInnen heute in einer Falle derart sehen, dass sie auf Hilfe von außen angewiesen sind und sich als Opfer einer Politik sehen, die die HelferInnen selbst mit verschuldet haben. In Deutschland gibt es komplementäre Reaktionen.

---

[9] Vgl. dazu die Ergebnisse der letzten Umfrage (die neueren auf den analogen Web-Seiten) auf http://ec.europa.eu/public_opinion/archives/eb/eb78/eb78_first_de.pdf.

[10] Einige Beispiele für Medienberichte: „Deutschland, ewiger Buhmann mit Hitlerbärtchen", Focus Online, 1.4.2013; „Buhmann-Image: Deutschland ärgert ‚unfaire' Kritik an Zypern", Tiroler Tageszeitung Online, 27.3.2013.

[11] „Tausende Spanier protestieren gegen Sparkurs", Spiegel Online, 7.10.2012.

[12] Vgl. z. B. „Zehn Gründe, warum Merkel so beliebt ist", Stern.de, 5.9.2012.

Hier wird statt von „Eurokrise" vorrangig von „Staatsschuldenkrise" gesprochen, was suggeriert, dass nicht die Banken, sondern die GIIPS-Staaten schuld an der Krise seien (Blomert 2012). Generell muss man hier zweifellos von einem Solidaritätsbruch sprechen, werden doch den südeuropäischen Ländern ungeheure soziale Kosten (man denke vor allem an die Jugendarbeitslosigkeit) für die Bewältigung der Währungsintegration aufgebürdet.

2.4.1 Die Idee der abgestuften Integration

Die Idee der abgestuften Integration ist nicht neu (vgl. Grabitz und Franzmeyer 1984; Breuss und Griller 1998; Herz und Hill 2007; Maurer 2007; Schäfer 2007; Keutel 2012a, b). Sie tauchte vor allem in Krisenzeiten auf und wurde in solchen auch von prominenten PolitikerInnen und Intellektuellen vertreten. Aber auch in jüngerer Zeit wird die Idee wieder ventiliert, so von Angela Merkel („Europa der zwei Geschwindigkeiten") oder von Guy Verhofstedt („konzentrische Kreise"). Von anderen wird diese Idee aber auch kritisiert als ein fragwürdiges „Europa à la carte", wo sich jedes Mitgliedsland die Rosinen herauspicken könne; es werde damit die Grundidee der umfassenden und solidarischen Integration Europas in Frage gestellt.

Die faktische Integration der EU entspricht in wichtigen Aspekten aber tatsächlich der Idee der abgestuften Integration. Beispiele sind das Schengener Abkommen von 1997, das zunächst von einigen Mitgliedsstaaten ohne Einbezug der EU beschlossen und 1997 in den Vertrag von Amsterdam eingeschlossen wurde; die ständige Zusammenarbeit im Rahmen der Gemeinsamen Sicherheits- und Verteidigungspolitik; und vor allem die Europäische Währungsunion, der Großbritannien, Dänemark und Schweden nicht beigetreten sind. Im Vertrag von Amsterdam wurde eine spezifische Form abgestufter Integration, die „verstärkte Zusammenarbeit" zwischen einer Untergruppe von mindestens neun Mitgliedsstaaten, sogar institutionalisiert; de facto wurde diese Möglichkeit aber noch kaum in Anspruch genommen. Ich folge hier jenen Autoren, welche die Idee der abgestuften Integration befürworten als eine sinnvolle Strategie und Möglichkeit, sowohl der Heterogenität Europas wie auch der Sinnhaftigkeit von Integration in bestimmen Bereichen gerecht zu werden (vgl. auch Schäfer 2007, S. 476). Man kann vier Formen abgestufter Integration unterscheiden (Maurer 2007): a) Eine rechtlich-vertraglich abgesicherte Form der Zusammenarbeit bzw. Integration, wie in der Währungsunion; diese kann auch negativ entstehen, durch *opting-out* eines oder mehrerer Staaten; b) durch verstärkte Integration geographisch-regional fokussierter Gruppen; c) als frei schwebende Funktionsverbünde oder ad-hoc Koalitionen zur Durchsetzung

bestimmter Ziele; d) als „Lenkungsgruppen", wobei meist wenige größere Staaten
zusammenarbeiten, so insbesondere die Achse Deutschland-Frankreich.

Hinter den folgenden Überlegungen steht die Idee einer abgestuften Integration, welche vor allem die erste, zum Teil aber auch die zweite Kategorie einschließt, also eine vertraglich-institutionelle Form der Zusammenarbeit, welche
auf geographisch-regionale Zugehörigkeit abstellt. Es wird ein Modell von drei
Untergruppen oder konzentrischen Kreisen vorgeschlagen: 1) Kerneuropa, das die
sechs Gründungsmitglieder der EU und vielleicht noch einige weitere, benach-
barte Staaten einschließt, die auch den Euro übernommen haben; 2) die weiteren
EU-Mitgliedsstaaten sowie die durch bilaterale Verträge sehr eng mit der EU ver-
flochtene Länder (Norwegen, Schweiz); 3) Staaten außerhalb der EU, die entweder
eindeutig zum geographischen Raum „Europa" gehören (wie Russland), oder für
welche Europa der mit Abstand wichtigste ökonomische und politische Partner ist
(wie die nordafrikanischen Staaten). Im Hinblick auf die weitere institutionelle
Entwicklung wird die These vertreten, dass für Kerneuropa noch in mancher Hinsicht Vertiefungen notwendig, in anderer jedoch – genauso wie für die gesamte
EU – eher Rücknahmen bestimmter Aspekte der Integration geboten sind. Für den
erweiterten „Großraum Europa" wären jedoch zusätzliche Integrationsschritte notwendig.

2.4.2 Begrenzung der EU auf eine „soziale Rechtsgemeinschaft" und von „Kerneuropa" auf eine Wirtschafts- und Währungsunion

Meiner Meinung nach braucht die EU weder eine „Wirtschafts- noch eine sonstige
Regierung", wie häufig gefordert wird. Vielmehr glaube ich, dass ihre derzeitigen
Probleme in Zukunft nicht mehr auftreten würden, wenn sie sich in vollem Sinne
an die Regeln halten würde, die sie sich als eine Rechtsgemeinschaft selbst bereits
gegeben hat und die sie noch weiter vertiefen sollte. Als „soziale Rechtsgemeinschaft" bezeichne ich dieses Modell, weil es sich bewusst von dem neoliberalis-
tisch inspirierten, durch den EuGH vorangetriebenen derzeitigen Modell unterscheiden würde (vgl. dazu auch Haller 2009, S. 453 ff.). Ich folge hier Max Weber
(1964, S. 233 ff.), der dem Recht eine stark integrative Kraft zugeschrieben hat.
Auch Hans Kelsen (1925) sah durch das Recht die Möglichkeit zur Bildung einer
politischen Gemeinschaft ohne exzessive Bürokratie, weil auch die Geltung einer
Rechtsordnung sanktioniert werden kann. So haben auch zeitgenössische Politikwissenschaftler die EU als „eine transnationale, durch Recht regulierte Polis" mit
komplexen Regelungsstrukturen gekennzeichnet (Stone Sweet und Brunell 1998;
Wind 2003).

Eine Rechtsgemeinschaft stellt bereits eine sehr weitgehende und wirksame Integration dar, sie verzichtet jedoch auf direkte staatliche Interventionen und Umverteilungsmaßnahmen, also dem Aufbau eines neuen, zentralisierten (Groß-)Staates (vgl. dazu Haller et al. 2009, S. 453 ff.). Die EU hat auch bei weitem nicht die Mittel, um etwa die massive Beschäftigungskrise in Südeuropa wirkungsvoll zu reduzieren (vgl. Jovanovic 2013, S. 17). Außerdem sind selbst die im Rahmen der Methode der offenen Koordinierung aufgenommenen Aktionen in letzter Zeit weitgehend zum Erliegen gekommen. Generell gilt, dass selbst unter den glühendsten BefürworterInnen einer EU-Sozialpolitik kein Wunsch nach einem supranationalen europäischen Wohlfahrtsstaat besteht (Treib 2004, S. 29). Dafür erscheint die EU als viel zu groß und zu komplex und alle Kritikpunkte an zu großen ineffizienten organisatorischen und politischen Einheiten (vgl. Alesina und Spolaore 2003; Kohr 2003) treffen auf sie zu.

Vier Reformschritte erscheinen aus der Sicht der EU als einer sozialen Rechtsgemeinschaft als essentiell; die beiden ersten beiden betreffen vor allem die Mitglieder der Eurozone, die Wirtschafts- und Währungsunion („Kerneuropa"). 1) Für diese Gruppe von Staaten ist vor allem sicher zu stellen, dass eine strikte Kontrolle der Einhaltung der gemeinsamen Regeln im Hinblick auf eine verantwortliche Wirtschaftspolitik (u. a. auch die Einbremsung von Budgetdefiziten) erfolgt. Damit würde auch die Wirksamkeit der *no-bail-out* Klausel, d. h. des Verbots, dass EU-Institutionen oder Staaten andere Mitgliedsstaaten der Eurozone im Krisenfall unterstützen, gewährleistet. 2) Einen Abbau der landwirtschaftlichen Subventionen und der EU-Struktur- und Regionalfonds; der ersteren werden von nahezu allen Fachleuten mehr negative als positive Effekte zugeschrieben; sie kommen vor allem landwirtschaftlichen Großbetrieben und Nahrungsmittelkonzernen zugute und bewirken eine regelrechte Umverteilung von unten nach oben (Haller et al. 2009, S. 195 ff.). An die Stelle der Struktur- und Regionalfonds sollte ein funktionaler Finanzausgleich zwischen reichen und armen Ländern bzw. Regionen erfolgen, wobei an Steuererleichterungen für Unternehmen in den letzteren zu denken wäre, die Arbeitsplätze schaffende, dauerhafte Investitionen tätigen. Damit würden die derzeit zwischengeschalteten PolitikerInnen und Behörden ausgeschaltet und fragwürdige Großinvestitionen verhindert und an ihrer Stelle produktive Investitionen gefördert werden. 3) Ein ganz wesentlicher Aspekt wäre schließlich, dass die EU energisch dafür eintritt, dass weltweit in vielen Bereichen (Soziales, Umwelt) Mindeststandards etabliert werden. Das Gegenargument, dass viele Probleme nur global gelöst werden können, trifft meist überhaupt nicht zu. Wenn ein wirtschaftlich so einflussreicher Akteur wie die EU sich massiv für Reformen einsetzt oder in ihrem Bereich strikte Regelungen durchführt, hat dies sehr wohl globale Auswirkungen. Einer der wichtigsten Bereiche in diesem Zusammenhang

wäre das internationale Bankensystem und die Verschiebung riesiger Summen in
Steueroasen, wodurch den meisten Staaten – vor allem aber den ärmeren und krisengeschüttelten – Milliarden von Steuereinnahmen entzogen werden.

2.4.3 Bildung eines umfassenden „Europäischen Wirtschafts- und Sozialraums"

Mein zweiter Vorschlag bezieht sich auf die Frage, wie lange sich die EU noch
erweitern soll, wo die „Grenzen Europas" liegen. Dieses Problem hängt eng mit
dem Selbstverständnis und der Identität der EU und ihrer weiteren institutionellen
Vertiefung zusammen. Grenzen sind wichtige Bestandteile politischer Prozesse;
die Souveränität und Handlungsfähigkeit eines Staates bemisst sich nicht zuletzt
daran, wieweit er seine Grenzen kontrollieren kann. In der EU gibt es zwei impli-
zite Vorstellungen von „Europa": Eine engere setzt die derzeitige EU mit „Europa" gleich und eine umfassendere sieht die Europa als einen viel größeren Raum
(Langer 2012). Die Gründerväter wie auch der Vertrag über die Europäische Union
(Vertrag von Lissabon) haben die konventionellen geographischen Grenzen Europas im Auge, also eine umfassende Definition.[13] Die geographische Begrenzung
Europas durch das Mittelmeer im Süden wurde politisch relevant und offiziell
wirksam, seit das Beitrittsansuchen Marokkos an die EG 1987 abgelehnt wurde.
Die Definition der Ostgrenze Europas beim Ural ist jedoch eine rein konventio-
nelle Festlegung (Hummel 2003). Aus wirtschaftlicher, historisch-politischer und
kultureller Sicht stellt das Uralgebirge keinerlei effektive Grenze dar; Sibirien ist
ein integraler Teil von Russland (nicht nur wirtschaftlich, sondern auch sozio-kul-
turell) und damit auch von Europa.

Der wirtschaftsgeographische Aspekt ist für die europäische Integration zentral:
Sie wurde initiiert als „Wirtschaftsgemeinschaft" und ist noch immer primär eine
solche. Das Kriterium für die Bildung regionaler Assoziationen ist eine enge Verflechtung der Wirtschaften von Ländern, die auch geographische Nachbarn sind.
Die theoretische und politische Grundlage dafür ist die ökonomische Annahme,
dass alle Nationen profitieren, wenn sie miteinander Handel treiben (El-Agraa
2004; Jovanovic 2011). Wenn man Europa unter diesem Gesichtspunkt betrachtet,
ergibt sich ein recht eindeutiger, überraschender Befund. In bezug auf die tatsächlichen wirtschaftlichen Verflechtungen in Europa heute findet zwar der größte Teil
der Exporte und Importe mit anderen EU-Ländern, also innerhalb der EU statt.

---

[13] Art.49 des Vertrags sagt lediglich, dass „nur europäische Staaten" in die Union aufgenommen werden können. In anderen Verträgen wird die Grenze des Ural explizit genannt.

Länder an der geographischen Peripherie der EU haben jedoch einen geringeren Anteil am internen Handel als die Nicht-EU-Mitglieder Norwegen und Schweiz. In allen Ländern hat sich der Umfang des internen Handels nur in den 1960er und 1970er Jahren stark erhöht, dagegen kaum mehr seit 1980. All das erscheint überraschend angesichts der Tatsache, dass einige dieser Länder erst Mitte der 1990er Jahre EU-Mitglieder wurden und der volle Gemeinsame Markt 1992 Realität wurde. Aus der Sicht der ökonomischen Theorie ist es jedoch weniger überraschend. Wenn in einer Region einmal ein bestimmtes Niveau der Integration erreicht worden ist (mit oder ohne eine wirtschaftliche Union), bringt eine weitere Expansion des intraregionalen Handels nur wenig zusätzliche Vorteile (Smeets 1996, S. 67). Wir müssen daher folgern, dass die europäische Integration im Rahmen der EWG/EG und EU nicht der Hauptfaktor für die Zunahme des internen Handels seit 1950 gewesen ist. Dieser Befund ist auch wichtig für die Bewertung der Beziehungen der EU-Mitglieder zu den Ländern und Regionen in ihrer unmittelbaren Nachbarschaft. Betrachtet man die tatsächlichen wirtschaftlich-sozialen Verflechtungen in dieser Hinsicht, so würde sich eine ganz andere Großregion als adäquate Basis für eine Wirtschaftsgemeinschaft nahelegen, nämlich eine solche zwischen der EU und ihren großen Nachbarländern bzw. -regionen im Osten und im Süden. Betrachten wir diese beiden etwas näher.

Zwischen Russland und der EU bestehen schon derzeit enorm wichtige, wenngleich hochspezialisierte, z. T. einseitige und konflikthafte wirtschaftliche Beziehungen (Jovanovic 2013, S. 10 ff.). Die EU ist in hohem Maße von der Lieferung von fossilen Energierohstoffen (vor allem Erdgas) aus Russland angewiesen; gut ein Drittel aller externen Brennstoffimporte der EU kamen 2010 aus Russland. Für Russland selbst ist die EU der wichtigste Exportmarkt; rund 64 % der Warenexporte Russlands entfielen auf Brennstoffe, davon ging die Hälfte in die EU (Koopmann 2012). Durch die Unterentwicklung der Konsumgüterindustrie in der Sowjetunion und den Niedergang der Industrie seit der Wende stellen Russland und die Nachfolgestaaten der Sowjetunion (besonders Weißrussland, die Ukraine) einen potentiell enormen Exportmarkt für die EU-Industrie dar. Die EU ist auch zum größten ausländischen Investor in Russland aufgestiegen. Die Beziehungen zwischen Russland und der EG/EU waren jahrzehntelang durch Ambivalenz und geringe gegenseitige Beachtung gekennzeichnet. 1994 wurde ein Vertrag über Partnerschaft und Kooperation abgeschlossen. Sie haben sich seit Putins Amtsantritt als Ministerpräsident 2001 zunächst zum Positiven geändert. Eine realistische Sicht der EU setzte ein; die neuen russischen Machteliten sind an einer Öffnung und Modernisierung der russischen Wirtschaft interessiert, die Außenpolitik orientierte sich pragmatisch stärker an wirtschaftlichen Interessen und selbst in militärischer Hinsicht wurde die EU nicht mehr als bloßer Alliierter der USA und damit als Feind begriffen.[14] 2002 ist Russland auch Mitglied der Welthandelsorganisation (WTO) geworden. Es legt sich hier die Idee einer formellen und für beide Seiten akzeptablen umfassenden Wirtschaftsgemeinschaft zwischen der EU und Russland und allen postsowjetischen osteuropäischen Ländern nahe. Dies vor allem deshalb, weil Russland aufgrund seiner wirtschaftlichen Schwäche „nicht in der Lage ist, als ein eigener Kristallisationskern auf der östlichen Seite des Kontinents zu wirken."[15] Ich würde meinen, dass auch die tiefe aktuelle Vertrauenskrise zwischen dem Westen und Russland als Folge seiner Einmischung in der Ukraine diese langfristigen Interessen und Kräfte nicht verdrängen wird.

Russland muss auch aus historischer Sicht, politisch und kulturell, eindeutig als Teil von Europa gesehen werden. Es gehört zum christlichen Kulturkreis – wenngleich es mit der Orthodoxie eine eigene Variante entwickelt hat – und seine Sprache ist Teil der indogermanischen Sprachfamilie (Jordan 1988; Haller 1990). Auch in politischer Hinsicht war die Geschichte Russlands seit Jahrhunderten auf das Engste mit Europa verflochten, wenn auch oft durch Kriege. Soziologisch sind aber Kriege, wie alle anderen Konflikte, Zeichen von Verflechtungen (Coser 1956, S. 122 ff.). Die Notwendigkeit, Russland als integralen Teil und Partner und nicht als Gegner „Europas" zu sehen, hat sich in den jüngsten Konflikten zwischen der Ukraine und Russland in besonders eklatanter Weise gezeigt. Die innenpolitischen Zerreißproben in der Ukraine, die bis zu einer blutig-tragischen Konfrontation der pro-EU- und pro-Russland-Kräfte eskalierten, sind nur verständlich auf dem Hintergrund der Tatsache, dass sich die Ukrainer quasi zwischen der Zugehörigkeit zur EU oder zu Russland entscheiden mussten. Wäre für sie wie für alle anderen post-sowjetischen Staaten und Russland von vornherein eine klare, allseits geteilte Zielvorstellung in Bezug auf diese Loyalitäten vorhanden gewesen, hätte der Konflikt mit hoher Wahrscheinlichkeit vermieden werden können.

Kontroverser mag die Idee erscheinen, auch die afrikanischen Länder nördlich der Sahara als Teil eines funktionalen „Europäischen Wirtschafts- und Sozialraums" zu sehen. Dafür sprechen drei Gründe. Der erste Grund ist ein historisch-kultureller. Es unbestritten, dass das Mittelmeer durch Jahrtausende viel eher verbindend als trennend war. Am stärksten galt dies zur Zeit des antiken Rom, als ganz Nordafrika wie alle Regionen rund um das Mittelmeer (bezeichnet als *mare nostrum)* Teile des Römischen Reiches waren. Die schnelle Eroberung Nordafrikas im 7. Jahrhundert durch die muslimischen AraberInnen reduzierte die engen Be-

---

[14] Andreas-Renatus Hartmann, „Die russische Außenpolitik und die Beziehungen EU–Russland aus Brüsseler Sicht", Beitrag auf der Konferenz der Konrad-Adenauer-Stiftung am 26.4.2002 in Pskow, Russland (vgl. Association Paris Berlin Moscow; http://www.paris-berlin-moscou.org/page_112.html).

[15] Hartmann, Die russische Außenpolitik, a. a. O.

ziehungen zu Europa zwar stark, löschte sie aber nicht völlig aus; vom späten Mittelalter an pflegten etwa die italienischen Seerepubliken enge Handelsbeziehungen zum Mittelmeerraum. Nordafrika gelangte jedoch wieder sehr stark in den Fokus europäischer Interessen mit Beginn der Neuzeit, durch den Kolonialismus und Imperialismus vom 16. bis ins 19. Jahrhundert; Portugal, Spanien, Frankreich, Italien und Großbritannien machten die nordafrikanischen Staaten für Jahrhunderte zu Kolonien und exportierten die europäische Kultur und europäische Institutionen dorthin.

Zum Zweiten gilt, dass fast alle nordafrikanischen Länder wirtschaftlich am stärksten mit Mitgliedsländern der EU verflochten sind; für Marokko und Algerien stellen Frankreich, Spanien und Italien die wichtigsten Außenhandelspartner dar, lediglich Ägypten ist auch stark mit den USA und naturgemäß seinen benachbarten Staaten Saudi-Arabien und Indien verflochten. Die Handelsbeziehungen zwischen den nordafrikanischen Ländern mit ihren Nachbarn südlich der Sahara sind weit weniger bedeutsam als jene mit Europa. Die engen Verflechtungen zwischen Nordafrika und (Süd-)Europa war wohl auch ein Hauptanlass für den Vorschlag des 2007 gewählten französischen Präsidenten Nikolas Sarkozy, eine Mittelmeerunion (*Union méditeranéene*) zu gründen. Der geringe Erfolg dieser Initiative stellt ihre grundsätzliche Sinnhaftigkeit nicht in Frage (vgl. auch Heese 2009). In diesem Zusammenhang ist auch Israel zu nennen. Die israelische Gesellschaft hat sicherlich mehr Ähnlichkeit mit europäischen Gesellschaften als mit jenen seiner Nachbarländer. Führende israelische PolitikerInnen haben einen EU-Beitritt Israels als Zukunftsvision angesprochen und auch in der Bevölkerung gäbe es eine breite Mehrheit dafür. Israel ist Mitglied des europäischen Fußballverbands (UEFA) und nimmt am Eurovisions-Songcontest teil; die EU selbst hat 2014 einen spezifischen *Action Plan* für eine engere Zusammenarbeit mit Israel entworfen.[16] Würden Israel und seine Nachbarländer Ägypten, der Libanon usw. Teil eines großen Europäischen Wirtschaftsraums, könnten sich völlig neue Perspektiven für den Frieden in diesem konfliktreichsten Teil der Welt eröffnen.

Der dritte Grund, warum man auch die nordafrikanischen Länder als Teil eines umfassenden europäischen Wirtschaftsraums sehen sollte, liegt in der zunehmenden Verflechtung im Hinblick auf legale und illegale Migration. Angesichts des starken Bevölkerungswachstums in Afrika und der bei weitem nicht entsprechenden wirtschaftlichen Entwicklung besteht ein starker Migrationsdruck, auf den die EU bislang vor allem durch Abschottung und die Errichtung eines neuen Eisernen Vorhangs zwischen Afrika und Europa reagiert hat (Haller 2014). Die dabei getroffenen, quasi-militärischen Sicherheitsmaßnahmen sind vielfach menschenrechts-

---

[16] Vgl. eeas.europaeu/israel/index_en.htm.

widrig und man muss ohne Zweifel auch hier von einem Solidaritätsbruch sprechen, wurden diese Länder doch noch vor nicht allzu langer Zeit nicht nur „europäisiert", sondern auch als Kolonien ausgebeutet. Darüber hinaus ist eine solche
Abschottung auch aus der Sicht wirtschaftlicher und gesellschaftlicher Interessen
der EU selbst kontraproduktiv. Die schrumpfende und älter werdende Bevölkerung
Europas benötigt massive Zuwanderung. Zugleich ist es für Europa von größtem
Interesse, dass sich alle afrikanischen Staaten wirtschaftlich und politisch konsoli-
dieren und positiv entwickeln; dadurch würde der Migrationsdruck abnehmen, die
internationale Sicherheit erhöht, und es würde sich ein neuer, riesiger Absatzmarkt
für europäische Waren und Dienstleistungen erschließen.

Es ist hier nicht der Ort, im Detail zu diskutieren, was im Rahmen eines solchen
erweiterten Wirtschafts- und Sozialraums Europas für die Länder Nordafrika zu
tun wäre und wie ihre Beziehungen zur EU zu gestalten wären. Die Grundprin-
zipien liegen jedoch auf der Hand: Die derzeitige inhumane Abschottung im Mittelmeer wäre durch eine humane Grenzpolitik zu ersetzen; die erwünschten und
möglichen Migrationsströme insgesamt wären – soweit dies politisch überhaupt
möglich ist – klar zu definieren; so könnte die EU etwa – entsprechend dem Modell
Kanadas oder der USA – eine begrenzten Anzahl von Personen die legale Einreise
und Ansiedlung gestatten; die Handelsbeziehungen müssten fair und symmetrisch
ausgestaltet werden; europäische Firmen müssten massiv investieren und Arbeitsplätze schaffen; schließlich wäre auch die Entwicklungszusammenarbeit mit allen
nordafrikanischen Staaten zu intensivieren; sie müssten sich vor allem auf die Unterstützung von Infrastrukturprojekten sowie die Verbesserung des Ausbildungs-
wesens konzentrieren. Von all diesen Maßnahmen könnte auch das demographisch
alternde Europa selbst massiv profitieren.[17]

2.5 Zusammenfassung

In diesem Beitrag wurde argumentiert, dass Erweiterung und Vertiefung der EU
in einem klaren Widerspruch zueinander stehen: Erweiterung bedeutet mehr Heterogenität, diese macht zunehmende institutionelle Vertiefung schwieriger, ja unmöglich. Angesichts der jüngsten Wirtschafts- und Sozialkrise rufen viele nach
einer Vertiefung der Union. Hier wurde argumentiert, dass ein solcher Weg verhängnisvoll wäre, weil bereits die bisherigen Erfahrungen sowohl mit Erweiterung
wie mit institutioneller Vertiefung gezeigt haben, dass beide zu verhängnisvollen
Konsequenzen führen können, wenn die neuen Mitglieder den Bedingungen der

---

[17] Ich habe eine utopische Version der daraus entstehenden Vorteile für Europa entwickelt
in Haller (2012).

Gemeinschaft nicht entsprechen oder wenn die wirtschaftliche Integration nicht mit entsprechenden wirtschafts- und sozialpolitischen Maßnahmen flankiert werden kann.

Im ersten Teil wurde gezeigt, das bereits mit dem Beitritt Großbritanniens im Jahre 1973 eine Serie fragwürdiger Aufnahmen neuer Mitglieder – so insbesondere Griechenland und Zypern, aber auch Bulgarien und Rumänien – erfolgte, welche die Union in der Folge vor massive Probleme stellte; die frühen Versprechungen eines Beitritts der Türkei könnten ein weiteres erzeugen. Hinter vielen dieser Aufnahmen standen öffentlich nie diskutierte strategisch-militärische Überlegungen zur Verstärkung des Einflusses der EU (und ihrer amerikanischen Verbündeten) im Osten. Im zweiten Teil wurde gezeigt, dass die spezifisch liberalistisch-marktorientierte Form der Integration selbst entscheidend zum Ausbruch der tiefen Wirtschafts- und Finanzkrise 2008 und zum Abstieg breiter Schichten beigetragen hat; dass die Einführung des Euros in einer Gruppe von Ländern, die durch sehr unterschiedliche Systeme industrieller Beziehungen und politischer Kulturen gekennzeichnet waren, zunächst zu einer Aufblähung, dann aber zu einer Strangulierung der Ökonomien Südeuropas geführt hat; dass die Politik der Förderung schrankenloser Mobilität ein massives Ungleichgewicht der Arbeitsmärkte dieser Länder erzeugte (exemplarisch gezeigt am Beispiel von Spanien); und dass die Struktur-, Regional- und Agrarpolitik der EU, eine Form zentralistisch-bürokratischer Redistribution, selbst zur „griechischen Krankheit" beigetragen hat, in deren Zuge sich öffentliche Verschwendung, Klientelismus und Korruption ausgebreitet haben. Es wurde argumentiert, dass eine grundlegende Neuorientierung der Integrationspolitik notwendig erscheint – eine Orientierung, die Vertiefung und Erweiterung gleichzeitig in den Blick nimmt. Aus dieser Sicht ergibt sich die Idee der abgestuften Integration als logische Antwort: Die Einführung einer gemeinsamen Währung, ein sehr weitgehender Schritt, sollte auf ein „Kerneuropa" beschränkt bleiben, d. h. jene Länder, welche die Voraussetzungen dafür erfüllen. Aber selbst für diese Gruppe sollte das Ziel einer *„ever closer union"* ad acta gelegt werden. Die Verfassung und Verwaltung der EU insgesamt sollte sich darauf beschränken, diese als Rechtsgemeinschaft zu sehen und ihr keine wirklichen Regierungsfunktionen zu übertragen. Zusätzlich zur bestehenden EU sollte man jedoch der Tatsache Rechnung tragen, dass der Begriff Europa auch Russland und die Nachfolgestaaten der Sowjetunion umfasst, ja selbst die nordafrikanischen Staaten und den Nahen Osten, deren primärer wirtschaftlicher und gesellschaftlicher Anker ja ebenfalls Europa ist. Durch die Schaffung eines solchen umfassenden Wirtschafts- und Sozialraumes könnten Frieden, Sicherheit und Prosperität viel besser gesichert werden als durch die Entwicklung einer „Festung Europa", von der aus Russland als Gegner, und Nordafrika als gefährliche Bedrohung gesehen werden.

Literatur

Agrela, B. (2002). *Spain as a recent country of immigration: How immigration became a symbolic, political and cultural problem in the „New Spain".* Working Paper 57, The Center for Comparative Immigration Studies, University of California, San Diego.

Alesina, A., & Spolaore E. (2003). *The size of nations.* Cambridge: MIT Press.

Armingeon, K., & Baccaro L. (2013). The sorrows of young Euro: The sovereign debt crises of Ireland and Southern Europe. In N. Bermeo & J. Pontusson (Hrsg.), *In coping with crisis: Government reactions to the great recession* (S. 162–197). New York: Russel Sage.

Armingeon, K., & Labanino, R. (2012). *Electoral responses to liberalization: Interests versus ideology. A comparison of 14 EU countries, 1997–2009.* Paper for the Annual Meeting of the Swiss Political Science Association. Lucerne.

Baumgarten, M., & Klodt, H. (2010). Die Schuldenmechanik in einer nicht-optimalen Währungsunion. *Wirtschaftsdienst, 90,* 374–379.

Bélorgey, N., et al. (2012). *Social impact of emigration and rural-urban migration in central and eastern Europe.* Köln: Gesellschaft für Versicherungswissenschaft.

Blomert, R. (2012). Schulden und Schuldige. Deutsche Krisendeutungen. *WZB Mitteilungen, 137,* 21–24.

Bozsoki, J. (2012). *Euro vor dem Aus? Die Widersprüche der Währungsunion und das Scheitern der Politik.* Wien: edition Va bene.

Breuss, F., & Griller, S. (Hrsg.). (1998). *Flexible Integration in Europa, Einheit oder „Europa a la carte"?* Wien: Springer.

Coser, L. (1956). *The functions of social conflict.* New York: The Free Press/Collier Macmillan.

Coudenhove-Kalergi, R. (1953). *Die Europäische Nation.* Stuttgart: Deutsche Verlags-Anstalt.

Dörre, K., Lessenich, S., & Rosa, H. (2009). *Soziologie – Kapitalismus – Kritik. Eine Debatte.* Frankfurt a. M.: Suhrkamp.

El-Agraa, A. M. (Hrsg.). (2004). *The European union. Economics and policies.* Harlow: Pearson Education/Prentice Hall.

Éltetö, A. (2011). Immigrants in Spain. Their role in the economy and the effects of the crisis. *Romanian Journal of European Affairs, 11,* 66–81.

Eurostat. (2012). *Europe in figures. Eurostat yearbook 2012.* Luxembourg: Publications Office of the EU.

Fitoussi, J.-P., & Le Cacheux, L. (2005). *L'Etat de l'Union Européenne 2005.* Paris: Fayard et Presses de Sciences Po.

Gerhards, J. (2006). *Kulturelle Unterschiede in der Europäischen Union. Ein Vergleich zwischen Mitgliedsländern, Beitrittskandidaten und der Türkei.* Wiesbaden: VS Verlag für Sozialwissenschaften.

Grabitz, E., & Franzmeyer F. (Hrsg.). (1984). *Abgestufte Integration. Eine Alternative zum herkömmlichen Integrationskonzept?* Kehl am Rhein: Engel.

Hadler, M. (2006). Intentions to migrate within the European union: A challenge for simple economic macro-level explanations. *European Societies, 8,* 111–140.

Haller, M. (1990). The challenge for comparative sociology in the transformation of Europe. *International Sociology, 5,* 183–204.

Haller, M., & Ressler, R. (2006). *National and European identity: A study of their meanings and interrelationships.* Revue Francaise de Sociologie, *47,* 817–850.

Haller, M. (2009). *Die europäische Integration als Elitenprozess. Das Ende eines Traums?* Wiesbaden: VS Verlag für Sozialwissenschaften.

Haller, M. (2011). Values and interests in processes of macro-regional integratio. In N. Genov (Hrsg.), *Global trends and regional development* (S. 25–44). New York: Routledge.

Haller, M. (2012). 2050: An African travels through Europe. *Belgrade Journal of Media and Communications, 1,* 77–85.

Haller, M. (2013). The image of Turkey in Europe today. *European Review, 21,* 327–355.

Haller, M. (2014). Why empires build walls. Considerations from the perspective of historical sociology about the new Iron Curtain between Africa and Europe. In A. Gasparini (Hrsg.), *The New Borderism* (im Erscheinen).

Haller, M., Kaup, G., & Ressler, R. (2009). National identity in comparative perspective. In M. Haller, R. Jowell, & T. W. Smith (Hrsg.), *The international social survey programme 1984–2009. Charting the globe* (S. 222–241). London: Routledge.

Hankel, W., et al. (2011). *Das Euro-Abenteuer geht zu Ende – Wie die Währungsunion unsere Lebensgrundlagen zerstört.* Rottenboug: Kopp-Verlag.

Hartmann, A.-R. (2002). Die russische Außenpolitik und die Beziehungen EU–Russland aus Brüsseler Sicht, Beitrag auf der Konferenz der Konrad-Adenauer-Stiftung am 26.4.2002 in Pskow, Russland vgl. Association Paris Berlin Moscow. http://www.paris-berlin-moscou.org/page_112.html.

Heese, B. (2009). *Die Union für das Mittelmeer: zwei Schritte vor, einen zurück?* Berlin: Lit.

Herz, B., & Hill, A. (2007). Ist die EWU ein Modell für eine EU der zwei Geschwindigkeiten? *Wirtschaftsdienst, 87,* 503–508.

Höferl, A. (2005). Privatisierung und Liberalisierung öffentlicher Dienstleistungen in der EU-25. Zusammenfassung. Wien: Österreichische Gesellschaft für Politikberatung und Politikentwicklung.

Höpner, M. (2009). Integration durch Usurpation – Thesen zur Radikalisierung der Binnenmarktintegration. *WSI-Mitteilungen, 8,* 407–415.

Höpner, M., & Schäfer, A. (2010). Grenzen der Integration – wie die Intensivierung der Wirtschaftsintegration zur Gefahr für die politische Integration wird. *Integration, 1,* 3–20.

Hörl, M. (2011). *Die Finanzkrise und die Gier der kleinen Leute.* Gelnhausen: Wagner.

Hummel, H. (2003). Die Grenzen Europas. Jahrbuch der Heinrich-Heine-Universität Düsseldorf. http://www.uni-duesseldorf.de/Jahrbuch/2003/Hummel/index_html.

Huntington, S. P. (1996). *The clash of civilizations and the remaking of the world order.* New York: Simon & Schuster.

Jakubowski, A., Holger, S., & Ralph D. (2010). Diversifikation in der Krise. Hypotheken und Finanzprodukte auf dem Prüfstand. Münster: se consult

Jordan, T. G. (1988). *The European culture area. A systematic geography.* New York: Harper & Row.

Jovanovic, M. (Jordan, T. G. (1988). *The European culture area. A systematic geography.* New York: Harper & Row.

Jovanovic, M. (2011). *International handbook on the economics of integration* (2 Bde.). Cheltenham: Edward Elgar.

Jovanovic, M. (2013). Was European integration nice while it lasted? *Journal of Economic Integration, 28,* 1–36.

Kelsen, H. (1925). *Allgemeine Staatslehre.* Berlin: Springer.

Keutel, A. (2012a). *Geschichte und Theorie der abgestuften Integration Europas* (Serie Sozialraum Europa). Working Paper 2, Institut der Soziologie der Universität Leipzig.

Keutel, A. (2012b). *Die Europäische Union zwischen einheitlicher Integration und Abstufung* (Serie Europa). Arbeitspapier 5, Institut für Soziologie der Universität Leipzig.

Kohr, L. (2003). *Die überentwickelten Nationen.* Salzburg: Müller.

Koopmann, G. (2012). *Perspektiven Russlands in der Welthandelsorganisation (WTO).* Policy Paper, Hamburgisches Institut für Weltwirtschaft (HWWI).

Koopmans, R. (2010). Tradeoffs between equality and difference immigrant integration, multiculturalism, and the welfare state in cross-national perspective. *Journal of Ethnic and Migration Studies, 36,* 1–26.

Langer, J. (2012). The contingency of Europe's boundaries. In F. Höllinger & M. Hadler (Hrsg.), *Crossing Borders – Shifting Boundaries. Festschrift für Max Haller* (S. 179–199). Frankfurt a. M.: Campus.

Lopez-Sala, A., & Ferrero-Turrion, R. (2009). *Economic crisis and migration policies in Spain: The big dilemma.* Paper prepared for the COMPAS Annual Conference, Oxford.

Lütz, S. (2008). Finanzmärkte. In A. Maurer (Hrsg.), *Handbuch der Wirtschaftssoziologie* (S. 341–360). Wiesbaden: VS Verlag für Sozialwissenschaften.

Lynn, M., & Roth, C. (2011). *Pleite: Griechenland, der Euro und die Staatsschuldenkrise.* Weinheim: Wiley-VCH-Verlag.

Majone, G. (2009). Liberalization, re-regulation, and mutual recognition: Lessons from three decades of EU experience. *Scottish Jean Monnet Centre Working Paper Series, 1,* 1–36.

Marterbauer, M. (2011). *Zahlen bitte! Die Kosten der Krise tragen wir alle.* Wien: Deuticke.

Maurer, A. (2007). Chancen und Grenzen eines Europa der verschiedenen Geschwindigkeiten. *Wirtschaftsdienst, 87,* 499–502.

Maurer, R. (2010). Die Verschuldungskrise der Europäischen Währungsunion – Fiskalische Disziplinlosigkeit oder Konstruktionsfehler? *Vierteljahreshefte zur Wirtschaftsforschung, 79,* 85–102.

Müller, K. (1999). Die Einführung des Euro. Monetäre, politische und institutionelle Aspekte der europäischen Integration, *PROKLA. Zeitschrift für kritische Sozialwissenschaft, 29,* 7–28.

Müller, K., & Schmidt, R. (2010). Von der griechischen zur europäischen Krise. *PROKLA. Zeitschrift für kritische Sozialwissenschaft, 40,* 1–26.

Münch, R. (2009). *Das Regime des liberalen Kapitalismus. Inklusion und Exklusion im neuen Wohlfahrtsstaat.* Frankfurt a. M.: Campus.

Reichmann, T. (1994). *Explaining unemployment in Spain; Structural change, cyclical fluctuations and labor market rigidities.* Working Paper 94/201, International Monetary Fund.

Sarrazin, T. (2012). *Europa braucht den Euro nicht. Wie uns politisches Wunschdenken in die Krise geführt hat.* München: Deutsche Verlags-Anstalt.

Schäfer, W. (2007). Ein Europa der zwei Geschwindigkeiten? *Wirtschaftsdienst, 87,* 495–498.

Scharpf, F. (2003). Politische Optionen im vollendeten Binnenmarkt. In M. Jachtenfuchs & B. Kohler-Koch (Hrsg.), *Europäische Integration* (S. 219–253). Opladen: Leske + Budrich.

Schlueter, E., & Davidov, E. (2011). Contextual sources of perceived group threat: Negative immigration-related news reports, immigrant group size and their interaction, Spain 1996–2007. *European Sociological Review, 29,* 179–191.

Schmidt, S. K. (1998). *Liberalisierung in Europa. Die Rolle der Europäischen Kommission.* Frankfurt a. M.: Campus.

Sinn, H.-W. (2012). *Die Target-Falle. Gefahren für unser Geld und unsere Kinder*. München: Hanser.

Smeets, H. D. (1996). Grundlagen der regionalen Integration: Von der Zollunion zum Binnenmarkt. In R. Ohr (Hrsg.), *Europäische Integration* (S. 47–75). Stuttgart: W. Kohlhammer.

Stergiou, A. (2012). Anatomie eines Niedergangs? Griechenland und die Europäische Union. *Aus Politik und Zeitgeschichte, 35–37*.

Stone Sweet, A., & Brunell, T. (1998). Constructing a supranational constitution: Dispute resolution and governance in the European community. *American Political Science Review, 92*, 63–81.

Tajalli, E. (2005). Die europäische Integration zwischen Deregulierung der Finanzmärkte und gemeinsamer Steuerungspolitik. *SWS-Rundschau, 45*, 97–116.

Treib, O. (2004). *Der EU – Verfassungsvertrag und die Zukunft des Wohlfahrtsstaates in Europa*. Reihe Politikwissenschaft 99. Institut für Höhere Studien Wien.

Weber, M. (1964). *Wirtschaft und Gesellschaft (Erster Halbband)*. Köln: Kiepenheuer & Witsch.

Wind, M. (2003). The European union as a polycentric polity: Returning to a Neo-Medieval Europe? In J. H. H. Weiler & M. Wind (Hrsg.), *European constitutionalism beyond the state* (S. 103–131). Cambridge: Cambridge University Press.

Windolf, P. (2005). Finanzmarktkapitalismus? In P. Windolf (Hrsg.), *Finanzmarkt-Kapitalismus. Analysen zum Wandel von Produktionsregimen* (S. 20–57). Wiesbaden: VS Verlag für Sozialwissenschaften.

Zechner, S. (2012). *Die Schuldenmechanik in der Eurozone – Europas Weg in die Krise*. Volkswirtschaftliche Masterarbeit, Karl-Franzens-Universität Graz.

o.Univ.Prof. Dr. Max Haller ist o.Univ.Prof. an der Universität Graz und Mitglied der Österreichischen Akademie der Wissenschaften. Lehr- und Forschungsschwerpunkte: Sozialstrukturanalyse und soziale Ungleichheit, ethnisch-nationale Identität und Beziehungen, politische Soziologie, internationaler Gesellschaftsvergleich, soziologische Theorie. Neuere Publikationen zum Thema: *Ethnic Stratification and Socioeconomic Inequality Around the World. The End of Exploitation and Exclusion?* Ashgate 2015 (unter Mitarbeit von Anja Eder); Die europäische Integration als Elitenprozess. Das Ende eines Traums? Wiesbaden 2009 (engl. Routledge 2008); „Values and Interests in Processes of Macro-Regional Integration", in: Nikolai Genov, ed., Global Trends and Regional Development, Routledge, 2011; „Is the European Union legitimate? To what extent? " *International Social Science Journal LX, 2009*

Mehr Solidarität durch „Mehr Europa"?

Stefan Immerfall

Solidarität ist ein Kernbegriff der europäischen Integrationsgeschichte. Beginnend mit der Schuman-Erklärung bis zum heute gültigen Reformvertrag von Lissabon wird er in ihren zentralen Dokumenten beschworen. Auf ihn wird in den wichtigen Politikfeldern Bezug genommen, wie im Solidaritäts- oder im Kohäsionsfonds. Seine Verwendung setzt keine gemeinsame Identität noch gar ein überwölbendes Gemeinschaftsgefühl voraus, sondern „nur" das Eingeständnis einer gemeinsamen Verantwortung, das dem gewachsenem Gefühl wechselseitiger Abhängigkeit entspringt (Kim und Schattle 2012, S. 482 f.). Es handelt sich gewissermaßen um eine rechtlich verbürgte Solidarität zwischen Staaten (Domurath 2013), welche auf der sehr viel voraussetzungsreicheren Form der Solidarität zwischen BürgerInnen nur indirekt rekurrieren muss.

Diese – wie ich sie nennen möchte – „eingehegte" Form von Solidarität als gemeinsame Verantwortung wurde in der europäischen Finanzkrise auf eine harte Probe gestellt. Solidarität in der Form eines finanziellen Lastenausgleichs wurde von einigen – keineswegs allen[1] – Schuldnerländern offensiv eingefordert. Im Gegenzug verwiesen Geberländer darauf, dass ein Land wie Griechenland durch eigene finanzielle Laxheit die Gebote der Solidarität selbst verletzt habe. Länder

---

[1] Hier ist in erster Linie Griechenland zu nennen. Die Reaktion etwa in Irland war eine ganz andere (Smith 2013).

S. Immerfall (✉)
Abteilung: Soziologie/Politikwissenschaft, Pädagogische Hochschule Schwäbisch Gmünd,
Oberbettringer Str. 200, 73525 Schwäbisch Gmünd, Deutschland
E-Mail: stefan.immerfall@ph-gmuend.de

© Springer Fachmedien Wiesbaden 2016   49
W. Aschauer et al. (Hrsg.), *Solidaritätsbrüche in Europa*,
Europa – Politik – Gesellschaft, DOI 10.1007/978-3-658-06405-1_3

wie Slowenien schließlich verweigerten sich der Rettungsaktion (zunächst) mit dem Hinweis auf die Armut der eigenen Bevölkerung.

Offenbar wird in der Krise europäische Solidarität an Staaten adressiert, muss aber letztlich von dem/der nationalen SteuerzahlerIn bezahlt, bzw. von dem/der StaatsbürgerIn mit Wohlfahrtseinbußen und Sozialstaatskürzungen erlitten werden. Somit gewinnt in der europäischen „Rettungsroutine"[2] die Frage nach dem Ausmaß und – mehr noch – nach den Bedingungen und Triebfedern der Entwicklung einer europäischen, trans- oder supranationalen Solidargemeinschaft praktische, ja dramatische Bedeutung. Denn die VerhandlungspartnerInnen müssen bei ihren Überlegungen, wie Finanz-, Banken- und Staatsschuldenkrisen eingehegt und künftig besser vermieden werden können, stets auch die Reaktionen ihrer Bevölkerungen mitbedenken. Das gilt besonders für die VertreterInnen der nationalen Regierungen, von denen nicht wenige im Gefolge der Eurokrise von ihren Wahlbevölkerungen aus dem Amt gefegt wurden.

Niemand vermag vorauszusehen, wie weit die Bereitschaft der Bürger und Bürgerinnen in den unterschiedlichen Mitgliedsländern trägt, in kommenden Krisen das europäische Integrationsziel weiter zu unterstützen oder es zumindest hinzunehmen, nun da es mit einem „Preisschild" versehen ist (Kuhn und Stoeckel 2014, S. 614). Es mag aber nützlich sein, sich frühere Prognosen zu vergegenwärtigen und sie mit aktuellen Entwicklungen zu vergleichen. Aus dieser Gegenüberstellung könnten sich Anhaltspunkte dafür ergeben, welche Folgewirkungen die institutionelle Behandlung der Krisendynamiken durch die EU für die europäische Identifikation der Bürgerinnen und Bürger hat. Welche Kriseninterventionen können sich vermutlich auf Solidarisierungsprozesse zwischen den europäischen Gesellschaften stützen, welche leisten womöglich Entsolidarisierungsprozessen Vorschub?

Ausgangspunkt nachfolgender Erörterung ist die These, dass nationalstaatsübergreifende Verflechtungen und wachsende Interaktionsdichte transnationale Solidarität begünstigen oder sogar eine Art weltbürgerliches Bewusstsein hervorbringen (Münch und Büttner 2006; Harnisch et al. 2009; Beck und Grande 2004).

---

[2] „Rettungsroutine" wurde von der Gesellschaft für deutsche Sprache zum Wort des Jahres 2012 gewählt. Sie bezeichnet die unzähligen, fast schon gewohnheitsmäßigen Maßnahmen und Gipfel gegen die Eurokrise und für die Stabilisierung der europäischen Finanz- und Wirtschaftslage. Es hätte, wie „Der Spiegel" bemerkte, genauso „Unwort des Jahres" sein können (Kwasniewski und Friedrich 2012). Die Jury fand die widersprüchliche Bedeutung der beiden Wortbestandteile sprachlich besonders interessant: „Während im eigentlichen Sinn eine Rettung eine akute, initiative, aber abgeschlossene Handlung darstellt, beinhaltet Routine – als Lehnwort aus dem Französischen – eine wiederkehrende, wenn nicht gar auf Dauer angelegte und auf Erfahrungen basierende Entwicklung" (GfdS 2012).

Für diese Erwartung gibt es eine Reihe guter soziologischer Argumente, wie zum Beispiel die Transaktionstheorie von Karl Deutsch, die Vision einer kosmopolitischen Moderne von Ulrich Beck oder Durkheims Theorie der Arbeitsteilung als Quelle organischer Solidarität (vgl. Immerfall 2012; Recchi 2014). Die Europäische Union stellt zweifellos einen vorzüglichen Anwendungsfall für diese Prognose dar. In keiner anderen wirtschaftlichen Makroregion ist transnationale horizontale Mobilität – grenzüberschreitende Aktivitäten von Personen, Unternehmen und Zusammenschlüssen – auch nur annähernd ähnlich groß (Díez Medrano 2008; Mau und Büttner 2010; Favell und Guiraudon 2011; Roose 2011). Und nirgends sonst werden die grenzüberschreitenden Verflechtungen derart robust institutionell gestützt und politisch gefördert. Denn die vier Freiheiten des Binnenmarkts stellen den rechtlichen Kern der Europäischen Union dar. Wenn nicht hier, wo sonst sollte allmählich eine supranationale BürgerInnenschaft entstehen?

Im ersten Abschnitt wird diese Hoffnung mit einigen aktuellen Umfragebefunden konfrontiert. Im zweiten Abschnitt werden die der Ausgangsthese zugrunde liegenden Mechanismen untersucht. Diese betreffen zum einen die individuellen Konsequenzen grenzüberschreitender Interaktionen für, zum anderen deren Umfang und deren die Art. Abschnitt drei argumentiert, dass im europäischen Einigungsprozess System- und Sozialintegration auseinanderfallen, und der letzte Abschnitt benennt einige mögliche politische Konsequenzen aus diesem Befund.

3.1 Mehr Austauschprozesse, mehr Unzufriedenheit

Vor zwölf Jahren legte die Kommission der Europäischen Gemeinschaften einen Aktionsplan mit dem Ziel vor, die Hindernisse für die berufliche und geographische Mobilität der ArbeitnehmerInnen in der EU bis zum Jahre 2005 zu beseitigen (KOM 2002, S. 72). Wie in diesem Dokument deutlich wird, ist auch die Kommission von den segensreichen Wirkungen grenzüberschreitender Mobilität für den europäischen Zusammenhalt überzeugt. Denn, wie es dort in der üblichen EU-Sprache heißt, eine Strategie zugunsten der Mobilität von jungen Menschen, Studierenden, Lehrkräften, AusbilderInnen und ForscherInnen werde „eine aktive Unionsbürgerschaft, den sozialen Zusammenhalt und die Verringerung von Ungleichheit (…) fördern" (KOM 2002, 72, S. 6).

Mittlerweile ist die grenzüberschreitende berufliche Mobilität der UnionsbürgerInnen in der Tat gestiegen wenn auch nicht in dem von der Kommission erwünschten Maße[3]. Andere Formen von Interaktionen und sozialen Beziehungen

---

[3] Die Kommission kritisiert, dass in der EU sowohl die Mobilität zwischen Staaten, als auch die berufliche Mobilität (also die Mobilität zwischen Arbeitsplätzen) weitaus geringer als in

über innereuropäische Grenzen hinweg wuchsen noch stärker (Mau und Verwiebe 2009, S. 270 ff.; Mau und Büttner 2010). Zur Herausbildung einer europäischen Loyalität und einer starken transnational-europäischen Solidargemeinschaft
scheint es bislang aber nicht gekommen zu sein.

Laut einer im Juni 2013 veröffentlichten Umfrage von Gallup in den Niederlanden, Dänemark, Polen, Deutschland, Großbritannien und Frankreich ist in jedem
Land eine Mehrheit der Ansicht, dass sich die EU in die falsche Richtung bewege.
Ein Jahr vor der Europawahl ist die Zahl der BürgerInnen beträchtlich, die die Mitgliedschaft in der Union aufkündigen wollen. 55 % der BritInnen, 34 % der Fran-
zosen und Französinnen und immer noch 31 % der Deutschen befürworten einen
Austritt (Gallup 2013, vgl. a. Torreblanca und Leonard 2013).

In einer weiteren Umfrage aus dem Jahr 2014[4] in den sechs größten Mitgliedsländern meinten 55 % der Befragten, ihre jeweiligen Länder hätten bereits zu viel
Macht an Brüssel abgegeben (Tab. 3.1). Zwar sind 39 % erfreut, dass das Europäische Parlament den nächsten Kommissionspräsident wählen wird[5] und sehen dadurch seine Legitimität gestärkt, doch nur 22 % halten die Entscheidungsprozesse
der Europäischen Union für transparent. Auch die mit der EU in Verbindung ge-
brachten Begriffe sind nicht besonders schmeichelhaft (Tab. 3.2). 73 % meinen, die
EU könne als „bürokratisch" bezeichnet werden und 67 %, Brüssel habe den Bezug
zur Wirklichkeit verloren. Immerhin 42 % halten die EU für „demokratisch", wenn
auch nicht für demokratisch genug (Tab. 3.2, bzw. 3.1). Laut der aktuellen Euro-
barometer-Umfrage bedeutet die EU in erster Linie die Freiheit, überall reisen,
studieren und arbeiten zu können (Tab. 3.3). Die beiden zentralen Narrative der
europäischen Integration – Frieden und Wohlstand – kommen hingegen nur auf 25
bzw. 12 %. Während 19 % der UnionsbürgerInnen die EU mit „kultureller Vielfalt"
verbinden, sind es 24 bzw. 27 mit „Bürokratie" und „Geldverschwendung".

Sicher, es handelt es sich hier um Momentaufnahmen. Doch auch der Trend
spricht nicht für eine starke, oder gar wachsende Verbundenheit mit der Europäischen Union. So ist beispielsweise der in der ersten Hälfte des Jahrzehnts relativ

---

den USA ist (KOM 2002, 7, 10 und Anhang II). Nun ist aber jeder Firmen- wie Wohnort-
wechsel mit individuellen und sozialen Kosten verbunden. Vielleicht entspricht die geringere Mobilitätsneigung der EuropäerInnen ihren Präferenzen (Alesina et al. 2005) und es wäre
dann zu fragen, mit welchem Recht die Kommission sich anmaßt, solche „Gewohnheiten des
Herzens" (Tocqueville) ändern zu wollen.

[4] Die Studie wurde allerdings von der von den britischen Konservativen dominierten Allianz
der Europäischen Konservativen und Reformisten (AECR) beauftragt. An der Repräsentativität könnten Zweifel bestehen.

[5] Genaugenommen müsste es heißen: „auf Vorschlag des Europäische Rates" (Art. 17 (7)
EUV).

Tab. 3.1 Ansichten über die Europäische Union. (Quelle: AECR EU Study, 2014)

Do you agree or disagree with each of the following statements about the European Union?
(in Prozent aller Befragten)

Statement	Agree (%)	Disagree (%)	Don't know (%)
My country has given too much power to the European Union	55	25	20
The European Union is not democratic enough	48	29	23
I am happy that members of the European Parliament are Choosing the next President of the European Commission, as this will make the winning candidate more legitimate	39	27	34
The European Union is transparent in the way it makes decision	22	56	22
European Union political leaders are generally trustworthy	21	49	30

Das Meinungsforschungsinstitut ComRes befragte im Auftrag der Allianz der Europäischen Konservativen und Reformisten zwischen dem 5. und dem 13. Februar 2014 online jeweils 200 Erwachsene in den Niederlanden, Dänemark, Polen, Deutschland, Großbritannien und Frankreich. Die Daten wurden nach Aussagen ComRes gewichtet, um repräsentativ für die sechs Länder zu sein. © Stefan Immerfall

Tab. 3.2 Eigenschaften, die der Europäischen Union zugeschrieben werden. (Quelle: siehe Tab. 3.1. © Stefan Immerfall)

For each of the words or phrases below, please indicate which apply or do not apply to the European Union?
(in Prozent aller Befragten)

Word or Phrase	Agree (%)	Disagree (%)	Don't know (%)
Bureaucratic	73	12	15
Out of touch with citizens	67	17	16
Confusing	64	21	16
Too powerful	54	26	20
Democratic	42	36	22
Corrupt	36	28	36
Effective as a global force for good	32	44	24
Important to my life	28	54	19
Trustworthy	25	47	27
Well-run	21	53	27

Tab. 3.3 Bedeutung der Europäischen Union für die BürgerInnen. (Quelle: Eurobarometer 80 (November 2013, EU 28). © Stefan Immerfall)

Was bedeutet die EU für Sie persönlich?
(in Prozent aller Befragten, Mehrfachnennungen möglich)

Nennungen in %	
Frieden	25
Wirtschaftlicher Wohlstand	12
Demokratie	19
Soziale Absicherung	9
Die Freiheit, überall innerhalb der EU reisen, studieren und arbeiten zu können	43
Kulturelle Vielfalt	19
Mehr Mitsprache in der Welt	17
Der Euro	32
Arbeitslosigkeit	19
Bürokratie	24
Geldverschwendung	27
Der Verlust unserer kulturellen Identität	15
Mehr Kriminalität	13
Nicht genug Kontrollen an den Außengrenzen	16
Sonstiges	2

stabile Anteil von 50 % der Bevölkerung, der ein eher positives Bild von der EU hat, auf weniger als ein Drittel zusammengeschnurrt ist (Abb. 3.1).

Es wäre immerhin denkbar, dass sich die Unzufriedenheit der BürgerInnen mit der EU und ihren Eliten nicht auf die Bevölkerungen in den anderen Mitgliedsländern erstreckt. Man könnte sogar im Gegenteil vermuten, dass die Abwendung von den europäischen Eliten das Band der Verbundenheit zwischen den Völkern stärken würde. Vor allem im Zuge der Banken- und Finanzkrise hätte man vermuten können, dass sich die BürgerInnen über Nationalstaaten hinweg gegen die Mitverursacher der Krise solidarisieren und gemeinsam harte Schnitte gegen die transnationale Finanzindustrie fordern. Davon ist wenig zu spüren. Zwar hat, wie manchmal kurzschlüssig die veröffentlichte mit öffentlicher Meinung gleichsetzend, die Eurokrise keineswegs gezeigt, dass der alte, konfliktträchtige Zustand Europas, dem kollektiven Gedächtnis der Völker unauslöschlich eingebrannt ist und jederzeit in Erinnerung gerufen werden kann (dazu Liebert und Müller 2012). Aber es ist doch erstaunlich, wie schnell nationale Stereotypen abgerufen werden können.

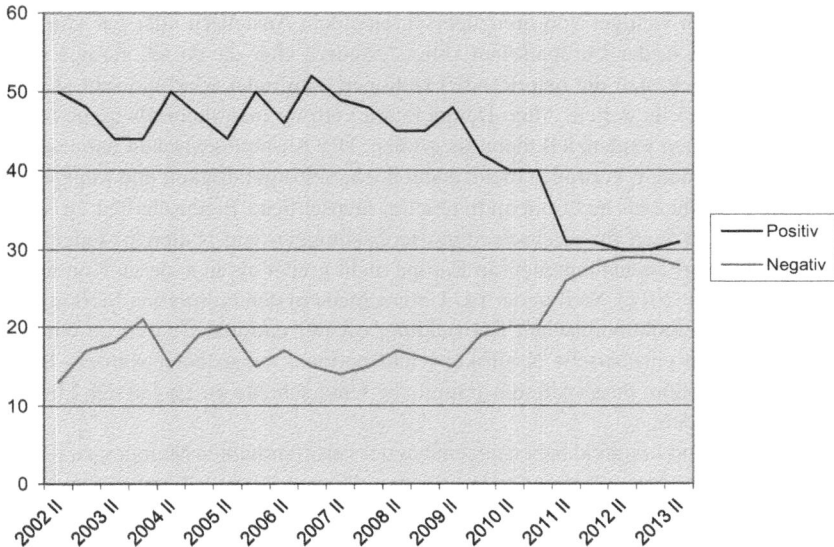

Abb. 3.1 Das Image der Europäischen Union. (*Welches Bild ruft die EU bei Ihnen hervor?* (ein positives/ein negatives) (in Prozent der EU-Gesamtheit). Quelle: Eurobarometer, von Eurobarometer 57 (2002 mit EU 15) bis EB60.1 vom November 2013 (mit EU 28). Anmerkung: In einigen Umfragen wurde vier- bzw. fünfstufig gefragt (sehr positiv/ziemlich positiv/[weder positiv noch negativ]/sehr negativ/ziemlich negativ); in diesen Fällen wurden die positiven und die negativen Beurteilungen zusammengefasst. © Stefan Immerfall)

In einer Befragung des Pew Research Center (2013) wurden Stereotypen über andere EU-Länder befragt. Demnach halten die BürgerInnen mit Ausnahme Griechenlands in allen Umfragestaaten Deutsche für am vertrauenswürdigsten; zugleich aber halten die BürgerInnen in sechs der acht Umfragestaaten Deutsche für am wenigsten mitfühlend, in fünf von acht Nationen für am arrogantesten. Nach eigenem Urteil ist Deutschland die vertrauenswürdigste, mitfühlendste und am wenigsten arrogante EU-Nation. Mit diesem Ethnozentrismus sind die Deutschen nicht allein. Jede Nation sieht sich am mitfühlendsten und jede Nation (mit Ausnahme der Tschechen) sieht sich am wenigsten arrogant (PEW 2013, S. 67 f.).

Leider gibt es meines Wissens keine aktuellen Repräsentativbefragungen zum Wandel des gegenseitigen Vertrauens von Bevölkerungen der Mitgliedsländer vor dem Hintergrund der Wirtschafts- und Währungskrise. Die älteren Studien, die sich auf Daten bis 2005 beziehen, kommen zum Ergebnis, dass das Vertrauen zwischen den europäischen Nationen vergleichsweise groß, aber sehr ungleich verteilt ist (Immerfall et al. 2010a; Delhey 2012). Welchen Nationen man eher vertraut, hängt demnach weniger von grenzüberschreitendem Austausch oder gar von der Mitgliedschaft in der Europäischen Union, sondern eher davon ab, als wie sehr kulturell ähnlich man die betreffenden Nationen empfindet oder wie sehr sie als korruptionsanfällig gelten. Alten Demokratien vertraut man mehr als jungen und kleinen Nationen tendenziell mehr als großen. Der Abstand zwischen nationalem und transnationalem Vertrauen bleibt stabil hoch. Selbstgefälligkeit und Mangel an Selbstkritik scheinen nicht nur individuelle, menschliche Eigenschaften zu sein, sondern gelten auch für wechselseitige Beobachtungen von Nationen. Jedenfalls scheint das Vertrauensfundament in Europa nicht größer als in anderen Kontinenten (vgl. Roose 2011). Weil in der EU Unterschiede in den kulturellen Merkmalen und in der sozioökonomischen Entwicklung oft mit nationalen Grenzen einhergehen, können europäische Konflikte leicht national ausgedeutet werden. Stets besteht die Gefahr, dass (national-)räumliche Unterschiede zu Lasten der Einheit politisiert werden.

Gerhards und Lengfeld haben gegenüber der veröffentlichten Meinung zu Recht hervorgehoben, dass selbst in den Hochzeiten der europäischen Finanzkrise die in Umfragen dokumentierte Bereitschaft der BürgerInnen, anderen Ländern in der Not zu helfen, erstaunlich hoch blieb (Lengfeld et al. 2012; Gerhards und Lengfeld 2013). Dieser Befund widerspricht noch nicht der hier vertretenen These einer transnational „eingehegten Solidarität". Eine solche beinhaltet wechselseitige Reziprozitiätsannahmen und ist an eigene (akteursspezifische wie auch national bzw. regional begründbare) Nutzenerwägungen rückgebunden. Gerhards und Lengfeld (2013) sehen aber überdies eine, analog zur innerstaatlichen, stärker moralisch begründete und von eigenen Interessen unabhängige, europäische Solidarität im Entstehen: „Die wohlhabenden EU-Länder zeigen sich bereit, für Defizite anderer EU-Länder einzustehen, die sie nicht bzw. nicht unmittelbar verursacht haben. (...) Umverteilungen in einem solchen Ausmaß kennen wir nur als Solidarität innerhalb von Nationalstaaten. Der Länderfinanzausgleich in Deutschland und die mit der Wiedervereinigung verbundenen Transfers nach Ostdeutschland sind hierfür Beispiele." (Gerhards und Lengfeld 2013, S. 10). Da sie diese Gegenposition zu der hier vertretenen empirisch sorgfältig zu untermauern suchen, muss auf ihre Argumentation etwas ausführlicher eingegangen werden.

Die Autoren haben darin Recht, dass die Fiskalkrise zu einer Stärkung der europäischen Institutionen zu Lasten der nationalen Institutionen geführt hat. Dies entspricht der schon früher beobachteten Logik erfolgreicher, politökonomischer Integration bei schleichendem Verlust demokratischer Kontrolle (Höpner und Schäfer 2008). Im Fall der Stabilitätsmechanismen ist die supranationale Institutionenbildung überdies als paradox zu bezeichnen, da die Liberalisierungspolitik der Europäischen Kommission die Saat der Finanzkrise mit ausgebracht hat (Seikel 2013).

Gerhards' und Lengfelds Vergleich mit einem innerstaatlichen Solidarsystem wie dem Länderfinanzausgleich ist allerdings unangebracht. Zum einen wird dieser ohne Auflagen gewährt: Die ärmeren Bundesländer haben ein grundgesetzlich verbürgtes Recht, auf „Herstellung gleichwertiger Lebensverhältnisse" (Art. 2 Abs. 2 GG), während die Unterstützung der Krisenländer an mehr oder minder strenge Auflagen gebunden ist. So hat erst jüngst das Bundesverfassungsgericht in seinem Urteil zum OMT[6]-Beschluss der EZB diese Aufkäufe unter anderem gerade deswegen kritisiert, dass der Beschluss zu einer Umverteilung zwischen Mitgliedsstaaten ähnlich dem Finanzausgleich führen könnte, was die europäischen Verträge nicht vorsähen[7]. Des Weiteren sind bislang vergleichsweise geringe Summen[8] analog zum Finanzausgleich direkt in die Haushalte der Krisenländer geflossen. Die riesigen Summen stellen überwiegend Bürgschaften dar, die Anleihen auf dem Kapitalmarkt ermöglichen. Wie hoch die eingegangenen Haftungsrisiken tatsächlich sind und welcher Teil davon als uneinholbar gelten muss, ist umstritten. Jedenfalls haben die Geberländer ihre Bevölkerungen damit beruhigt, dass ja kein „echtes Geld" fließe, da es sich ja nur Bürgschaften handle.[9]

Darüber hinaus führen Gerhards und Lengfeld (2013) eine eigene empirische Untersuchung an, der zufolge die gesellschaftlichen Voraussetzungen eines Integrationsschubs gegeben seien. Mittels einer vergleichenden Befragung in den drei EU-Mitgliedsländer Polen, Spanien und Deutschland[10] können sie zeigen, dass die befragten Bürgerinnen und Bürger EU-AusländerInnen mehrheitlich die gleichen Rechte zubilligen. Einstellungen, wie sie in einer Befragungssituation geäußert werden, müssen bekanntlich nicht handlungswirksam sein. Um diesem Einwand zu begegnen, bedienen sich Gerhards und Lengfeld (2013) einer Szenarienbildung: Die Befragten werden vor – insgesamt vier – Entscheidungssituationen gestellt, in denen die Befolgung der geäußerten Wertvorstellungen mit plausiblen Kosten versehen wird. Im ersten Szenario sollten die Befragten zwischen einer Autoreparatur in einer „deutschen und in einer ausländischer Werkstatt" wählen. Es zeigt sich,

---

[6] Beschluss des Rates der Europäischen Zentralbank über Technical Features of Outright Monetray Transactions, in dem sie beansprucht, Staatsleihen ausgewählter Mitgliedstatten im Notfall unbegrenzt aufzukaufen, wenn diese am Stabilitäts-Reformprogramm teilnehmen.

[7] BVerfG, 2 BvR 2728/13 vom 14.01.2014, Absatz-Nr. 41.

[8] Beispielsweise haben die Euro-Länder die an sie ausgekehrten Gewinne der EZB aus dem Kauf griechischer Staatsanleihen an die Regierung in Athen überwiesen. Für den Bundeshaushalt waren es 2013 rund 730 Mio. €.

[9] So hatte Finanzminister Schäuble immer wieder betont, die beschlossenen Maßnahmen kosteten dem/r SteuerzahlerIn erst einmal nichts; die Hilfen seien gut angelegt, weil sonst die Stabilität des ganzen Euroraums bedroht sei (vgl. Breitinger 2010; Schwarze 2012).

[10] Die Umfrage fand Jahr 2009 statt; sie umfasst auch den Beitrittskandidaten Türkei, dessen Ergebnisse an dieser Stelle nicht interessieren.

dass die Präferenz für eine bestimmte Werkstatt stärker vom Preis und weniger von der Herkunft des Werkstattbetreibers bestimmt wird (Gerhards und Lengfeld 2013, S. 98). Sodann wird die Akzeptanz des kommunalen Wahlrechts für EU-Ausländer untersucht. Beim passiven kommunalen Wahlrecht fällt auf, dass es nur von der Hälfte der EU-BürgerInnen akzeptiert wird (Gerhards und Lengfeld 2013, S. 137), obwohl es mit geringen Kosten verbunden ist (und zudem geltendes EU-Recht!). Ein drittes Szenario prüft, ob BürgerInnen auch dann zustimmen, dass ein ausländischer Kandidat zum Bürgermeister [sic!] gewählt werden kann, wenn er eine Moschee bauen lassen würde. Das Ergebnis fällt gegen die Hypothese von Gerhards und Lengfeld (2013, Kap. 4.5) aus: es findet sich keine Mehrheit, die den ausländischen Bürgermeister unter dieser Bedingung akzeptieren will[11].

Zuletzt fragen Gerhards und Lengfeld (2013, S. 202), ob der prinzipiell akzeptierte Zugang von EU-AusländerInnen zu Sozialleistungen dann abgelehnt werden würde, wenn er mit allgemeinen Leistungskürzungen für InländerInnen verbunden wäre. Die Zustimmung nimmt zwar ab, bleibt aber doch hoch. Selbst bei einer Leistungskürzung der nationalen Sozialleistungen um 30 % würden 39 % der deutschen Befragten ausländischen EU-BürgernInnen weiterhin die gleichen Sozialleistungen zugestehen. Bei diesem Szenario hätte womöglich genauer zwischen Versicherungs- und Sozialleistungen[12] unterschieden werden müssen. Es sind ja die beitragsunabhängig gewährten Sach- und Geldleistungen bei denen die Bürger-Innen – nach der hier vertretenen These soziotropisch eingehegter Solidarität – den solidarischen Referenzrahmen enger ziehen. Mit dieser These stimmt überein, dass die Beurteilung der europäischen Krisen- und Wirtschaftspolitik vom nationalen Kontext abhängt. Unabhängig davon, wie sie zur europäischen Integration stehen, befürworten BürgerInnen in wirtschaftlich schwachen Staaten eher europäisiertes Regierungshandeln im Wirtschaftsbereich; bei BürgerInnen in wirtschaftlich stärkeren Staaten ist es umgekehrt (Kuhn und Stoeckel 2014; Sattler und Urpelainen 2014).

---

[11] Allerdings scheint die Operationalisierung im Sinn der eigenen Fragestellung als eine wenig passende, denn es leuchtet nicht ein, dass ein EU-Bürgermeisterkandidat sich eher für einen Moscheebau aussprechen sollte als ein einheimischer.

[12] Letztere dürfen nach EU-Recht ausländischen EU-BürgerInnen vorenthalten werden. In der Praxis ist die Unterscheidung aber nicht einfach. Aktuell bemüht sich die deutsche Regierung darum, EU-rechtskonforme Regelungen zu finden, um ZuwanderInnen künftig weniger Zeit für die Arbeitssuche in Deutschland geben. Damit soll verhindert werden, dass einreisende und arbeitslose EU-BürgerInnen womöglich doch Anspruch auf Hartz IV haben, obgleich nach deutschen Sozialgesetzen AusländerInnen ausdrücklich kein Arbeitslosengeld II beanspruchen können, wenn sie sich nur zur Arbeitssuche in Deutschland aufhalten.

In der Summe können Gerhards und Lengfeld (2013) zweifellos belegen, dass die Solidaritätsbereitschaft in Europa größer ist als in der öffentlichen Debatte oft angenommen wird. Das ist nicht wenig. Doch ihre weitergehende Interpretation, dass die Befragten in den von ihnen untersuchten Ländern weitgehend ein europäisches Volk konstituieren und somit die kulturellen Grundlagen für eine Demokratisierung Europas gegeben sind (Gerhards und Lengfeld 2013, S. 216), wird meines Erachtens von ihren Befunden nicht gedeckt. So fällt auf, dass mehr Befragte AusländerInnen aus Nordamerika das Recht auf ArbeitnehmerInnenfreizügigkeit zubilligen als BürgerInnen aus Spanien (Gerhards und Lengfeld 2013, S. 75). Dies spricht dagegen, dass die Grenzen sozialmoralischer Verpflichtung nationsübergreifend durch die Zugehörigkeit zur Europäischen Union eingeebnet werden. Wie wäre die Umfrage ausgefallen, wenn nach rumänischen und bulgarischen EU-AusländerInnen gefragt worden wäre?

3.2 Mechanismen transnationaler Gesellschaftsintegration

Schon die parallele Entwicklung von grenzüberschreitenden Transaktionen einerseits und gestiegenem EU-Skeptizismus andererseits weckt erste Zweifel an der Transaktionsthese. Auf der anderen Seite gibt es durchaus Hinweise für deren Gültigkeit auf individueller Ebene: Personen, die im europäischen Ausland leben oder lebten, zeigen stärkeres Vertrauen in das europäische Projekt (Mau und Büttner 2002; Rother und Nebe 2009; Wilke 2012; Braun und Müller 2012). Um diesen Widerspruch zwischen der individuellen und der Aggregatebene aufzulösen, ist ein genauer Blick auf die Mechanismen nötig, die den Zusammenhang von Interaktionsdichte und Europäisierung vermitteln sollen. Sodann ist zu fragen, ob deren Anwendungsbedingungen gegeben sind.

Eine erste Überlegung folgt der Transaktionsthese, wie sie von Karl W. Deutsch entwickelt wurde. Für Deutsch ist die Zunahme grenzüberschreitender Transaktionen nur Teil eines umfassenderen Prozess, den er „soziale Mobilisierung" genannt hat (Deutsch 1972). In ihr sah er die zentrale Voraussetzung erfolgreicher Nationalstaatsbildung. Zu dichten, grenzüberschreitenden Interaktionen gehören Bildungsanstieg und wachsende Massenkommunikation. Zusammen genommen führen diese Prozesse zu einer Loslösung von alten Lebensformen. Gerade das Aufbrechen sozialer, wirtschaftlicher und psychologischer Bindungen macht die Menschen für das Eingehen neuer Formen der Vergesellschaftung und des Verhaltens aufgeschlossen (Deutsch 1979, S. 330). Für die erfolgreiche Zusammenführung („amalgamation") schon bestehender Staaten zu überstaatlichen Verbünden sind auch kompatible Werte zu beachten (Deutsch et al. 1957, S. 58).

Während Deutsch die Wirkungen von Sprache, Kultur und Lebensgewohnheiten hervorhebt, sind – wie Jan Delhey (2012) herausgearbeitet hat - die transnationalen Interaktionen in der EU überwiegend wirtschaftlicher Natur. Ein Mehr an funktionalen Interaktionen – Banktransaktionen, Telefonate, Flugbewegungen, geschäftliche Verhandlungen – muss somit nicht unbedingt zu solidargesellschaftlichen Formen von Gegenseitigkeit führen. Und selbst persönliche Interaktion mit Mitgliedern fremder Gruppen reduzieren Vorurteile nur dann, wenn diese Kontakte als angenehm und gleichberechtigt empfunden werden (Pettigrew 1998). Die Interpretationen der internationalen Kontakte durch die Beteiligten hängen wiederum stark von nationalen Kontexten ab (Wilterdink 1992; Duchesne et al. 2013). Die Art der grenzüberschreitenden Kontakte muss also genauer präzisiert werden (Recchi 2014), will man sich nicht einem individualistischen Fehlschluss aussetzen, also von Befunden auf der Mikroebene umstandslos auf die Ebene von Staaten schließen.

Ferner ist daran zu erinnern, dass sich nach Deutsch die grenzüberschreitenden Kommunikationsbeziehungen auf alle Gesellschaftsschichten erstrecken müssten. Dieter Senghaas (2003, S. 10 und 14) erinnert, wie sehr Deutschs persönliche Erfahrungen seinen Ansatz geprägt haben. Als 1912 in Prag geborener Sudentendeutscher hat Deutsch das Zerbrechen der Habsburger Doppelmonarchie noch als Zeitgenosse erlebt. Ein Grund für ihre Desintegration sei ihr „Schichtkuchen-Muster" (Deutsch 1972, S. 27) gewesen: oben, zwischen den Mitgliedern der herrschenden Klassen in den verschiedenen Teilen des Reiches, sei eine leidlich intensive soziale Kommunikation zu beobachten gewesen, nicht aber zwischen den Mitgliedern der unteren Klassen. Solche defizitär integrierten, imperialen Gebilde seien daher nicht nur gegenüber Angriffen von außen, sondern auch gegenüber Zersetzungsprozessen von innen anfällig. Nicht nur weil die EU schon mehrfach als nicht-militärisches Imperium bezeichnet wurde (Zielonka 2006; Marks 2012), lassen sich hier möglicherweise Parallelen ziehen.

Neben den Inhalten und den Kontexten transnationaler Interaktionen müssen auch die TrägerInnen solcher Interaktionen betrachtet werden: Wie groß ist der Anteil, der regelmäßig grenzüberschreitend tätig ist und wie lassen sich diese Personen sozial beschreiben? Die Ergebnisse von Recchi und Favell (2009), Kuhn (2011) oder Mau und Mewes (2012) deuten erstens darauf, dass trotz allem und weiterhin transnationale Interaktionen ein Minderheitenphänomen sind, dass zweitens ihre Dichte je nach Mitgliedsländer stark variiert und dass sie drittens sozial stark stratifiziert sind. Sie gehen überwiegend einher mit höherem Bildungs- und Berufsstatus. Kuhn ist aus diesem Grund skeptisch, dass sich über mehr grenzüberschreitende Transaktionen der Gemeinschaftssinn zwischen den Völkern Europas stärken ließe: „Thus, for Deutsch's theory to become reality in the EU today, it is not that the total amount of transactions needs to be increased, but rather that a broader share of the population ought to be involved" (Kuhn 2011, S. 828).

Aber könnte gerade die soziale Engführung der Austauschbeziehungen nicht zu transnationalen Gruppenbildungen führen? Mit der sich vertiefenden EU-Integration könnte eine neue, Nationen übergreifende, gesellschaftliche, politische und soziale Streitfrage entstehen (Hooghe und Marks 2012; Milward 1997). In diesen Interessenkonstellationen könnten dann die hochmobilen Schichten auf der einen Seite als Integrationsbefürworter stehen und die weniger mobilen Bevölkerungsschichten auf der anderen als Integrationsgegner. Obgleich für die Zukunft diese Entwicklung nicht ausgeschlossen werden kann und gerade vor dem Hintergrund der kommen Europawahlen die Polarisierung zwischen IntegrationsbefürworterInnen und -skeptikerInnen zunimmt, spricht derzeit viel dafür, dass die EU-GegnerInnen in ihrer sozialen Zusammensetzung und politischen Ausrichtung in einem Maße heterogen sind, das ihre politische Schlagkraft beeinträchtigen könnte (Immerfall et al. 2010b; Gerhards und Lengfeld 2013; auch Díez Medrano 2008). Aber auch die von Favell (2008) untersuchten Euro-Stars[13], jene gut ausgebildete Professionelle, die in anderen europäischen Ländern leben, dürften umgekehrt kaum eine wahlsoziologisch ausprägte Unterstützungskoalitionen darstellen. Oft begründen sie ihre Entscheidung ins Ausland zu gehen nicht rational ökonomisch und nicht selten stoßen sie bei eventueller Rückkehr auf nationale Vorbehalte.

3.3   Mechanismen der Integration von oben

Als Zwischenfazit lässt sich festhalten: die Zuschreibung von Vertrauen sowohl gegenüber den Mitgliedsländern der Europäischen Union als auch der Europäischen Union selbst als supranationaler Gemeinschaft stagniert bestenfalls – und das trotz der starken Zunahme grenzüberschreitender Transaktionen. Die Transaktionsthese scheint auf die europäische Integration derzeit nicht anwendbar. Ob dies ihre Gültigkeit generell in Frage stellt, muss offen bleiben. Es ist daran zu erinnern, dass der EU zentrale Integrationsmechanismen der werdenden Nationalstaaten – allgemeine Wehrpflicht und Kontrolle über das Bildungswesen – nicht zur Verfügung stehen. Bedauerlicherweise liegen für die Frage, wann und mit welchen Folgen welche Art von grenzüberschreitenden Transaktionen den Gemein-

---

[13] Davon zu unterscheiden sind die politischen, wirtschaftlichen und bürokratischen Eliten im engeren Sinne, die direkt vom Integrationsprozess profitieren (Haller 2008). Aber selbst für diesen zahlenmäßig sehr kleinen Teil lassen sich die nationalen Wurzeln in Habitus, Ausbildungs- und Karrierewege weiterhin deutlich nachweisbar vorhanden sind (Hartmann 2010).

schaftssinn zwischen den Völkern Europas stärken kann, keine experimentelle, noch nicht einmal Panel-Untersuchungen vor (Recchi 2014). Insofern muss der oben aus Querschnittsanalysen gewonnene Befund, dass mit zunehmender Austauschdichte kein europäischer Referenzrahmen des Vertrauens entstanden ist, als vorläufig betrachtet werden.

Dass die Idee der Chancengleichheit in den untersuchten EU-Ländern stark verankert ist, wie Gerhards und Lengfeld (2013) zeigen können, ist noch kein Beleg dafür, das sich der Kreis des Vertrauens vom Nationalstaat hin zur den territorialen Außengrenzen der EU erweitert. Die Diffusion der Idee der Chancengleichheit ist ein globales Phänomen ebenso wie die der Frauenrechte oder der Bildungsexpansion (Schofer und Meyer 2005). Die Akzeptanz von Chancengleichheitspolitik etabliert noch keine Solidargemeinschaft. Sie stellt keine Sozialintegration im Sinn der Ausbildung eines nationenübergreifenden Gemeinsinns dar. In den Augen ihrer BürgerInnen entspricht die Europäische Union wohl eher einer Nutzengemeinschaft, die im Übrigen keineswegs nur einem kurzfristigen Nutzenkalkül folgt (Immerfall et al. 2010b). Dieser Vorstellung entspricht, dass mit weitem Abstand Reise-, Studien- und Arbeitsmobilität derjenige Bereich ist, der die persönliche Bedeutung der EU für ihre Bürgerinnen und Bürger ausmacht (Tab. 3.3). Die eigenen Chancen werden ausgeweitet, indem man die entsprechenden Rechte den anderen auch zugesteht.

Das institutionelle Prinzip einer solchen Nutzengemeinschaft ist der Subsidiaritätsgedanke: gemeinsam (nur) das machen, was man gemeinsam besser machen kann. Zwar ist dieses Prinzip im EU-Vertrag verankert (Art. 5 Abs. 3): Ausschließlich solche Maßnahmen sollen in die Zuständigkeiten der Union fallen, die nachweisbar auf Unionsebene besser zu verwirklichen sind. Tatsächlich aber gelingt es der Europäischen Kommission – in Kooperation mit dem gemeinschaftsrechtaffinen Europäischen Gerichtshof und dem Europäischen Parlament – immer wieder, auch gegen den Willen der Bevölkerungen und bisweilen sogar gegen den Widerstand der Mitgliedsregierungen, ihre Zuständigkeiten zu erweitern.

Dafür stehen ihr zwei Mechanismen zur Verfügung. Zum einen kann sie versuchen, die in Rede stehenden Maßnahmen mit dem Binnenmarkt zu verknüpfen, indem sie zentrale Befugnisse innehat (Immerfall 2006, S. 70). Zum zweiten – und vielleicht noch wichtiger – kann die Kommission durch scheinbar unbedeutende Einzelfälle ihre Kompetenzen Schritt für Schritt ausweiten und sich so von den „Herren der Verträge" emanzipieren (Seikel 2013, S. 238). Dies gelingt ihr, weil die Regierungen sich davor scheuen, den erreichten Integrationsbestand grundsätzlich in Frage zu stellen. „Jede Zurückweisung des Regelungsanspruches der Kommission hat das Potenzial als Präzedenzfall das gesamte Wettbewerbsregime ins Wanken zu bringen" (ebenda) während es sich umgekehrt nur um einen Autonomieverlust handelt, dessen kumulative Wirkungen unterschätzt werden. Selbst das angeblich übermächtige deutsche Bundesverfassungsgericht war bislang nicht in der Lage, den eigenmächtig herbeigeführten Integrationsschritten entgegenzutreten. Es ist ein „zahnloser Tiger" (Werner 2013): gerade weil es so scheinbar radikal auf die Unveräußerlichkeit der Verfassungsidentität der Bundesrepublik pocht, der zufolge Deutschland seine Souveränität zugunsten der EU nur durch eine Änderung der Verfassung aufgeben könne, kann es der schleichenden Kompetenzübertragung nicht begegnen. Denn es ist nicht in der Lage (und wohl wegen der damit einhergehend Folgewirkungen wohl auch nicht mutig genug), innerhalb des graduellen Wandels den genauen Zeitpunkt für einen Pfadbruch zu bestimmen (Werner 2013).

Zusätzlich zu diesen *supra*-gouvernementalen kann es *inter*-gouvernementale Integrationsschübe geben. Zu einem solchen hat die Euro-Krise mit ihren auf Dauer gestellten Schutzschirmen geführt (Immerfall 2013). Diese stellen eine der vorläufigen Antworten auf die institutionellen Schwächen hinter der Währungsunion dar. Die nationalen Regierungen schufen eine internationale Finanzinstitution, deren Entscheidungsgremien von den Mitgliedsländern beschickt werden und die außerhalb der Gemeinschaftsmethode operieren. Zwar ist es die Kommission, welche die wirtschaftspolitischen Anpassungsprogramme mit dem hilfsbedürftigen Land aushandelt und diese auch überwacht; aber sie handelt nicht eigenmächtig, sondern im Auftrag des Gouverneursrats. Grund für die komplizierte intergouvernementale Konstruktion ist natürlich die Furcht der Geberländer vor einer automatisierten Haftungsausweitung. Diese Furcht prägt auch die derzeit laufenden Verhandlungen zu einem System, mit dem relevante Pleitebanken künftig abgewickelt oder saniert werden.

Als Folgerungen für die soziologische Integrationsforschung ergibt sich aus diesen Überlegungen die Forderung nach einer normativen Abrüstung. Mikrosoziologisch wären die Haltungen der BürgerInnen zum Herrschaftsobjekt Europa wie andere Einstellungen im komplizierten Mischungsverhältnis von Identität und Nutzen zu untersuchen. Makrosoziologisch wäre das „real existierende Europa" (Immerfall 2006, S. 25) als Herrschaftsbildungsprozess ohne normative Überhöhung ins Auge zu fassen. Dieser Prozess ist allein deshalb schon nicht „alternativlos", weil wir angesichts des Wechselwirkungsgeflechts erfinderischer, menschlicher Handlungen in sich rasch ändernden Randbedingungen gar nicht wissen können, welche Folgen dieser oder jener Gipfelbeschluss mittelfristig haben wird. Die Fähigkeit von Sozialwissenschaften, sich von Krisen überraschen zu lassen, deren Anzeichen im Rückblick klar zu erkennen gewesen wären, ist empirisch allzu gut belegt[14]. Politikerinnen und Politiker sind daher in der Tat gut beraten auf Sicht zu fahren.

---

[14] Allerdings muss auch die Signalfunktion von Märkten für Krisen bezweifelt werden (vgl. Braunberger 2014).

3.4   Folgerungen für die Integrationspolitik

Das uneingeschränkte Bekenntnis der Mitgliedsstaaten zur Europäischen Union (und zum Euro) liefert den EU-Institutionen einen starken Hebel, den sie zur Machtausweitung unabhängig von der Zustimmung der Bevölkerungen, ja in Einzelfällen – wie im Bereich der öffentlichen Daseinsvorsorge (Seikel 2013) – sogar gegen den ausdrücklichen Willen der Mitgliedsländer ausweiten können. Hinzu kommt, dass die nationalen Regierungen nicht selten europäische Beschlüsse als Hebel einsetzen, um „zu Hause" unbeliebte Maßnahmen durchzusetzen. Es ist eine normative Frage, ob man diese Europäisierung von oben begrüßt, kritisiert oder gar fordert. Empirisch gilt jedenfalls, dass bislang ein Mehr an Integration nicht selten ein Weniger an Demokratie bedeutete (Neyer 2014). Insofern ist ein uneingeschränktes Bekenntnis zum Integrationsprozess auch für einen schleichenden Verlust von demokratischer Kontrolle mitverantwortlich (Höpner und Schäfer 2008; Schäfer und Streeck 2013)

Besonders tragisch ist diese Carte blanche für die sozialdemokratischen Parteien (Cuperus 2014, S. 35). Sie sind in Gefahr, jenen nicht unbeträchtlichen Teil ihrer Basis zu verlieren, der durch die Kräfte der Liberalisierung und Globalisierung bedroht ist. Denn trotz aller Rhetorik von einem „sozialen Europa" ist die Kommission ein Teil der Liberalisierungsmaschine. Sie schwächt nationale Solidargemeinschaften ohne eine europäische an deren Stelle setzen zu können (Ganghof und Genschel 2008). Es ist zwar durchaus so, dass einige Kommissionsmitglieder einer stärker sozialstaatlichen Position das Wort reden (Hooghe 2003). Weil Machtausübung und mehr noch: Machtausweitung auf der negativen, marktschaffenden Integration beruhen, sind solche Positionen jedoch systematisch im Hintertreffen (Scharpf 2013).

Die BefürworterInnen der Europäisierung von oben können darauf verweisen, dass auch bei früheren Integrationsschritten die Politik den Bevölkerungen vorausgegangen ist. Die BürgerInnen gingen mit, sind ihren Eliten zumindest nicht in den Arm gefallen. Der „permissive Konsens" mag einen „constraining dissensus" gewichen sein (Hooghe und Marks 2012). Doch niemand weiß, wie politikmächtig diese Handlungsbeschränkung wirklich ist. Der Lissabonvertrag wurde auch in Frankreich und den Niederlanden ratifiziert, obwohl dessen wesentliche Teile zuvor in Referenden abgelehnt worden waren.

Aufgrund dieser Erfahrungen wie bisher weiter zu machen, ist riskant. Spätestens die Krise der Eurozone hat das dünne gesellschaftliche Fundament der Europäischen Union offenbart. Die europäischen Identitäten sind nach wie vor national gespeiste Deutungen. Sie koexistieren scheinbar harmonisch mit nationalen (in einigen Ländern auch subnationalen) Zugehörigkeitsgefühlen – aber nur solange

Leistungen und Gegenleistungen saldiert werden können. Schon die Rettungs-
verhandlungen im Zuge der Euro-Krise wurden von (gegensätzlich motivierten)
Widerstandsaktionen der Bevölkerungen wie niemals zuvor in der EU-Geschichte
begleitet (Vilpišauskas 2013). Ein ernsthaftes Menetekel könnten die nächsten Europawahlen[15] bereithalten, wenn sie belegen sollten, dass die Politisierung Europas
mit einem Wachstum europafeindlicher Parteien einhergehen sollte.

Noch riskanter ist die Forderung noch immer „Mehr Europa" oder gar der na-
mentlich an Deutschlands politische Eliten gerichtete Aufruf, gegen den Willen
ihrer BürgerInnen die politische Union samt harmonisierter Finanz- und Wirtschaftspolitik, gemeinsamen Parteien und Transferleistungen über Grenzen hinweg durchzusetzen, wie er ausgerechnet vom Theoretiker des kommunikativen
Handelns, Jürgen Habermas, vorgebracht wird (zuletzt Habermas 2014). Angesichts der widerstreitenden Vielfalt und der schwach ausgeprägten Identität Europas erscheint es fraglich, ob die BürgerInnen in den Geberländern zu dem mit
einer europäischen Wirtschaftsregierung verbundenen Souveränitätsverzicht bereit
wären und ob die Schuldenstaaten schmerzhafte Anweisungen einer Brüsseler Autorität auf Dauer akzeptierten, dessen demokratische Legitimität zweifelhaft wäre.
Diese Legitimationsbasis lässt sich auch nicht künstlich mit einem Beschluss zur
Demokratisierung der EU herstellen. „Mehr Europa" könnte am Ende zu deutlich
„weniger Europa" führen.

Wenn der Befund der dünnen Vertrauensbeziehungen der Mitgliedsgesellschaf-
ten untereinander und der (nur) bedingten Loyalität zur supranationalen Einheit zu-
trifft, ist der Weg zu einer supranationalen Lösung versperrt – oder zumindest nicht
empfehlenswert, sofern das Ganze nicht gefährdet werden soll. Es sollten daher bis
auf weiteres nicht so sehr Hoffnungen in institutionelle Auswege[16] aus der Vertrauenskrise gesetzt werden, sondern nach Möglichkeiten auf der Basis der gültigen
EU-Verträge gesucht werden. Forderungen nach einem Systemwechsel mögen für
sich rational sein, in der Summe aber kontraintentional den europäischen Integrationsprozess untergraben. Man stelle sich als Gedankenexperiment nur einmal vor,
das innerdeutsche oder inneritalienische Projekt subventionierter wirtschaftlicher
und sozialer Konvergenz auch nur ansatzweise auf Europa zu übertragen (Streeck
2013, S. 187 ff.). Noch immer gilt die aus der historisch-vergleichenden Analyse
der Heterogenität Europas gewonnene Warnung, dass die europäische Integration
nicht gegen, sondern nur mit den Nationalstaaten erfolgen kann (Flora 2000). Zu-

---

[15] Das Manuskript wurde im März 2014 abgeschlossen.

[16] Das gilt gerade auch für die Hoffnung, das Demokratiedefizit der EU ließe sich durch
eine „Vollparlamentarisierung" beseitigen. Maurizio Bach (2014) hat hierzu jüngst die ent-
scheidenden Argumente zusammengetragen (Bach 2014, aus Sicht der cleavage-Theorie, s.
Immerfall 1996, S. 84–94).

gleich können die intensiven wirtschaftlichen Verflechtungen nur transnational eingehegt werden. Es kommt also auf eine „intelligente Mischung von zentraler, nationaler und regionaler Koordinierung"[17] an.

Umso wichtiger wäre es, den Subsidiaritätsgedanken wieder stark zu machen. Dabei muss über eine Neujustierung der Kompetenzverteilung zwischen gemeinschaftlicher und nationaler Ebene nachgedacht werden. Vor allem sollten Politikbereiche nur dann europäisiert werden, wo Zentralisierungsvorteile erkennbar sind (Klodt 2013). Das ist in erster Linie eine Gemeinschaftsrechtsordnung, die den Wirtschaftsegoismus der Mitgliedsstaaten bändigen und dadurch den Gesamtnutzen mehren kann. Die Herstellung eines fairen Rahmens für Wettbewerb, ist das kollektive Gut, das die EU produzieren kann und von dem am Ende Alle profitieren. Ein aktuell dringliches Beispiel ist die Bankenregulierung, für die wegen des symbiotischen Verhältnisses von Banken und Politik nationale Regierungen nur unzureichend fähig und bereit sind (Gundel 2014). Haben die Nationalstaaten wenig Neigung, die Kontrolle über „ihre" Finanzinstitute abzugeben, so ist aber auch aus ordnungspolitischen Gesichtspunkten fraglich, ob die Aufsicht bei der EZB besser aufgehoben ist. Viel einfacher zu regulieren und für die Verminderung künftiger Bankenkrisen erfolgversprechender wäre es hingegen, sich gemeinsam auf eine deutliche Erhöhung der Eigenkapitalquoten zu einigen (Admati und Hellwig 2013).

Die Beweislast, dass ein Sachverhalt auf besser der EU-Ebene geregelt werden soll, müsste viel stärker als bisher bei den VertreterInnen der EU liegen. Der Ministerrat hätte es zu unterlassen, der EU-Kommission allzu allgemein formulierte Aufträge zu geben. Bemerkenswerterweise werben die Europaabgeordneten für sich bislang meist damit, welche Vorschläge sie aus der Kommission abgewehrt hätten. In der im Einzelfall zu führenden Debatte, wo EU-Aktivitäten zweckmäßig sind UND wo nicht, haben einige nationalen Parlamente deutlichen Nachholbedarf; das deutsche musste förmlich vom Bundesverfassungsgericht „zum Jagen getragen werden"[18]. Es wäre darüber hinaus nachzudenken, wo europäische Verflechtungen nicht ein Stück weit zurückgenommen werden könnte. Verflechtungen bergen immer auch die Gefahr, dass lokale Krisen nicht eingedämmt werden können. Zu erörtern wäre sogar, ob und gegebenenfalls welche Instrumente der makroökonomischen Politik (z. B. in der Zinspolitik) auch im Rahmen der Währungsunion wieder nationalisiert werden können. Es gilt, die Grenzen der prag-

---

[17] So Christoph Deutschmann in seiner Rezension von Wolfgang Streecks „Gekaufte Zeit", FAZ 23.09.2013.

[18] Ich meine hier das Urteil des Bundesverfassungsgerichts zu den Beteiligungsrechten des Bundestages beim Euro-Rettungsschirm ESM (Urteil vom 28.Februar 2012, 2 BvE 8/11), das gegen (!) die Parlamentsmehrheit zustande kam.

matischen Verbundenheit zu achten (Immerfall 2013). Wohlfahrtsgewinne durch Selbstbindung, nicht Unterwerfung unter einer noch so gut gemeinten zentralen Gestaltungsmacht, entspricht dem europäischen Gedanken.

Literatur

Admati, A., & Hellwig, M. (2013). *Bankers' new clothes: What's wrong with banking and what to do about it.* Princeton: Princeton University Press.
Alliance of European Conservatives and Reformists. (2014). AECR European Union Study, February 2014, ComRes, Four Millbank, London.
Alesina, A. et al. (2004). Inequality And Happiness: Are Europeans And Americans Different? Journal of Public Economics, 88(9–10,Aug), 2009–2042.
Bach, M. (2014). Demokratisierung der Europäischen Union – Ideal oder Irrweg? *GWP – Gesellschaft. Wirtschaft. Politik, 63*(1), 65–77.
Beck, U., & Grande, E. (2004). *Das kosmopolitische Europa. Politik und Gesellschaft in der zweiten Moderne.* Frankfurt a. M.: Suhrkamp.
Beckert, J., & Streeck, W. (2012). Die Fiskalkrise und die Einheit Europas. *Politik und Zeitgeschichte, 62*(4), 7–17.
Braun, M., & Müller, W. (2012). National and transnational identities of intra-European migrants. In F. Höllinger & M. Hadler (Hrsg.), *Crossing borders, shifting boundaries: National and transnational identities in Europe and beyond* (S. 264–287). Frankfurt a. M.: Campus.
Braunberger, G. (2014). Wer versteht die Krise besser: Professor Sinn oder die Finanzmärkte? – Fazit – das Wirtschaftsblog. FAZ net. http://blogs.faz.net/fazit/2014/02/21/wer-versteht-die-krise-besser-professor-sinn-oder-die-finanzmaerkte-3586/. Zugegriffen: 28. Feb. 2014.
Breitinger, M. (2010). Griechenland-Hilfe: Das Prinzip Hoffnung. Zeit Online. http://www.zeit.de/wirtschaft/2010-04/griechenland-hilfskredit-buergschaft. Zugegriffen: 22. Feb. 2014.
BVerfG, 2 BvR 2728/13 vom 14.01.2014. Hauptsacheverfahren ESM/EZB. Urteilsverkündung sowie Vorlage an den Gerichtshof der Europäischen Union. http://www.bverfg.de/entscheidungen/rs20140114_2bvr272813.html. Zugegriffen: 22. Feb. 2014.
Cuperus, R. (2014). Against a „One-Size-Fits-All Europe". Euro-Realists squeezed between Federal Radicals and Anti-EU extremists. In: E. Hillebrand & A. M. Kellner (Hrsg.), *Für ein anderes Europa. Beiträge zu einer notwendigen Debatte* (S. 27–39). Bonn: J.H.W. Dietz.
Delhey, J. (2012). Trust in co-Europeans and support for European unification. Extending the identity approach. In I. P. Karolewski & V. Kaina (Hrsg.), *Civic Resources and the Future of the European Union* (S. 59–79). London: Routledge.
Deutsch, K. W. et al. (1957). Political community and the North Atlantic area. Princeton, NJ: Princeton University Press.
Deutsch, K. W. (1972). *Nationenbildung – Nationenstaat – Integration.* Düsseldorf: Bertelsmann Universitätsverlag.

Deutsch, K. W. (1979). Soziale Mobilisierung und politische Entwicklung (zuerst 1961). In W. Zapf (Hrsg.), *Theorien des sozialen Wandels* (S. 329–350). Königstein im Taunus: Anton Hain.

Díez Medrano, J. (2008). *Europeanization and the Emergence of a European Society*. IBEI Working Paper No. 2008 /12. Barcelona: Institut Barcelona d'Estudis Internacionals.

Domurath, I. (2013). The Three Dimensions of Solidarity in the EU Legal Order: Limits of the Judicial and Legal Approach. *Journal of European Integration, 35*(4), 459–475.

Duchesne, S., Frazer, E., Haegel, F., & Van Ingelgom, V. (2013). *Overlooking Europe: Citizens'Reaction to European Integration Compared*. Basingstoke: Palgrave Macmillan.

Favell, A. (2008). *Eurostars and Eurocities: Free Movement and Mobility in an Integrating Europe*. Hoboken: Wiley.

Favell, A., & Guiraudon, V. (2011). *Sociology of European Union*. Houndmills: Palgrave Macmillan.

Flora, P. (2000). Externe Grenzbildung und interne Strukturierung – Europa und seine Nationen. Eine Rokkan'sche Forschungsperspektive. *Berliner Journal für Soziologie, 10*(2), 151–165.

Gallup. (2013). Survey release: „EU Election 2014 countdown: One year to go", conducted by Gallup Europe in May 2013. Press Release, Brussels, 5th June 2013. http://www.gallup.com/strategicconsulting/162908/election-2014-countdown-one-year.aspx. Zugegriffen: 22. Feb. 2014.

Ganghof, S., & Genschel, P. (2008). Taxation and democracy in the EU. *Journal of European Public Policy, 15*(1), 58–77.

Gerhards, J., & Lengfeld, H. (2013). *Wir, ein europäisches Volk. Sozialintegration Europas und die Idee der Gleichheit aller europäischen Bürger*. Wiesbaden: Springer-VS.

Gesellschaft für deutsche Sprache (GfdS). (2012). Wort des Jahres 2012. http://www.gfds.de/presse/pressemitteilungen/141212-wort-des-jahres-2012/ Zugegriffen: 22. Feb. 2014.

Gundel, J. (2014). Die europäischen Instrumente zur Überwindung der Staatsschuldenkrise. In P. Hilpold & W. Steinmair (Hrsg.), *Neue europäische Finanzarchitektur. Die Reform der WWU* (S. 89–111). Wiesbaden: Springer-VS.

Habermas, J. (2014). Für ein starkes Europa – aber was heißt das? *Blätter für deutsche und internationale Politik, 59*(3), 85–94.

Haller, M. (2008). European Integration as an Elite Process: The Failure of a Dream? New York and London: Routledge.

Harnisch, S., Maull, H. W., & Schieder, S. (2009). *Solidarität und internationale Gemeinschaftsbildung. Beiträge zur Soziologie der internationalen Beziehungen*. Frankfurt a. M.: Campus.

Hartmann, M. (2010). Elites and power structure. In S. Immerfall & G. Therborn (Hrsg.), *Handbook of European Societies, Social Transformations in the 21st Century* (S. 291–324). New York: Springer.

Hooghe, L. (2003). Europe divided? Elites vs. public opinion on European integration. *European Union Politics, 4*(3), 281–304.

Hooghe, L., & Marks, G. (2012). Politicization. In E. Jones, S. Weatherill, & A. Menon (Hrsg.), *Handbook on the European Union* (S. 840–853). Oxford: Oxford University Press.

Höpner, M., & Schäfer, A. (2008). Grundzüge einer politischökonomischen Perspektive auf die europäische Integration. In M. Höpner, & A. Schäfer (Hrsg.), *Die politische Ökonomie der europäischen Integration* (S. 11–48). Frankfurt a. M.: Campus.

Immerfall, S. (2006). *Europa – politisches Einigungswerk und gesellschaftliche Entwicklung. Eine Einführung.* Wiesbaden: VS-Verlag.

Immerfall, S. (2012). Political unification and the purported European Society. On the social basis of European integration. In F. Höllinger & M. Hadler (Hrsg.), *Crossing Borders, Shifting Boundaries. National and Transnational Identities* (S. 221–236). Frankfurt a. M.: University of Chicago Press.

Immerfall, S. (2013). Über die Euro-Krise zur Fiskalunion? Mögliche Lehren für europäische Integration. *Zeitschrift für Politik, 60*(2), 194–206.

Immerfall, S., Priller, E., & Delhey, J. (2010a). Association and Community. In S. Immerfall & G. Therborn (Hrsg.), *Handbook of European Societies* (S. 325–353). New York: Springer.

Immerfall, S., Boehnke, K., & Bair, D. (2010b). Identity. In S. Immerfall & G. Therborn (Hrsg.), *Handbook of European Societies* (S. 325–353). New York: Springer.

Kuhn, T. (2011). Individual Transnationalism, Globalisation and Euroscepticism: An Empirical Test of Deutsch's Transactionalist Theory. *European Journal of Political Research, 50*(6), 811–837.

Kuhn, T., & Stoeckel, F. (2014). When European integration becomes costly: The euro crisis and public support for European economic governance. *Journal of European Public Policy, 21*(4), 624–641.

Kim, S., & Schattle, H. (2012). Solidarity as a unifying idea in building an East Asian community: Toward an ethos of collective responsibility. *The Pacific Review, 25*(4), 473–494.

Klodt, H. (2013). Baustelle Europa – Subsidiarität als Konstruktionsprinzip. *Wirtschaftspolitische Blätter, 60*(2), 271–284.

KOM 2002, 72. Mitteilung der Kommission an den Rat, das Europäische Parlament, den Wirtschafts- und Sozialausschuß und den Ausschuß der Regionen – Aktionsplan der Kommission für Qualifikation und Mobilität. http://eur-lex.europa.eu/LexUriServ/LexUriServ.do?uri=COM:2002:0072:FIN:DE:PDF. Zugegriffen: 28. Feb. 2014.

Kwasniewski, N., & Friedrich, T. (2012). Wort des Jahres 2012: Wenn die Rettung zur Routine wird. Spiegel Online. http://www.spiegel.de/wirtschaft/soziales/wort-des-jahres-2012-rettungsroutine-a-872979.html;%2022.02.2014. Zugegriffen: 22. Feb. 2014.

Liebert, U., & Müller, H. (2012). Zu einem europäischen Gedächtnisraum? Erinnerungskonflikte als Problem einer politischen Union Europas. *Politik und Zeitgeschichte, 62*(4), 40–48.

Lengfeld, H., Schmidt, S., Häuberer, J. (2002). Solidarität in der europäischen Fiskalkrise: Sind die EU-Bürger zu finanzieller Unterstützung von hoch verschuldeten EU-Ländern bereit? Hamburg Reports on Contemporary Societies No. 5/2012. http://www.wiso.uni-hamburg.de/fileadmin/sozialoekonomie/lengfeld/HRCS_5_2012.pdf. Zugegriffen: 28. Feb. 2014.

Marks, G. (2012). Europe and its Empires: From Rome to the European Union. *Journal of Common Market Studies, 50*(1), 1–20.

Mau, S., & Büttner, S. (2010). Transnationality. In S. Immerfall & G. Therborn (Hrsg.), *Handbook of European Societes* (S. 537–570). New York: Springer.

Mau, S., & Mewes, J. (2012). Horizontal Europeanization in Contextual Perspective. What drives cross-border interactions within the European Union. *European Societies, 14*(1), 7–34.

Mau, S., & Verwiebe, R. (2009). *Die Sozialstruktur Europas.* Konstanz: UVK/UTB.

Milward, A. S. (1997). The Social Bases of Monetary Union. In P. Gowan & P. Anderson (Hrsg.), *The Question of Europe* (S. 149–161). London: Verso.

Münch, R., & Büttner, S. (2006). Die europäische Teilung der Arbeit. Was können wir von Emile Durkheim lernen? In: M. Heidenreich (Hrsg.), *Die Europäisierung sozialer Ungleichheit. Zur transnationalen Klassen- und Sozialstrukturanalyse* (S. 65–107). Frankfurt a. M.: Campus.

Neyer, J. (2014). Justified Multi-level Parliamentarism: Situating National Parliaments in the European Polity. *Journal of Legislative Studies, 20*(1), 125–138.

Pettigrew, T. F. (1998). Intergroup contact theory. *Annual Review of Psychology, 49,* 65–85.

PEW 2013. The New Sick Man of Europe: the European Union. French Dispirited; Attitudes Diverge Sharply from Germans. Pew Research Center, Global Attitudes Project, May 13, 2013.

Recchi, E. (2014). Pathways to European identity formation: A tale of two models. *Innovation: The European Journal of Social Science Research.* doi:10.1080/13511610.2013.87 3709. Zugegriffen: 17. Feb. 2014.

Recchi, E., & Favell, A. (2009). Pioneers of European Integration: Citizenship and Mobility in the EU. Cheltenham: Elgar.

Roose, J. (2011). Identifikation mit Europa im außereuropäischen Vergleich. Ein Niveau- und Strukturvergleich zu einer Dimension europäischer Integration. *Zeitschrift für Soziologie, 40*(6), 478–496.

Rother, N., & Nebe, T. M. (2009). More mobile, more European? Free movement and EU identity. In E. Recchi, & A. Favell (Hrsg.), *Pioneers of European Integration. Citizenship and Mobility in the EU* (S. 120–55). Cheltenham: Elgar.

Sattler, T., & Urpelainen, J. (2014). Explaining public support for international integration: How do national conditions and treaty characteristics interact with individual beliefs? *The Journal of Politics, 74*(4), 1108–1124.

Schäfer, A., & Streeck, W. (2013). Introduction: Politics in the age of austerity. In W. Streeck & A. Schäfer (Hrsg.), *Politics in the age of Austerity* (S. 1–24). Cambridge: Wiley.

Scharpf, F. (2013). Monetary union, fiscal crisis and the disabling of democratic accountability. In A. Schäfer & W. Streeck (Hrsg.), *Politics in the age of Austerity* (S. 108–142). Cambridge: Polity Press.

Schofer, E., & Meyer, J. W. (2005). The worldwide expansion of higher education in the twentieth century. *American Sociological Review, 70*(6), 898–920.

Schwarze, T. (2012). Euro-Krise: Griechenland-Hilfe belastet Bundeshaushalt millionenschwer. Zeit Online. http://www.zeit.de/wirtschaft/2012-11/griechenland-hilfe-kostendeutschland. Zugegriffen: 22. Feb. 2014.

Seikel, D. (2013). *Der Kampf um öffentlich-rechtliche Banken Wie die Europäische Kommission Liberalisierung durchsetzt.* Frankfurt a. M.: Campus.

Senghaas, D. (2003). ‚Politik mit wachen Sinnen betreiben! Eine Erinnerung an Karl W. Deutsch'. *Social Science Open Access Repository.* PID: http://nbn-resolving.de/urn:nbn:de:0168-ssoar-109914.

Smith, D. (2013). *Coping with the Threat of Humiliation: Contrasting Responses to the Eurozone Crisis in Greece and Ireland.* Presentation to the 11th ESA conference „Crisis, Critique and Change", Turin, 28–31 August 2013

Streeck, W. (2013). *Gekaufte Zeit. Die vertagte Krise des demokratischen Kapitalismus.* Berlin: Suhrkamp.

Torreblanca, J. I., & Leonard, M. (2013). The continent-wide rise of Euroscepticism. London: European Council for Foreign Relations, Policy Memo. http://ecfr.eu/page/-/ ECFR79_EUROSCEPTICISM_BRIEF_AW.pdf. Zugegriffen: 28. Feb. 2014.

Vilpišauskas, R. (2013). Eurozone crisis and European integration: Functional spillover, political spillback? *Journal of European Integration, 35*(3), 361–373.

Werner, B. (2013). Ein zahnloser Tiger? Das Bundesverfassungsgericht und seine Europa-Rechtsprechung. *Leviathan, 41*(3), 358–382.

Wilke, F. (2012). (Gem)Einsam aus der Krise? Identität und die Vorstellung eines europäischen Sozialraums. In M. Eigmüller (Hrsg.), *Zwischen Gemeinschaft und Gesellschaft. Sozialpolitik in historisch-soziologischer Perspektive* (S. 226–249). Weinheim: BeltzJuventa.

Wilterdink, N. (1992). Images of national character in an international organization: Five European nations compared. *The Netherlands' Journal of Social Sciences, 28*(1), 31–49.

Zielonka, J. (2006). *Europe As empire. The nature of the enlarged European Union.* Oxford: Oxford University Press.

Prof. Dr. phil. habil. Stefan Immerfall Diplom-Sozialwissenschaftler (U Bochum), Dr. phil (U Passau), Dr. phil. habil (U Passau). Professor für Allgemeine Soziologie an der Pädagogischen Hochschule Schwäbisch Gmünd und Leiter des Masterprogramms „Interkulturalität und Integration". Schwerpunkte in Politischer Soziologie, Bildungssoziologie und Europasoziologie. Veröffentlichungen in letztgenannten Bereich sind u. a.: EU-Bildung in der Schule – Erfahrungen und Desiderate, S. 67–80 in: M. Oberle (Hrsg.), Die Europäische Union erfolgreich vermitteln, 2015 (mit Helmar Schöne); 2014: L'Europa dall'Atlantico agli Urali, oppure soltanto fino ai confini orientali dell'UE? Annali di Sociologia 18.2000–2012: 371–415 (mit Rudolf Wichard); Über die Euro-Krise zur Fiskalunion? Zeitschrift für Politik 60 (2013), 2: 194–206; Handbook of European Societies, 2010 (mit Göran Therborn); Europa – politisches Einigungswerk und gesellschaftliche Entwicklung, 2006.

Solidarität als schwindende Ressource der Sozialintegration? Eine Annäherung an Entkoppelungstendenzen der EU-BürgerInnen

4

Wolfgang Aschauer

4.1 Einleitung

Die EU ist nicht nur als eine ökonomische, politische und rechtliche Gemeinschaft zu verstehen, sondern verdeutlicht auch ein *kosmopolitisches Projekt* (vgl. Beck und Grande 2004), das die Schaffung einer gemeinsamen europäischen Identität verbunden mit einer Solidarität zwischen den BürgerInnen der Mitgliedsstaaten verwirklichen soll. Die Erfahrungen der letzten Jahre – auch im Kontext der Finanz- Wirtschafts- und Staatsschuldenkrise – haben gezeigt, dass es sich hierbei um einen steinigen Weg handelt, weil Europäisierungsprozesse die Wirkung nationalstaatlicher Ordnungen schwächen, ohne dass gleichzeitig auf transnationaler Ebene kompensierende Integrationsmechanismen vollständig entwickelt sind (z. B. Münch 2008). Die europäischen Institutionen sind deshalb Legitimitätsdefiziten ausgesetzt, was deren effektive Durchsetzungskraft schwächt, während gleichzeitig auch die Nationalstaaten immer mehr Steuerungsfunktionen einbüßen (vgl. Imbusch und Heitmeyer 2012, S. 18). Hans-Peter Müller (2007) charakterisiert Europa treffend als eine Gesellschaft im ewigen Werden, dessen Finalität unklar und unbestimmt bleibt. Die europäische Gesellschaft umfasst mittlerweile sämtliche Sphären und kann als *verdichteter* Wirtschafts-, Arbeits-, Bildungs-, Solidaritäts-, Rechts-, Religions- und Kulturraum bezeichnet werden. Dennoch

W. Aschauer (✉)
Abteilung Soziologie und Kulturwissenschaft, Universität Salzburg/FB Politikwissenschaft und Soziologie, Rudolfskai 42, 5020 Salzburg, Österreich
E-Mail: wolfgang.aschauer@sbg.ac.at

© Springer Fachmedien Wiesbaden 2016
W. Aschauer et al. (Hrsg.), *Solidaritätsbrüche in Europa,*
Europa – Politik – Gesellschaft, DOI 10.1007/978-3-658-06405-1_4

bleibt die Gestalt Europas chamäleonartig, „halb latent, halb manifest, halb unsichtbar, halb sichtbar, halb empirisch erfahr- und analytisch fassbar, halb normativ
erwünscht und vehement abgelehnt" (vgl. Müller 2007, S. 7).

In der heutigen EU ist die ökonomische, politische und rechtliche Integration
schon weit fortgeschritten, eigenständige Wege der Mitgliedsstaaten *außerhalb* des
Regelwerks der EU können kaum mehr beschritten werden. Weil jedoch die aus-
ufernde Bürokratie und die umfangreichen Vertragsgrundlagen für die BürgerInnen undurchschaubar sind, beschränken sich die nationalen politischen Akteure
primär auf Techniken der Umgehung, Ausschaltung oder Manipulation der Öffentlichkeit (vgl. Brunkhorst 2011, S. 466). Die Konstruktion der EU vollzieht sich
deshalb „ohne Gesellschaft" (Bach 2008), und es ist deshalb nicht weiter überraschend, dass populistische Parteien mit einer anti-europäischen Haltung reüssieren
und diffuse Vorurteile aktivieren, die einer Strategie der Vorteils- und Gewinnma-
ximierung für die eigene Nation folgen. Je länger die Effekte der Wirtschaftskrise
in Europa fortbestehen und sich dadurch ökonomische Ungleichheiten zwischen
den Mitgliedsstaaten und innerhalb der EU-Länder verfestigen und je stärker die
herrschende politische Klasse abgekoppelt von der Bevölkerung agiert, desto eher
droht die Gefahr einer Krise des politischen Systems. Deswegen vertrete ich in diesem Beitrag die Sichtweise, dass ein „Mehr an systemischer Integration" ohne Einbindung der Bevölkerung mit einer abnehmenden Solidarität zwischen den BürgerInnen einhergehen und die EU in eine tiefe Legitimationskrise stürzen könnte.

Die derzeit auftretenden Brüche zwischen System- und Sozialintegration sollen
in weiterer Folge eingehend reflektiert und als Entkoppelungstendenzen der BürgerInnen von Europa gefasst werden. Als allgemeine Bezugspunkte systemischer
Integration definieren Imbusch und Heitmeyer (2008) die ökonomische und poli-
tisch-rechtliche Ordnung, während sich die Sozialintegration auf die soziokulturelle Ordnung, auf geteilte Werte und auf die Zugehörigkeit zu einer Gemeinschaft
bezieht. Je mehr sich die beiden Integrationsmodi wechselseitig verstärken, desto eher können Gesellschaften als integriert gelten (vgl. Imbusch und Heitmeyer
2008, S. 12). In Bezug auf die europäische Integration kommen zahlreiche Haupt-
vertreter der Europasoziologie (z. B. Immerfall 2001; Vobruba 2007; Bach 2008;
Haller 2009) relativ übereinstimmend zum Schluss, dass die Sozialintegration in
der EU im Vergleich zu den beschleunigten systemischen Transformationsprozes-
sen deutlich nachhinkt. Während also sowohl in der EU als auch in den einzelnen Mitgliedsstaaten systemische Teilbereiche ihre Funktionsfähigkeit weiterhin
(wenn auch mühsam) aufrechterhalten, gärt es zunehmend im Inneren der Mitgliedsstaaten, und desintegrative Tendenzen in Hinblick auf die Sozialintegration
nehmen zu. Die Aufforderung, System- und Sozialintegration getrennt zu betrachten, geht ursprünglich auf Lockwood (1971) zurück, wobei Habermas (1981a, b) in

seiner groß angelegten Theorie des kommunikativen Handels erstmals eine ausge-
feilte Betrachtung der unterschiedlichen systemischen und lebensweltlichen Dynamiken vorgenommen hat. Seine schillernde Diagnose der „Entkoppelung zwischen
System und Lebenswelt" scheint im Kontext der rapiden und sichtlich immer mehr
unkontrollierbar werdenden Transformationsprozesse in der Europäischen Union
aktueller denn je. Die gewählten Begrifflichkeiten deuten bereits darauf hin, dass
es geboten erscheint, in der Analyse *systemischer europäischer Integrationsmechanismen und lebensweltlicher europäischer Identifikationsdynamiken* getrennt
vorzugehen und der Theorie von Habermas aktuelle Relevanz zuzusprechen.
Nachdem aktuelle politische und ökonomische Transformationsprozesse verbunden mit kulturellen Folgen erläutert wurden (Abschn. 2), soll in weiterer Folge gezeigt werden, inwiefern die ursprünglichen theoretischen Zugänge von Habermas
(1973, 1981a, b) (Abschn. 3) immer noch anschlussfähig sind (Abschn. 4). Denn
die systemischen Imperative verstärken auf lebensweltlicher Ebene Handlungslogiken des Egozentrismus (z. B. Heitmeyer 1994) und Ethnozentrismus und drän-
gen – so die zugrunde liegende These – solidarisches Handeln in den Hintergrund
(Abschn. 5). In weiterführenden Überlegungen (Abschn. 6) wird schließlich behandelt, welche Chancen und Risiken ein entgrenztes Europa, das in seiner Legitimation „von unten" im Zuge der gegenwärtigen Krise entscheidend geschwächt
scheint, mit sich bringt.

4.2 Systemische Umbrüche: Gegenwärtige ökonomische, politische und kulturelle Wechselwirkungen im Zuge des europäischen Krisenmanagements

Die EU war und ist primär ein ökonomisches und politisches Elitenprojekt (vgl.
Haller 2009), jedoch beeinflusst die sich verdichtende europäische Systemintegration die Lebensbedingungen der BürgerInnen immer deutlicher. Eine europasozio-
logische Betrachtung muss somit – ganz im Verständnis von Habermas – auf einer
ökonomischen, politischen und kulturellen Ebene ansetzen. Theoretische Zugänge,
die sich primär mit den ökonomischen Auswirkungen auf die Gesellschaft auseinandersetzen, können durch deren Fokus auf Zentrum und Peripheriemodelle und
auf Verteilungsfragen (Sozialpolitik) am ehesten als Konfliktrahmenansätze eingestuft werden. Die Schnittstelle zwischen Politik und einer europäischen Öffentlichkeit bilden Institutionenansätze am ehesten ab, wobei sich hier optimistische
und pessimistische Prognosen gegenüberstehen. Bei den Identitätsansätzen stehen
die europäischen Identifikationsprozesse und die kulturellen Ausformungen einer

europäischen Gesellschaft im Vordergrund.[1] Hier beharren die SkeptikerInnen einer europäischen Gesellschaft auf der nationalstaatlichen Rahmung von Gesellschaft und bleiben dem ländervergleichenden Ansatz treu (vgl. exemplarisch Gerhards 2005), während die BefürworterInnen einer europäischen Gesellschaft (vgl. exemplarisch Büttner und Mau 2010) auf der Suche nach neuen Gesellschaftsbegriffen sind, um den transnationalen Austauschbeziehungen gerecht zu werden.

4.2.1 Die Staatsschuldenkrise und das Auseinanderdriften von Zentrum und Peripherie

In der Europäischen Union kann in den letzten Jahren ein zeitlich verdichteter Verlauf der Einbindung neuer Mitgliedsstaaten beobachtet werden, der anfangs wirtschaftlich und nach Vollendung des Binnenmarkts mit den vier Freiheiten (Waren, Dienstleistungen, Kapital und Personen) auch stark politisch motiviert war (vgl. Bayer et al. 2005, S. 343 ff.). Die rasche Eingliederung neuer europäischer Länder in die EU ging jedoch mit einem *Vertrauensverlust* zwischen den Mitgliedsländern einher, wie Delhey (2010) in einer empirischen Studie nachweist. Durch die Osterweiterung hat sich folglich „die Schwere zwischen System- und Sozialintegration geöffnet" (Delhey 2010, S. 207). Insgesamt scheinen sich die Fronten zwischen Geber- und Empfängerstaaten von Transferzahlungen, zwischen Sphären verstärkter Zusammenarbeit gepaart mit starken Interessensverflechtungen und neuen Konkurrenzbeziehungen zu verschärfen. Als übergeordnete Theoriestränge lassen sich im Kontext der europäischen Integration vorrangig Zentrum-Peripherie-Modelle anwenden. Die EU könnte als Spannungsfeld beschrieben werden, das durch eine Konzentration der Kräfte im Zentrum und eine Kräftezersplitterung an der Peripherie gekennzeichnet ist. In den inneren Zentren liegt die Entscheidungshoheit, die nach außen (in die Randgebiete) schwer kommunizier- und vermittelbar bleibt (vgl. Kreckel 1992, S. 42). Vobruba (2007), der die Dynamik der europäischen Integration zwischen stetiger Vertiefung und Erweiterung thematisiert, sieht die Entwicklung der EU als Muster konzentrischer Kreise. Nicht zuletzt deshalb ist der Profit der Mitgliedschaft in der EU schwierig vermittelbar, weil sich soziale Klassen, Altersgruppen, Regionen und Industriesektoren in einem unterschiedlichen Sog der Einflüsse befinden (vgl. Offe 2001, S. 431). Die markantesten Demarkationslinien sind sozialstrukturelle Unterschiede, also die Asymmetrien zwischen Städten und ländlichen Regionen sowie das Wohlstandsgefälle zwischen

---

[1] Die Einteilung geht auf Georg Vobruba (2010) zurück, der die bisher vorliegenden europasoziologischen Zugänge in diese drei Bereiche gliedert (vgl. Vobruba 2010, S. 447–462).

einzelnen Staaten. Ökonomische Disparitäten gewannen durch die Osterweiterung der EU deutlich an Gewicht und erhielten durch die sich verschärfende Nord-Süd-Diskrepanz im Zuge der Wirtschaftskrise neue Brisanz. Wie aktuelle Arbeiten im Kontext der Wirtschaftskrise herausstreichen, hat die EU der zunehmenden Erweiterung und Integration stets Priorität verliehen und erst im Nachhinein entsprechende Schritte gesetzt, um notwendige institutionelle Reformen durchzuführen. Ein folgenreiches Beispiel, das relativ übereinstimmend als Hauptauslöser der derzeitigen Krise genannt wird, ist die Verwirklichung der Währungsunion. Der Begriff des Euromonetarismus, der von Bach (2008) gebraucht wird, umschreibt die dominante Ausrichtung der Währungspolitik als maßgebliches Bestimmungsmerkmal europäischer Wirtschaftspolitik. Die Priorität der Preisniveaustabilität führt in den Peripherien zu Wachstumsschwäche und einer Verschärfung von Arbeitslosigkeit. Die rigiden Vorgaben der Haushaltspolitik, die den Krisenstaaten aufoktroyiert werden, schränken den nationalen Spielraum für arbeitsmarktunterstützende und sozialpolitische Maßnahmen drastisch ein und verschärfen die Ungleichheitsdynamik weiter. In seinem Bestseller „Gekaufte Zeit" ist die zentrale These Streecks (2013), dass die Politik seit den 1970er Jahren auf die Krise des Kapitalismus mit dem „Kaufen von Zeit mit Hilfe von Geld" (Streeck 2013, S. 15) reagiert. Mit Kreditvergaben nach Schaffung der Währungsunion wurde ein letztes Mal Zeit gekauft, bis die Finanzkrise dieser Strategie ein Ende bereitete. Durch die budgetäre Notlage in vielen Staaten verschärfen sich nun die Konflikte zwischen den europäischen Mitgliedsstaaten. Hilfsgelder werden von den Einwohnern der Nettozahler-Staaten als „Fass ohne Boden" interpretiert, während die Bevölkerung in den südlichen EU-Ländern der Ansicht ist, die Last der zu leistenden Reformen ungerechtfertigt tragen zu müssen. Mit dem Euro verketten sich die Länder zu einer Schicksalsgemeinschaft, und die gesamte wirtschaftspolitische Agenda der nächsten Jahre bleibt auf die Rettung der gemeinsamen Währung beschränkt.[2] Die EU unterwirft sich somit quasi dem Diktat der Finanzmärkte und ordnet die Marktgesellschaft der Marktökonomie unter, während die BürgerInnen ungeschützt der Marktdynamik ausgeliefert sind. Eine drastische Folge davon ist die Verschärfung von sozialer Ungleichheit im gesamteuropäischen Maßstab (vgl. Bach 2008, S. 32 ff.). Obwohl weltweit betrachtet die zwischenstaatlichen Ungleichheiten im Abnehmen begriffen sind (vgl. Firebaugh 2003), zeigt sich in Europa eine Verschärfung struktureller Spannungen *sowohl zwischenstaatlich als auch innerstaatlich* (z. B. Fredriksen 2012). Häufig wird zwischen Modernisierungsgewinnern

---

[2] Insofern ist die veritable Eurokrise ein Paradebeispiel für ein unreflektiertes und vorschnelles politisches Handeln, wobei die wirtschaftliche Dynamik dieser Maßnahme die EU im Zuge der Finanzkrise quasi überrollt und vor kaum lösbare Probleme gestellt hat.

(UnternehmerInnen und hochflexible, hochgebildete Arbeitskräfte), dem verunsicherten Mittelstand und kurz- oder langfristigen Verlierern unterschieden. Die
neuen Dynamiken auf der sozialen Stufenleiter ziehen auch auf kultureller Ebene
Polarisierungen nach sich. Es zeigt sich häufig, dass einkommens- und bildungs-
schwache Gruppen und Angehörige strukturschwacher Gebiete lokal und national
verwurzelt bleiben, während sich gesellschaftliche Eliten zunehmend in einem
transnationalen Raum bewegen, wobei die Bedeutsamkeit der transnationalen und
kosmopolitischen Lebensstile als Motor für eine europäische Identifikation und
Identität noch nicht eindeutig abschätzbar ist (vgl. Bach 2008, S. 10).

4.2.2 Legitimitätsprobleme der EU

Wie Heschl (2013) in einer umfassenden Publikation zur politischen Rhetorik der
europäischen Kommission nachweist, gehörte Europe-Building und die Vermittlung der Idee eines gemeinsamen Europas stets zu den zentralen Aufgaben der
politischen Eliten. Die Institutionen und die EU-Verfassung geben ein *politisches
Identitätsskript* (vgl. Meyer 2009) vor, das gemeinsame Grundwerte (z. B. Freiheit,
Demokratie, Rechtsstaatlichkeit, Wahrung der Menschenrechte) und politische
Ziele (z. B. Friedenssicherung, Binnenmarkt, soziale Marktwirtschaft, Währungsunion, Gleichberechtigung und Solidarität) in Europa zusammenfasst. Mit dieser
Projektidentität Europas sollen im Sinne der neofunktionalistischen Integrationstheorie (z. B. Haas 1958) Spill-over-Effekte systemischer Integrationsmechanismen eingeleitet werden. Das zentrale Diktum von Haas ist, dass supranationale
Kooperationsvorhaben nicht auf einen Bereich begrenzt bleiben, sondern eine in-
härente Expansionslogik in sich tragen. Somit bilden sich über die Zeit vielfältige
transnationale Bezüge heraus, die weitere Kooperationsnotwendigkeiten nach sich
ziehen. Die europäische Integration verdeutlicht demnach quasi einen natürlichen
Prozess, weil sich das Projekt Europa aus einer Eigenlogik heraus funktional und
territorial ausdehnt (vgl. Wolf 2012, S. 60 f.). Die Vermittlung der europäischen
Idee scheint jedoch bei den BürgerInnen noch wenig Rückhalt zu haben, und es
kann bis dato noch nicht von einer europäischen Öffentlichkeit gesprochen werden
(vgl. Meyer 2009, S. 21 f.). Auch Haas (1958) hat bereits festgehalten, dass gesellschaftliche AkteurInnen von wesentlicher Relevanz sind und der Integrationsprozess nicht isoliert als technokratisches Projekt darzustellen ist. Dennoch ist das
neofunktionale Politikverständnis weitestgehend gesellschaftsblind und von einer
grundlegenden Skepsis gegenüber der Steuerung des Meinungsklimas durch die
Öffentlichkeit geprägt (vgl. Neyer 2013, S. 136).

Aktuelle soziologische Ansätze, die aus dem funktionalistischen Paradigma hervorgehen, versuchen Systemintegration und Sozialintegration zu verbinden und bleiben in ihren zentralen Prognosen vorsichtig optimistisch. Münch (2008) interpretiert die europäische Integration primär als *Übergangsprozess* mit offenem Ausgang. Aus der ökonomischen Integration Europas, die den Motor der Transformation bildet, werden das politische, rechtliche und schließlich das kulturelle System in den Bann der Europäisierung gezogen. Über die EU-Rechtssprechung (vier Freiheiten) und über universalisierte Gerechtigkeitsvorstellungen (Chancengleichheit für alle EU BürgerInnen) versucht die EU eine transnationale Sozialintegration zu gewährleisten (vgl. Münch 2001, S. 206 f.). Er weist jedoch stets darauf hin, dass transnationale Integration immer mit nationaler Desintegration einhergeht, und somit auch Krisendynamiken der Entfremdung, Ohnmacht und Anomie (Regellosigkeit) erzeugt werden (vgl. Münch 2001, S. 223). Die entscheidende Fragestellung seiner aktuellen Arbeiten (Münch 2008, 2010) ist, wie jenseits der Nationalstaaten auf supranationaler und globaler Ebene die soziale und kulturelle Sprengkraft der globalen kapitalistischen Fortschrittsideologie eingedämmt werden könnte.

Während die funktionalistischen Ansätze von einer nachgeordneten Sozialintegration aufgrund ökonomischer und politischer Entwicklungen ausgehen, bestreiten einschlägige VertreterInnen einer politischen Soziologie der europäischen Integration generell die Ausformung einer europäischen Gesellschaft. Sie gehen davon aus, dass sich die EU im Sinne einer rein politischen Handlungslogik in zahlreichen Schritten als „institutionalisierter Herrschaftsverband" (Lepsius 2006, S. 111) formiert hat. Je tiefer die EU politisch in die nationalstaatliche Ordnung eingreift, desto stärker produziert sie Ordnungskonflikte und Euroskeptizismus. Im Gegensatz zur positiven Sichtweise der neofunktionalistischen Theorie betonen somit Bach (2008) und Haller (2009), dass die Regierungen und politischen Eliten ein europäisches Mehrebenensystem konstruieren, das bei den BürgerInnen auf starke Vorbehalte stößt. Der Protest gegen die EU kann primär auf ein immer stärker werdendes Misstrauen gegen die anonyme, komplexe und undurchschaubare Politik des europäischen Regierungssystems zurückgeführt werden. Zudem fehlen Instrumente der direkten Demokratie (Haller 2009) und einschlägige Medien, die eine Europäisierung der öffentlichen Meinung bewirken würden. Die Einstellungen zu Europa bleiben angesichts des europäischen Öffentlichkeitsdefizits heterogen und können deshalb nur als Meinungen der Bevölkerungen der Mitgliedsstaaten gemessen werden (vgl. Trenz 2012, S. 326). Haller (2009) nennt aus einer Mikroperspektive der BürgerInnen vier zentrale Bedingungen, die eine tiefergehende Sozialintegration behindern. Er thematisiert die spezifisch konsolidierte Sozialstruktur in Europa, weil sich Gruppen von Ländern gegenüberstehen, die intern homogen, aber untereinander sehr verschieden sind, zudem das Fehlen einer gemeinsamen Sprache, die schwache zentrale Autorität der EU und das Fehlen einer europäischen Identität (vgl. Haller 2009, S. 287 f.). Sowohl Haller (2009) als auch Bach (2008) berufen sich zur Stützung ihrer Thesen auf einschlägige empirische Untersuchungen, die eindeutig eine starke Identifikation der BürgerInnen mit dem Nationalstaat und eine weitgehende Indifferenz bis kritische Haltung gegenüber der europäischen Politik konstatieren (vgl. Bach 2008, S. 13).

4.2.3 Kulturelle Folgen – Identifikationsprozesse bei den EU- BürgerInnen

Analysiert man die europasoziologischen Arbeiten, die sich auf die *Ausformungen* der europäischen Gesellschaft konzentrieren, so ist auch bei den Identitätsansätzen eine Lagerbildung zwischen den SkeptikerInnen und den BefürworterInnenn einer *kulturellen Europäisierung* zu konstatieren. Während die OptimistInnen die Chancen einer nachgeordneten Sozialintegration bei einer Vertiefung der politischen Integration betonen, vertreten die PessimistInnen stärker die Ansicht, dass gerade die zunehmende Integration auf der Systemebene die Identifikation mit Europa verhindert und Renationalisierungstendenzen im Kontext der Krise an Bedeutung gewinnen könnten (vgl. Eigmüller und Mau 2010, S. 11).

Eine Europasoziologie, die auf die lebensweltliche Integration gerichtet ist, sollte danach trachten, die Perspektive „der Leute" (Vobruba 2009) einzunehmen:

> Indem die Soziologie die Beobachtungen, Interpretationen und Handlungen der Leute selbst beobachtet und interpretiert, dies also als ihre Empirie aufnimmt, schließt sie an den Realitätszwang der Leute an und entgeht so der Gefahr, in Beliebigkeiten der eigenen Begriffsbildung unterzugehen. (Vobruba 2010, S. 435),

Eine mikrosoziologische Betrachtung der europäischen Integration muss deshalb stets empirisch offen und differenziert nach gesellschaftlichen Gruppen vorgehen. Im Sinne einer positiven Beziehung bildet sich nachgeordnet zur Institutionenbildung eine europäische Bewusstseinsbildung aus. Im Sinne einer fehlenden Beziehung bleibt die Bevölkerung indifferent gegenüber der EU und im Sinne einer negativen Beziehung kollidiert die Bewusstseinsentwicklung mit der Institutionenentwicklung (vgl. Vobruba 2010, S. 448). Es ist auch plausibel, dass alle drei Prozesse gleichzeitig ablaufen. Wenn soziale Gruppen Sachverhalte national oder europäisch rahmen, sind damit unterschiedliche Motivlagen, Interessen, Einstellungen und Handlungsorientierungen verbunden (vgl. Vobruba 2008, S. 34). Bei allem Enthusiasmus für ein vernetztes Europa zeigen aktuelle Entwicklungstendenzen, dass Wunschvorstellungen einer normativ orientierten Soziologie (z. B. Beck 2005) und einer Soziologie als Wirklichkeitswissenschaft, die auf Basis empirischer Erkenntnisse arbeitet, weit auseinanderdriften. So schreibt beispielsweise Ulrich Beck (2005):

> Wenn es eine Idee gibt, die die Europäer heute einen könnte, dann ist es die eines kosmopolitischen Europas, weil diese den Europäern die Angst vor Identitätsverlust nimmt, die konstitutionelle Toleranz im Umgang der vielen europäischen Nationen miteinander zum Ziel erhebt und zugleich neue politische Handlungsräume in einer globalisierten Welt eröffnet. (Beck 2005, S. 12).

Während zahlreiche EuropasoziologInnen ähnliche Plädoyers für ein Europa jenseits des Nationalstaats bekunden, scheint die Sichtweise Immerfalls (2013) auf Basis empirischer Untersuchungen der Lebensrealität der BürgerInnen stärker zu entsprechen.[3]

> Die zunehmende Sichtbarkeit der EU in der Lebenswirklichkeit der Bürger birgt die paradoxe Entwicklung, dass auch Anti-EU-Einstellungen sichtbarer werden. Die EU wird gerade nicht selbstverständlicher, sondern es bilden sich in nicht wenigen Ländern national-populistische Stimmungen heraus. (Immerfall 2013, S. 17),

Es soll nun diesen Tendenzen nachgespürt werden, wobei im Zentrum der Analyse steht, welche *kulturellen Folgen* ökonomische und politische Handlungsimperative der europäischen Integration zeitigen und inwiefern die angesprochenen Systemmechanismen destruktiv auf die Lebenswelt zurückschlagen und Formen einer *Kolonialisierung und Entkoppelung* einnehmen. Dabei ist es jedoch nötig, sich die grundlegenden Thesen aus dem breiten Oeuvre von Habermas nochmals in Erinnerung zu rufen.

---

[3] Gerade aufgrund der polarisierenden Haltungen, die sich auch zwischen gesellschaftlichen Schichten unterschiedlich manifestieren, sollten nationalstaatliche Konzeptionen der Soziologie nicht bedingungslos als veraltet eingestuft werden. Denn solange die Gesellschaft von den BürgerInnen überwiegend nationalstaatlich gerahmt wird, repräsentiert die Suche nach neuen transnationalen Gesellschaftsbegriffen ebenfalls ein wissenschaftliches Elitenprojekt, das, abgehoben von der Mehrzahl der BürgerInnen, vorangetrieben und deren Lebensrealität nicht gerecht wird. Damit soll die Relevanz der Transnationalisierungsforschung (z. B. Pries 2008) keinesfalls bestritten werden. Eine Mikroperspektive, die sich mit den Perspektiven der Leute (z. B. Vobruba 2009) auseinandersetzt, kann durchaus den Nationalstaat wählen, während die europäische Sozialstrukturanalyse und systemisch orientierte Makroperspektiven nicht mehr ohne transnationale Bezugsebenen auskommen. Je nach Forschungsinteresse sollten geeignete Analyseeinheiten ausgewählt werden.

4.3 Habermas revisited – Brüche zwischen System und Lebenswelt

Jürgen Habermas (1973) und sein Schüler Claus Offe (1972) haben sich bereits in ihrem Frühwerk vorrangig mit den Verschränkungen zwischen der ökonomischen Entwicklung, der politischen Administration und den kulturellen Folgen auseinandergesetzt. In seinem Werk „Legitimationsprobleme im Spätkapitalismus" analysiert Habermas (1973) den Wandel der kapitalistischen Moderne. Mit dem Einsetzen der Industrialisierung begann sich der Liberalkapitalismus durchzusetzen. Die Wirtschaft agierte weitgehend autonom vom Staat, Krisen manifestierten sich vorwiegend in ungelösten ökonomischen Steuerungsproblemen. In den Jahrzehnten nach dem 2. Weltkrieg griff der Staat zunehmend regulierend ein, er zähmte den Kapitalismus (Phase 2: organisierter Kapitalismus) und inszenierte diesen schließlich als Massendemokratie und Wohlfahrtsstaat (vgl. Treibel 2006, S. 161 f.). Der Spätkapitalismus ist also durch eine Zwangsheirat zwischen den freien Kräften des Marktes und den regulierenden Kräften des Staates gekennzeichnet. Mit Sozialpolitik und Infrastrukturleistungen gelingt es der Politik, die negativen Einflüsse des Kapitalismus zu kompensieren, die Lebensbedingungen der BürgerInnen zu verbessern und deren Aufbegehren gegenüber sozialen Ungleichheiten in Schach zu halten. Dennoch gewinnen im Spätkapitalismus *Legitimationskrisen* an Bedeutung und betreffen vorrangig das politische System. Die Ausführungen von Habermas zu den Legitimationsproblemen im Spätkapitalismus erscheinen im Zuge der aktuellen Wirtschaftskrise erstaunlich aktuell: Denn

> erst wenn die Gesellschaftsmitglieder Strukturwandlungen als bestandskritisch *erfahren* und ihre soziale Identität bedroht fühlen, können wir von Krisen sprechen. Störungen der Systemintegration sind nur in dem Maße bestandsgefährdend, als die *soziale Integration* auf dem Spiel steht, d. h. als der Konsensgrundlage der normativen Strukturen so weit beeinträchtigt wird, dass die Gesellschaft anom wird. Krisenzustände haben die Form einer Desintegration der gesellschaftlichen Institutionen. (Habermas 1973, S. 12)

Eine fehlende Balance zwischen Kapitalismus und Massendemokratie bewirkt nach Offe (1972) und Habermas (1973) somit Sinnkrisen in der Kultur.[4] Es entsteht

---

[4] Nach Streeck (2013) haben Habermas (1973) und Offe (1972) die Wurzeln der Krise des kapitalistischen Systems an der falschen Stelle ausgemacht. Tatsächlich lösten die *Proponenten des kapitalistischen Systems* einen Wandel hin zum Neoliberalismus aus, indem sie die Zwangsheirat zwischen dem Markt und dem Staat aufkündigten. Im Nachhinein betrachtet sind für Streeck sowohl das „Zurückschalten" des Kapitalismus auf den selbstregulierten Markt sowie auch die hohe (kulturelle) Akzeptanz marktangepasster Lebensformen

ein Strukturwandel der Öffentlichkeit (Habermas 1962), die BürgerInnen entziehen dem Staat sukzessive das Vertrauen und vollziehen einen Rückzug ins Private. Während bei einer Systemkrise die Steuerungsleistungen *zwischen Subsystemen* gestört sind, gefährdet eine resultierende Legitimationskrise die Sozialintegration und ist deshalb als gravierender einzustufen.

In der Theorie kommunikativen Handelns analysiert Habermas (1981ab) nicht mehr nur das systemische Zusammenwirken zwischen Ökonomie und Politik mit den damit verbundenen (kulturellen) Folgen, sondern fokussiert zunehmend auf die Lebenswelt. Habermas sieht die Lebenswelt als Hort der Sozialintegration, weil dort die kulturellen Wissensvorräte mit gemeinsamen Leitorientierungen angelegt sind. Die Sprache ist das wesentliche Medium einer verständigungsorientierten Kommunikation. Sie gewährleistet, dass Konflikte im diskursiven Verständigungsprozess gelöst werden können und sich somit „ideale Sprechsituationen" (Habermas 1973, S. 137) abbilden. Kommunikatives Handeln dient unter dem Aspekt der gegenseitigen Verständigung der Weitergabe kulturellen Wissens, es stellt durch die Koordinierung der Handlungen Solidarität zwischen Gesellschaftsmitgliedern und somit soziale Integration her, und es birgt über die Sozialisation Potentiale zur Ausbildung der persönlichen Identität (vgl. Jörke 2011, S. 649). Gänzlich unterschiedlich verläuft nach Habermas die Kommunikation zwischen Systemen. Das erfolgsorientierte Handeln wird durch zweckrationale Kommunikation bestimmt, die wesentlichen Kommunikationsmedien dafür sind Geld in der Wirtschaft und Macht in der Politik. Da die Systeme danach trachten, ihre Bestandserhaltung in Auseinandersetzung mit der systemfremden Umwelt zu sichern, tritt aufgrund der Konkurrenzsituation keine (gegenseitige) Verständigungsorientierung auf (vgl. Imbusch und Rucht 2005, S. 36). Es entsteht folglich eine zunehmende Entkoppelung zwischen der Lebenswelt und den bestimmenden Systemen. Wirtschaft und Staat entfernen sich von der Lebenswelt und entwickeln eigene zweckrationale Handlungslogiken. Habermas warnt davor, dass sich die gesellschaftlichen Subsysteme zunehmend verselbständigen, über das Medium des Rechts nicht mehr an die Lebenswelt gebunden werden, und somit eine Kolonialisierung der Lebenswelt auftritt (vgl. Vester 2010, S. 127). Ein utilitaristischer Individualismus verbunden mit einer zunehmenden Wettbewerbs- und Leistungsorientierung wird zur prägenden

---

durchaus erstaunlich. Die Revolution des Kapitalismus wurde also nicht „von unten" durch Legitimationskonflikte sondern „von oben" durch eine *neue Marktdominanz* eingeleitet. Während von Habermas (1973) die Legitimationsprobleme möglicherweise überschätzt wurden, könnten sie heute im Zuge der aktuellen Finanz- und Wirtschaftskrise unterschätzt werden. Zudem betont auch Streeck, dass Wandel meistens graduell erfolgt, „den man sehr lange als marginal abtun kann, auch wenn das Marginale längst dadurch zum Kern der Sache geworden ist" (Streeck 2013, S. 14).

Kraft und lässt das verständigungsorientierte Handeln verkümmern (vgl. Habermas 1981b, S. 480). Die spätmoderne Gesellschaft ist nach Habermas ambivalent
zu beurteilen, weil einerseits Kommunikationsstörungen durch die Kolonialisierung der Lebenswelt auftreten, jedoch andererseits Potentiale des verständigungsorientierten Handelns erhalten bleiben. Es gibt nach Habermas positive Signale des
Widerstands, und die zivilgesellschaftlichen Ressourcen der Lebenswelt können
in liberal-demokratischen Gesellschaften prinzipiell reaktiviert werden (vgl. Jörke
2011, S. 651 f.). Habermas sieht Protestgruppen, die auf Basis der kommunikativen Vernunft ein verständigungsorientiertes Handeln pflegen, als Hoffnungsträger;
ein herrschaftsfreier Diskurs gilt für ihn als einzige Möglichkeit zur gesellschaftlichen Emanzipation. Für ihn sind „alle Gesellschaftsmitglieder dazu imstande und
aufgerufen, soziale, ökonomische und politische Missstände zu erkennen, zu re-
flektieren und zu verändern." (vgl. Treibel 2006, S. 52).

Die oft unklar vollzogene Abgrenzung zwischen dem „Sein" und dem „Sollen" hat viel Kritik zum Ansatz von Habermas bewirkt. Obwohl gerade die Verknüpfung der Mikro- und Makroebene eine entscheidende Wende in der soziologischen Theoriebildung eingeleitet hat, bleibt die Konzeption der Lebenswelt
von der systemischen Betrachtung eigentümlich abgeschottet. Habermas begeht
den Trugschluss, Werte und Normen nur in der Lebenswelt zu verorten und Politik und Ökonomie nur aus einem systemischen Blickwinkel der Steuerung gesellschaftlicher Realität zu analysieren (vgl. Mouzelis 1997, S. 114 ff.). Nach Münch
(1998) ist nicht die verständigungsorientierte Kommunikation das Bindeglied der
Sozialintegration sondern die vermittelnden Handlungsfelder (Interpenetrationszonen), die dadurch entstehen. Die lebensweltlichen Diskurse können bestenfalls
eine kritische Veränderungshaltung hervorbringen. Diese bedingt schließlich die
Ausformungen neuer Handlungslogiken zur Kontrolle systemischer Auswüchse
und hebt die Sozialintegration auf eine neue Stufe. In der europäischen Integrationsforschung nimmt Münch die Politik in die Pflicht, eine Mehrebenendemo-
kratie auszubilden und somit quasi neue Interpenetrationszonen der Vermittlung
unterschiedlicher Interessen zu bilden. Auf diesem Wege könnte – in Anlehnung
an Durkheim – ein Übergang von der nationalen mechanischen Solidarität hin zur
internationalen organischen Solidarität (vgl. Münch 2001, S. 154) erfolgen. Nicht
zuletzt deshalb könnte Habermas in „Faktizität und Geltung" (1992) bewusst auf
die Rolle des Rechts fokussiert haben. Denn dieses funktioniert als Zwischenme-
dium. Es drückt einerseits die Rationalisierung der Lebenswelt aus und ermöglicht
andererseits einen Rahmen gemeinsam ausgehandelter normativer Maßstäbe für
die Systeme zu bilden. Auch in Hinblick auf Europa scheint sich anstelle des alten
Dualismus von nationalem Verfassungsrecht und internationalem Vertragsrecht zunehmend ein mehrstufiges System mit einer zwischen den Ebenen diffundieren-

den Verfassungsordnung zu etablieren (vgl. Brunkhorst 2011, S. 464 f.). Sowohl Münch (2008) als auch Haller (2009) sehen in der Sichtweise der EU als soziale Rechtsgemeinschaft die größten Chancen zur Verwirklichung der Idee eines solidarischen Europas. Es bleiben jedoch ungelöste Aufgaben, beispielsweise welche rechtlichen Schranken in Hinblick auf die Dominanz der Marktlogik gesetzt werden, wie ein Konsens zwischen den Mitgliedsstaaten erreicht und rechtliche Neuregelungen in kommunikativen Diskursen den BürgerInnen adäquat vermittelt werden (vgl. Scharpf 2009, S. 244).

4.4   Die aktuelle Relevanz von Habermas – Kolonialisierung und Entkoppelung einer individualisierten Lebenswelt

Seit der Jahrtausendwende wirft die Individualisierung – die ursprünglich weitgehend als neutrales Phänomen gedeutet (z. B. Beck 1986) und in optimistisch gefärbten Zeitdiagnosen Eingang gefunden hat (z. B. Schulze 1992) – einen langen Schatten auf die Lebensgestaltung. Erweiterte Optionen werden als Entscheidungszwänge und Freisetzungstendenzen als Entsicherungen (Heitmeyer 2012) umgedeutet. Es kommt auch im deutschsprachigen Raum zu einer Renaissance der Klassendiskussion. Einen Wendepunkt markiert beispielsweise Castel (2000), der die Wiederkehr der sozialen Unsicherheit besonders einprägsam mit drei Typen der Beschäftigung beschreibt. Die Zone der Integration (Normalarbeitsverhältnisse) verringert sich zunehmend, während die Zone der Prekarität im Steigen begriffen ist. Darunter fallen heterogene Arbeitsformen, deren gemeinsames Merkmal die fehlende dauerhafte Existenzsicherung ist. Prekäre Arbeitsformen reichen von Leih- und Zeitarbeit über erzwungene Teilzeitbeschäftigung bis zur Solo-Selbständigkeit. Schließlich existiert auch eine immer größere Zone der Entkoppelung, die dauerhaft vom Arbeitsmarkt Exkludierte umfasst. In der aktuellen Individualisierungsdebatte ist somit mehr denn je eine sozialstrukturell angemessene Debatte erforderlich. So argumentiert beispielsweise Koppetsch (2010): „Paradoxerweise führt das Ideal individualisierter Lebensführung heute, anders als in der Prosperitätsphase der Bundesrepublik, nicht mehr aus der Klassengesellschaft heraus, sondern trägt, im Gegenteil, zur Rückkehr klassengesellschaftlicher Strukturen und Lebensformen im neuen Gewand bei." (Koppetsch 2010, S. 225)

   Die Versprechungen der Individualisierung werden somit zu einem Privileg höherer Schichten, die den zur allgemeinen Norm erhobenen Anspruch auf eine selbstverantwortliche Lebensgestaltung in materieller Hinsicht erreichen und im individuellen Lebensstil einlösen können.[5] Gerade das gesamtgesellschaftliche Ideal dieser Lebensführung bewirkt jedoch mangels Realisierungschancen für benachteiligte Gruppen neuartige Flugbahnen negativer Individualisierung, die von hohen psychischen und sozialen Kosten begleitet sind (vgl. Koppetsch 2010, S. 226). Die Wiederkehr sozialer Unsicherheit (vgl. Castel 2009) treibt also Risse durch die Mitte der Gesellschaft und führt zu zunehmenden gesellschaftlichen Spaltungstendenzen. Kosmopolitisch orientierte Eliten werden zu den Trägern der Europäisierung. Dazwischen steht die zögernde und verunsicherte Masse, die einerseits nach Anpassung strebt und sich andererseits an die Sicherheit des Nationalstaats klammert, während die Modernisierungsverlierer den Verlust nationaler Solidarität als Bedrohung einstufen (vgl. Münch 2001, S. 211).

Die Brisanz des e dernisierun ntstehenden Unbehagens ergibt sich gerade aus diesem Zusammenspiel zwischen Prekarisierung auf der einen (Seite) und Subjektivierungsdynamiken auf der anderen Seite. Denn Arbeit und Leistung wird auf allen gesellschaftlichen Ebenen aufgewertet. Beruflicher Erfolg wird zu einem knappen Gut und stellt die tragfähigste Basis zur Selbstverwirklichung dar (vgl. Hardering 2011, S. 174). Es bleibt einem gar nichts anderes übrig, als sich egoistisch den Weg durch die Masse an Konkurrenten zu bahnen und das Handeln „kühl und rational nach persönlichem Vorteil und persönlichem Nutzen (Heitmeyer 1994, S. 397) auszurichten. In Bezugnahme auf Habermas (1981a, b) könnte man durchaus festhalten, dass Systemzwänge und die Dominanz der Marktlogik in den am Wettbewerb erfolgreich teilnehmenden Individuen gespiegelt werden und somit die Systemrealität destruktiv auf die Lebenswelt zurückschlägt. Das moralische Fundament gerät ins Wanken und die Verfechter einer moralischen Erneuerung der Gesellschaft (z. B. Etzioni 1995; Putnam 2000) kämpfen vielfach auf verlorenem Posten, weil einerseits das Rad der Zeit nicht zurückgedreht werden kann und andererseits die mächtigen ökonomischen Steuerungsinstanzen das Geschehen bestimmen.

Die *Kolonialisierungsthese* spiegelt sich also gegenwärtig in der Ökonomisierung des Sozialen wider, während *Entkoppelung* nach Habermas (1981a, b, S. 488) „in einer elitären Abspaltung der Expertenkulturen von den Zusammenhängen kommunikativen Handelns" ihren Ausdruck findet. In Anlehnung an Nahles (2012) können vier Ebenen der Entkoppelung zwischen Politik und BürgerInnen konstatiert werden. Die politische Sphäre verliert an Legitimation, weil nationalen und supranationalen politischen Institutionen eine fehlende Wirkmächtigkeit im

---

[5] Dabei ist jedoch Beck zugute zu halten, dass dieser bereits 1986 durchaus ähnliche Vermutungen angestellt hat, denn „das was die Klassen gestern und heute individualisiert hat, kann morgen oder übermorgen unter anderen Rahmenbedingungen – etwa sich radikal verschärfende Ungleichheiten … auch wiederum in neuartige […] „Klassenbildungsprozesse" umschlagen" (Beck 1986, S. 139).

Kontext der globalen Spielregeln der Ökonomie unterstellt wird. Die Komplexität der ökonomischen Wirkungen ist für die Bevölkerung nicht vermittelbar und bleibt unverständlich. Somit erscheint die Politik unfähig und rein von den Märkten getrieben. Die traditionelle Parteienlandschaft wird im Kontext einer bunten und hochgradig individualisierten und pluralisierten Lebenswelt als nicht mehr zeitgemäß interpretiert. PolitikerInnen werden als starre Eliten wahrgenommen, die sich für neue flexible und wandelbare Formen der gesellschaftlichen Partizipation wenig empfänglich zeigen (vgl. Nahles 2012, S. 94 ff.). All diese Prozesse führen dazu, dass sich BürgerInnen und PolitikerInnen immer mehr aus den Augen verlieren und Verbindungen zwischen Politik und Lebenswelt brüchig werden. Nach Boeser und Schnebel (2013) führt dies zu einem Teufelskreislauf. Denn auch die PolitikerInnen vollziehen von ihren Wählern, sie agieren abgehoben von der Bevölkerung und spüren den fehlenden Rückhalt. Umgekehrt werden ihnen fehlende Perspektiven und Ideale unterstellt, und sie werden als Marionetten ohne Rückgrat wahrgenommen (vgl. Boeser und Schnebel 2013, S. 54 ff.).

Nach Crouch (2008) kann die Demokratie „nur dann gedeihen, wenn die Masse der normalen BürgerInnen wirklich die Gelegenheit hat, sich durch Diskussionen und im Rahmen unabhängiger Organisationen aktiv an der Gestaltung des öffentlichen Lebens zu beteiligen – und wenn sie diese Gelegenheiten auch aktiv nutzt." (Crouch 2008, S. 8 f.). Aus seiner Sicht verkommen in einem Zeitalter der Postdemokratie aktuelle Wahlen zu einem öffentlichen Theater, PR-ExpertInnen bestimmen und lenken die Themen, die Mehrheit der BürgerInnen sieht dem politischen Treiben apathisch zu. „Im Schatten dieser Inszenierung wird die reale Politik hinter verschlossenen Türen gemacht." (Crouch 2008, S. 10), wobei vor allem die Interessen der Eliten und Wirtschaftsreibenden berücksichtigt werden. Nachtwey (2012) nennt weitere Beispiele, die auf postdemokratische Tendenzen hindeuten. Nationalen PolitikerInnen werden Entscheidungen nach ökonomischen Maßstäben aufoktroyiert (z. B. durch Rating-Agenturen), und transnationale Wirtschaftseliten diktieren, wer regieren darf.[6] Es scheint sich also durch die Wirtschaftskrise zunehmend eine Krise des politischen Systems abzuzeichnen, weil das Klima demokratischen Vertrauens nachhaltig gestört ist. Dies betrifft nicht nur die Nationalregierungen sondern insgesamt die EU, sie wurde jüngst in einer ländervergleichenden Forschung des Pew Global Attitudes Projekt (2013) als „New Sick Man of Europe" bezeichnet.

---

[6] Dies zeigte sich in Griechenland und Italien beispielsweise mit der Einsetzung der Expertenregierung Papademos und Monti.

Die Lesart des/der entkoppelten BürgerIn weist – aus einer Mikroperspektive betrachtet – auf die zweite Dimension des Dreigestirns der Individualisierungsdynamik (Freisetzung – Entzauberung – Reintegration) (vgl. Beck 1986) hin. Es geht um die Entzauberung von zentralen Institutionen der Moderne, die über lange Zeit allgemein verbindliche gesellschaftliche Normen und Werte garantiert haben. Nicht nur die Parteien sondern zahlreiche Interessenverbände wie Gewerkschaften sind mit Vertrauensverlusten und Mitgliederschwund konfrontiert. Die BürgerInnen stehen den rasanten und unvorhersehbaren Veränderungen teilnahmslos gegenüber, sie erleben sich als ZuschauerInnen in einem fremdbestimmten Wandlungsprozess. Die breite Unzufriedenheit, die aufgrund der fehlenden Einflussmöglichkeiten kursiert, bedingt das Erstarken neuer Protestparteien. Auch das europaweite Erstarken des Rechtspopulismus und die Hinwendung zu rückwärtsgewandten Ideologien und zu scheinbar einfachen Rezepten zur Lösung der Krise kann aus den Ohnmachtsgefühlen abgeleitet werden.

Die Dimension des entkoppelten Selbst in einer eingeläuteten Ära der Postdemokratie (Crouch 2008) tangiert besonders die Spannung zwischen Individualisierung und Integration. Die Bindungen zu den klassischen Institutionen und Vergemeinschaftungsformen (von Parteien über Verbände und Vereine bis hin zu Kirchengemeinden, Nachbarschaft und Familie) werden zunehmend aufgebrochen. Dennoch muss betont werden, dass die Freisetzung der Individuen und die damit einhergehende Abschwächung der Bindung an Institutionen nicht zwangsläufig zu einer Vereinzelung des Individuums führt. Beck (1986) hat in seinen unzähligen Ausführungen zur Individualisierungstheorie stets betont, dass *neben* Individualisierung auch Tendenzen der Wiedereinbindung und neue sekundäre Vergemeinschaftungsprozesse zu beobachten sind. Individualisierung und gesellschaftliche Partizipation widersprechen sich nicht, nur ist diese in ein neues Gewand gekleidet. Dies wird beispielsweise an unkonventionell agierenden sozialen Bewegungen sichtbar. Dieser formieren sich kurzfristig, organisieren sich häufig über neue Medien und wählen den direkten Weg der politischen Einmischung abseits der als zäh und unwirksam wahrgenommenen Kanäle politischer Parteibildung. Die Welt der politischen Institutionen scheint zugunsten einer Welt der politischen Alltagspraxis (Beck 1993, S. 155) an Boden zu verlieren.

4.5   Die Triebkräfte schwindender Solidarität: Egozentrismus und Ethnozentrismus

Die vorangegangenen Abschnitte haben gezeigt, dass in westlichen Gesellschaften das Ideal einer selbstbestimmten Lebensführung dominiert. Dieses wird jedoch für benachteiligte Gruppen durch die institutionelle Forderung nach *Eigenverant-*

wortung oft in sein Gegenteil verkehrt. Deswegen verfolgen sowohl die Gewinner und Verlierer der aktuellen Transformationsprozesse unterschiedliche Anpassungsstrategien. In fast allen Lagen der Gesellschaft regiert die Unsicherheit und dieser wird – so meine These – entweder offensiv und *egozentrisch* oder defensiv und *ethnozentrisch* begegnet. Eine gelungene Selbstorganisation meint undurchschaubaren Entwicklungen in Krisenzeiten produktiv, flexibel und selbstbestimmt gegenüberzutreten. In einer Gesellschaft der rutschenden Abhänge (Rosa 2005), wo die Gewinner von heute vielleicht die Verlierer von morgen sind und die Angst vor dem Abstieg allgegenwärtig ist, scheinen wenige Ressourcen für zwischenstaatliche und innergesellschaftliche Solidarität gegeben zu sein. Es entwickelt sich eine neue Form der rohen Bürgerlichkeit (Heitmeyer 2012), verbunden mit einer Unterordnung unter die gesellschaftliche Markt- und Leistungslogik und zunehmenden Abgrenzungsmechanismen „nach unten". Die Verschärfung sozialer Ungleichheiten trägt zur Wahrnehmung einer gespaltenen Gesellschaft (vgl. Lessenich und Nullmeier 2006) bei.

Gleichzeitig hat die Dominanz der Marktlogik und die damit verbundene Durchsetzung von Deregulierungs- und Flexibilisierungsstrategien nicht nur innereuropäisch, sondern auch in den einzelnen Mitgliedsstaaten Verteilungskämpfe verstärkt, und soziale Ungleichheiten haben in einzelnen Staaten beträchtlich zugenommen. Es werden auf allen Ebenen der gesellschaftlichen Stufenleiter Entsolidarisierungstendenzen sichtbar:

- Die erfolgreichen SpielerInnen im System folgen der Strategie der *Selbstdarstellung und Selbstdurchsetzung* (z. B. Heitmeyer 1994) und kämpfen gegen Gefühle der Sättigung (z. B. Gergen 1996) und Erschöpfungstendenzen (z. B. Ehrenberg 2004) an. Die Strategie der Selbstdurchsetzung kann nach Heitmeyer (1994) als eine Mischung zwischen nach außen gekehrter Souveränität und nach innen gelebter beinharter Dominanzorientierung betrachtet werden (vgl. Heitmeyer 1994, S. 387). Für die Erfolgsorientierten gewinnt die individuelle Durchsetzungsstrategie auf der Karriereleiter an Relevanz, wodurch man sich der gelebten Ellbogenmentalität schwer entziehen kann. Es geht um die Stärkung von Eigenverantwortlichkeit statt kollektiver Verpflichtung, um die Ersetzung von Prinzipien der Fürsorge durch Wettbewerb, um die Abwertung überbordender Sozialstaatlichkeit und um die Gratifikation eines unternehmerischen und flexiblen Selbst (vgl. Voß und Pongratz 1998; Bröckling 2007; Sennett 1998). All diese Prozesse stärken die Profiteure des gegenwärtigen Systems und schwächen die Verlierer dieser Marktlogik weiter. Stephan Lessenich (2009) beschreibt diesen Zwang zur Mobilität bei gleichzeitiger Kontrolle als Dialektik der Aktivgesellschaft.

- Für die breiten Bevölkerungsschichten funktioniert die strukturelle Integration über den Arbeitsmarkt in Zeiten zunehmender Arbeitslosigkeit und Prekarisierung nur noch begrenzt und trägt maßgeblich zur gesellschaftlichen Verunsicherung bei. Dabei sind immer breitere Schichten der Bevölkerung mit Vulnerabilität konfrontiert. Die Mitte der Gesellschaft, die lange Zeit als Hort der Stabilität galt, gerät immer mehr in die Defensive, weil sich fehlende Aufstiegschancen, Verunsicherungen, Abstiegsängste und Anerkennungskonflikte prekär miteinander verbinden. Bei den vulnerablen Schichten wird das Ideal der freien Lebensführung zunehmend zur Illusion. Eine stark wachsende Zahl von Individuen und insbesondere auch junge Menschen werden vom Turbo-Kapitalismus der letzten Jahre zunehmend überrollt und sind mit fehlenden Perspektiven konfrontiert. Aus der Vorgabe der ständigen Anpassung an eine Welt, die in sich sehr instabil und unvorhersehbar geworden ist, entsteht das Gefühl einer fehlenden Einflussmöglichkeit und einer fehlenden Bestimmbarkeit des eigenen Handelns. Für die mittleren sozialen Lagen sind neue Diskurse rund um Prekarisierung, Unterschichtung und die Zunahme von Armut höchst bedrohliche Schlagworte, die Abgrenzungsmechanismen nach „unten" verstärken.
- Bei den Abgestiegenen schlägt schließlich der Zwang zur Selbstorganisation und Selbsttätigkeit in Verzweiflung um, die sich in Resignation, Apathie, Frustration und Wut äußern kann. Es ist deshalb nicht verwunderlich, dass neue Formen der Modernisierungsverweigerung gerade bei benachteiligten Gruppierungen auftreten, die von der Überkomplexität und Widersprüchlichkeit gesellschaftlicher Wandlungsprozesse überfordert sind. Es handelt sich also häufig um regressive, defensive und ethnozentrische Bewältigungsmechanismen der eigenen Situation. Denn die Rückbesinnung auf traditionelle Werte, die Einbettung in imaginierte Gemeinschaften, die Suche nach stabilen Fundamenten der Gesellschaft ist zwar im Kontext der breiten Verunsicherung verständlich, jedoch handelt es sich um eine hilflose Forderung, weil das Rad der Zeit nicht zurückgedreht werden kann. Um das strapazierte Selbst zu entlasten, fungieren Vorurteile quasi als Ventil, die aufgestauten Aggressionen werden durch die Verschiebung auf Sündenböcke kanalisiert. Die neuen ethnischen, religiösen und kulturellen Reibungsflächen zwischen der Mehrheitsgesellschaft und Zuwanderern bilden den Nährboden für fremdenfeindliche Strömungen. Stets bildet der Ethnozentrismus die Basis für die Aufwertung der eigenen (nationalen) Identität unter Abwertung der anderen.

Während sich die Aufstiegsorientierten also auf die eigenen Errungenschaften zentrieren, ohne den Blick abwärts zu richten und oft völlig in einer egozentrisch-utilitaristischen Leistungslogik verstrickt sind, bleiben den Abgestiegenen auf mehreren Ebenen Teilnahmemöglichkeiten versperrt. Diese weitreichenden Exklusionsmechanismen lösen notgedrungen Anerkennungsdefizite und Stabilisierungsdynamiken aus. Die Krise in Europa und die zunehmende Kluft zwischen Arm und Reich bewirkt also zweierlei Gefahren für die Solidarität. Der utilitaristische Individualismus der Mitspieler in der kapitalistischen Leistungslogik bringt die *innergesellschaftliche* Solidarität ins Wanken und der *rückwärtsgewandte neokonservative und neonationalistische* Bewältigungsstil birgt den Nährboden für Ethnozentrismus und Rechtspopulismus. Es muss betont werden, dass *beide* Handlungsmodi – die egozentrische und ethnozentrische Identitätsausrichtung – eine große gesellschaftliche Sprengkraft entfalten können. Denn diese beiden Handlungslogiken sind der Kern der Entsolidarisierung – einerseits indem der soziale Kitt der Gesellschaft (zwischen den Schichten) aufgelöst wird und andererseits, indem Differenzen zu Außengruppen erzeugt werden, die einem der Grundgedanken Europas, eine Einheit in Vielfalt herzustellen, deutlich zuwiderlaufen.

4.6   Fazit

Die Ausführungen zu den kulturellen Folgen haben gezeigt, dass Entkoppelung und Entsicherung *individuelle Verunsicherungen* bewirken. Diese manifestieren sich in Wahrnehmungen von Kontrollverlust, Ohnmachtserfahrungen gegenüber gesellschaftlichen Wirkmechanismen und Erfahrungen einer politischen und kulturellen Richtungslosigkeit (Anomie) (vgl. Heitmeyer 2012, S. 18 f.). Wenn der gesellschaftliche Aufstieg trotz individueller Entscheidungsfreiräume häufig versperrt ist, wenn gesellschaftliche Werte und Normen nicht länger als tragfähig gelten, wenn die Bindekraft von gemeinsamen Milieus und gesellschaftlichen Integrationsinstanzen geschwächt ist, entstehen Unzufriedenheit, Orientierungslosigkeit und Entfremdungsgefühle. Das Unbehagen der BürgerInnen in Europa ist also vielfach auch dadurch erklärbar, dass sich Europa zwar stetig *verändert* aber nicht *weiterentwickelt*. Die Wahrnehmung dieses rasenden Stillstands, wie ihn Hartmut Rosa (z. B. 2013) treffend bezeichnet, ist das Resultat des Erlebens von Wandel als ziellos, zufällig, unzusammenhängend und unkontrollierbar. Für Hartmut Rosa ist der Wandel vom Fortschrittsglauben und den Versprechungen der Moderne hin zur Wahrnehmung *zielloser* Beschleunigung der zentrale Übergang von der klassischen Moderne zur derzeitigen Spätmoderne (vgl. Rosa 2013, S. 57 f.). Auf individueller Ebene zeigt sich dieser rasante Wandel, indem traditionelle Quellen einer stabilen Identitätsbildung und einer optimistischen Grundhaltung durch die Pluralisierung der Lebensstile (Rückgang des Klassenbewusstseins), zunehmende transnationale Verdichtungen (Rückgang des Zugehörigkeitsgefühls) und pessimistische Wirtschaftsprognosen (Rückgang des Fortschrittsglaubens) immer mehr aufgelöst werden. Obwohl die Bielefelder Forschergruppe (z. B. Heitmeyer 2002–2012) beinahe seit zwei Jahrzehnten die genannten Kernelemente gesellschaftlicher Desintegration in den Blick nimmt, ist eine fundierte Krisendiagnose für einzelne europäische Länder schwer zu treffen und bedarf differenzierter europaweiter Untersuchungen (z. B. Aschauer 2010, 2014). Zudem sollte der Beitrag die Notwendigkeit aufzeigen, zwischen der gesellschaftlichen Integration auf der Makroebene (Systemintegration) und den Integrationsbestrebungen der Individuen (Sozialintegration) zu unterscheiden. In vielen westeuropäischen Gesellschaften scheinen die Defizite auf der Mikroebene noch nicht so weit fortgeschritten zu sein, dass sie die Makrostabilität gefährden. Zudem könnte eine gesellschaftliche Systemkrise bei betroffenen Gruppen durchaus den Gemeinschaftsgedanken stärker aufleben lassen und integrationsfördernde Handlungsstrategien verstärken.

Giddens (1999) glaubt beispielsweise an das Veränderungspotential „von unten" und behält nicht zuletzt deshalb seine vorsichtig optimistische Sichtweise bei. Er thematisiert jedoch unterschiedliche Anpassungsreaktionen, die von einem radikalen Engagement (soziale Bewegungen) bis hin zu einem durchgehaltenen Optimismus (Fortschrittsglauben) und von einer pragmatischen Hinnahme (Überleben im Alltag) bis hin zu einem zynischen Pessimismus (zur Bewältigung von Unsicherheit) reichen. Giddens (2001) sieht diese Spaltungstendenzen innerhalb der Gesellschaft als wesentliche Herausforderung der Gegenwart, denn „auf den Schlachtfeldern des einundzwanzigsten Jahrhunderts werden sich Fundamentalismus und kosmopolitische Toleranz gegenüberstehen" (Giddens 2001, S. 14 f.). Eine Atmosphäre der Toleranz kann nur durch Mittel eines öffentlichen Dialogs entstehen, wobei dieser auf die Anerkennung unterschiedlicher Interessenslagen abzielt. Divergierende Ansichten sollen in einem gleichberechtigten Austausch zur Diskussion gestellt werden (vgl. Giddens 1996, S. 193). Die gesellschaftliche Funktionsfähigkeit wird nach Giddens (1999) also primär über eine Politik verwirklicht, die eine Balance zwischen Sozial- und Systemintegration leistet und die BürgerInnen aktiv in Entscheidungen einbindet.

Das Konzept der deliberativen Demokratie (Habermas 1992) meint ebenfalls eine intensive Einbindung der Öffentlichkeit in politische Entscheidungsprozesse. Solange sich die Meinungsbildung an der diskursiven Praxis einer zivilgesellschaftlich aktiven Öffentlichkeit orientiert, kann über den demokratischen Rechtsstaat Sozialintegration gewährleistet und gesellschaftliche Kohäsion hergestellt werden. Das Rechtssystem nimmt im dritten Hauptwerk von Habermas „Faktizität und Geltung" (1992) eine Schlüsselrolle in der Sozialintegration ein, weil hier gesellschaftliche Ordnung ausgehandelt und zentrale Normen und Werte festgeschrieben werden können (vgl. Imbusch und Rucht 2005, S. 39).

Die Forderungen an die Politik von Habermas (1992) und Giddens (1999) klingen im Kontext aktueller gesellschaftlicher Spaltungstendenzen eher als „schöne Worte", die mit der harten Realität des Auseinanderdriftens verschiedener Wertesphären kaum mehr verbunden werden können. Konflikttheoretische Zugänge, wie beispielsweise jener von Dubiel (z. B. 1997) scheinen der aktuellen Beschreibung der Realität näher zu kommen. Helmut Dubiel wendet sich in seinen Ausführungen klar gegen strukturfunktionalistische Ansätze einer gemeinsamen Wertebasis sowie gegen kommunitaristische Integrationsvorstellungen einer Wiederbelebung des Gemeinschaftsgedankens. Ein Hauptcharakteristikum der Gegenwart ist nämlich die deutliche Pluralisierung spätmoderner Gesellschaften, wodurch aus seiner Sicht Integration durch Konsens verunmöglicht wird. Die Stärke von (prosperierenden) westlichen Demokratien liegt in ihrer Fähigkeit des „öffentlich inszenierten Dissenses" (Dubiel 1997, S. 427). Die Auseinandersetzungen zwischen gesellschaftlichen Gruppen und rund um polarisierende Wertvorstellungen müssen im Rahmen „gehegter Konflikte" stattfinden. Dubiel beruft sich dabei auf Dahrendorfs Konzeption der „geregelten Konflikte" (Dahrendorf 1972, S. 43). Konflikte, die mit Bezug auf geltende Regeln ausgefochten werden, haben in mehrerer Hinsicht integrationsfördernde Wirkung. Das Regelwerk bedingt Respekt zwischen den Parteien und somit ein übergeordnetes moralisches Band, und die Konflikte selbst befördern den sozialen Wandel und schaffen *Diskursräume* einer politischen Öffentlichkeit und Zivilgesellschaft. Trotz der sozialstrukturellen Polarisierung und des damit verbundenen Wertepluralismus bedingt gerade die Verschiedenheit der Weltanschauungen eine gemeinsame öffentliche Bühne der Kommunikation, die schließlich (im Idealfall) einen gemeinsamen Rahmen an Normen und Regeln erkennen lässt (vgl. Imbusch und Rucht 2005, S. 54 ff.). Wie auch Imbusch und Heitmeyer (2012) anerkennen, sollte somit Integration nicht mit Harmonie und Desintegration mit Konflikt gleichgesetzt werden. So manche Desintegrationserscheinungen des heutigen Europa könnten mittelfristig auch produktive Wirkungen entfalten, weil sie – in Anlehnung an Habermas – nach wie vor das Potential enthalten, „bottom up" gesellschaftliche Debatten zu initiieren und somit auch auf der Systemebene produktive Lösungen erzwingen zu können.

Literatur

Aschauer, W. (2010). Welche gesellschaftlichen Entwicklungsbedingungen führen zu rassistischen Tendenzen? Zur Entwicklung und empirischen Prüfung eines soziologischen Erklärungsmodells. In G. Hettfleisch & M. Oberlechner (Hrsg.), *Integration, Rassismen und Weltwirtschaftskrise* (S. 307–347). Wien: Braumüller.

Aschauer, W. (2014). Societal Wellbeing in Europa. From theoretical perspectives to a multidimensional measurement. *L'Année sociologique, 64*(2), accepted for publication.

Bach, M. (2008). *Europa ohne Gesellschaft. Politische Soziologie der europäischen Integration.* Wiesbaden: Springer-VS.

Bayer, D., et al. (2005). Die EU-Erweiterung als Herausforderung für nationalstaatliche Integrationsmodelle. In W. Heitmeyer & P. Imbusch (Hrsg.), *Integrationspotentiale einer modernen Gesellschaft* (S. 341–366). Wiesbaden: VS-Verlag für Sozialwissenschaften.

Beck, U. (1986). Risikogesellschaft. Auf dem Weg in eine andere Moderne. Frankfurt a. M.: Suhrkamp.

Beck, U. (1993). *Die Erfindung des Politischen.* Frankfurt a. M.: Suhrkamp.

Beck, U. (2005). Das kosmopolitische Empire. Ein Plädoyer für ein Europa jenseits des Nationalstaats. https://zeitschrift-ip.dgap.org/de/article/getFullPDF/13141. Zugegriffen: 30. April 2014.

Beck, U., & Grande, E. (2004). *Das kosmopolitische Europa. Gesellschaft und Politik in der zweiten Moderne.* Frankfurt a. M.: Suhrkamp.

Boeser, C., & Schnebel, K. (2013). *Über „dumme Bürger" und „feige Politiker". Streitschrift für mehr Niveau in politischen Alltagsgesprächen.* Wiesbaden: Springer-VS.

Bröckling, U. (2007). *Das unternehmerische Selbst. Soziologie einer Subjektivierungsform.* Frankfurt a. M.: Suhrkamp.

Brunkhorst, H. (2011). Solidarität in der Krise: Ist Europa am Ende? *Leviathan, 39*(4), 459–477.

Büttner, S., & Mau S. (2010). Horizontale Europäisierung und Europäische Integration. In S. Mau & M. Eigmüller (Hrsg.), *Gesellschaftstheorie und Europapolitik* (S. 274–318). Wiesbaden: Springer-VS.

Castel, R. (2000). *Die Metamorphosen der sozialen Frage. Eine Chronik der Lohnarbeit.* Konstanz: UVK.

Castel, R. (2009). Die Wiederkehr sozialer Unsicherheit. In R. Castel & K. Dörre (Hrsg.), *Prekarität-Abstieg-Ausgrenzung. Die soziale Frage am Beginn des 21. Jahrhunderts* (S. 21–35). Frankfurt a. M.: Campus.

Crouch, C. (2008). *Postdemokratie.* Frankfurt a. M.: Suhrkamp.

Dahrendorf, R. (1972). *Konflikt und Freiheit.* München: Piper.

Delhey, J. (2010). Die osterweiterte Europäische Union. Ein optimaler Integrationsraum? In S. Mau & M. Eigmüller (Hrsg.), *Gesellschaftstheorie und Europapolitik* (S. 194–212). Wiesbaden: Springer-VS.

Dubiel, H. (1997). Unversöhnlichkeit und Demokratie. In W. Heitmeyer (Hrsg.), *Was hält die Gesellschaft zusammen?* (S. 425–446). Frankfurt a. M.: Suhrkamp.

Ehrenberg, A. (2004). *Das erschöpfte Selbst. Depression und Gesellschaft in der Gegenwart.* Frankfurt a. M.: Campus.

Eigmüller, M., & Mau, S. (2010). Gesellschaftstheorie und Europapolitik. Eine Einleitung. In M. Eigmüller & S. Mau (Hrsg.), *Gesellschaftstheorie und Europapolitik* (S. 9–29). Wiesbaden: Springer-VS.

Etzioni, A. (1995). *Die Entdeckung des Gemeinwesens. Ansprüche, Verantwortlichkeiten und das Programm des Kommunitarismus.* Stuttgart: Schaeffer-Poeschl Verlag.

Firebaugh, G. (2003). *The New Geography of Global Income Inequality.* Harvard: Harvard University Press.

Fredriksen K. (2012). Income Inequality in the European Union, OECD Economics Department Working Papers, No. 952, OECD Publishing. http://search.oecd.org/officialdocuments/displaydocumentpdf/?cote=ECO/WKP%282012%2929&docLanguage=En. Zugegriffen: 30. April 2014.

Gergen, K. J. (1996). *Das übersättigte Selbst. Identitätsprobleme im heutigen Leben.* Heidelberg: Carl Auer Systeme Verlag.

Gerhards, J. (2005). *Kulturelle Unterschiede in der europäischen Union: Ein Vergleich zwischen Mitgliedsländern, Beitrittskandidaten und der Türkei.* Wiesbaden: VS-Verlag für Sozialwissenschaften.

Giddens, A. (1996). *Konsequenzen der Moderne.* Frankfurt a. M.: Suhrkamp.

Giddens, A. (1999). *Der dritte Weg. Die Erneuerung der sozialen Demokratie.* Frankfurt a. M.: Suhrkamp.

Giddens, A. (2001). *Entfesselte Welt. Wie die Globalisierung unser Leben verändert.* Frankfurt a. M.: Suhrkamp.

Haas, E. B. (1958). *The Uniting of Europe: Political, social and economic forces 1950–1957.* Stanford: Standford University Press.

Habermas, J. (1962). *Strukturwandel der Öffentlichkeit: Untersuchungen zu einer Kategorie der bürgerlichen Gesellschaft.* Neuwied: Luchterhand.

Habermas, J. (1973). *Legitimationsprobleme im Spätkapitalismus.* Frankfurt a. M.: Suhrkamp.

Habermas, J. (1981a). *Theorie des kommunikativen Handelns. Band 1: Handlungsrationalität und gesellschaftliche Rationalisierung.* Frankfurt a. M.: Suhrkamp.

Habermas, J. (1981b). *Theorie des kommunikativen Handelns. Band 2: Zur Kritik der funktionalistischen Vernunft.* Frankfurt a. M.: Suhrkamp.

Habermas, J. (1992). *Faktizität und Geltung: Beiträge zur Diskurstheorie des Rechts und des demokratischen Rechtsstaats.* Frankfurt a. M.: Suhrkamp.

Haller, M. (2009). *Die europäische Integration als Elitenprozess. Das Ende eines Traums?* Wiesbaden: Springer-VS.

Hardering, F. (2011). *Unsicherheiten in Arbeit und Biographie. Zur Ökonomisierung der Lebensführung.* Wiesbaden: Springer-VS.

Heitmeyer, W. (1994). Entsicherungen. Desintegrationsprozesse und Gewalt. In U. Beck (Hrsg.), *Riskante Freiheiten?* (S. 376–401). Frankfurt a. M.: Suhrkamp.

Heitmeyer, W. (Hrsg.). (2002–2012). *Deutsche Zustände, Bd. 1–Bd. 10.* Frankfurt a. M.: Suhrkamp.

Heitmeyer, W. (2012). Gruppenbezogene Menschenfeindlichkeit in einem entsicherten Jahrzehnt. In W. Heitmeyer (Hrsg.), *Deutsche Zustände, Bd. 10* (S. 15–41). Frankfurt a. M.: Suhrkamp.

Heschl, F. (2013). *Die politische Rhetorik der Europäischen Kommission.* Wiesbaden: Springer-VS.

Imbusch, P., & Heitmeyer, W. (Hrsg.). (2008). *Integration-Desintegration. Ein Reader zur Ordnungsproblematik westlicher Gesellschaften.* Wiesbaden: VS-Verlag für Sozialwissenschaften.

Imbusch, P., & Heitmeyer, W. (2012). Dynamiken gesellschaftlicher Integration und Desintegration. In W. Heitmeyer & P. Imbusch (Hrsg.), *Desintegrationsdynamiken. Integrationsmechanismen auf dem Prüfstand* (S. 9–28). Wiesbaden: Springer-VS.

Imbusch, P., & Rucht, D. (2005). Integration und Desintegration in modernen Gesellschaften. In W. Heitmeyer & P. Imbusch (Hrsg.), *Integrationspotenziale einer modernen Gesellschaft* (S. 13–71). Wiesbaden: VS Verlag für Sozialwissenschaften.

Immerfall, S. (2001). Fragestellungen einer Soziologie der europäischen Integration. In M. Bach (Hrsg.), *Die Europäisierung nationaler Gesellschaften*. *Kölner Zeitschrift für Soziologie und Sozialpsychologie, Sonderheft 40* (S. 481–503). Wiesbaden: Westdeutscher Verlag.

Immerfall, S. (2013). Europa gegen Europa. Das real existierende Europa und die Sicht der Bürger. http://www.ph-gmuend.de/deutsch/infobox/soziologie_politikwissenschaft/Immerfall_EU.pdf. Zugegriffen: 30. April 2014.

Jörke, D. (2011). Jürgen Habermas. Das Vernunftpotential der Moderne. In D. Quadflieg & S. Moebius (Hrsg.), *Kultur. Theorien der Gegenwart* (2. Aufl., S. 645–656). Wiesbaden: Springer-VS.

Koppetsch, C. (2010). Jenseits der individualisierten Mittelstandsgesellschaft? In P. A. Berger & R. Hitzler (Hrsg.), *Individualisierungen. Ein Vierteljahrhundert jenseits von Stand und Klasse* (S. 225–243). Wiesbaden: VS Verlag für Sozialwissenschaften.

Kreckel, R. (1992). *Politische Soziologie der sozialen Ungleichheit*. Frankfurt a. M.: Campus.

Lepsius, R. (2006). Identitätsstiftung durch eine europäische Verfassung. In R. Hettlage & H. P. Müller (Hrsg.), *Die europäische Gesellschaft* (S. 109–130). Konstanz: UVK-Verlagsgesellschaft.

Lessenich, S., & Nullmeier, F. (Hrsg.) (2006). *Deutschland – eine gespaltene Gesellschaft*. Frankfurt a. M.: Campus.

Lessenich, S. (2009). Mobilität und Kontrolle. Zur Dialektik der Aktivgesellschaft. In K. Dörre, H. Rosa, & S. Lessenich (Hrsg.), *Soziologie-Kapitalismus-Kritik. Eine Debatte* (S. 126–180). Frankfurt a. M.: Suhrkamp.

Lockwood, D. (1971). Sozialintegration und Systemintegration. In W. Zapf (Hrsg.), *Theorien des sozialen Wandels* (S. 124–137). Köln/Berlin: Kiepenheuer & Witsch.

Meyer, T. (2009). Europäische Identität. In T. Meyer & J. Eisenberg (Hrsg.), *Europäische Identität als Projekt. Innen- und Außensichten* (S. 15–30). Wiesbaden: Springer-VS.

Mouzelis, N. (1997). Social and System Integration. Lockwood, Habermas, Giddens. *Sociology*. doi:10.1177/0038038597031001008.

Müller, H. P. (2007). Auf dem Weg in eine europäische Gesellschaft? Begriffsproblematik und theoretische Perspektiven. *Berliner Journal für Soziologie, 17*(1), 7–31.

Münch, R. (1998). *Globale Dynamik, lokale Lebenswelten: Der schwierige Weg in die Weltgesellschaft*. Frankfurt a. M.: Suhrkamp.

Münch, R. (2001). *Offene Räume: Soziale Integration diesseits und jenseits des Nationalstaats*. Frankfurt a. M.: Suhrkamp.

Münch, R. (2008). *Die Konstruktion der europäischen Gesellschaft: zur Dialektik von transnationaler Integration und nationaler Desintegration*. Frankfurt a. M.: Campus.

Münch, R. (2010). *Das Regime des Pluralismus. Zivilgesellschaft im Kontext der Globalisierung*. Frankfurt a. M.: Campus.

Nahles, A. (2012). Die demokratische Entkoppelung zwischen Politik und Bürger. In S. Braun & A. Geisler (Hrsg.), *Die verstimmte Demokratie. Moderne Volksherrschaft zwischen Aufbruch und Frustration* (S. 93–102). Wiesbaden: Springer-VS.

Nachtwey, O. (2012). Postsouveränität und Postdemokratie. In S. Braun & A. Geisler (Hrsg.), *Die verstimmte Demokratie. Moderne Volksherrschaft zwischen Aufbruch und Frustration* (S. 43–49). Wiesbaden: Springer-VS.

Neyer, J. (2013). Die europäische Demokratie und die deliberative Integrationstheorie. In T. Beichel, et al. (Hrsg.), *Europa-Studien* (2. Aufl., S. 135–147). Wiesbaden: Springer-VS.

Offe, C. (1972). *Strukturprobleme des kapitalistischen Staates. Aufsätze zur politischen Soziologie.* Frankfurt a. M.: Suhrkamp.

Offe, C. (2001). Gibt es eine europäische Gesellschaft? Kann es sie geben? *Blätter für deutsche und internationale Politik, 4,* 423–435.

Pew Global Attitudes Project (Hrsg.). (2013). The new sick man of Europe: the European Union.   http://www.pewglobal.org/files/2013/05/Pew-Research-Center-Global-Attitudes-Project-European-Union-Report-FINAL-FOR-PRINT-May-13-2013.pdf.   Zugegriffen: 30. April 2014.

Pries, L. (2008). *Die Transnationalisierung der sozialen Welt: Sozialräume jenseits der Nationalgesellschaften.* Frankfurt a. M.: Suhrkamp.

Putnam, R. D. (2000). *Bowling alone. The Collapse and Revival of the American Community.* New York: Simon & Schuster.

Rosa, H. (2005). *Beschleunigung. Die Veränderungen der Zeitstrukturen in der Moderne.* Frankfurt a. M.: Suhrkamp.

Rosa, H. (2013). *Beschleunigung und Entfremdung. Entwurf einer kritischen Theorie spätmoderner Zeitlichkeit.* Berlin: Suhrkamp.

Scharpf, F. (2009). Legitimität im europäischen Mehrebenensystem. *Leviathan.* doi:10.1007/s11578-009-0016-7.

Schulze, G. (1992). *Die Erlebnisgesellschaft: Kultursoziologie der Gegenwart* (3. Aufl.). Frankfurt a. M.: Campus.

Sennett, R. (1998). *Der flexible Mensch. Die Kultur des neuen Kapitalismus.* Berlin: Berlin Verlag.

Streeck, W. (2013). *Gekaufte Zeit: die vertagte Krise des demokratischen Kapitalismus.* Berlin: Suhrkamp.

Treibel, A. (2006). *Einführung in soziologische Theorien der Gegenwart* (7. Aufl.). Wiesbaden: Springer-VS.

Trenz, H. J. (2012). Soziologische Perspektiven. Auf der Suche nach der europäischen (Zivil-) Gesellschaft. In H. J. Bieling & M. Lerch (Hrsg.), *Theorien der europäischen Integration* (3. Aufl., S. 319–338). Wiesbaden: Springer-VS.

Vester, H. G. (2010). *Kompendium der Soziologie III. Neuere soziologische Theorien.* Wiesbaden: Springer-VS.

Vobruba, G. (2007). *Die Dynamik Europas* (2. aktualisierte Aufl.). Wiesbaden: Springer-VS.

Vobruba, G. (2008). Die Entwicklung der Europasoziologie aus der Differenz national/europäisch. *Berliner Journal für Soziologie, 18*(1), 32–51.

Vobruba, G. (2009). *Die Gesellschaft der Leute. Kritik und Gestaltung der sozialen Verhältnisse.* Wiesbaden: VS-Verlag für Sozialwissenschaften.

Vobruba, G. (2010). Gesellschaftstheoretische Grundlagen der Europasoziologie. Die soziologische Beobachtung der Gesellschaft in der Europäischen Integration. In S. Mau & M. Eigmüller (Hrsg.), *Gesellschaftstheorie und Europapolitik* (S. 431–470). Wiesbaden: Springer-VS.

Voß, G. G., & Pongratz, H. J. (1998). Der Arbeitskraftunternehmer. Eine neue Grundform der Ware Arbeitskraft? *Kölner Zeitschrift für Soziologie und Sozialpsychologie, 50*(1), 131–158.

Wolf, D. (2012). Neo-Funktionalismus. In H. J. Bieling & M. Lerch (Hrsg.), *Theorien der europäischen Integration* (3. Aufl., S. 55–76). Wiesbaden: Springer-VS.

Ass. Prof. MMag. Dr. Wolfgang Aschauer seit 2011 Assistenzprofessor im Bereich europäisch vergleichende Sozialstrukturanalyse am Fachbereich Politikwissenschaft und Soziologie, Abteilung Soziologie und Kulturwissenschaft der Universität Salzburg. Studium der Soziologie, Psychologie und Kommunikationswissenschaft an der Universität Salzburg; 2007 Promotion mit der Dissertation: Tourismus im Schatten des Terrors. Eine vergleichende Analyse der Auswirkungen von Terroranschlägen (Bali, Sinai, Spanien), erschienen als Buch im Profil Verlag (München, Wien) 2008. Von 2007 bis 2011 Postdoc; Forschungsschwerpunkte: ländervergleichende Europaforschung, Ethnozentrismus, Migrationsforschung, Tourismussoziologie, quantitative Methoden. Derzeit Habilitationsprojekt zu Ursachen, Dimensionen und Folgen des gesellschaftlichen Unbehagens in der EU. Aktuelle Publikationen: Aschauer, W. (2014). Societal functioning in Europe – from theoretical perspectives to a multidimensional measurement. L'Année sociologique, 64 (2), 295–330; Bachleitner, R.; Weichbold, M. Aschauer, W. & Pausch, M. (2013). Methodologie und Methodik interkultureller Umfrageforschung. Zur Mehrdimensionalität der funktionalen Äquivalenz. Berlin: Springer-VS.

Teil II
Empirische Befunde zu Solidaritätsbrüchen in Europa

Solidarität – eine einfache Gleichung? Gerechtigkeitsvorstellungen von ÖsterreicherInnen in Zeiten einer europäischen Krise

Elisabeth Donat

Die Wirtschafts- und Finanzkrise, die quer durch Europa zu Beginn des neuen Jahrtausends ihre Schatten warf, stellt und stellte die Europäische Union vor eine noch nie da gewesene Probe der Solidarität. Abseits kleinerer Rezensionen und größerer Krisen, wie beispielsweise in den 1970er Jahren (z.b. Kaelble 2014) folgten insbesondere die mittel- und westeuropäischen Mitgliedsstaaten der Europäischen Union einem stetigen, linearen Aufwärtstrend in ihrer wirtschaftlichen Entwicklung. Zahlreiche gesellschaftliche Systeme und wohlfahrtsstaatliche Institutionen waren an diese wirtschaftlichen Entwicklungen gekoppelt, und stellten so Sicherheitsnetze im Falle individueller Risiko- und Problemlagen dar. Ende der 90er Jahre begannen stagnierende Wachstumsraten und steigende Arbeitslosigkeitsraten auf ein Ende des stetigen wirtschaftlichen Aufschwungs hinzuweisen. Kurz vor diese Zeit fiel auch der EU-Beitritt Österreichs, von dem sich viele einen neuen, wirtschaftlichen Aufschwung für das Land erhofften. Mit dem Zerfall des kommunistischen Regimes in Osteuropa rückte Österreich einmal mehr in den Mittelpunkt Europas, und wurde von den politischen Verantwortlichen als wichtiges Bindeglied zu den neuen, potentiellen Mitgliedsstaaten gesehen. Die schrittweise Aufnahme dieser neuen Mitgliedsländer ließ die Europäische Union in vergleichsweise kurzer Zeit ihrer Geschichte zu einem beträchtlichen Ausmaß von heute 28 Mitgliedsländern wachsen. 2004 wurden im Rahmen der sogenannten „Osterweiterung" zehn neue Mitgliedsländer auf einmal aufgenommen, und so die größte

E. Donat (✉)
Wien, Österreich
E-Mail: Elisabeth.Donat@sbg.ac.at

© Springer Fachmedien Wiesbaden 2016
W. Aschauer et al. (Hrsg.), *Solidaritätsbrüche in Europa,*
Europa – Politik – Gesellschaft, DOI 10.1007/978-3-658-06405-1_5

Erweiterung in der Europäischen Union seit ihrem Bestehen vollzogen. Besonders in Österreich war der öffentliche Diskurs um die Osterweiterung von Skepsis rund um die wirtschaftliche Leistungsfähigkeit der neuen Mitgliedsstaaten geprägt und Befürchtungen über steigende „Nettozahlungen" zum europäischen Projekt wurden laut (Weiss und Strodl 2003). Die Euphorie über den Zerfall des sogenannten eisernen Vorhangs wich einer Furcht über die gerechte Verteilung des Wohlstandes und der Öffnung des europäischen Arbeitsmarktes für neue Arbeitskräfte aus dem Osten. Das europäische Projekt wurde zunehmend als Projekt der „Eliten" (Haller 2009) wahrgenommen, und erreichte in der folgenden Wirtschafts- und Finanzkrise um die Jahrtausendwende den vorläufigen Höhepunkt der Unzufriedenheit in der Bevölkerung. Angeheizt durch mediale Darstellungen, die sich vor allem auf die Darstellung von Protesten im Süden Europas konzentrierten, sank die Solidarität mit der Idee einer gemeinsamen Europäischen Union in Österreich zusehends. Die vorliegenden Interviews zeigen, dass jenen Staaten (z.B. Deutschland, Großbritannien und Frankreich) sowohl Bewunderung als auch Skepsis entgegengebracht wird. Insgesamt stieg aber der Unmut oder zumindest das Unverständnis gegenüber der Europäischen Union in der österreichischen Bevölkerung in den letzten 10 Jahren zunehmend (vgl. Europäische Kommission 2013; Ulram und Tributsch 2013). Wenngleich Optionen abseits einer Mitgliedschaft in der Europäischen Union heute vielen noch relativ abstrakt erscheinen, „(…) ist ein Zerfallen der Union solange unwahrscheinlich, wie die wirtschaftliche Entwicklung den meisten Mitgliedsstaaten als günstig erscheint und so lange die reicheren Länder nicht das Gefühl haben, dass die Schwächeren nur einen Klotz an ihrem Bein darstellen" (Haller 2009, S. 289).

Auch vor Österreich machten die Entwicklungen, die auf gesamteuropäischer Ebene skizziert wurden, nicht Halt: ein langsameres Wirtschaftswachstum bei gleichzeitig wachsendem Haushaltsdefizit brachten seit den 90er Jahren auch neue Herausforderungen für das hiesige Wirtschafts- und Sozialsystem mit sich. Das geringere Wirtschaftswachstum rief in Österreich zwar keine abrupten oder massiven Änderungen in den Arbeitslosenraten hervor, jedoch aber zumindest eine schleichende Zunahme sogenannter prekärer Beschäftigungsverhältnisse. Wie auch in anderen Ländern der Europäischen Union wurden diese wirtschaftlichen Entwicklungen von einem steigenden Zulauf zu populistischen Parteien begleitet.[1] Diese wiederum schürten Ängste um die gerechte Verteilung des (scheinbar

---

[1] Antieuropäische Ressentiments wurden (wie so oft) im Nationalratswahlkampf 2013 von der FPÖ direkt mit dem Slogan „Nächstenliebe beginnt zu Hause – Österreich zuerst" aufgegriffen. Die sogenannte „positive Wahlkampagne" der FPÖ in diesem Wahlkampf führte zu einem dreiprozentigen Zuwachs an Stimmen gesamt, so wie der Position der stimmenstärksten Partei unter jungen Männern und Arbeitern. (www.sora.at/fileadmin/downloads/wahlen/2013_NRW_Wahlanalyse.pdf; 13.12.2013; www.sora.at/fileadmin/.../2013_NRW_Wahltagsbefragung-Grafiken.pdf; 13.12.2013).

rückläufigen) Wohlstands, welche durch die Wirtschafts- und Finanzkrise um die Jahrtausendwende weiter angefacht wurden. In einer sozialen und wirtschaftlichen Situation, die zunehmend als unberechenbar auf der individuellen und kollektiven Ebene wahrgenommen wurde, erstarkte in den letzten 10 Jahren der Ruf nach einem „starken Führer" in Österreich, der ohne Rücksicht auf Wahlergebnisse hart durchgreifen kann (Rathkolb et al. 2014). Auf europäischer Ebene ließen durchsetzungsstarke Persönlichkeiten wie Angela Merkel neben ambivalenten Gefühlen auch Bewunderung aufkommen: neben Bevormundungsängsten durch die deutsch-französische Krisenpolitik, wurden ebenso Großmachtsphantasien durch einen erstarkten europäischen Gemeinschaftsraum genährt. Anhand des vorliegenden Interviewmaterials sollen diese und andere Zusammenhänge zwischen individuellen Biographien und den Entwicklung auf europäischer bzw. nationalstaatlicher Ebene in den „Krisenjahren" um die Jahrtausendwende aufgezeigt, und deren Auswirkungen auf Solidaritätsbekundungen bzw. -antipathien in der europäischen Gemeinschaft analysiert werden. Das europäische „Projekt" ist in und außerhalb Österreichs mehr denn je auf eine Integrationsprobe gestellt.

5.1 Zur Basis solidarischen Handelns und dessen Verknüpfung mit individuellen Lebenslagen in Zeiten der Krise

Solidarität, als ein Gradmesser der sozialen Kohäsion in einer Gemeinschaft, hat seit jeher die Sozialwissenschaften interessiert. Besonders in Phasen gesellschaftlicher Umbrüche, und den damit oftmals einhergehenden Verunsicherungstendenzen, werden Fragen der Solidarität und der gesellschaftlichen Integration virulent. Der Wandel von Gemeinschaften zu Gesellschaften wurde dabei von den frühen Soziologen wie Durkheim (1988) hinreichend in seinen verunsichernden Auswirkungen beschrieben. Der Zusammenbruch traditioneller Formen des Zusammenhalts führt jedoch nicht notwendigerweise zu einer unlösbaren Systemkrise, sondern neue Formen – beispielsweise eine organische Solidarität – können hervorgebracht werden (Hondrich und Koch-Arzberger 1994). Besonders aus der Perspektive des Kommunitarismus wird die andauernde Individualisierung als großer Gegenspieler zu Solidarität wahrgenommen (Dallinger 2009).

Funktionale und emotionale Aspekte von Solidarität scheinen in jeder Gesellschaft in einem Wechselspiel zu stehen, und es bleibt fraglich, wie viel emotionale Nähe Solidarität tatsächlich braucht bzw. ob Solidarität auch zu distanten Personen oder Gruppen möglich ist. Solidarisches Verhalten wird zweifelsohne zumindest durch ein basales Gefühl von Zusammengehörigkeit genährt, woraus sich auch die

damit verbundenen Reziprozitätserwartungen, also die Antizipation einer wechselseitigen Hilfe im umgekehrten Bedarfsfall, speisen. Wenn die wertrationale und
emotionale Basis für solidarisches Verhalten (zu) schwach ist, oder wenn Reziprozitätserwartungen nicht erfüllt werden können, kann es zur Aufkündigung von
Solidarität und damit zu Solidaritäts*brüchen* kommen. Versuche der Absicherung
von reziprokem Verhalten können in Form von Bedingungen vorliegen, die mit
einer Hilfeleistung verbunden sind. Diese Bedingungen können unterschiedlich
stark institutionalisiert (verrechtlicht) werden, und so solidarisches Handeln auf
die Ebene von Verpflichtungen heben. Solidaritätsleistungen sind deshalb keineswegs altruistischer Natur, sondern oftmals mit Forderungen und Annahmen
verknüpft, die besonders dann sichtbar werde, wenn es zu Solidaritätskonflikten
kommt. Offe (2004) verweist dabei auf die Geschichte des Armenwesens, in der
Arme als EmpfängerInnen von Solidarleistungen grundsätzlich immer (orts-)an-
sässig, würdig und bescheiden sein mussten. Umgekehrt sind mit diesen (An-)For-
derungen Ängste verbunden, Nicht-Würdige und Nicht-Zugehörige anzulocken,
sowie die Befürchtung Eigenverantwortlichkeit für die Lage zu unterminieren. Die
Furcht vor Trittbrettfahrern bestimmt dabei die öffentliche Diskussion umso mehr,
als Krisenerscheinungen wie zur Zeit der Wirtschafts- und Finanzkrise im öffentlichen Diskurs zur Sprache kommen.

Nach Franz-Xaver Kaufmann (2004, S. 55) wird Solidarität verstanden als „…
eine typische Form von Handlungskoordination, welche eine Nachrangigkeit der
Verfolgung von Eigeninteressen mit Bezug auf kollektive Interessen bewirkt".
Solidarisches Verhalten erfordert deshalb mehr als eine unmittelbare Kosten-Nut-
zen-Kalkulation, und benötigt aufgrund der (vorübergehenden) Zurückstellung
der Eigeninteressen offenbar eine besonders starke motivationale Basis. Während
traditionelle Gesellschaften Kooperationsprobleme vorwiegend durch affektuelles
und traditionelles Handeln lösen konnten, bedingt die sinkende Unmittelbarkeit
des Verhaltens in der Moderne eine stärkere wertrationale Basis. Solidarappelle
(Kaufmann 2004) sind jedoch nur dann besonders wirksam, wenn sie von relevanten Bezugspersonen und -gruppen ausgesprochen werden. In Zeiten zunehmender
Politikmüdigkeit und fortwährender Legitimationskrisen der politischen Sphäre
(Haller 2001), bleibt fraglich, in wie weit nationale und europäische PolitikerInnen
diese Funktion noch übernehmen können.

Solidarisches Handeln setzt zumindest die Anerkennung des Gegenübers als
„bedürftig" in seiner Existenz voraus, und wird umso stärker ausgeprägt sein, je
mehr Anerkennungsdimensionen bedient werden. Die Beurteilung welche Attri-
bute Anerkennung finden, unterliegt immer normativen Prozessen in einer Gemeinschaft, von denen aber auch eine kritische (Rollen-)Distanz eingenommen
werden kann (Honneth 1992). Honneth fasste das Prinzip der Anerkennung in drei

wesentliche Sinnstiftungsdimensionen: Liebe/emotionale Zuwendung, also dem Annehmen als Person oder Entität; rechtliche Anerkennung, also die Achtung aller Menschen als gleiche und verantwortliche Subjekte; soziale „Wertschätzung" also der Beitrag zur Realisierung geteilter Werte und Ziele. Letzteres – also die Wertschätzung gesellschaftlicher Leistungen und Beiträge – erfolgt in der modernen Gesellschaft überwiegend über das Leistungsprinzip. Leistung – vormals ein Attribut verbunden mit den untersten sozialen Schichten – erfuhr in der Moderne eine Aufwertung hin zu einem omnipräsenten Ausdruck von Status und gesellschaftlicher Anerkennung. Ausgedrückt werden Leistungserfolge in Statusparametern wie Konsum (Bauman 2009) oder auch durch sich verändernde Wertestrukturen wie Selbstverwirklichung und Hedonismus (als Genuss des Erfolges, des Geschaffenen), die sich nicht mehr länger diametral gegenüber stehen (Gensicke und Klages 2006). Die vermeintliche Rationalität, die dieses Leistungsparadigma mit sich bringt, bietet eine einfache Formel, um gesellschaftlichen Erfolg oder Misserfolg zu beurteilen und wird, wie im Falle der Europäischen Union, sogar auf ganze Staaten angewendet, und so als Prinzip der Anerkennung kollektiviert.

Während soziale Integration in der Durkheim'schen Soziologie bekannterweise über gemeinschaftsbildende Werte und deren Vermittlung in Institutionen erfolgt, beschäftigen sich stärker ökonomisch ausgerichtete Ansätze mit der wahrgenommenen Reziprozität solidarischen Verhaltens. Die Bereitschaft für Solidarität bemisst sich dabei nach der Größe der „Solidaropfer" (Tranov 2012), die zu entrichten sind. Diese Transferleistungen sind jedoch umso schwieriger zu beziffern, je mehr auch ideele Werte mit der Unterstützungsleistung verbunden sind, bzw. umso größer die beteiligten Kollektive sind. Kaufmann (2004, S. 52) spricht in diesem Zusammenhang von Solidarzusammenhängen, die eben auch schwer bezifferbare Aufgaben wie den sozial- und kulturstaatlichen Schutz von Schwächeren, die Kollektivierung elementarer Lebensrisiken und die Förderung menschlicher und gesellschaftlicher Entwicklung inkludieren. Umgelegt auf die europäische Ebene erfordern diese Aufgaben ein noch höheres Abstraktionsvermögen. Die Wahrnehmungen von Transferleistungen als „Solidar*opfer*" steigt also mit der zunehmenden Schwierigkeit, Reziprozität im Verhalten zu erkennen, einer zunehmenden Langfristigkeit der zu erwartenden Auswirkungen und mit steigender Entfernung bzw. Größe des zu bedenkenden Kollektivs (Kaufmann 2004; Offe 2004). Somit ist fraglich, ob in diesem Zusammenhang Theorien rationaler Wahl überhaupt erklärungswirksam angewendet werden können, wenn einige Parameter der Situation bzw. des Handelns kaum oder nur schwer beziffert werden können bzw. bei den beteiligten AkteurInnen eine große Übersicht (kognitive Kapazitäten) über die Situation abverlangen. Anhand der bisherigen Ausführungen wird auch deutlich, dass Solidarität ein fragiles Gebilde darstellt, das mit hohen Vertrauensvorschüssen verbunden ist. Das Dilemma der Kooperation, das in ökonomischen Theorien als Trittbrettfahrerproblem beschrieben wird, ist auch für solidarische Handlungen höchst relevant.

Die Macht des Solidarismus ist, besonders in Zeiten der Krise, labiler als die Macht der Ausschließung. Solidarität erfordert höhere Kosten der Organisation und der sozialen Kontrolle als Schließung. Als liberal-bürgerliches Kriterium des Vergleichs von Erfolg gilt die erbrachte bzw. wahrgenommene Leistung, sowohl auf individueller Ebene, als auch auf Ebene ganzer Staaten, um Solidaritätszuwendungen zu kontrollieren (Parkin 2004). Schließungsprozesse umfassen dabei nach Therborn (2006) vier Stufen: Distanzierung (Betonung von Unterschieden) – Exklusion (Formulierung von Eintrittsbarrieren) – Hierarchisierung (Schaffung von Zentrum-Peripherie-Relationen) – Verfestigung oder „Ausnutzung" (langfristige Abhängigkeitsstrukturen). Mit diesen vier Mechanismen sind erkennbar auch Rechtfertigungssemantiken verbunden, die Aus- und Abgrenzung legitimieren sollen. Diese Argumente der Grenzziehung sind in der Vergangenheit im Zuge der Erweiterung der Europäischen Union weniger zum Tragen gekommen als jetzt, in Zeiten der Krise, wo Diskussionen um eine „(v)erträgliche" Größe der Union sowohl in der Wissenschaft als auch im öffentlichen Diskurs aufflammen.

Die Größe, die die Europäische Union mittlerweile erreicht hat, erscheint vielen BürgerInnen als wenig steuer- und kontrollierbar. Die Raumsoziologie spricht hier nach Martina Löw (2001) von einer Syntheseleistung, die vollbracht werden muss, damit Raum tatsächlich auch Gestalt annehmen und handlungswirksam werden kann. Die Syntheseleistung umfasst dabei die Prozesse der Vorstellung, Wahrnehmung und Erinnerung, die eine Verknüpfung von Materie zu einem bestimmten Raum ausmachen. Die Fähigkeit solche Syntheseleistungen zu vollbringen wird unter anderem in der Sozialisation gelegt, und nicht zuletzt auch durch Bildungskapital beeinflusst (Löw 2001). Bereits Simmel konstatierte in seinem Essay zum Raum und der räumlichen Ordnung (1923): „Je primitiver die Geistesverfassung ist, desto weniger kann für sie Zugehörigkeit ohne lokale Gegenwärtigkeit bestehen und desto mehr sind dementsprechend auch die realen Verhältnisse auf diese persönliche Anwesenheit der Gruppenmitglieder angelegt". Während in traditionellen Gesellschaften Solidarität primär noch auf persönlichen Sympathiegefühlen fußte, erfordern moderne Gesellschaften Solidaritätsbeziehungen, die oftmals über unpersönliche Institutionen und Systemintegration sowohl auf nationalstaatlicher als auch auf europäischer Ebene vermittelt werden.

Der vorliegende Beitrag schlägt eine Brücke zwischen individuellen Biographien und der Wahrnehmung der europäischen Integration in Zeiten der Wirtschafts- und Finanzkrise durch die BürgerInnen. Erstaunliche Parallelen der Semantiken auf individueller Ebene, bei der Beschreibung der eigenen Biographie, und den Semantiken zur Beschreibung der Lage der Europäischen Gemeinschaft, lassen sich dabei anhand des empirischen Materials abbilden. Die Konstruktion von Erfolgs- und Misserfolgsgeschichten auf individueller Ebene liefert wertvolle Einsichten in die Wahrnehmung der Gemeinschaft der Europäischen Union zu Zeiten der Krise. Eine Gleichsetzung europäischer Länder mit tatsächlichen, personifizierten Akteuren ist über weite Strecken im Interviewmaterial zu beobachten.

Trotz normativer Umbrüche, wie sie beispielsweise durch die Emanzipation und Frauenerwerbstätigkeit oder Veränderungen in der Generationensolidarität im letzten Jahrhundert stattgefunden haben, existieren weiterhin verbreitete, geteilte Vorstellungen von Institutionen des Lebenslaufs wie und mit welcher Gewichtung zentrale Lebensbereiche – Bildung, Beschäftigung, Intimbeziehungen – im Zeitablauf zu einer konstanten Abfolge verknüpft werden *sollen* (Wohlrab-Sahr 1992). Durch die zunehmende Individualisierung treten persönliche Vergleiche vor sozialen Wettbewerb, und Parameter wie Schicksal, Risiko und Erfolg scheinen nicht zuletzt durch entsprechende Medienformate zu bestimmenden Kriterien in der Beurteilung von Biographien zu werden. Die frühere Klarheit von sozialem Auf- und Abstieg wird nun durch eine Vielzahl möglicher Positionen ersetzt, die auf horizontale soziale Ungleichheiten hinweisen. Dabei sind ganz zentrale Bereiche sozialer Anerkennung wie (Intim-)Beziehungen, die Arbeitswelt, Generationenbeziehungen uvm. von diesen Umbrüchen betroffen (Honneth et al. 2013). Ein Revival konservativer Werte (Koppetsch 2013), sowie ein Rückgriff auf askriptive Merkmale wie nationale Zugehörigkeit oder eben berechenbare Merkmale wie Leistung können beobachtet werden. Befürchtungen, dass der gesellschaftliche Wertewandel der 1980er Jahre zu einem ungezügelten Hedonismus führen könnte und Werte wie Pflichterfüllung und Leistungsorientierung in den Hintergrund treten könnten, haben sich nicht bewahrheitet (Neckel und Dröge 2010). Der Unterschied zu Durkheims damaliger Zeitdiagnose der Anomie besteht wohl in einer vermeintlich kontrollierbaren Situation, in der jeder sein Schicksal in der Hand hat, wenn er denn nur richtig „wolle".

Dennoch weisen zahlreiche Befunde auf eine Zunahme von Abstiegsängsten in breiten gesellschaftlichen Schichten von der Jahrtausendwende bis heute hin (vgl. Burzan und Kohrs 2014). Klaus Dörre (2010) spricht in diesem Zusammenhang bereits von sozialer Unsicherheit als „Schlüsselerfahrung" in Lebensentwürfen und Biographien. Krämer et al. (2006) haben die Diffusion von Unsicherheiten in eine umfassende Typologie für arbeitsweltliche Zusammenhänge gekleidet, jedoch ist davon auszugehen, dass die „Verunsicherungsgesellschaft" weitaus größere Bahnen zieht, und sich auch abseits von Erwerbstätigkeit und Berufsleben niederschlägt. Nicht erst die Erfahrung von Prekarität in der eigenen Biographie löst Unsicherheitsgefühle aus. Bereits die Wahrnehmung, dass Grenzen zwischen brüchigen und vermeintlich stabilen Biographien verschwimmen, kann zu Unsicherheiten führen. Soziale Vergleiche werden dabei unter „Gleichen" oder zumindest „Ähnlichen", also unter relevanten Bezugsgruppen, angestellt (Merton 1995). So folgert Neckel (1999, S. 130), dass „… große soziale Distanz Neid ebensowenig entstehen lässt, wie die legitime Zuordnung verschiedener Personen und Klassen zu unterschiedlichen Anspruchskategorien".

Die Fähigkeit Kohärenzsinn in Krisenlagen entwickeln zu können, ist in den nachfolgenden Interviews unterschiedlich verteilt. Objektive Lebenslagen korrespondieren oder konterkarieren mit subjektiven Wahrnehmungen, die ein komplexes Bild des Umgangs mit Wandel und Krisen entstehen lassen. Kohärenzgefühl entsteht an jenen biographischen Orten, wo die Prozesshaftigkeit des Wandels begriffen und (mitunter geduldig) ausgehalten werden *kann*. Korrespondierend zu den Entwicklungen im Bereich individueller Biographien und Lebensläufe, also der Herausforderung Kohärenzgefühl in Krisen und „Ausdauer" in deren Bewältigung herzustellen, konstatiert Münkler (2004), dass solidarisches Verhalten nicht per se im Abnehmen begriffen ist, sondern dass es heute vermehrt durch Kurzfristigkeit und Punktualisierung gekennzeichnet ist. Damit einhergehend ist das Bedürfnis an „Kündigungsoptionen" solcher „Verträge" gegeben, sowie der Wunsch (unmittelbare) Effekte des Engagements oder Einsatzes zu sehen. Inwieweit nun Krisenwahrnehmungen auf individueller Ebene Solidaritätsbekundungen auf gemeinschaftlicher Ebene beeinflussen, soll im folgenden Abschnitt anhand von 18 qualitativen Interviews näher beleuchtet werden.

5.2 Transnationale Solidarität auf dem Prüfstein – Erkenntnisse aus dem Interviewmaterial

Das Interviewmaterial, auf das im Folgenden Bezug genommen wird, besteht aus einem Korpus von 18 narrativen Interviews, die im Herbst 2012 in Salzburg von eigens geschulten InterviewerInnen erhoben wurden. Die Interviews folgten dabei einer Logik von einem sehr offenen, freien Beginn (biographisches Interview) hin zu einem stärker problemzentrierten Abschluss (photo elicited Interview). Den InterviewpartnerInnen wurden nach Überleitung von ihrer Biographie hin zu ihrem Leben in der Europäischen Union und der Wahrnehmung der aktuellen Wirtschafts- und Finanzkrise, acht ausgewählte Bilder vorgelegt, die sich mit Aspekten europäischer Integration und Desintegration befassten, und zu denen die Befragten abschließend frei assoziieren konnten. Dabei wurde bewusst auch auf bekannte mediale Darstellungen zurückgegriffen, um Wirkungen des öffentlichen Diskurses bei den InterviewpartnerInnen zu beleuchten. Ein besonderes Element dieses problemzentrierten Abschnitts stellte eine geographische Karte Europas dar, auf der die Befragten die ideale Größe der Europäischen Union aus ihrer Sicht bestimmen konnten, bzw. „erwünschte" Länder markieren und „unerwünschte" Länder bzw. Beitrittskandidaten ausstreichen konnten[2]. Ein Beispiel für die Konstruktion von Abgrenzungsvorstellungen – in diesem Fall anhand pauschaler Sympathie- und Antipathiebekundungen – zeigt folgende Passage aus einem Interview mit einer 77jährigen Frau mit Lehrabschluss:

> Ukraine… das scheidet für mich aus. Türkei ist ein heißer Punkt. Ähm. Die sind noch nicht reif für meinen Geschmack für die EU. Die sind noch nicht reif. Ein Aspirant für die Zukunft, aber sind noch nicht reif. Würde ich sagen. (…) Also Türkei schließe ich noch aus. Griechenland ist ja sowieso dabei, das ist ein Aspirant zum Austreten… wäre auch nicht fein. Zypern ist auch heiß… Griechenland ist sowieso dabei, Türkei schließe ich aus. Bulgarien? Nein! Rumänien? Ja, die könnten wir mitnehmen. Ukraine? Nein! Russland ist mir zu… So. Italien haben wir sowieso. Slowenien, Andorra, Spanien, Frankreich, ja da geht es ja sowieso weiter. Dänemark ist nicht dabei. Großbritannien will raus. Irland, Niederlande, Lettland, Estland, Finnland, Schweden. Die sind ja auch nicht… Weißrussland, Polen, Weißrussland… also die Russen würde ich ausschließen. Schweden, das ist sowieso… ja. Schweden, Finnland, die Finnen sind ja auch so komische Käuze. Norwegen, Dänemark, machen wir das jetzt groß. Das ist sowieso dabei. Ok? Frankreich, Spanien. Da unten müssen wir das auch noch ziehen. Griechenland. (Z575–592)

Die Auswahl der Interviewpersonen erfolgte – in Hinblick auf eine später geplante quantitative Repräsentativerhebung – einem theoretischen Sampling, das möglichst breit in verschiedenen Bevölkerungsgruppen streuen sollte, und deshalb die Merkmale Alter, Geschlecht, Bildung und Erwerbsstatus berücksichtigte. Die Auswertung des Materials wurde sowohl mittels qualitativer Inhaltsanalyse (Mayring 2000) als auch mittels Narrationsanalyse (Lucius-Hoene und Deppermann 2004) vorgenommen. Die beiden Verfahren ergänzten sich in ihrer recht unterschiedlichen Schwerpunktsetzung. Während: während die Vorteile der qualitativen Inhaltsanalyse ganz klar in der Möglichkeit liegen, sich Überblick über das Material zu verschaffen, liegen die Stärken der Narrationsanalyse in ihrem detailgetreuen Wesen. Die Analyse von Deutungsmustern sowie (inferioren und superioren) Positionierungsstrategien, wie sie das Herzstück der Narrationsanalyse darstellen, ermöglichen eine Herleitung jenes sozialen Horizonts, vor dem Identitäten, Werte, Normen und reziproke Verantwortungen entwickelt werden. Die abschließende

---

[2] Um Simmels (1923) berühmter Darstellung zu folgen: „Die Grenze ist nicht eine räumliche Tatsache mit soziologischen Wirkungen, sondern eine soziologische Tatsache, die sich räumlich formt."

Typenbildung soll eine Verschränkung von individuellen Biographien und (Krisen-)Wahrnehmungen auf Ebene der Europäischen Union ermöglichen. Solidaritätsbrüche finden sich im Interviewmaterial besonders an jenen Stellen, an denen sich Befürchtungen manifestieren, die Europäische Union und ihre Stellung in der Welt(politik) könnten durch sogenannte „Krisenländer" abgewertet werden. Diese Befürchtungen wurden vor allem durch fortlaufende Veröffentlichungen der Ergebnisse von Ratingagenturen zur Wirtschaftslage in der Hochzeit der Krise genährt, die vermutlich nur für geringe Teile der Bevölkerung in ihrem tatsächlichen Ausmaß und Hintergrund verständlich waren. Bei den InterviewpartnerInnen kann nicht generell von einer EU-Skepsis oder gar Austrittswünschen gesprochen werden – die Mitgliedschaft in der Europäischen Union wird nicht generell negativ gesehen – man möchte viel mehr einer Gemeinschaft der „Besten" angehören, deren Reputation sich auch auf die individuelle Identität überträgt. Die Mitgliedschaft soll mit Stolz erfüllen und eine exquisite „Visitenkarte" im In- und Ausland darstellen. Zentral scheint dabei auch die Vorstellung einer Einzigartigkeit dieser Gemeinschaft zu sein: hier – so die InterviewpartnerInnen – sollen nicht die „Vereinigten Staaten von Europa" geschaffen werden, sondern eine ganz spezifische Gemeinschaft am europäischen Kontinent verankert werden, für die es kein bestehendes Vorbild am Globus gibt. In den Aussagen der Befragten finden sich immer wieder Metaphern, die auf einen hohen Lebensstandard in dieser einzigartigen Gemeinschaft hinweisen: das Land in dem Milch und Honig fließen, das Paradies, jemanden durchfüttern, Butterberge, Speck, Sauce Hollandaise, Weinfässer uvm. Mitgliedschaften sollen nur jene Länder beantragen können, die diesem hohen Lebensstandard bereits vor dem Beitritt gerecht werden können. Innerhalb der Europäischen Union wünschen sich einige InterviewpartnerInnen, so kann vorab zusammenfassend gesagt werden, ein striktes Vorgehen und Durchgreifen, um auch die Gemeinschaft gegen Bedrohungen von „außen" (genannt werden die USA, China, Indien und andere Schwellenländer) zu schützen:

> Ich bin der Meinung, dass wir eine starke Europäische Union brauchen, auch als Gegengewicht zu den Amerikanern oder den Chinesen. Denn sonst fressen die uns wieder total. (männlich, Matura, 64 Jahre; Z555–557)
> Vielleicht ist es auch zu blauäugig, aber ich denke wir haben mehr Macht international, weil man eine größere Verhandlungsbasis hat. Wenn man jetzt gegen China oder mit China oder wem auch immer verhandelt. (weiblich, Universität, 23 Jahre; Z377–379)

Im Anschluss an diese erste Skizze von Argumentationsstrategien im Interviewmaterial sollen nun erste Typologisierungen erfolgen, die die Bandbreite in Hinblick auf mögliche Solidaritätsbrüche im Material wiedergeben. So weit wie möglich soll dabei rekonstruiert werden, welchen Einfluss geänderte „Rahmenbedingungen" wie die Wirtschafts- und Finanzkrise auf Solidaritätsbekundungen von

ÖsterreicherInnen im Kontext der Europäischen Union haben. Um solche Dynamiken aufzuzeigen bzw. die These eines „exklusiven Klubs" zu festigen, macht es Sinn auf drei Ebenen zu analysieren: die Darstellung von gesellschaftlichem und individuellen Wandel durch die InterviewpartnerInnen; die Darstellung bzw. Entwicklung von Handlungsstrategien im Umgang mit „Misserfolgen"; die Darstellung von Erfolgen bzw. die Attribuierung selbiger zu wahrgenommenen „GewinnerInnen" der Situation.

5.2.1 Umgang mit biographischem und europäischem Wandel

Der Umgang mit Wandel in der eigenen Biographie, sowie mit Wandel und Krisenerscheinungen in der Europäischen Union, kann anhand von vier Dimensionen verglichen werden, aus denen sich drei verschiedene Handlungsstrategien ableiten lassen. In erster Linie braucht es eine Beschreibung von Zeitlichkeit sowie eine emotionale Dimension, die die Wahrnehmung von Wandel begleiten. In weiterer Folge können daraus Beschreibungen von Wandel auf Ebene der Europäischen Union sowie auch für die individuelle Biographie abgeleitet werden. Perspektiven und Wahrnehmungen von Europa werden dabei durch die Befragten in Raumbilder gekleidet. Es werden drei Typen von Raumbilder, die durch deren unterschiedliche Annäherung an Materialität bzw. physischen Raum und den daraus entstehenden Raumkonzepten charakterisiert werden können, unterschieden: ein regressives Raumbild, ein synchrones Raumbild sowie ein hypermodernes Raumbild. Im Folgenden werden die in Tab. 5.1 dargestellten Typen anhand des Interviewmaterials näher erläutert.

Die erste Handlungsstrategie bzw. Reaktion auf Wandel ist kämpferischer Natur. Wandel wird als unberechenbar und plötzlich wahrgenommen, und wird deshalb furchtvoll und wenig selbstbestimmt erlebt. Das Raumbild dieser Befragten wird von regressiven Vorstellungen wie einer Wiederkehr der Nationalstaaten und Auflösung der Europäischen Union dominiert. Entsprechungen finden sich auch in biographischen Aussagen der Befragten wieder, die die Gesellschaft als Schauplatz von sozialen (Aufstiegs-)Kämpfen wahrnehmen:

> Und ich habe gesagt: ‚Mit mir aber nicht. Mit mir aber nicht!' Weil da renne ich von Pontius zu Pilatus. Ich habe nichts gehabt, ich hab Null Selbstvertrauen gehabt oder Vertrauen schon, aber Selbstvertrauen hat mir gefehlt. Das ist ja klar. Überall hast du nur gehört: Mei, Perlen wirft man nicht vor Säue; Mei, haben Sie kein Geld für die Wohnung; aha die Depperten Wiener.' Also du bist immer nur Tschack, runtergedrückt worden. (Weiblich, 74 Jahre, Lehre, Z330–Z335)

Tab. 5.1 Umgang mit biographischem und europäischem Wandel

Strategie	Kämpfen	Berechnen	Kommunizieren
Temporale Dimension	Plötzliche Umbrüche	Step by step	Fließend, prozesshaft
Emotionale Dimension	Furchtvoll, fremdbestimmt	Rational	Hoffnungsvoll, geduldig, neugierig
Wahrnehmungen der EU	Regressives Raumbild; Wunsch zur Rückkehr zu Nationalstaaten	Synchrones Raumbild; Schicksalsgemeinschaft	(hyper)modern; EU-Erweiterung
Persönliche Zukunftserwartungen	Gesellschaft als Schauplatz von (Aufstiegs)kämpfen; Wahrnehmung von Unsicherheit und Instabilität	Individualistischer Lebensstil	Gesellschaft als andauernde Entwicklung; (Möglichkeit zum) proaktiven Umgang mit eigener Biographie

© Elisabeth Donat

Die Mitgliedschaft in der Europäischen Union wird von diesen Befragten als demütigend erlebt, da die Nationalstaaten zu viele Souveränitäten abgeben müssen. *„Weil EU-Recht gilt vor Landesrecht …"*, so lautet eine Kurzformel, die frustriert von diesen InterviewpartnerInnen in diesem Zusammenhang immer wieder bemüht wird.

Im Rahmen der zweiten Handlungsstrategie versuchen die InterviewpartnerInnen Wandel als klar berechenbare Abfolge von (Lebens-)phasen darzustellen. Im Gesprächsverlauf werden zahlreiche Kontrastierungen verwendet, die in sich abgeschlossene Positionen aus Sicht der GesprächspartnerInnen darstellen. Tatsächlich sind die Interviews des zweiten Typus „Berechnend" auch von zahlreichen numerischen Verweisen geprägt. Ein Interviewpartner (26 Jahre, Matura) beschreibt seine Lebensplanung folgendermaßen:

> Sondern einfach ein bisschen was ansparen und trotzdem gut leben. Und wenn's geht Frau, Familie, ja mit Kindern natürlich, da ist die Betonung auf der Mehrzahl also natürlich eins ist süß und nett und schön, aber zwei wären schon cool und also zum Beispiel Bub und Dirndl, das wäre halt supergenial. Ahm ja, sobald es dann im Prinzip eine feste Frau gibt, wo man sagt: ,Ja okay passt, heiraten wir', dann ist die Frage zwecks wohnen was man dann macht, je nachdem nach was man sich dann entscheidet, wo nachher die Sympathie hinfällt, dass man sagt, ja okay Reihenhaus, Haus oder große Wohnung oder was auch immer. Also das steht eigentlich noch alles offen. (Z236–Z243)

Mit der Betonung von „Offenheit" bezüglich seiner Lebensplanung am Schluss der Darstellung, konterkariert der Befragte seine vorherige äußerst detaillierte Beschreibung hinsichtlich seiner Zukunft. Er revidiert dabei sogar die Zahl der geplanten Kinder, und hat genaue Vorstellungen bezüglich deren Geschlechts. Eine Phase folgt der nächsten Phase, step by step, und ist dabei voll und ganz steuerbar. Wandel wird als betont rational thematisiert, wobei eine klare Vorstellung existiert, wie und in welcher Geschwindigkeit Veränderungen vollzogen werden sollen. Das Präsentationsinteresse der Interviewpersonen ist eine Erfolgsgeschichte des eigenen Lebens, die auch gegen Widerstände durchgesetzt wird. Parallel dazu wird die Mitgliedschaft in der Europäischen Union als Mitgliedschaft in einer Schicksalsgemeinschaft dargestellt, deren Verlassen einem Gesichtsverlust gleichkommen würde, da an dieser Stelle mit der bis dahin erzählten Erfolgsgeschichte gebrochen werden müsste. Einem mechanisch-technischen Weltbild folgend, sollen jene Länder der EU angehören, die bestimmte Leistungsparameter erfüllen. So analysiert jener Interviewpartner (26 Jahre, Matura), der oben bereits seine persönliche „Erfolgsstory" vorwegnahm, nach welchen Kriterien Länder bei der Europäischen Union teilnehmen können in einem Vergleich mit der Aufnahme von AsylwerberInnen in Österreich:

> Aber eben das Auswahlverfahren gehörte halt eben bisschen genauer. Das ist so ähnlich wie mit Asylanten in Österreich, im Prinzip haben wir zu lange gesagt: ‚Okay wir lassen jeden herein', und jetzt haben wir halt ziemlich viele Nutznießer da, die wir auf gut Deutsch durchfüttern müssen und die nachher dem Staat noch ein Geld kosten. Hätte man sich das am Anfang besser angeschaut: okay was kann der, ist der für unser Land jetzt eine Bereicherung, wenn der da ist. Eben man muss halt ein bisschen mehr unternehmerisch denken, weil ich stell jetzt auch keinen Angestellten ein, wo ich weiß der kann nichts, und ob er mir vielleicht im Endeffekt bringt was er mir kostet, das ist jetzt nur reine Glückssache. (Z274–282)

Kontrastierend zu dieser Phasierung von Lebensabschnitten bzw. Mitgliedschaften in der Europäischen Union, kann der letzte Typus von InterviewpartnerInnen durch eine fließende Darstellung von Ereignissen, Lebensphasen und großen gesellschaftlichen Entwicklungen beschrieben werden. Wandel wird prozesshaft wahrgenommen, was wiederum eine gewisse Geduld im Abwarten von Entwicklungen und „Aushalten" von „Krisen" mit sich bringt. Eine offene Haltung gegenüber Veränderungen wird von einer Neugier gegenüber Zukünftigem begleitet. Die eigene Biographie folgt nicht unbedingt immer einer „glatten", linearen Entwicklung, sondern ist durchaus auch von Herausforderungen und Krisen durchzogen. In diesem Sinne wird nicht nur für sich selbst eine „zweite Chance" im Falle des Scheiterns beansprucht, sondern selbige auch anderen zugestanden. Das

Motiv „bad story with happy end" könnte stellvertretend für diese biographischen
Darstellungen formuliert werden. So folgt auf die Erzählung durchaus bewegter
Lebensabschnitte fast immer eine positive oder zumindest versöhnliche Coda:

> Der Woody Allen hat einmal die Frage gestellt, was es Gutes am Alter geben sollte
> (lacht). Äh, man sieht schlecht, man hört schlecht und mit dem Sex haut es nicht mehr
> so hin….alles tut einem weh, was soll da am Alter schön sein (lacht). Aber gut, ich
> bemühe mich (…) man hat seine Freunde und man muss halt schauen, dass man sich
> seine Tagesabläufe gestaltet und ja, wie gesagt, ich bin halt beim Üben. (Männlich,
> 64 Jahre, Matura, Z304–308)

Die EU wird als „Projekt" gesehen, das sich in fortlaufender Entwicklung befindet. Der ungewisse Ausgang dieses Projektes stellt für diese Gruppe an Befragten
allerdings keine Belastung dar, sondern wird mit Neugierde und Geduld wahrgenommen. Der Zusammenschluss von Ländern zu einer gemeinsamen Union wird
zwar kritisch, in Summe aber doch als großer Fortschritt gewertet. Die Fähigkeit
der GesprächspartnerInnen dabei auch multiple Identitäten entwickeln zu können,
erleichtert die Einnahme dieser Haltung von Grund auf. Der nachstehende Inter-
viewauszug verdeutlicht den proaktiven Umgang mit Krisen, als der Befragte zur
gegenwärtigen Lage der Europäischen Union Stellung nehmen soll:

> Ich seh kein Scheitern, ich seh Krisen, Krisen sind ja da, zeigt auch mein eigenes
> Leben, dass sie bewältigt werden und meine persönliche Erfahrung ist, wenn ich
> diese bewusst durchtrage, dann verändert sie mich. Ich habe erlebt, dass jede Krise,
> die mich verändert hat, neue Möglichkeiten geschaffen hat. (Männlich, 44 Jahre,
> Matura, Z710–Z714)

Im Anschluss sollen nun Vorstellungen und Ansichten der Befragten zu Erfolgskri-
terien sowohl im persönlichen Leben als auch in der Politik bzw. der Europäischen
Union erarbeitet werden, um ein geschlossenes Bild der Basis von Solidarität zu
ermitteln.

5.2.2 Zur Bewertung von Erfolg

Synchron zur Erstellung und Betrachtung von drei Typen im Interviewmaterial
hinsichtlich ihres Erlebens von eigenem und europäischen Wandel, lassen sich
wiederum drei Typen in Bezug auf die Beurteilung „erfolgreicher" Beitrittskandidaten und Mitgliedsländer der Europäischen Union erstellen (vgl. Tab. 5.2).
  Wie bereits angeführt, hatten die InterviepartnerInnen die Möglichkeit, anhand
einer mitgebrachten Karte ihre Wunsch-EU einzuzeichnen. Dabei wurden Überlegungen deutlich, welche Länder in der EU von den Befragten erwünscht sind

Tab. 5.2 Erfolgsmodelle

	Verunsicherte	PerformerInnen	Unkonventionelle
„Role models" für ein erfolgreiches Leben	Angela Merkel	Unternehmer Innen aus Österreich: D. Mateschitz (Red Bull), H.P. Haselsteiner (Strabag – Baugesellschaft)	Lebensstile (keine Personen): Verantwortungsbewusste Lebensfreude
Umgang mit Autoritäten	Autoritäre Unterwürfigkeit	Autoritäten sind bewundernswerte Vorbilder	Hinterfragen von Autoritäten; MentorInnen
Zusammenleben in der EU	Forderung nach absoluter Harmonie; Hegemoniale (Lebens)ansprüche	Beitrittskandidaten und Mitgliedsländer müssen hohen Lebensstandard und Wohlstand haben; Darwinistische Auslese	Realitätsnahe Vorstellungen: Konflikte und Herausforderungen werden benannt und erwähnt
Wertebasis	Leistung, Ordnung, Sicherheit	Leistung, Hedonismus, Macht	Universalismus, Benevolenz

© Elisabeth Donat

und als erfolgreiche Mitgliedsstaaten angesehen werden. Die Urteile dazu manifestierten sich überwiegend auf der Ebene von Leistungsstärke und Finanzkraft der betreffenden Länder. Wie mit – aus Sicht der Befragten – erfolglosen Mitgliedern umgegangen werden soll, zeigt sich in nachstehenden Interviewauszügen, die sich auf die Krise in Griechenland und die anschließenden Unterstützungsleistungen beziehen:

> Aber es gehört schon jemand, es müsste jemand dort sitzen, der ihnen zeigt, wie es richtig geht. (weiblich, 52 Jahre, Matura; Z337–Z338)
> Wir haben es (Wiederaufbau von Österreich nach dem Krieg; A.d.V.) auch getan. Wir haben auch, wie schon erwähnt… unser Aufbau war mehr als hart. (Weiblich, 74 Jahre, Lehre Z782–Z783)

„Hilfe zur Selbsthilfe" so lautet das überwiegend mitgeteilte Credo von Solidarleistungen für die Krisenländer im Süden Europas. Besonders der erste Typus von InterviewpartnerInnen, die Verunsicherten, sind sich sicher, dass Länder wie Deutschland oder Österreich hier vorzeigen und vorgeben können, wie ein Wiederaufbau funktionieren kann. Der Mythos des Wiederaufbaus von Österreich aus alleiniger Kraft wird hierbei bedient: die InterviewpartnerInnen erwähnen nicht, dass Europa im Rahmen des Marshallplans weitreichende finanzielle Unterstützungen nach dem zweiten Weltkrieg erhalten hat. So ist es denn auch naheliegend, dass von dieser Gruppe der Befragten, die hegemoniale Ansprüche äußert, der Wunsch nach einem/einer starken FührerIn laut wird, der/die „Ordnung" in die Situation in der Europäischen Union hineinbringt:

> Ich bewundere diese Frau, weil das ist ein Wahnsinn, was die praktisch auf die Füße gestellt, ja? Als Frau nämlich. (Pause) Weil es hat der Kohl auch viel gemacht, aber sie ist einfach, sie ist halt von der DDR geprägt, gell? Und ja (lacht), das stimmt. Die hat die Härte und die hat das Durchsetzungsvermögen (Pause) Ja, die zwei sind die mächtigsten auf Deutsch gesagt, und dann, sie müssen schauen, dass sie das aufrecht erhalten. Weil…(Pause) wer ist sonst noch fähig? Spanien geht nicht, Portugal ist zu klein (Pause)… Wir sind sowieso nur ein ein kleines Stückchen drinnen, nicht? Und die Engländer tun sowieso, was sie wollen. Ja, ja, weil ihre eiserne Lady, die hat das damals ganz klasse gemacht, die brauchen nichts zahlen, wir sind Nettozahler, nicht? (Pause) Nein, nein, die Merkel, die, die gefällt mir schon irgendwie, weil, weil ich mir denke, als Frau das schaffen, ist nicht so einfach. (Weiblich, 77 Jahre, Pflichtschule; Z1132–Z1144)

Wie bereits im vorhergehenden Abschnitt am Beispiel dieser Befragten ausgeführt, dominieren in der biographischen Erzählung die wahrgenommenen Demütigungserfahrungen, die nichtsdestotrotz oder gerade deshalb zu einer andauernden Bewunderung, ja sogar Unterwürfigkeit gegenüber Autoritäten führen. Aus diesen Erfahrungen speist sich nichtzuletzt auch der Wunsch, dass auf europäischer Ebene ein absolut harmonisches, konfliktfreies Zusammenleben herrschen soll. Aber auch Tendenzen zu Dominanzorientierungen oder sogar autoritärer Aggression lassen sich als Gegenspieler zur geäußerten autoritären Unterwürfigkeit feststellen. Werte wie Ordnung, Sicherheit, Gehorsam und Leistung dominieren die Erzählungen dieser Befragtengruppe. Angesprochen auf die Berechtigung von Hilfeleistungen für die „Krisenländer", verfällt eine Befragte in einen Dialog, in dem der Hilfeempfänger die Rolle eines kleinen Kindes einnimmt:

> Du gibst ihnen oft etwas, weil du sagst ok, gibst ihnen den kleinen Finger wie bei einem Kind, und dann wollen sie die ganze Hand, und wann es dann einmal heisst seid uns nicht böse, aber jetzt sind vielleicht einmal magere Zeiten, ihr kriegt eh euer ganz normales, aber das I-Tüpfelchen oder das Zuckerl oder so etwas, das kriegt ihr halt jetzt nicht, das ist dann schwierig. (Weiblich, 42 Jahre, Matura, Z762–766)

Die Dissonanz, die den autoritären Neigungen der Gruppe der „Verunsicherten" inhärent ist, führt zu Neidgefühlen gegenüber jenen, die es „geschafft" haben bzw. die sich emanzipieren oder „selbstbestimmt" bleiben konnten, wie die Schweiz.

Die zweite Gruppe an InterviewpartnerInnen, die bei obiger Betrachtung von Wandel „berechnen" als Handlungsstrategie darlegten, kann dementsprechend hier der Typus des „Performerns" zugeordnet werden. Als Referenzbeispiele für erfolgreiche Biographien und potentielle Führungskräfte werden österreichische Unternehmer wie Dietrich Mateschitz (Eigentümer des Konzerns Red Bull), sowie Hans-Peter Haselsteiner (Eigentümer der Strabag Baugesellschaft) genannt. Durchsetzungsvermögen gepaart mit der Fähigkeit „wirtschaften" zu können und Vermögen zu lukrieren, imponiert diesen InterviewpartnerInnen augenscheinlich. Die genannten österreichischen Wirtschaftreibenden stellen Vorbilder dar die im Unterschied zum vorherigen Typus auch tatsächlich erreichbar sind, sofern man gewillt ist einen bestimmten Einsatz, eine bestimmte Leistung zu tätigen. Die Auswahl von Beitrittsländern der Europäischen Union sollte aus Sicht dieser Befragten am besten anhand der Frage, was das jeweilige Land der Gemeinschaft „bringt", getroffen werden:

> B: (…) Dann werden Länder ins Boot geholt, in die EU geholt, wie Rumänien, Bulgarien, wo man von vornherein schon weiß die bringen nichts, die kosten nur. Und Österreich ist dann abgestuft worden in, wie heißt das jetzt, (…)
> I: von den Ratingagenturen oder
> B: Ja, genau von der Ratingagentur ah, obwohl wir gut dastehen würden, wenn wir das ganze Geld, das wir ins Ausland verschiffen müssen und die Beiträge und das alles. Österreich ginge es so gut wie überhaupt noch nie. (Weiblich, 52 Jahre, Matura, Z149–Z155)
> Ebenso wird die Auslese von krisenschwachen Ländern über eine notwendige, natürlich „Gesundung" des Systems am Beispiel vermeintlicher „Sozialschmarotzer" argumentiert:
> Sehr großes Problem werden jene Leute haben, die es sich im Sozialstaat gemütlich gemacht haben. Die aufgrund ganz hoher Transferleistungen gelebt haben. Weil das ist in Zukunft nicht mehr finanzierbar. Bei einer Krise. Was passiert bei einer Krise? Bei einer Krise nähert sich der Markt der Leistungsgerechtigkeit an. (Männlich, 46 Jahre, Universität, Z1112–Z1115)

Die Flüchtlingssituation an den europäischen Außengrenzen wurde in einem Interview als „Geschäftsmodell" bezeichnet, und wiederum die Notwendigkeit einer natürlichen, globalen sozialen Ungleichheit unterstellt:

> Das ist halt wieder so ein Ausnutzungsfaktor was Europa da groß macht. Ist nicht ideal, aber es ist halt so. Im Prinzip einfach ein Geschäftsmodell wo man schaut wo man sparen kann und den anderen halt leicht ausbeutet. (Männlich, 26 Jahre, Matura; Z444–Z447)

Die Wertebasis der PerformerInnen ist ganz klar durch individualistische Strukturen bestimmt. Ähnlich wie beim vorigen Typus dominiert auch hier das Leistungsmotiv, das aber auch von Machtbestrebungen, Hedonismus und Selbstverwirklichung begleitet wird.

Ganz im Gegensatz zu den beiden vorherigen Typen, nennt die dritte Gruppe der „Unkonventionellen" keine Personen, die als Vorbilder oder gar Autoritäten dienen könnten. Die Befragten dieser Gruppe berichten von MentorInnen oder WegbegleiterInnen, die sie geprägt haben und hinterfragen Autoritäten grundsätzlich. Mehr als konkrete „role models" stehen bestimmte Lebensstile als Orientierungshilfe im Mittelpunkt des Interesses:

> Andererseits haben uns Menschen in südlichen Ländern was voraus, sie haben nämlich uns voraus dass sie Lebensfreude haben, Lebensfreude ausdrücken können, manche Dinge nicht so eng sehen. (Männlich, 44 Jahre, Matura, Z529–Z531)

Die Herausforderungen des Zusammenlebens in der Europäischen Union werden nicht verklärt oder romantisiert. Es existiert eine nüchterne und realitätsnahe Sichtweise der Probleme und Konflikte, die durchaus auch benannt werden. Die Haltung gegenüber den europäischen „Krisenländern" ist auch immer wieder kritisch, sowie mit dem einen oder anderen Seitenhieb versehen. Obwohl auch in dieser Gruppe Politikverdrossenheit mehrmals thematisiert wird, wird politisches Engagement (noch) nicht als ausweglos empfunden. Die Entwicklung der Europäischen Union wird als Prozess verstanden, mit Höhen und Tiefen, für den es Geduld und Durchhaltevermögen braucht, wobei das grundsätzliche Ziel einer gemeinsamen Union nicht in Frage gestellt wird. Diese Haltung speist sich im Wesentlichen aus Wertemustern wie Universalismus und Mitmenschlichkeit (Schwartz, 1992) – ist aber auch als vielfältig einzustufen und schließt beispielsweise Werte wie Hedonismus (siehe voriger Interviewausschnitt) nicht aus.

5.3   Die Europäische Union als exklusiver Klub – ein neuer „Nationalismus" auf europäischer Ebene?

Überraschenderweise kann keiner der drei dargestellten Typen grundsätzlich als EU feindlich charakterisiert werden, was den eingangs erwähnten Ergebnissen der letzten großen Bevölkerungsbefragungen auf den ersten Blick widersprechen mag. Eine uneingeschränkt euphorische Bewertung der Ergebnisse erscheint jedoch verfrüht: die Mitgliedschaft zur Europäischen Union scheint (mangels Alternativen?) wenig in Frage gestellt zu werden – die Größe, die Anzahl der Mitgliedsstaaten und

die Kriterien der Auswahl selbiger jedoch sehr wohl. Zumindest zwei der gefunde-
nen Typen legen den Schwerpunkt der Auswahlkriterien auf rein ökonomische Aspekte wie wirtschaftliche Leistungsfähigkeit und ökonomische Stabilität. Trotz der
Betonung von kulturellen Unterschieden und mitunter sogar Ressentiments, wird
unter diesen Gesichtspunkten von einigen sogar ein Beitritt der Türkei begrüßt, die
sich wirtschaftlich stark im Aufschwung befindet und deshalb als potenter Bünd-
nispartner wahrgenommen wird. Potentielle Beitrittskandidaten sollen sich der
Gemeinschaft würdig und entsprechend bescheiden im Vorfeld ihrer Aufnahme
erweisen. Die Europäische Union wird zwar durchaus skeptisch und mit einiger
Politikverdrossenheit wahrgenommen, jedoch wird sie auch als Chance gesehen,
zu einer neuen, starken Gemeinschaft dazuzugehören. Dieser innere Zusammenhalt wird nicht zuletzt durch die Konstruktion von „Außenfeinden" bestärkt, wie
sie in den neuen, aufstrebenden Schwellenländern außerhalb Europas gesehen werden. Die Mitgliedschaft in der Europäischen Union wird von dieser Gruppe von
InterviewpartnerInnen nicht nur mit patriotischen Gefühlen versehen – mehr noch,
man möchte stolz auf eine starke „Festung" Europa sein. Die Basis für Solidarität
ist durch diese Wahrnehmungen auf ein schwaches Fundament gestellt, wie auch
die positive Beurteilung der Absicherung dieser „Festung" gegenüber Flüchtlinge
vom afrikanischen Kontinent zeigt. Die Konstruktion des Europäischen Gemein-
schaftsraumes weist damit alle Kennzeichen einer „nationalistischen" Haltung auf,
die durch eine starke Eigengruppenaufwertung bei gleichzeitiger Schließung nach
außen gekennzeichnet ist.

Auch innerhalb der Europäischen Union herrscht trotz vorsichtiger Sympa-
thiebekundungen der Befragten ein grundsätzliches Misstrauen gegenüber jenen
Ländern, die vermeintliche Trittbrettfahrer sein könnten, und zugunsten der sogenannten Nettozahlerländer von den Vorteilen der Union profitieren. Dabei scheinen starke emotionale Reaktionen durch mediale Darstellungen jener, die es sich
vermeintlich in der sozialen „Hängematte" der EU gemütlich machen, auch aus
Neid hervorzugehen. Derartige Neidgefühle könnten auch die Wut erklären (vgl.
Neckel 1999), bzw. die Wahrnehmung der EU als Kampfschauplatz, wie sie von
machen InterviewpartnerInnen dargestellt werden. Der Ruf nach hierarchischen
Verhältnissen wird laut, in denen jene den Ton angeben sollen, die wirtschaftlich am erfolgreichsten sind. Die Bewunderung für starke FührerInnen lässt eine
ambivalente Situation entstehen: einerseits herrscht Frustration über die Abgabe
von Souveränitäten an die Union, andererseits wird ein heilbringender Erfolg der
Gemeinschaft nur durch die Übernahme einer starken, zentralistischen Hand gesehen. Jene soll auch die Einhaltung von Reziprozitätsleistungen garantieren und
mit einem harten Sparkurs Länder auf „Schiene" bringen, die eine drohende Abwertung der Gemeinschaft hervorrufen könnten.

Die Schwierigkeit, Solidarität auch in Krisensituationen bekunden zu können, hängt, wie zu Beginn dargestellt, auch von der Fähigkeit ab, langfristig Perspektiven entwickeln zu können bzw. Vertrauen in einen langsam voranschreitenden Prozess zu haben. Die aktuelle Größe und Komplexität der Europäischen Union erschweren es vor allem jenen, die nicht über genügend (Bildungs)ressourcen verfügen, Kohärenzsinn in einer gegenwärtig noch immer instabilen wirtschaftlichen Lage zu bilden. Perspektivität und Vertrauen in die eigene Selbstwirksamkeit ermöglichen dem dritten Typus von Befragten, eine Haltung des Zuwartens oder vielleicht sogar neugierigen Vorausschauens einzunehmen. Auch in Hinblick auf die eigene Lebensgeschichte gelingt es der Gruppe der „Unkonventionellen" Biographie als ein Wechselspiel aus Höhen und Tiefen zu erfahren, also keineswegs einen verklärten Blick auf krisenhafte Entwicklungen zu haben. Zukünftige Herausforderungen der Europäischen Union werden benannt, ohne dafür eine sofortige Lösung zu erwarten. Der Weg der Europäischen Union wird als Prozess verstanden, dessen Ausgang ungewiss bleibt. Diese Ungewissheit scheint jedoch zunächst nicht weiter zu beunruhigen, ganz im Gegenteil auch zeitweise von Neugier und Vorfreude auf neue Beitrittskandidaten begleitet zu sein.

Obwohl der vorrangige Gründungsgedanke der Europäischen Union bzw. der Europäischen Gemeinschaft zweifelsohne in der Schaffung eines gemeinsamen Wirtschaftsraumes lag und damit große Hoffnungen in eine steigende Prosperität am europäischen Kontinent gesetzt wurden, ist heute die Verflechtung der Mitgliedsstaaten auch auf politischer und kultureller Ebene mannigfaltig. Gerade diese Größe und Komplexität des europäischen Projektes bzw. vor allem die Langfristigkeit, auf die es angelegt ist, erschweren die Formulierung von solidarischem Verhalten als eine einfache Gleichung.

Literatur

Bauman, Z. (2009). *Leben als Konsum*. Hamburg: Hamburger Edition.

Burzan, N., & Kohrs, S. (2014). *Die Mitte der Gesellschaft: Sicherer als erwartet?* Weinheim: Beltz/Juventa

Dallinger, U. (2009). *Die Solidarität der modernen Gesellschaft Der Diskurs um rationale oder normative Ordnung in Sozialtheorie*. Wiesbaden: VS-Verlag für Sozialwissenschaften.

Dörre, K. (2010). Die Selbstmanager. Biographien und Lebensentwürfe in unsicheren Zeiten. In A. Bolder, R. Epping, R. Klein, G. Reutter, & A. Seiverth (Hrsg.), *Neue Lebenslaufregimes – neue Konzepte der Bildung Erwachsener?* (S. 139–149). Wiesbaden: VS-Verlag für Sozialwissenschaften.

Durkheim, E. (1988). *Über soziale Arbeitsteilung: Studie über die Organisation höherer Gesellschaften*. Frankfurt a. M.: Suhrkamp.

Europäische Kommission. (2013). Die öffentliche Meinung in der Europäischen Union. Standard Eurobarometer 79. Erste Ergebnisse. ec.europa.eu/public_opinion/archives/eb/eb80/eb80_first_de.pdf. Zugegriffen: 27. Juni 2014.

Gensicke, T., & Klages, H. (2006). Wertesynthese – funktional oder dysfunktional. *Kölner Zeitschrift für Soziologie und Sozialpsychologie, 58*(2), 332–351.

Haller, M. (2009). *Die europäische Integration als Elitenprozess: Das Ende eines Traumes?* Wiesbaden: VS-Verlag für Sozialwissenschaften.

Hondrich, K.-O., & Koch-Arzberger, C. (1994). *Solidarität in der modernen Gesellschaft.* Frankfurt a. M.: Suhrkamp.

Honneth, A. (1992). *Kampf um Anerkennung.* Frankfurt a. M.: Suhrkamp.

Honneth, A., Lindemann, O., & Voswinkel, S. (2013). *Strukturwandel der Anerkennung. Paradoxien sozialer Integration in der Gegenwart.* Frankfurt a. M.: Campus.

Kaelble, H. (2014). Eine beispiellose Krise? Die Krise der europäischen Integration seit 2010 im historischen Vergleich. In: M. Heidenreich (Hrsg.). Krise der europäischen Vergesellschaftung? Soziologische Perspektiven. S. 31–51. Wiesbaden: Springer-VS.

Kaufmann, F.-X. (2004). Sozialstaatliche Solidarität und Umverteilung im internationalen Wettbewerb. In J. Beckert, J. Eckert, M. Kohli, & W. Streeck (Hrsg.), *Transnationale Solidarität: Chancen und Grenzen* (S. 51–73). Frankfurt a. M.: Campus.

Koppetsch, C. (2013). *Die Wiederkehr der Konformität: Streifzüge durch die gefährdete Mitte.* Frankfurt a. M.: Campus.

Krämer, K., Dörre, K., & Speidel, F. (2006). The increasing precariousness of the employment society: Driving force for a new right wing populism? *International Journal of Action Research, 2*(1), 98–128.

Löw, M. (2001). *Raumsoziologie.* Frankfurt a. M.: Suhrkamp.

Lucius-Hoene, G., & Deppermann, A. (2004). *Rekonstruktion narrativer Identität* (2. Aufl.). Wiesbaden: VS-Verlag für Sozialwissenschaften.

Mayring, P. (2000). Qualitative Inhaltsanalyse. *FQS;* 1(2/Art. 20).

Merton, R. (1995). *Soziologische Theorie und soziale Struktur.* Berlin: Walter de Gruyter.

Münkler, H. (2004). Enzyklopädie der Ideen der Zukunft: Solidarität. In J. Beckert, J. Eckert, M. Kohli, & W. Streeck (Hrsg.), *Transnationale Solidarität: Chancen und Grenzen* (S. 15–31). Frankfurt a. M.: Campus.

Neckel, S. (1999). Blanker Neid, blinde Wut. *Leviathan, 27*(2), 145–165.

Neckel, S., & Dröge, K. (2010). Leistungsbilanzen. Ein Deutungsmuster verflüchtigt sich – und bleibt umkämpft. *Polar Zeitschrift für politische Philosophie und Kultur, 8,* 7–13.

Neckel, S., Dröge, K., & Somm, I. (2004). Welche Leistung, welche Leistungsgerechtigkeit? Soziologische Konzepte, normative Fragen und einige empirische Befunde. In P. Berger & V. Schmidt (Hrsg.), *Welche Gleichheit, welche Ungleichheit?* (S. 137–164). Wiesbaden: VS-Verlag für Sozialwissenschaften.

Offe, C. (2004). Pflichten versus Kosten: Typen und Kontexte solidarischen Handelns. In J. Beckert, J. Eckert, M. Kohli, & W. Streeck (Hrsg.), *Transnationale Solidarität: Chancen und Grenzen* (S. 35–51). Frankfurt a. M.: Campus.

Parkin, F. (2004). Strategien sozialer Schließung und Klassenbildung. In J. Mackert (Hrsg.), *Die Theorie sozialer Schließung: Tradition, Analysen, Perspektiven* (S. 27–43). Wiesbaden: VS-Verlag für Sozialwissenschaften.

Rathkolb, O., Zandonella, M., & Ogris, G. (2014). NS-Geschichtsbewusstsein und autoritäre Einstellungen in Österreich. Befragung im Auftrag des Zukunftsfonds Österreich. http://www.sora.at/nc/news-presse/news/news-einzelansicht/news/sehnsucht-nach-starken-fhrern-politische-bildung-gefragt-630.html. Zugegriffen: 30. Juni 2014.

Schwartz, S. H. (1992). Universals in the Content and Structure of Values: Theoretical Advances and Empirical Tests in 20 Countries. *Advances in Experimental Social Psychology*, 25, 1–65.

Simmel, G. (1923[1908]). Über den Raum und die räumlichen Ordnungen der Gesellschaft. In G. Simmel (Hrsg.), *Soziologie. Untersuchungen über die Formen der Vergesellschaftung* (S. 460–526). Berlin: Duncker & Humblot.

Therborn, G. (Hrsg.). (2006). *Inequalities of the world*. London: Verso.

Tranov, U. (2012). *Das Konzept der Solidarität*. Wiesbaden: VS-Verlag für Sozialwissenschaften.

Ulram, P., & Tributsch, S. (2013). *Einstellungen zur EU*. Wien: Befragung für die WKO.

Weiss, H., & Strodl, R. (2003). Das Thema „EU-Osterweiterung" in Österreich und seinen nord- und südöstlichen Grenzregionen. *SWS-Rundschau, 43*(2), 233–255.

Wohlrab-Sahr, M. (1992). Über den Umgang mit biographischer Unsicherheit – Implikationen der „Modernisierung der Moderne". *Soziale Welt, 43*, 217–236.

Dr. Elisabeth Donat Dr.in, Forschungsstationen an der Universität Wien, Universität Innsbruck und zuletzt an der Universität Salzburg (Institut für Soziologie). Ihre Arbeitsschwerpunkte sind Emotionssoziologie, regionalspezifische Forschung und qualitative Methoden.

Solidaritätsbrüche durch moralische Unternehmen. Grenzverschiebungen im System und Sozialraum der Tafeln

Stefan Selke

6.1 Transformation armutsökonomischer Angebote

Tafeln sind Freiwilligenorganisationen, die seit rund 20 Jahren (meist) gespendete Lebensmittel an bedürftige Menschen ausgeben. Die Grundidee der Tafeln bestand lange Zeit darin, noch verzehrfähige aber nicht mehr marktgängige Lebensmittel an Bedürftige umzuverteilen.[1] Nach Erwerbslosen, MigrantInnen, Kindern und RentnerInnen nimmt nun eine weitere armutsgefährdete Gruppe Tafeln in Anspruch – Studierende.[2] Gleichzeitig klagen immer mehr Tafeln über einen Mangel an Lebensmittelspenden. „Ausgabestopps" und die Begrenzung der „KundInnen"-anzahl sind notwendig, da schlicht nicht ausreichend Lebensmittel für die stetig wachsende Nachfrage vorhanden sind.[3]

Das System der Tafeln entspringt der Idee einiger wohltätiger Damen, die begannen, nach dem Vorbild einer Lebensmittelhilfe aus New York Lebensmittel von Supermärkten einzusammeln. 1993 wurde in Berlin die erste Tafel gegründet

---

[1] Zu einer ausführlichen Erläuterung der Tafel-Idee sowie ihrem zwischenzeitlich erfolgten Wandel vgl. Lorenz 2012; Selke 2009, 2010, 2013a sowie von Normann 2003.

[2] http://www.spiegel.de/unispiegel/wunderbar/armut-tafel-wattenscheid-hat-studenten-als-kunden-a-939006.html (11.02.2014).

[3] http://www.taz.de/Umzug-statt-Aufnahmestopp/!131763/ (11.02.2014).

S. Selke (✉)
Institut für Angewandte Forschung, Hochschule Furtwangen/Fakultät Gesundheit, Sicherheit, Gesellschaft, Robert-Gerwig-Platz 1, 78120 Furtwangen, Deutschland
E-Mail: ses@hs-furtwangen.de

© Springer Fachmedien Wiesbaden 2016
W. Aschauer et al. (Hrsg.), *Solidaritätsbrüche in Europa*,
Europa – Politik – Gesellschaft, DOI 10.1007/978-3-658-06405-1_6

(Werth 2004). Einige Jahre später gründete sich der „Bundesverband Deutsche Tafel e. V.", der heute als *die* Lobbyvertretung der „Tafelmarke" gilt. Mittlerweile sind aus der wohltätigen Aktion ein riesiger „Sozialkonzern" und zugleich ein moralisches Unternehmen entstanden. Vor diesem Hintergrund beleuchtet dieser Beitrag die Rolle der Tafeln im bundesdeutschen Wohlfahrtsmix auf der System- und Praxisebene, um grundlegende Verschiebungen innerhalb der Solidaritätsmatrix aufzuzeigen.

6.1.1 Tafeln als Sozialkonzern und moralisches Unternehmen

Als Sozialkonzern versorgen die Tafeln mithilfe von ca. 50.000 Ehrenamtlichen, tausenden Bundesfreiwilligen sowie Arbeitslosen in Arbeitsmaßnahmen (nach eigenen Angaben) etwa 1,5 Mio. Bedürftige bundesweit in rund 1000 lokalen Tafeln mit Lebensmitteln.[4] Insbesondere nach Einführung der Hartz IV-Gesetzgebung 2005 kam es zu einem rasanten Anstieg von Tafelneugründungen, wobei die meisten Tafeln in den wohlhabenderen Regionen entstanden, da sich dort erfahrungsgemäß mehr Ehrenamtliche mobilisieren lassen. Das Tafelsystem ist daher bis heute von starken regionalen Disparitäten geprägt und entspricht damit keiner flächendeckende Armutsversorgung (Sedelmeier 2011).

Als moralische Unternehmen dienen Tafeln der zeitgeistkonformen Vermarktung gesellschaftlicher Verantwortung. Tafeln greifen dabei immer häufiger auf ökologische Argumente zurück. ‚Erfolgreich' ist diejenige Tafel, die möglichst viele Lebensmittel von den SpenderInnen zu den Ausgabestellen transportiert. „Lebensmittelrettung" wird dabei als unhinterfragbare moralische Aufgabe stilisiert und avanciert zur Legitimationsbasis der Bewegung.

Am Ort der Tafeln begegnen sich unterschiedliche Akteursgruppen mit unverträglichen Interessen. Gilt das Engagement den ehrenamtlichen HelferInnen als Sinn- und Strukturgeber des eigenen Lebens, bedeutet die Nutzung einer Tafel für Armutsbetroffene meist den Bruch mit eigenen Normalitätsvorstellungen und eine Gefährdung des eigenen Selbstbildes. Auffallend ist, dass durch Tafeln „das Gute" in der Form positiv bewerteter und sozial erwünschter Handlungen repräsentiert werden soll, während *gleichzeitig* belastende Scham- und Aberkennungserfahrungen zugelassen oder sogar institutionalisiert werden (Selke 2013b). Wie lässt sich diese Gleichzeitigkeit der Akzeptanz positiv konnotierter Aufwertungslogiken (für

---

[4] Gleichzeitig bieten Tafeln vermehrt andere Güter wie z. B. Medikamenten oder Brillen an. Auf die Differenzierung des Tafelangebots und ihre Folgen kann an dieser Stelle jedoch nicht näher eingegangen werden.

ehrenamtliches Engagement) und negativ konnotierter Abwertungserfahrungen (durch schambesetzte Macht- und Abhängigkeitsverhältnisse, Individualisierung von Schuld und Selbstexklusion von Armutsbetroffenen) in einer vermeintlich *solidarischen* Gesellschaft erklären? Stehen die Tafeln möglicherweise symptomatisch für neue Entsolidarisierungsprozesse bzw. für eine De-Institutionalisierung solidarischer Praktiken? Übergreifend stellt sich daher die Frage, ob und wie sich durch die Etablierung und Verstetigung von Tafeln gesellschaftlich vorrätige Solidaritätsformen erkennbar verändern. Bedeutet die funktionale Abhängigkeit innerhalb sog. „KlientInnenbeziehungen" sowie die Konkurrenz um das knappe Hilfsgut Lebensmittel nicht auch die Abnahme interpersoneller Solidaritätsbeziehungen am Ort der Tafel selbst?

Hieraus lassen sich zwei Thesen ableiten: Erstens korreliert die Institutionalisierung der Tafeln als Teil des Wohlfahrtsmix' mit der Entpolitisierung struktureller Armut innerhalb eines Neosozialstaats (vgl. Lessenich 2008) – Solidarität ist in diesem Kontext lediglich in inszenierter Form erkennbar. Zweitens sind Tafeln auf der praktischen Ebene „Stressräume" (Selke und Maar 2011), in denen durch Parallelweltbildung Solidarität nur noch in komprimierter Form zugelassen wird. Inszenierte und komprimierte Solidarität markieren daher die beiden fundamentalen Solidaritätsbrüche durch Tafeln.

6.1.2 Tafelkritik als Gesellschaftskritik

Mit dem Forschungsprojekt „Tafel-Monitor"[5]wurde auf die Expansion des Tafelsystem reagiert sowie im Rahmen der Möglichkeiten ein Beitrag zum Verständnis von Tafeln geleistet, indem die zentralen Feldperspektiven – die Perspektive der HelferInnen sowie der NutzerInnen – erhoben und aufeinander bezogen wurden. Da eine zentrale Forschungsfrage sich auf das Gebrauchswertempfinden aus Sicht der NutzerInnen bezieht, werden hier typische Verlaufsformen einer Tafelkundschaft sowie das subjektive Erleben eines Tafelbesuchs betrachtet. Darüber hinaus untersuchten wir typische Rationalisierungsformen der Tafelnutzung, um Einsichten über nutzenfördernde und nutzenlimitierende Aspekte des Tafelangebots im Hinblick auf die Bewältigung individueller Problemlagen zu erlangen.

---

[5] Das Forschungsprojekt „Tafel-Monitor: Transformation der Lebensmitteltafeln und ähnlicher existenzunterstützender Angebote im institutionellen Spannungsfeld zwischen Angebot und Nachfrage" wurde von 2011 bis 2013 bzw. 2014 an den Hochschulen Esslingen (Prof. Dr. Katja Maar) und Furtwangen (Prof. Dr. Stefan Selke) durchgeführt. Das Ministerium für Wissenschaft und Kunst Baden-Württemberg förderte es im Rahmen der Ausschreibung „Innovative Projekte".

Ziel war es auch, durch die systematische Betrachtung von Nutzungserfahrungen einen blinden Fleck in der bisherigen Betrachtung der Tafeln aufzulösen und mit einer „Tafelkritik als Gesellschaftskritik" zu einer informierten öffentlichen Debatte beizutragen (Selke 2010). Diese Kritik scheint dringend angeraten, denn Tafeln sind zu einem kaum mehr wegzudenkenden Bestandteil des deutschen Sozialsystems sowie der sozialen Realität und Lebenswelt vieler Menschen geworden. Das ambivalente Meinungsspektrum zu Tafeln zwischen Befürwortung und Ablehnung reicht von der Erwartung großflächiger Synergien bis hin zur Befürchtung irreversibler Korrumpierungseffekte. Zunehmend finden sich kritische Einschätzungen auch aus den Reihen der Tafeln selbst. So schreibt etwa Philipp Büttner vom Kirchlichen Dienst in der Arbeitswelt München: „Wir helfen einerseits, Armut zu lindern. Aber wir verändern nichts, wir bekämpfen Armut damit nicht nachhaltig. Die Aktivitäten haben etwas von Pflasterkleben: Das Pflaster ist nötig, aber die Wunde darunter wird niemals heilen. Das Ziel, die Wunde zu heilen, wird verfehlt. Wer sich in der Hartz-IV-Ökonomie engagiert, muss diese zwiespältigen Wirkungen sehen."[6]

Erste Forschungsprojekte (Diakonie BW GmbH 2010; Lorenz 2012; Sedelmeier 2011; Selke und Maar 2011; Selke 2013) stellen hingegen Paradoxien, Dissonanzen und Folgekosten für die Betroffenen und die Gesellschaft insgesamt heraus. Trotz zahlreicher empirischer Befunde und theoretischer Analysen herrscht jedoch gerade im politischen Raum tendenziell Ignoranz oder gar Intoleranz gegenüber kritischen Ergebnissen begleitender Tafelforschung.[7]

Für den weiteren Verlauf der Darstellung erfolgt die Suche nach Solidaritätsbrüchen getrennt auf zwei Ebenen. Zunächst wird die Tafelbewegung in die Entwicklung der Sozialpolitik der letzten Jahrzehnte eingeordnet, um auf Grenzverschiebungen *institutionalisierter* Solidaritätsformen und den Zusammenhang zwischen Tafeln und der Entpolitisierung der Armutsdebatte hinzuweisen. Danach erfolgt eine Rekonstruktion des Sozialraums der Tafeln anhand des empirischen Materials aus dem Projekt „Tafel-Monitor", um die Veränderung *praktischer* Solidaritätsformen aufzuzeigen.

---

[6] http://www.kda-ekd.de/media/downloads/publikationen/2011/KDA_Brosch_HartzIV-konomie_111216.pdf (Abruf am 09.12.2013).

[7] Exemplarisch ist auch die Aussage der CSU-Abgeordneten Dagmar Wöhrl, mit der ich am 4.12. 2013 in der ZDF-Sendung ‚log in' diskutierte. Wöhrl behauptete, dass es Aufgabe des Staates sei, Armut zu „lindern". Damit lieferte sie unbeabsichtigt die Bestätigung einer meiner Kernthesen: Ich gehe davon aus, dass es gegenwärtig einfacher ist, öffentliche Sympathie für Armutslinderungsspektakel zu erzielen, als politische Legitimation für nachhaltige Armutsbekämpfung.

6.2   Inszenierte Solidarität durch Tafeln als institutionelle Grenzverschiebung

In der „flüssigen Moderne" (Baumann 2012) findet Solidarität nur unter der Bedingung privatisierter Kontingenz statt (Krause 2005). Einerseits wird den BürgerInnen in einer entpolitisierten Aktivgesellschaft immer mehr Verantwortung zugeschrieben (Rose 2004), wobei sie andererseits unter der Bedingung post-demokratischer Prozesse (Crouch 2008, 2011) immer weniger Einfluss auf die Gestaltbarkeit ihrer Lebenswelt haben. „Die ethischen Aufgaben der Individuen wachsen, während die sozialen Ressourcen, um sie zu erfüllen, sich verringern." (Baumann 1995). Alarmierend ist hierbei, dass in einer entpolitisierten Aktivgesellschaft (vgl. Eis 2014), Solidarität zwischen „Stimulation" (Aktivierungsideologie) und „Simulation" (gespielte Demokratie) zur Steuerungsinstanz er- bzw. verklärt wird. Dies birgt die Gefahr, dass Solidarität als hypnotisch redundanter Lösungsimperativ zum Ersatz für Realpolitik herangezogen wird und es beim Ruf nach Solidarität vor allem um die Re-Vitalisierung individueller Verantwortung geht. Dieser Übersichtsbefund wird Im Folgenden anhand der Wechselwirkung zwischen Tafeln und Politik auf den Ebenen System und Praxis konturierter dargestellt. Anhand prototypischer Äußerungen von Politikern lässt sich aufzeigen, wie sich das Verhältnis der Politik zum Tafelsystem seit seiner Entstehung vor 20 Jahren gestaltet hat, welche Denkschemata der jeweiligen Argumentationsweise zugrunde liegen und welche Solidaritätsbrüche sich darin spiegeln. Die Aussagen[8] verdeutlichen, wie zunehmend versucht wird, die Zivilgesellschaft als lokale Armutslinderungsinstanz zu mobilisieren und wie es damit gleichzeitig zur De-Institutionalisierung von Solidarität kommt.

6.2.1   Inanspruchnahme der Tafeln durch die Politik

Bei der Gründungspressekonferenz der Berliner Tafel im Februar 1993 lobte die Berliner Sozialsenatorin Ingrid Stahmer die Tafeln – damals eine noch ausschließlich an Obdachlose gerichtete Initiative. Sie betonte jedoch gleichzeitig, dass die Hilfen der Bezirksämter nur greifen könnten, wenn sie von den Betroffenen auch genutzt würden. Diese defensive Argumentation macht deutlich, dass sich die Senatorin bewusst war, die Gründung der Berliner Tafel könne als Symbol für das

---

[8] Eine ausführliche Medienanalyse ist Bestandteil der nicht publizierten Diplomarbeit von Luise Molling – akademische Mitarbeiterin im Projekt „Tafel-Monitor". Im Text wird auf die publizierte Kurzversion Molling (2009) Bezug genommen (dort finden sich auch die jeweiligen Quellenangaben zu den einzelnen Zeitungszitaten).

Versagen der Politik gewertet werden. Stahmer wertete die Nachfrage nach der Hilfe der Tafeln als ein Resultat des individuellen Verzichts auf staatliche Unterstützung. Hierdurch übertrug sie die Schuld an der prekären Lage der Obdachlosen einerseits auf die Betroffenen, machte aber andererseits deutlich, dass sie die politische Verantwortung für die Lösung des Problems grundsätzlich annahm (vgl. Molling 2009, S. 184 f.).

Um die Jahrtausendwende erwachten das öffentliche Interesse und die Debatte an der Bürgergesellschaft bzw. dem „bürgerschaftlichen Engagement". Auf ihrem Höhepunkt, dem Jahr der Freiwilligen der Vereinten Nationen 2001, verzichteten kaum ein Medienbericht oder Politiker darauf, die Tafeln als Paradebeispiel herauszustellen. So erklärte die Sozialsenatorin Heidi Knake-Werner (Linke) 2003, dass die Arbeit der Berliner Tafel drastisch vor Augen führe, „welch tiefe soziale Kluft in unserem Land herrsche". Als Schlussfolgerung sah sie aber nicht die Notwendigkeit zum politischen Handeln, sondern zu mehr „Mithilfe und Spenden aus der Bevölkerung." Ex-Bundeskanzler Gerhard Schröder (SPD) lobte, die vielen Menschen, die sich engagieren, anstatt nur nach dem Staat zu rufen. Zehn Jahre später wurde zwar die Existenz des Armutsproblems durchaus anerkannt. Anstatt aber politische Lösungen zu fordern, wurden nun die BürgerInnen und TafelhelferInnen selbst in die Pflicht genommen.

Die aus dem angelsächsischen Raum nach Europa herüberreichende, kommunitaristisch geprägte Bürgergesellschaftsdebatte, bildete die theoretische Rahmung für den sozial- und arbeitsmarktpolitischen Wandel, der mit der Agenda 2010 eingeläutet wurde und der die große Popularität des Tafelsystems erst möglich machte. Nach dem Motto „Workfare" statt „Welfare" wurde mit der Agenda 2010 die Sozialpolitik dem arbeitsmarktpolitischen Ziel einer hohen Beschäftigungsquote untergeordnet. Das in der Agenda 2010 vertretene Konzept des „aktivierenden Staates" spiegelt die geforderte Neujustierung der Verantwortungsteilung zwischen Staat und Zivilgesellschaft wieder. Anstelle einer „umfassenden Erfüllungsverantwortung" des Staates soll nunmehr zwischen dessen „Gewährleistungs-, Finanzierungs- und Durchführungsfunktionen" (Olk 2001, S. 31) unterschieden werden, während mittels ‚Fördern und Fordern' und unter Berufung auf das Subsidiaritätsprinzip die Produktion des Gemeinwohls zunehmend von der staatlichen/gesellschaftlichen auf die lokale/gemeinschaftliche und auch individuelle Ebene verlagert werden soll (vgl. Molling 2009, S. 159). An die Stelle der strukturellen Lösung sozialer Probleme durch politische Maßnahmen trat also die Mobilisierung des Freiwilligen-Potentials, um diese im lokalen Nahraum kostengünstig zu mildern – die Tafeln wurden als Verschiebebahnhof für soziale Desintegrationsprozesse entdeckt.

Bundespräsident Horst Köhler sprach 2007 in seinem Grußwort anlässlich eines Benefizkonzerts für die Berliner Tafel ganz offen von der Existenz der Armut in der deutschen Gesellschaft und lobte die Tafeln als einen der möglichen Wege zu Solidarität (vgl. Molling 2009, S. 187). Aber handelt es sich bei der Arbeit der Tafeln wirklich um Solidarität? Da Armut nicht mehr als politischer Skandal, sondern als natürliche Folge ökonomischer Zwänge und mangelnder individueller Leistungsbereitschaft konzipiert wird (Butterwegge 2008, S. 144 f.), lässt sich deren Linderung im bürgergesellschaftlichen Nahraum auch nicht als Rückfall in eine Almosenmentalität, sondern als effiziente Behebung eines politisch nicht zu lösenden und nicht zu verantwortenden Problems proklamieren (vgl. Molling 2009b, S. 188).

6.2.2 Tafeln und Engagementpolitik

Die politische Förderung und Unterstützung der Tafeln ist programmatischer Bestandteil der sog. Engagementpolitik der Bundesregierung (BMFSFJ), die versucht „gute Rahmenbedingungen für bürgerschaftliches Engagement" herzustellen, „damit Jung und Alt, Frauen und Männer sich für die Gesellschaft engagieren können"[9]. Die „Nationale Engagementstrategie" der Bundesregierung hat die kommunitaristischen Zielsetzungen in ein politisches Programm gegossen. Mithilfe von Infrastrukturmaßnahmen, Freiwilligensurveys und Engagementberichten gilt es insbesondere das soziale Engagement zu fördern, und somit den Staat zu entlasten. Die Tafeln seien laut Staatssekretär Lutz Stroppe wichtige PartnerInnen dieser Engagementpolitik und ein „hervorragendes Beispiel, dass unsere Gesellschaft sich mit Armut nicht abfindet".[10]

Das geradezu synergetische und unkritische Verhältnis zum politischen System wurde zum Zeitpunkt des In-Kraft-Tretens der Agenda 2010 besonders deutlich. Die Verbandszeitschrift *Feedback* titelte angesichts der Hartz IV-Reform: „Chancen und Herausforderungen für die Tafelarbeit" – wobei die „Herausforderung" sei, die zu erwartende steigende Zahl an Bedürftigen durch Professionalisierung und Gewinnung neuer Sponsoren mit Lebensmitteln zu versorgen, die „Chance" hingegen darin bestehe, nun auch Arbeitslose in Fördermaßnahmen zur Unterstützung beschäftigen zu können.[11] Kritik an einer ‚Verarmung per Gesetz' wurde jedoch

---

[9] http://www.bmfsfj.de/BMFSFJ/Freiwilliges-Engagement/engagement-staerken.html.

[10] http://www.bmfsfj.de/BMFSFJ/freiwilliges-engagement,did=200540.html?view=render-Print.

[11] Feedback, Heft 2, 2004, S. 8.

in der gesamten Ausgabe mit keinem Wort geübt. Der Bundesverband trug massiv dazu bei, das System Tafeln auszubauen, zu professionalisieren und die Tafeln als „Premiummarke" (Witt 2011, S. 92) zu etablieren. Den Regeln der Markenführung und Monopolbildung folgend, wurde die Außendarstellung vereinheitlicht, das Angebot ausdifferenziert und die Konkurrenz abgewehrt. Die Bundestafeln setzen Marken- und Gebietsansprüche auch juristisch gegen „NachahmerInnen" (z. B. die Deutsche Tiertafel oder Initiativen wie die Kindertafel) durch – auch hier keine Spur von Solidarität innerhalb des Engagementfeldes selbst.

6.2.3 Inszenierte Solidarität in der Freiwilligengesellschaft

Vor allem passen Tafeln perfekt in eine „Gesellschaft des Spektakels" (Débord 1996) innerhalb derer institutionalisierte Solidaritätsformen in neue private Hilfsagenturen ausgelagert werden, womit zu einer Privatisierung der Solidarität unter neosozialstaatlicher Prämisse beigetragen wird. Inszenierte Solidarität wurde damit zu einer neuen Form des sozialen Engagements (vgl. Rauschenbach 1994, für die USA Berg 2008, 2013). Tafeln wurden zudem schleichend von den Funktionsräumen von Medien, Wirtschaft und Politik absorbiert (Selke 2013c). Für die Medien sind sie ein Vorzeigemodell für personifizierbares bürgerschaftliches Engagement. Für die Wirtschaft dienen sie als Dauerbeleg für eigene gesellschaftliche Verantwortung. Und für die Regierenden sind sie eine willkommene Entsprechung der eigenen Prämisse einer innovativen Engagementpolitik.

Der Ruf nach zivilgesellschaftlichem Engagement ist eine typische – keineswegs neue – Gegenreaktion auf ökonomische, soziale und politische Krisen. Seit 2007 ist diese Aktivierung in verschiedenen EU-Strategiepapieren angelegt und findet sich auch im aktuellen Armuts- und Reichtumsbericht wieder: „Die Bundesregierung prüft, wie weiteres persönliches und finanzielles freiwilliges Engagement Vermögender in Deutschland für das Gemeinwohl eingeworben werden kann".[12] Immer häufiger organisiert man in Deutschland und Österreich Freiwilligenmessen, erkundet man ‚Engagementlandschaften' oder wird Freiwilligenmanagement praktiziert.

Die systematische Instrumentalisierung engagierter BürgerInnen gehört zum Notlösungskonzept der Politik. Das gute Image der Tafeln wirkt dabei als Vertrauensgarantie und Motivationsanschub. Aber die vergangenen 20 Jahre zeigen, wie sich die Grenzlinien zwischen staatlicher Wohlfahrt und privater Wohltätigkeit graduell verschieben. Die Verantwortung für soziale Sicherung wurde von der Po-

---

[12] 4. Armuts- und Reichtumsbericht der Bundesregierung, S. XLVII.

litik nach und nach auf Freiwillige verlagert, ohne dass diese auf Dauer eine befriedigende Bewältigung dieser Aufgabe garantieren könnten. Sollten der sozialen Spaltung der Gesellschaft langfristig nur private Almosensysteme entgegengesetzt werden, sind zukünftig grundlegende gesellschaftliche Verwerfungen zu befürchten, die für demokratisch verfasste Gesellschaften nicht akzeptabel sind.

6.3 Komprimierte Solidarität im Sozialraum der Tafeln

Der Einordnung der Tafelbewegung in den sozialpolitischen Kontext, wird im Folgenden die eingehende Betrachtung der Tafelpraxis zur Seite gestellt. Aufbauend auf Überlegungen zum Sozialraum der Tafeln, den Einflussfaktoren der Tafelnutzung wird eine Typologie der Tafelnutzung skizziert und das Modell des transitorischen Sozialraums vorgestellt.

6.3.1 Doppelstruktur des Sozialraums der Tafeln

Anhand von drei unterschiedlichen methodischen Zugängen lässt sich die grundlegende Doppelstruktur des Sozialraums der Tafeln rekonstruieren. Dabei handelt es sich erstens um einen ethnografischen Zugang (Selke 2008), zweitens um den systematischen Bezug von HelferInnen- und NutzerInnenperspektive (Selke und Maar 2011) sowie drittens um eine bildhermeneutische Analyse typischer Pressefotos (sog. Viseotypen) zur (Ausgabe-)Praxis von Tafeln (Eberlei und Selke i. E.).

Hierdurch zeigt sich grundlegend, wie der Erfahrungsraum bei Tafeln doppelt strukturiert ist.[13] Einerseits existiert die (dominante) Perspektive der ehrenamtlichen HelferInnen, andererseits die weniger bekannte Perspektive der armutsbetroffenen NutzerInnen. Beobachtungen und Bildanalysen zeigen, dass die Praxis, für die einen ein ‚Lebensprogramm' darstellt, für die anderen schlicht ein ‚Überlebensprogramm'. Gleichwohl ergeben sich aus dieser Dissonanz gerade *keine* handlungsleitenden Proteste oder Solidarisierungspotenziale. Das liegt u. a. daran, dass die Tafeln in ihrer mehr als zwei Jahrzehnte umfassenden Existenz erfolgreich dazu beigetragen haben, den gesellschaftlichen Orientierungsrahmen von einer Skandalisierung der Armut (Außeralltäglichkeit) hin zu einer Normalisierung

---

[13] Im Projekt Tafel-Monitor diente dabei das Sozialraummodell von Läpple (1991) als Referenz, das die sozialen Ungleichheitsaspekte von Raum betont und vier unterschiedliche Dimensionen in den Blick nimmt: die Struktur bzw. Morphologie des Systems der Tafeln auf der Makroebene, das normativen Regulationssystem des Sozialraums, die symbolischen Repräsentationssysteme und eben die Praxis.

(Alltäglichkeit) zu verschieben. Während die HelferInnen souverän und kompetent mit den ihnen sozial auferlegten Rollen (helfende Ehrenamtliche mit hoher moralischer Legitimation) umgehen, sind die NutzerInnen der zugeschriebenen Rolle als AlmosenempfängerIn beinahe ausgeliefert.

Beide Gruppen unterscheiden sich zudem durch unterschiedliche Wirklichkeitsordnungen über den Sinngehalt von Tafeln. Zum einen wird suggeriert, man engagiere sich für sozial benachteiligte Menschen, indem soziale Vergemeinschaftungs- und Integrationsangebote unterbreitet werden. Zum anderen stellt der Aspekt der sozialen Trennung und Marginalisierung der Hilfenehmenden einen wesentlichen Bestandteil der sozialen Besonderheit dieser prestigeträchtigen Engagementform und des damit verbundenen Sozialraums dar. Damit unterliegen Tafeln einer doppelten Symbolik. Sie sind gleichzeitig Symbol für zivilgesellschaftliches Engagement *und* zugleich Symbol für sozialen Abstieg breiter Gesellschaftsschichten.

6.3.2   Einflussfaktoren der Tafelnutzung

Motivation, Art und Umfang der Tafelnutzung hängen von einer Vielzahl möglicher Einflussfaktoren ab. Die Nutzung einer Tafel in einer durch Armut verursachten Notsituation ist keinesfalls ein Automatismus[14]. Es gibt *keine* kausale Kopplung von Armut und Tafelnutzung. Ob Tafeln tatsächlich als Mittel der Armutslinderung in Anspruch genommen werden, ergibt sich aus dem Zusammenspiel von Faktoren, die zu drei Einflussdimensionen gruppiert werden können.

Zu den *strukturellen* Einflussfaktoren lassen sich zum einen Dispositionen zählen, die die Lebenssituation des/der NutzerIn grundlegend charakterisieren, zum anderen räumliche und physische Faktoren, die eine Tafelnutzung erschweren oder erleichtern: Kapitalausstattung, räumliche Entfernung und die eigene Mobilität. Auch die Lage der Ausgabestelle kann als strukturierender Faktor verstanden werden.[15] Die öffentliche Zuschaustellung von Armut wird aus Sicht der NutzerInnen als beschämendes Moment verstanden: *„Der Punkt ist, man steht da unten und wird von allen gesehen. Total einsehbar. Hier (…) stehen sie ja mehr oder weniger*

---

[14] Diese Aussage steht im Gegensatz zu den Darstellungsweisen des „Bundesverbandes Deutsche Tafel e. V.", der versucht genau diese kausale Kopplung zu suggerieren um damit seine Legitimation zu stärken und sich als flächendeckendes Modell der Armutsversorgung zu empfehlen.

[15] Exponierte Lagen von Ausgabestelle (sog. A-Lagen im Stadtzentrum) mögen aus Perspektive der Tafeln positiv besetzt sein, weil dann argumentiert werden kann, dass öffentlich auf Armut aufmerksam gemacht wird. Eine Skandalisierung von Armut ist allerdings damit nicht automatisch verbunden.

am Pranger. So wie es hier aufgezogen wird, ist das sehr fragwürdig. Das hat was von Obdachlosenversammlung." (Interview: Tafel-Monitor). Weiterhin bestimmen *soziale* Einflussfaktoren Art und Umfang der Tafelnutzung. Folgt man dem Bezugsgruppenkonzept von Hyman (1968), so ist die eigene soziale Verortung maßgeblich für die soziale Etikettierung von Tafeln.[16] Je nach Herkunft aus tafelaffinen oder tafelkritischen Milieus unterscheidet sich die grundsätzliche Sichtweise auf Tafeln. Der eigene Überlebenshabitus hängt entscheidend davon ab, welche Solidaritätsnormen innerhalb der eigenen Bezugsgruppe vorherrschend sind. Ein weiterer sozialer Einflussfaktor sind familiäre Normen, die sich z. B. in Verpflichtungen zu Unterstützungsleistungen und/oder Verantwortungsverhältnissen ausdrücken. Hierzu gehört auch die Durchsetzung immer selbstverständlicherer Handlungsimperative (*„Dann geh doch zur Tafel"*, vgl. Selke 2013b, S. 39 ff.) und die immer häufiger belegbaren Verweise staatlicher Stellen auf Tafeln, wenn z. B. Jobcenter dazu auffordern, bei Hartz IV-Sanktionen Tafeln in Anspruch zu nehmen.[17]

Letztlich sollen noch *persönliche* Einflussfaktoren Erwähnung finden, die sich aus der Lebenseinstellung und den biographischen Umgang mit der Armutserfahrung und dem Tafelsystem ableiten lassen. Der individuelle Aspirationshorizont macht deutlich, wie weitreichend Ziele angesetzt sind, die für das eigene Leben verfolgt werden. Wer über einen engen Aspirationshorizont verfügt, begnügt sich mit der bloßen Sicherung der physischen Existenz und lebt eher ‚von Tag zu Tag': *„Ich zockl' durch mein Leben, mehr als anderen bei Ihrem Leben zuschauen und zuhören kann ich nicht tun. Ich warte eigentlich darauf, dass es vorbei ist" (Interview: Tafel-Monitor).* Das Aspirationsniveau überlagert sich praktisch untrennbar mit der individuellen Resilienz, der persönlichen Widerstandsfähigkeit und somit Kompetenz, mit psychischen und physischen Belastungen umzugehen. Relevant für die Tafelnutzung sind zudem Sozialisationserfahrungen im Umgang mit Le-

---

[16] Individuen orientieren sich bei ihrem Handeln (also auch bei der Wahl, Akzeptanz oder Ablehnung von Hilfeleistungen) an Bezugsgruppen, die ihnen einen Referenzrahmen liefern. Der Stellenwert von Bezugsgruppen besteht darin, dass sie (Handlungs-)Modelle zur Verfügung stellen, nach denen sich individuelle Akteure unhinterfragt in ihren Ansichten und Überzeugungen ausrichten können. Die Zugehörigkeit zu einer oder die Orientierung an einer Bezugsgruppe hat also letztlich „kognitive" Folgen, d. h. sie geben verlässlich Weltmodelle vor (solange sie nicht hinterfragt werden). Aus der Sozialpsychologie ist das Phänomen des „informativen sozialen Einflusses" bekannt.

[17] Inzwischen ist es zudem gängige Praxis, dass Jobcenter ALG II-Empfänger direkt zu den Tafeln schicken. Davon berichteten etliche TafelnutzerInnen im Rahmen des Forschungsprojekts ‚Tafel-Monitor'. Teilweise wird damit auch ganz offen umgegangen, wie bspw. in Saarbrücken: http://www.saarbruecker-zeitung.de/aufmacher/Jobcenter-Tafel;art27856,4601688 (14.03.2014).

bensmitteln sowie biografische Mangelerfahrungen (vornehmlich durch den Zweiten Weltkrieg).

6.3.3 Dimensionen der Tafelnutzung

Im Folgenden werden zwei zentrale Dimensionen[18] skizziert, die der Typologisierung der TafelnutzerInnen dienen. Die Dimension „Normalisierungsstrategie" markiert den Umgang mit einer Statuspassage, die am Anfang jeder Tafelnutzung steht („das erste Mal") und thematisiert die Tafelnutzung als Einbruch der Krise in die eigene Alltagsroutine. Dabei hat die Tafelnutzung zunächst die Bedeutung einer individuellen Herausforderung, die aber innerhalb vorgängiger Orientierungsrahmen bewältigt werden kann. Die zugrunde liegende Annahme besteht darin, dass der Besuch einer Tafel ein Erlebnis darstellt, das nicht durch routiniertes Verhalten zu bewältigen ist und daher neue individuelle Bewältigungsmuster und Konfliktlösungsstrategien erfordert. TafelnutzerInnen *lernen*, mit dieser neuartigen – strukturell krisenhaften – Situation umzugehen und entwickeln dabei Strategien, die helfen, mit den durch den Tafelbesuch evozierten *Identitätskonflikten und kognitiven Dissonanzen* umzugehen.

Während mit der ersten Dimension eher eine *normative* Perspektive eingenommen wird, weil sie die Frage in den Mittelpunkt stellt, wie eine Person gemäß der Vorgaben der eigenen Bezugsgruppe reagieren soll, fokussiert die zweite Dimension „Bilanzierungsergebnis" die *praxeologische* Perspektive. Dabei wird von der Prämisse ausgegangen, dass die Tafelnutzung sich repetitiv und zugleich in variablen Interaktions- und Kommunikationsformen vor Ort vollzieht. Den (wechselnden) Angeboten der Tafeln stehen dabei (wechselnde) Nutzungsbedingungen bzw. Nutzungsaufwände gegenüber. Der spezifische Charakter der Tafelpraxis kann als eine „situative Ökonomie" klassifiziert werden, innerhalb derer die praktische Nutzung der Tafeln einem kontinuierlichen Bilanzierungsprozess unterliegt. Hierbei

---

[18] Eine empirische Untersuchung der Caritas in Nordrhein-Westfalen 2010 bot Gelegenheit, zahlreiche Interviews mit Tafelnutzenden zu führen und systematisch aufeinander zu beziehen (Selke und Maar 2011). Diese Typologie wurde im Kontext des Projekts „Tafel-Monitor" weiter ausgearbeitet, da die empirische Basis erheblich verbreitert werden konnte. Insgesamt wurden im Projekt rund 30 qualitative Interviews mit TafelhelferInnen (Teilprojekt Esslingen) und 146 Interviews mit TafelnutzerInnen (bzw. Nutzungsverweigerern) (Teilprojekt Furtwangen) durchgeführt. Die große Anzahl von NutzerInneninterviews rührt daher, dass parallel zum Forschungsprojekt nach neuen Formen der Wissenskommunikation gesucht wurde – dafür würde der „Chor der TafelnutzerInnen" entwickelt (Selke 2013b, S. 121 ff.).

werden neben dem Gebrauchs- und Tauschwert der Waren auch weitere Ressourcen, Optionen und Erfahrungen als „Währung" mit in die Beurteilung einbezogen.

6.3.4 TafelnutzerInnentypen

Die TafelnutzerInnen lassen sich idealtypisch vor allem aufgrund der beiden oben beschriebenen Dimensionen unterscheiden. Insgesamt können drei Grundtypen ausgemacht werden: der Integrierte, der Pragmatiker sowie der Distanzierte.

Der/die *Integrierte* zeichnet sich zunächst dadurch aus, dass der Besuch einer Tafel (oder tafelähnlichen Einrichtung) für ihn kaum oder gar nicht mit kognitiven Dissonanzen verbunden ist. Der Tafelbesuch stellt gerade keinen krisenhaften Einbruch in seine Alltagsroutine dar, sondern ist unhinterfragter Bestandteil der eigenen Normalität, die bereits durch Abhängigkeitsverhältnisse und einen Mangel an Autonomie bestimmt ist. Er ist geprägt von einer als dauerhaft wahrgenommenen Armutserfahrung und verfügt, aufgrund von geringen bzw. nicht vorhandenen Perspektiven auf eine Verbesserung der persönlichen Situation, über einen geringen Aspirationshorizont. Die Nutzung existenzunterstützender Angebote gehört im „entkoppelten" Milieu längst zur allgemeinen Norm. In diesem Umfeld bleiben restriktive oder ablehnende Reaktionen aus. Der Integrierte erfährt vielmehr Bestätigungs- statt Ablehnungssignale – er nutzt die Tafeln „wie selbstverständlich". Da das eigene Umfeld (Bekannte, Familienmitglieder sowie auch Jobcenter) aktiv auf Tafeln verweist, erscheint dem Integrierten deren Nutzung als *allgemein legitimierte Handlungsform*.

Praktisch bietet sich dem Integrierten neben ökonomischen Mitnahme- bzw. Einspareffekten durch die Tafelnutzung die Gelegenheit, bestehende Kontakte zu pflegen oder neue Kontakte hinzuzugewinnen. So wird z. B. die Wartezeit genutzt, um sich mit ebenfalls die Tafel nutzenden Bekannten, Nachbarn und Verwandten auszutauschen. Eher isoliert lebende Personen nutzen die Anwesenheit am Ausgabeort, um Menschen in ähnlichen Lebenssituationen kennenzulernen. Das Motiv „unter Leute" zu kommen, „sich auszutauschen" oder „sich mal zu unterhalten" spielt für den Integrierten eine erkennbare Rolle.

Diese Normalisierung bedarf jedoch einer ständigen sozialen Grenzziehung am Ort der Tafeln. Die funktionale Vergemeinschaftung des Integrierten wird flankiert von einer Abgrenzung denjenigen NutzerInnen gegenüber, die der Unterstützungsleistung nach (subjektiver) Einschätzung aufgrund von Fehlverhalten weniger „würdig" sind, bzw. im Verdacht stehen, diese zu missbrauchen. Um das eigene Selbstwertgefühl zu stärken und innerhalb der Gruppe der TafelnutzerInnen einen Statusgewinn zu erlangen, muss das eigene Verhalten als „richtig" klassifiziert und vom devianten Verhalten anderer TafelnutzerInnen abgegrenzt werden. Auf diese Weise kommt es zur Paradoxie der *Vergemeinschaftung durch Entsolidarisierung* – die sich in zahlreichen (non)verbalen Konflikten zeigt (vgl. Selke 2013b, S. 124 ff.). Beim Abgrenzungsgestus stehen vor allem Normen des Verzichts im Mittelpunkt. Nur wer dem Anspruch maximaler Bescheidenheit gerecht wird, hat legitimen Anspruch auf die Hilfe durch Tafeln.[19]

Um die prinzipielle Ambivalenz dieses Überlebenshabitus zwischen devotem Bittstellerverhalten und selbstbewusster Anspruchshaltung aufzulösen, spiegelt der Integrierte die Rollenzuschreibungen der HelferInnen. So wird einerseits auf der Verhaltensebene Bescheidenheit, Demut und Dankbarkeit eingefordert, da die ehrenamtlich tätigen HelferInnen erwarten, dass ihre freiwillige Arbeit honoriert und nicht als selbstverständlich hingenommen wird. Gleichzeitig wird von den TafelnutzerInnen als „KundenInnen" gesprochen. Auch der üblicherweise zu zahlende Preis für die erhaltenen Lebensmittel soll den Almosencharakter der Hilfsleistung verdecken und suggerieren, dass der TafelnutzerInnen die Waren ähnlich wie in einem Supermarkt regulär kauft und so eine auf Leistung und Gegenleistung beruhende Geschäftsbeziehung eingeht. Diese Widersprüchlichkeit spiegelt sich im Verhalten anderer NutzerInnen gegenüber, d. h. der/die Integrierte tritt eher bescheiden und demütig auf und fordert dieses Verhalten auch von anderen NutzernInnen ein.

Da bei der Evaluation von Erfahrungen und Aufwänden dem ökonomischen und sozialen Nutzen lediglich physische Belastungen (Wartesituation, Transport, Mobilität, etc.) entgegenstehen, wird die Tafelnutzung von diesem NutzerInnentyp insgesamt positiv bilanziert. Der regelmäßige Tafelbesuch wird für den/die IntegrierteN zu einem den Alltag strukturierenden Faktor, der einen verlässlichen finanziellen und sozialen Mehrwert bringt. Aufgrund der Regelmäßigkeit und (relativen) Verlässlichkeit der erhaltenen Unterstützung, der starken Integration innerhalb des Sozialraums der Tafel und der Betitelung als „Kunde" nimmt der/die Integrierte die erhaltenen Waren strukturell als *funktionales Äquivalent* zu Produkten des ersten Konsummarkts wahr. Um die strukturelle Machtasymmetrie aufzubrechen und eine Normalitätsfiktion zu entwickeln verfällt dieser Typ gegenüber den HelferInnen in eine Anspruchshaltung oder leitet gar Rechtsansprüche auf die Hilfsleistung ab. Die Tafelnutzung erhält den Status eines Rechtsguts.

---

[19] Demnach erlischt dieser Anspruch bei Vorhandensein schlechter Tugenden (Trinken, Rauchen) oder wenn die ökonomische Notlage nicht direkt ersichtlich ist (z. B. bei Besitz eines Pkws). Hinzu kommen Vorstellungen des angemessenen Verhaltens am Ort der Tafel. Dieses sollte von Bescheidenheit, Dankbarkeit, Geduld, Zuverlässigkeit und Demut geprägt sein. Neben internen Abgrenzungen gegenüber diesen vermeintlich „unwürdigen", spielen auch rassistische Einstellungen eine Rolle.

Für den/die *PragmatikerIn* ist der Tafelbesuch keine Normalität. Vielmehr stellt die Nutzung einer Tafel einen erkennbaren Bruch innerhalb seiner Alltagsroutine und eine Verletzung seines Selbstbilds dar. Mitglieder seiner sozialen Bezugsgruppe sind meist prekär beschäftigt, aber eben noch an den ersten Arbeitsmarkt angebunden. Selbst permanent vom Abstieg bedroht, ist das Misstrauen des/der PragmatikerIn und seine Abneigung gegenüber den bei Tafeln üblicherweise anzutreffenden TransferleistungsbezieherInnen in diesem sozialen Umfeld besonders hoch. Die Tafeln zu nutzen bedeutet, „fast ganz unten" (Selke 2008) angekommen zu sein. So kommt zu der endogen empfundenen Scham des/der PragmatikerIn noch die Beschämung von exogener Seite – von Bekannten und Familienmitgliedern – hinzu. Anders als bei der/dem Integrierten, der aus der Tafelnutzung kein Geheimnis machen muss, antizipiert der/die PragmatikerIn (s)ein Stigma und verschweigt tendenziell den Gang zur Tafel. Er/Sie sagt es „bestimmten Leuten nicht" und hat Angst davor „noch weiter runtergestuft" zu werden.

Der Prototyp des/der PragmatikerIn ist die alleinerziehende Mutter, die eine Tafel nutzt, um ihren Versorgungsverpflichtungen nachzukommen. Diese Verantwortung „zwingt" zur Tafelnutzung. Umgekehrt ist die Tafelnutzung auch eine Alltagsstrategie, die von „Cleverness" zeugt. Die Gedanken daran, selbst „asozial" zu sein, verdeutlichen die Dissonanzen, werden aber immer wieder mit Verweis auf die eigene, als vorbildlich und notwendig zugleich empfundene Verantwortungsübernahme nivelliert.

Statt eines perspektivenlosen Dauerzustands, nimmt der/die PragmatikerIn die Armutssituation wie eine vorübergehende Lebensphase wahr. Die eigenen Aspirationen zielen auf einen Wiedereintritt ins Berufsleben oder einen beruflichen Aufstieg. Der Aspirationshorizont des/der PragmatikerIn reicht demnach weiter als der des/der Integrierten, d. h. er/sie verfügt über Lebensziele, die über die bloße Sicherung der Existenz hinausreichen. Gerade deshalb kann der Pragmatiker noch eine *Differenz* zwischen Idealbild und Ist-Zustand ausmachen. Er/Sie empfindet Scham, weil er/sie auf wohltätige Hilfe angewiesen ist, die für ihn/sie eine neuartige und tendenziell entwürdigende Erfahrung und somit einen Bruch des Selbstbilds darstellt.

Die bei Tafeln ausgegebenen Lebensmittel haben für den/die PragmatikerIn einen Almosencharakter und stellen eine Nothilfe dar, die zur ausreichenden Ernährung und/oder finanziellen Entlastung zumindest zeitweise dringend benötigt wird. Die empfundenen sozialen und psychischen Belastungen gehen negativ in die Evaluation des Tafelbesuchs ein, bei dem allein der ökonomische Gewinn positiv ausfällt. Gewöhnungseffekte und positive Erfahrungen in der Interaktion vor Ort helfen, die psychischen Belastungen dieses Typs im Zeitverlauf abschwächen. Die psychischen Belastungen bei Nutzung der Tafel werden von dem/der PragmatikerIn also aufgrund der Versorgungspflicht billigend in Kauf genommen. Dies zeigt sich auch darin, dass versucht wird, schnellstmöglich wieder andere Ressourcen zu gewinnen, um die finanzielle Situation zu entspannen und eine Alternative zu Tafeln bieten zu können. Je absehbarer das Ende der Tafelnutzung ist, desto weniger belastend wird die eigene Praxis empfunden. Hieraus ergibt sich folgende Perspektive auf Tafeln: Die auf einer Verantwortung fußende Nutzenkalkulationen hilft, die (latenten) kognitiven Dissonanzen zu überwinden und Normalität herzustellen. Die Hoffnung auf eine Überwindung der Armutssituation und einem Ende der Abhängigkeit von der Tafelhilfe bleibt zunächst bestehen.

Für eine Untergruppe des/der PragmatikerIn spielt zudem das Motiv der „Lebensmittelrettung" als Entlastungsmotiv eine Rolle. Die Vorstellung, im Sinne ökologischer Nachhaltigkeit zu agieren, hilft, sich weniger als Bittsteller und eher als „ökologisch handelnder Mensch" zu fühlen.

Der/die *Distanzierte* besucht die Tafel als allerletzte „Notlösung" in einer finanziell prekären Situation. Die kognitiven Dissonanzen sind manifest und können situativ nicht überwunden werden, sodass als „Lösung" bzw. Normalisierungsstrategie nur das Leiden an der Situation bleibt. Der/die Distanzierte ist mit kulturellem Kapital ausgestattet, verfügt über höhere Bildungsabschlüsse und hatte über eine längere Zeit seines Lebens eine meist eigenverantwortliche Position inne. Der Prototyp des/der Distanzierten ist der/die sozial abgestürzte selbständige UnternehmerIn.[20]

Die soziale Bezugsgruppe des/der Distanzierten befindet sich in stabilen Arbeitsverhältnissen, ist ebenfalls (hoch) gebildet und in der (oberen) Mittelschicht angesiedelt. Der eigene Stolz als ehemals erfolgreiche/r Berufstätige/r und der Wunsch, die finanzielle Notlage nicht publik zu machen, macht es dem/der Distanzierten unmöglich, Freunde oder Verwandte um finanzielle Hilfe zu bitten. Erst wenn sämtliche finanzielle Spielräume ausgeschöpft sind und der Leidensdruck groß genug ist, wird die Tafel als „allerletzte Notlösung" in Betracht gezogen. Der Gang zur Tafel wird als entwürdigender und beschämender Bruch mit der Normalität empfunden, was starke kognitive Dissonanzen auslöst. Gleichwohl muss diese Notlinderungspraxis mangels Alternativen in Kauf genommen werden und. Da sich das mit dem Tafelbesuch verbundene Gefühl der Scham und Entwürdigung jedoch auch im Zeitverlauf nicht mindert, lösen sich die kognitiven Dissonanzen des/der Distanzierten und damit die Störung des eigenen Selbstbildes nicht auf. Das Verschweigen der Tafelnutzung im eigenen privaten Umfeld ist somit eine

---

[20] Im Zuge der Hartz IV-Gesetzgebung ist es möglich, dass auch ehemalige Führungskräfte oder Firmeninhaber nach maximal 18 Monaten Arbeitslosigkeit in den ALG 2-Bezug – und somit meist auch unter die Armutsgrenze – rutschen.

Normalisierungsstrategie. Zudem ist die Vorstellung, sich von unverkäuflichen Lebensmittelresten zu ernähren, sowie die Tatsache mit Personen Schlange stehen zu müssen, zu denen eine große soziale Distanz besteht, für diesen NutzerInnentyp (nahezu) unerträglich.

Das eigene Schamgefühl ist bei dem/der Distanzierten sehr stark ausgeprägt, da die Abhängigkeit von Hilfen mit seinem/ihrem Selbstbild als BürgerInnen mit sozialen Rechtsansprüchen kaum zu vereinbaren ist. Aufgrund seiner/ihrer kulturellen Kapitalausstattung ist der/die Distanzierte tendenziell mehr als die anderen NutzerInnentypen in der Lage, die soziale Metaphorik der Tafeln zu dekodieren. Tafeln werden von ihm als soziale Platzanweiser verstanden. Im Sinne Foucaults (1967, S. 44) können sie als *Heterotopien* klassifiziert werden. Die Funktion der parallelen Welten ist die Sicherung des Fortbestands derjenigen Welt, die der gesellschaftlich vorrätigen, dominanten Wahrnehmung entspricht. Durch die Etablierung von „Abweichungsheterotopien" oder „Krisenheterotopien" (Foucault 1967, S. 40 f.) wird die Gesellschaft funktional strukturiert und letztlich kontrolliert. Die Disziplinierung des Elends bei Tafeln ist in diesem Szenario also funktionaler Bestandteil des Fortbestands der Gesellschaft. Sich an diesem sozialen Ort und somit in der BittstellerInnenrolle wiederzufinden ist für den/die DistanzierteN aufgrund seiner Berufsbiografie mit einer enormen emotionalen Belastung und der nachhaltigen Verletzung des Selbstwertgefühls verbunden, da in seinem/ihrem Fall die gesellschaftliche Fallhöhe besonders hoch ist.

Das Motiv zur Tafelnutzung des/der Distanzierten ist daher rein ökonomisch. Da die habituelle Distanz zu den anderen NutzerInnen als besonders groß empfunden wird, knüpft er/sie keine sozialen Kontakte und grenzt sich sogar bewusst von den anderen NutzerInnentypen ab. Wenn überhaupt soziale Kontakte entstehen, dann noch am ehesten mit NutzerInnen des gleichen Typs oder den ehrenamtlichen HelferInnen, die meist über einen ähnlichen soziokulturellen Hintergrund verfügen und bei denen „der gemeinsame Nenner größer ist", was ebenfalls als eine Normalisierungsstrategie verstanden werden kann. Unter diesen Bedingungen fällt die Bilanzierung des Tafelbesuchs für den/die DistanzierteN nur sehr schwach positiv aus.

6.3.5 Sozialraummodell der Tafelnutzung

Die Analysen zu Tafeln sind aufgrund forschungspraktischer Zwänge von einer generellen Zeitblindheit gekennzeichnet. Um das System der Tafeln zu verstehen, reicht es nicht aus, NutzerInnentypen aus dem empirischen Material herauszulösen. Vielmehr müssen auch *Übergänge* zwischen den NutzerInnentypen und

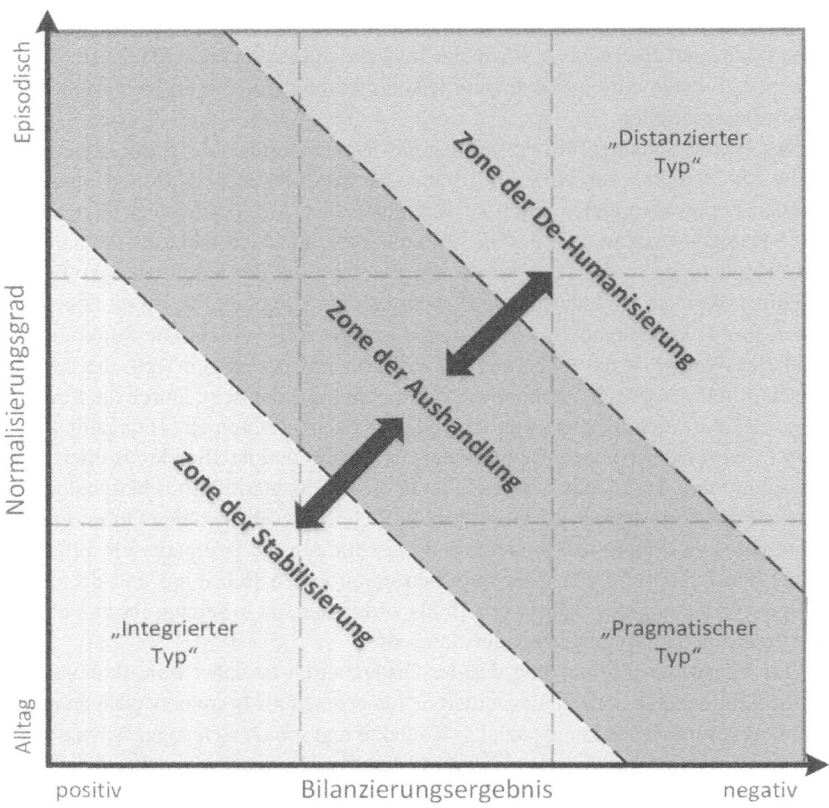

Abb. 6.1 Transitorisches Sozialraummodell der „Tafeln". (© Selke)

Nutzungsformen in den Blick genommen werden. Hierzu dient das *transitorische Sozialraummodell der Tafeln*, das aus der Kombination beider Dimensionen der Tafelnutzung – Normalisierungsgrad und Bilanzierungsergebnis entsteht – und so drei Zonen der Tafelnutzung umreißt (vgl. Abb. 6.1). Die Zonen ergeben sich einerseits daraus, wie „normal" oder „episodisch" die Tafelnutzung ist. Andererseits unterscheiden sich die Zonen darin, wie das subjektive Bilanzierungsergebnis der Tafelnutzung ausfällt.

Die *Zone der Aushandlung* markiert den Einstieg der Tafelnutzung. Dort beginnen die Erfahrungen der TafelnutzerInnen. In dieser Zone finden grundlegende Praxiserfahrungen statt, Kategorien der Bilanzierung entstehen bzw. werden kommuniziert. Je nach Kombination der Dimensionen ergibt sich ein Verbleib in dieser Zone oder ein ‚Driften' in eine der beiden angrenzenden Zonen. Fällt die persönliche Bilanzierung aufgrund der sinkenden psychischen Belastung im Zeitverlauf sowie regelmäßig positiver Erfahrungen vor Ort (soziale Kontakte, lohnendes Angebot, respektvoller Umgang) insgesamt dauerhaft positiv aus, beginnt der NutzerInnen die Tafelnutzung in den Alltag zu integrieren und sich in der Armutssituation dauerhaft einzurichten. Dies geschieht vor allem dann, wenn sich keine Alternativen auftun. Der Pragmatiker kann am ehesten dieser Zone zugerechnet werden.

In der *Zone der Stabilisierung* hat die Praxis Normalitätsstatus, die NutzerInnen überwiegend zu einem positiven Bilanzierungsergebnis. Hier findet sich tendenziell der/die Integrierte. Im Zeitverlauf werden Tafeln als strukturgebendes Element in das persönliche Lebensführungsregime eingegliedert. Die dauerhafte Abwesenheit kognitiver Dissonanzen und negativer Emotionen kann als Indikator einer schleichenden Normalisierung der Tafelpraxis verstanden werden. Die Tafeln werden so als institutionalisierter Ersatzraum für soziale Teilhabe erlebt und etabliert, innerhalb derer sich die dort verbleibenden NutzerInnen vergemeinschaften *und* entsolidarisieren. Die aufwendige Exklusionsverwaltung und die daraus resultierende abgeleitete Unselbständigkeit schaffen einen neuen sozialen Standard. Dies passt sich gut in Gesellschaftsdiagnosen ein, die auf Orientierungsverluste „erschöpfter" Individuen hinweisen (Ehrenberg 2004; Lutz 2014).

Statt Perspektiven für eine selbstbestimmte Lebensführung zu entwickeln, erfolgt das Einrichten in der ökonomischen Mangelsituation. Tafeln tragen damit eher zur Stabilisierung statt zur Überwindung von Armut bei. Innerhalb dieser Zone besteht die Gefährdung darin, dass es bei längerem Verbleib zu Formen der Parallelweltbildung kommen kann. Tafeln bieten somit gerade keine Hilfestellung an, um eine Notsituation zu überbrücken, sondern werden für die NutzerInnen dieser Zone zum Dauerversorger. Indem ein institutionalisierter Ersatzraum entsteht, wird gerade keine nachhaltige Hilfe geleistet. An die Stelle gesellschaftlicher Teilhabe tritt der Kontakt zu Menschen in ähnlicher Lebenslage am Ort der Tafel. Gleichzeitig führt die Konkurrenzsituation angesichts der begrenzten Warenmenge zu Konflikten – Missgunst, Abgrenzungs- und eben Entsolidarisierungstendenzen werden so verstärkt.

Die *Zone der De-Humanisierung* wird von TafelnutzerInnen eingenommen, die sich dadurch auszeichnen, in der Tafelpraxis eher eine episodische biografische Ausnahme zu sehen und die gleichzeitig zu einem vermehrt negativen Bilanzierungsergebnis kommen. In dieser Zone findet sich tendenziell der/die Distanzierte. In diese Zone zu verbleiben zieht manifeste kognitive Dissonanzen nach sich, die selten aufgelöst werden können. Jeder Besuch der Tafel verdeutlicht den eigenen sozialen Abstieg konkret und zugleich symbolisch, was den/die NutzerIn dauerhaft belastet. Die empfundenen Kosten in Form von Entwürdigungs- und Beschämungserfahrungen sind in dieser Zone besonders hoch, was dazu führt, dass es bei längerem Verbleib zu nachhaltigen Entmenschlichungserscheinungen kommen kann.

6.4 Inszenierte und komprimierte Solidarität

Nach der Darstellung des empirisch abgeleiteten Sozialraummodells wird abschließend noch einmal Bezug auf die beiden zentralen Solidaritätsbrüche im System und in der Praxis der Tafeln genommen. Mit der Gegenüberstellung der Wechselwirkung zwischen Tafeln und Politik sowie der Nutzungstypologie im Sozialraum der Tafeln sollte gezeigt werden, dass sich im Feld institutionalisierter Armutsökonomien *zwei* Solidaritätsbrüche überlagern. Erstens die De-Institutionalisierung von Solidarität in der entpolitisierten Aktivgesellschaft. Und zweitens die Paradoxie der Vergemeinschaftung trotz oder wegen einer Entsolidarisierung am Ort der Tafeln und durch die Praxis der Lebensmittelausgabe selbst. Die beiden Aspekte wurden zunächst als *Inszenierung* von Solidarität in einer Gesellschaft des Spektakels und als *Kompression* von Solidarität in Ersatz- und Parallelwelten betitelt.

6.4.1 Inszenierung als Solidaritätsbruch

Solidarität wird vor dem Hintergrund der Pathosformel von Politikern schnell zu einer opaken Leerformel.[21] Die „Vertafelung" der Gesellschaft resultiert aus einer Verbindung der Elemente Entpolitisierung, Ökonomisierung des Sozialen sowie Moralisierung zu einem neuen „Charity-Kult" innerhalb einer „Good-Will-Industrie". Solidarität wird spektakulär inszeniert, das eigene Engagement erhält Erlebnischarakter und die Werbemaschinerie von Tafeln und deren Unterstützern suggeriert, dass dies ausreicht, um gesellschaftlicher Verantwortung Rechnung zu tragen.

In ihnen verbindet sich auf ideale Weise das, was Stéphane Hessel und Edgar Morin (2012) die „Ökonomie des Überflusses und der Oberflächlichkeit" nennen. Soziales Engagement wird zur Sinnsuche reduziert, Sozialpolitik zur Show und

---

[21] Damit gleicht der Solidaritätsbegriff strukturell dem Nachhaltigkeitsbegriff, der ebenfalls moralisch aufgeladen ist. Zugleich krankt der Solidaritätsbegriff an seiner semantischen Promiskuität. Er wird als Label für alle möglichen Formen zwischenmenschlichen Verhaltens genutzt. Aber nicht jede Form von Reziprozität, Kooperation oder Engagement ist gleich Solidarität.

Bürgerechte durch das Surrogat der Almosen ersetzt. Tafeln sind die ideale Pro-jektionsfläche für zeitgenössisches Armutsspektakel – Sozialinszenierungen zur Ablenkung und Beruhigung der Menschen. Die Tafeln inszenieren sich zusammen mit ihren Hauptsponsoren als „nachhaltig" und werben Spendengelder ein. Oder aber sie animieren PolitikerInnen dazu, sich mit öffentlichen Lebensmittelwet-ten zu profilieren. Erstmals rief der Berliner Oberbürgermeister Klaus Wowereit anlässlich des Bundestafeltreffens 2010 zu einer „Wetten dass…?"-Aktion auf. Anlässlich des Tafeltreffens 2012 in Suhl wurde die Wett-prominenz noch gestei-gert.[22] Doch mit dem „Gottschalk-Prinzip" lassen sich keine strukturellen sozialen Probleme lösen. Wenn soziokulturelle Existenzsicherung regelmäßig und öffent-lichkeitswirksam Gegenstand spektakulärer Wetten wird, dann zeigt sich, dass mit allen Mitteln versucht wird, verfehlte Sozialpolitik durch Wohltätigkeitswettbe-werbe und Kampagnenideen zu kompensieren.

Dort, wo Solidarität eingefordert wird, entstehen aus latenten Hilfsimpulsen einrechenbare und berechenbare Hilfeleistungen. Solidarität degradiert zur kalku-lierten Barmherzigkeit. In Anlehnung an den Moralphilosophen Michael Sandel (2012) kann argumentiert werden, dass sich durch diese zweckgerichtete Einplan-barkeit der freiwillige Charakter zivilgesellschaftlichen Engagements und damit von personengebundenen Solidaritätsformen letztlich korrumpiert wird, denn diese Einberechenbarkeit verändert den Charakter zivilgesellschaftlichen Engage-ments fundamental.[23]

6.4.2   Kompression als Solidaritätsbruch

Am Ort der Tafel wiederum kommt es zu einer Kompression von Solidarität, vor-nehmlich in der Zone der Stabilisierung. Von Kompression wird hierbei in Anleh-nung an den Begriff der „Kompression von Morbidität" im Bereich von Pflege-settings gesprochen. Dabei geht es um das Hinausschieben teurer Pflegestufen in ein möglichst hohes Lebensalter (z. B. durch den Einsatz assistiver Technologien), um volkswirtschaftlichen Sparansätzen gerecht zu werden.[24] Die Analogie besteht

---

[22] Der stellvertretende Ministerpräsident des Landes Thüringen wettete, dass seine Bürge-rinnen und Bürger bis zum dreitägigen Treffen im Juni 32 Tonnen Lebensmittel spenden würden.

[23] Vor der zu schnellen Vereinnahmung des Solidaritätsbegriffs, wie z. B. in der Debatte zu einer „solidarischen Leistungsgesellschaft" (Eppler 2011; Glück et al. 2006) sei daher gewarnt.

[24] Dabei geht es um das Hinausschieben teurer Pflegestufen in ein möglichst hohes Lebens-alter (z. B. durch den Einsatz assistiver Technologien), um volkswirtschaftlichen Sparansät-zen gerecht zu werden.

darin, dass Solidarität in den Sozialraum von Tafeln und ähnlichen existenzunter-
stützenden Angeboten verlagert wird. Die Auslagerung kommt einer Privatisierung
von Hilfeleistungen gleich – soziale BürgerInnenrechte werden durch Almosen ersetzt. Hierbei ist die volkswirtschaftliche Entlastung das Hauptmotiv, das darin
mündet, dass sich nach zwei Jahrzehnten fast keine Alternativen zu Tafeln vorstellbar sind, sondern nur noch über alternative Tafeln diskutiert wird. Freiwilliges
Engagement ist sicher sinnvoll und unverzichtbar wenn es darum geht, staatliche
Leistungen zu ergänzen oder neue Problemfelder unbürokratisch zu bearbeiten. Jeder der rund 60.000 TafelhelferInnen beabsichtigt mit seinem Engagement sicherlich lediglich, Gutes zu tun und den Bedürftigen unmittelbar und direkt zu helfen
– und betrachtet sein eigenes Verhalten als „solidarisch". Dennoch trägt nicht nur
das System der Tafeln in seiner institutionellen Gesamtheit dazu bei, die Politik aus
der Verantwortung zu entlassen und die Gesellschaft an die Individualisierung und
Privatisierung des Armutsproblems zu gewöhnen. Auch die (politisch gewollte)
Förderung des tafeltypischen Engagements trägt dazu bei, Armut tendenziell eher
zu verwalten als zu bekämpfen. Aufgrund der doppelten Strukturiertheit des Sozialraums der Tafeln – auf der einen Seite die moralisch überlegenen HelferInnen
in einer Machtposition, auf der anderen Seite die sozial verunsicherten Nutzer-
Innen in einer Ohnmachtsposition – wird durch die institutionellen Bedingungen
der Tafeln Solidarisierung zwischen beiden Akteursgruppen strukturell verhindert.

Diejenigen TafelnutzerInnen, die dauerhaft keinen Anschluss zur Mehrheitsgesellschaft finden, richten sich in einer Ersatzwelt ein. Statt sozial inkludiert zu
werden, grenzen sie sich gemeinsam aus und empfinden diesen Zustand mit der
Zeit als normal. Besorgniserregend ist die Feststellung, dass TafelnutzerInnen in
der Zone der Stabilisierung keine Scham mehr empfinden. Durch die verstetigte
Entkopplung sind die daran gewöhnt, von Hilfsangeboten abhängig zu sein. Die
Tafelnutzung selbst wird nicht mehr kritisch hinterfragt. Die Perspektivlosigkeit
schlägt *potenziell* in Entsolidarisierungstendenzen anderer NutzerInnen gegenüber
um – einer Form gruppenbezogener Menschenfeindlichkeit (Heitmeyer 2012).
Diese (latenten) Formen der Entsolidarisierung sind der Preis dafür, mit dem Misstrauen in die Leistungen des politischen Systems und der eigenen Perspektivlosigkeit umgehen zu können und führen dazu, sich mit der Situation durch Nutzung
existenzunterstützender Angebote bestmöglich zu arrangieren. Solidarität wird institutionell und interpersonell lediglich „gebrochen" und entkontextualisiert erlebt.
Inszenierte und komprimierte Solidarität sind eigentlich Gesten der Hilflosigkeit.
Die Debatte über die Folgen dieses Wandels ist noch nicht einmal annähernd er-
öffnet.

Literatur

Baumann, Z. (1995). *Ansichten der Postmoderne.* Hamburg: Argument-Verlag.
Baumann, Z. (2012). *Liquid modernity.* Cambridge: Polity.
Berg, J. (2008). *All you can eat. How hungry is America.* New York: Seven Stories.
Berg, J. (2013). Beyond the charity myth. In P. Pringle (Hrsg.), *A place at the table* (S. 199–215). New York: Public Affairs.
Butterwegge, C. (2008) Rechtfertigung, Maßnahmen und Folgen einer neoliberalen Sozialpolitik. In C. Butterwegge, et al. (Hrsg.), *Kritik des Neoliberalismus* (S. 135–220). Wiesbaden: VS Verlag für Sozialwissenschaften.
Crouch, C. (2008). *Postdemokratie.* Frankfurt a. M.: Suhrkamp.
Crouch, C. (2011). *Das befremdliche Überleben des Neoliberalismus.* Berlin: Suhrkamp.
Débord, G. (1996). *Die Gesellschaft des Spektakels.* Berlin: Tiamat.
Diakonie BW GmbH. (Hrsg.). (2010). *Angebot in Würde. Sozialwissenschaftliche.* Untersuchung der Situation der Nutzerinnen und Nutzer von Tafelläden in Baden-Württemberg. Karlsruhe.
Eberlei, C., & Selke, S. (im Erscheinen). Nivellierung des Blicks. Zur zeitgenössischen Ikonographie von Armut am Beispiel der Tafeln. In J. Raab, R. Bohnsack, & T. Slunecko (Hrsg.), *Sozialwissenschaftliche Ikonologie. Qualitative Bild- und Videointerpretation.* Wiesbaden: VS-Springer.
Ehrenberg, A. (2004). *Das erschöpfte Selbst. Depression und Gesellschaft in der Gegenwart.* Frankfurt a. M.: Campus.
Eis, A. (o. J.). Soziale Praxis und politisches Lernen in der entpolitisierten Aktivgesellschaft. In M. Götz, et al. (Hrsg.), *Soziales und Politisches. Perspektiven aus Theorie und Wissenschaft* (S. 23–44). Münster: Lit.
Eppler, E. (2011). *Eine solidarische Leistungsgesellschaft. Epochenwechsel nach der Blamage der Marktradikalen.* Bonn: Dietz.
Foucault, M. (1967). Andere Räume. In K Barck (Hrsg.). (1993). *Aisthesis: Wahrnehmung heute oder Perspektiven einer anderen Ästhetik* (S. 34–46). Leipzig: Reclam.
Glück, A., Vogel, B., & Zehetmair, H. (Hrsg.). (2006). *Solidarische Leistungsgesellschaft. Eine Alternative zu Wohlfahrtsstaat und Ellbogengesellschaft.* Freiburg i. Br.: Herder.
Heitmeyer, W. (Hrsg.). (2012). *Deutsche Zustände. Folge 10.* Frankfurt a. M.: Suhrkamp.
Hessel, S., & Morin, E. (2012). *Wege der Hoffnung.* Berlin: Ullstein.
Hyman, H. H., & Singer, E. (Hrsg.). (1968). *Readings in reference group theory and research.* New York: Free.
Krause, B. (2005). *Solidarität in Zeiten privatisierter Kontingenz. Anstöße Zygmunt Baumans für eine Christliche Sozialethik in der Postmoderne.* Münster: Lit.
Läpple, D. (1991). Essay über den Raum. Für ein gesellschaftswissenschaftliches Raumkonzept. In: H. Häußermann, et al. (Hrsg.), *Stadt und Raum. Soziologische Analysen* (S. 157–207). Pfaffenweiler: Centaurus.
Lessenich, S. (2008). *Die Neuerfindung des Sozialen. Der Sozialstaat im flexiblen Kapitalismus.* Bielefeld: transcript.
Lorenz, M. (2012). *Tafeln im flexiblen Überfluss. Ambivalenzen sozialen und ökologischen Engagements.* Bielefeld: transcript.
Lutz, R. (2014). *Soziale Erschöpfung: Kulturelle Kontexte sozialer Ungleichheit* (Edition Soziologie). Weinheim: Juventa.

Molling, L. (2009). Die ‚Berliner Tafel' zwischen Sozialstaatsabbau und neuer Armenfürsorge. In S. Selke (Hrsg.), *Tafeln in Deutschland. Aspekte einer sozialen Bewegung zwischen Nahrungsmittelumverteilung und Armutsintervention* (S. 181–202). Wiesbaden: VS Verlag für Sozialwissenschaften.

Olk, T. (2001). Sozialstaat und Bürgergesellschaft. In R. Heinze & T. Olk (Hrsg.). *Bürgerengagement in Deutschland. Bestandsaufnahmen und Perspektiven* (S. 11–16). Opladen: Leske+Budrich.

Rauschenbach, T. (1994). Inszenierte Solidarität: Soziale Arbeit in der Risikogesellschaft. In: U. Beck & E. Beck-Gernsheim (Hrsg.), *Riskante Freiheiten. Individualisierung in modernen Gesellschaften* (S. 89–111). Frankfurt a. M.: Suhrkamp.

Rose, N. (2004). „Tod des Sozialen" – Eine Neubestimmung der Grenzen des neuen Regierens. In: U. Bröckling, S. Krasmann, & T. Lemke (Hrsg.), *Gouvernementalität der Gegenwart – Studien zur Ökonomisierung des Sozialen* (S. 72–109). Frankfurt a. M.: Suhrkamp.

Sandel, M. J. (2012). *What money can't buy. The moral limits of markets*. New York: Farrar, Strauss and Giroux.

Sedelmeier, T. (2011). *Armut und Ernährung. Eine Untersuchung zur Rolle und Wirksamkeit der Tafeln bei der Lebensmittelausgabe an Bedürftige*. Berlin: mbv.

Selke, S. (2008). *Fast ganz unten. Wie man in Deutschland durch die Hilfe von Lebensmitteltafeln satt wird*. Münster: Westfälisches Dampfboot.

Selke, S. (2009). *Tafeln in Deutschland. Aspekte einer sozialen Bewegung zwischen Nahrungsmittelumverteilung und Armutsintervention*. Wiesbaden: VS Verlag für Sozialwissenschaften.

Selke, S. (2010a). Dürfen Tafel-Engagierte kritisiert werden? Legitimation einer systemkritischen Position. In S. Lorenz (Hrsg.), *TafelGesellschaft. Zum neuen Umgang mit Überfluss und Ausgrenzung* (S. 185–198). Bielefeld: transcript.

Selke, S. (2010b). Kritik der Tafeln in Deutschland – Ein systematischer Blick auf ein umstrittenes gesellschaftliches Phänomen. In S Selke (Hrsg.), *Kritik der Tafeln in Deutschland. Standortbestimmungen zu einem ambivalenten sozialen Phänomen* (S. 11–53). Wiesbaden: VS Verlag für Sozialwissenschaften.

Selke, S. (2013a). Tafeln in Deutschland. Eine kritische Bestandsaufnahme zum 20-jährigen Bestehen. *Soziale Sicherheit. Zeitschrift für Arbeit und Soziales, 5,* 165–173.

Selke, S. (2013b). *Schamland. Die Armut mitten unter uns*. Berlin: ECON.

Selke, S. (2013c). Umarmter Protest. Tafeln zwischen Charityformat und Bewegungsanspruch. *Forschungsjournal Neue Soziale Bewegungen, 2,* 152–156.

Selke, S., & Maar, K. (2011). Grenzen der guten Tat. Ergebnisse der Studie „Evaluation existenzunterstützender Angebote in Trägerschaft von katholischen und caritativen Anbietern in Nordrhein-Westfalen". In Caritas in NRW (Hrsg.), *Brauchen wir Tafeln, Suppenküchen und Kleiderkammern? Hilfen zwischen Sozialstaat und Barmherzigkeit* (S. 15–104). Freiburg im Breisgau: Lambertus.

von Normann, K. (2003). Evolution der Deutschen Tafeln. Eine Studie über die Entwicklung karitativer Nonprofit-Organisationen zur Verminderung von Ernährungsarmut in Deutschland, Dissertation. Bad Neuenahr: Eigendruck.

Werth, S. (2004). Eine real existierende Utopie – Die Geschichte der Berliner Tafel e. V. In: K. Beuth, A. Dorgerloh, & U. Müller (Hrsg.), *Ins Machbare entgrenzen. Utopien und alternative Lebensentwürfe von Frauen* (S. 153–161). Herbolzheim: Centaurus.

Witt, R. (2011). Die Dienstleistung der Tafeln als Premiummarke. In S. Selke & K. Maar (Hrsg.), *Transformation der Tafeln* (S. 85–102). Wiesbaden: VS Verlag für Sozialwissenschaften.

Prof. Dr. Stefan Selke 1967, Prof. Dr., studierte Luft- und Raumfahrttechnik sowie Soziologie und weitere Fächer. Er lehrt „Soziologie und gesellschaftlicher Wandel" an die Hochschule Furtwangen. Selke beschäftigt sich seit 2006 mit dem Phänomen der Lebensmitteltafeln in Deutschland, mittlerweile auch in Großbritannien. Bekannt wurde er mit der ethnografischen Studie Fast ganz unten (2008). Von 2011 bis 2013 leitete er das Forschungsprojekt Tafel-Monitor. Stefan Selke versteht sich als Öffentlicher Soziologe und bloggt der unter dem Titel Stabile Seitenlage (stefan-selke.tumblr.com).

Zuletzt zu diesem Thema erschienen: Selke, Stefan (2013): Schamland. Die Armut mitten unter uns. Berlin.

Gefangen in Arbeitslosigkeit? (Des-) Integrationsprozesse im Zuge der Hartz-Reformen in Deutschland

Sonja Fehr

7.1 Einleitung

Arbeit und Armut – sind das zwei Seiten derselben Medaille? Das Phänomen unverändert hoher Armut in Deutschland (OECD 2014) verdeutlicht die ‚dialektische Paradoxie' (Heimann 1980, S. 168) einer wohlfahrtsstaatlicher Praxis, die sich zwischen Arbeitsmarktintegration auf der einen und Armutsbekämpfung auf der anderen Seite manifestiert. Zwar gewährleistet der deutsche Wohlfahrtsstaat einerseits innerhalb des Leitbildes der sozialen Marktwirtschaft eine stabile arbeitsmarktexterne materielle Sicherung seiner BürgerInnen, hat aber andererseits die Funktionsfähigkeit des Arbeitsmarktes im Auge zu behalten. Denn im Prozess wechselseitig abhängiger Arbeitsteilung (organischer Solidarität) besteht ein starkes Interesse an einer möglichst hohen Erwerbsbeteiligung: Wer arbeiten kann, soll auch arbeiten. Die staatliche Garantie arbeitsmarktexterner Sicherung steht folglich unter arbeitszentrierten Vorbehalten, die sicherstellen sollen, dass individuelle Arbeitsmotive intakt bleiben (vgl. Vobruba 2007, S. 55).

Wie die Wage zwischen Arbeitsmarktintegration und Armutsbekämpfung austariert wird, obliegt der politischen Meinungsbildung. Hier sind europaweit voranschreitende Prozesse der Re-Kommodifizierung beobachtbar (Bonoli et al. 2000, S. 47 ff.): Soziale Risiken werden durch direkte staatliche Interventionen

S. Fehr (✉)
Lehrstuhl für Mikrosoziologie, Universität Kassel/Fachbereich Gesellschaftswissenschaft,
Nora-Platiel-Str. 5, 34109 Kassel, Deutschland
E-Mail: sonja.fehr@uni-kassel.de

© Springer Fachmedien Wiesbaden 2016
W. Aschauer et al. (Hrsg.), *Solidaritätsbrüche in Europa,*
Europa – Politik – Gesellschaft, DOI 10.1007/978-3-658-06405-1_7

auf Individuen übertragen. Somit wird durch eine Verschiebung der Balance vom Staat in Richtung Markt die Abhängigkeit des individuellen Lebensunterhalts von Marktmechanismen verstärkt (Esping-Andersen 1999). In Deutschland wurden infolge des Lissabon-Gipfels 2000, auf dem die europäischen Staatsoberhäupter die „Agenda für die wirtschaftliche und soziale Erneuerung Europas" beschlossen, die Leitlinien zur sogenannten Agenda 2010 verkündet. Den Kern des Reformprogramms bildete eine Umorientierung vom staatlichen Fürsorgeprinzip hin zu mehr Eigenverantwortung: „Wir werden Leistungen des Staates kürzen, Eigenverantwortung fordern und mehr Eigenleistungen von jedem Einzelnen abfordern müssen" (Bundesregierung 2003). Die Beseitigung von sozialpolitisch bewirkten Beschäftigungshindernissen wurde als Notwendigkeit bezeichnet: „Die Reformen auf dem Arbeitsmarkt helfen, dass Arbeitssuchende wieder schneller Arbeit finden. Nach dem Prinzip Fördern und Fordern müssen Langzeitarbeitslose jede zumutbare Arbeit annehmen" (Bundesregierung 2004, S. 9). Es ging explizit darum, mehr „Anreiz für die Aufnahme von Arbeit" zu schaffen und zu verhindern, dass Leute, „die dem Arbeitsmarkt womöglich gar nicht zur Verfügung stehen, Arbeitslosenhilfe beziehen" (Bundesregierung 2004, S. 5). Infolgedessen haben die Reformen Hartz I bis III zur Deregulierung abhängiger Erwerbsarbeit und Erweiterung atypischer Beschäftigungsmöglichkeiten geführt. Die Einführung des Zweiten Sozialgesetzbuches (SGB II) im Zuge der vierten Hartz Reform führte schließlich gegenüber der als versorgend oder fürsorgend bezeichneten alten Armutsbekämpfung zur einer stärkeren Aktivierung, verstanden als Arbeitsmarktintegration (Koch et al. 2009, S. 26 f.).

Öffentliche Debatten über die Folgen der Hartz-Reformen dominieren die sozialpolitische Diskussion in Deutschland bis heute. Sie konzentrieren sich auf zwei Fragen. Zum einen werden die Hartz-Reformen unter Gesichtspunkten von Gerechtigkeit diskutiert. Hier muss sich die deutsche Aktivierungspolitik den Vorwurf eines Rückfalls in „punitiven Paternalismus" bzw. des Versuchs der Rückgewinnung sozialer Kontrolle durch Arbeit gefallen lassen (Lessenich 2003). Zum anderen wird danach gefragt, ob die Reformen problemangemessen zugeschnitten sind und zur Lösung von Problemen tatsächlich beigetragen haben. So ist die deutsche Gesellschaft seit einiger Zeit mit hohen Armutsquoten konfrontiert (Grapka und Frick 2010; OECD 2014). Zahlreiche Studien haben einen Trend zu wachsender und mittlerweile auf hohem Niveau stagnierender Armut und sozialer Ungleichheit bestätigt (vgl. BMAS 2001, 2008, 2013). Insbesondere BezieherInnen von Leistungen der Grundsicherung sind von Einkommensarmut und Unterversorgungslagen betroffen (vgl. Christoph 2008). Derweil hat sich Deutschland seit der Entfaltung der Krise der europäischen Währung zu einem Vorbild für sozialpolitische Reformen in Europa gemausert. Insofern ist es über die Grenzen des Landes von Relevanz, die Grundannahmen und Folgen der Hartz-Reformen zu hinterfragen.

Hierzu werden zunächst anhand des Armutsfallentheorems, der dynamischen Armutsforschung und der Exklusionsforschung konkurrierende theoretische Annahmen zum Verhalten Arbeitsloser vorgestellt, aus denen sich widersprüchliche Implikationen ableiten. Es wird sich zeigen, dass die MacherInnen der Hartz-Reformen einer Theorietradition besondere Aufmerksamkeit schenkten. Die Implikationen des Theorems spielen seither eine tragende Rolle in der Arbeits- und Sozialpolitik. Im empirischen Teil präsentiere ich Ereignisdatenanalysen zur Dynamik von Armut und Arbeitslosigkeit.

7.2 Theoretische Implikationen zum Verhalten Arbeitsloser

Es ist strittig, ob Arbeitslosigkeit als eine überwindbare Zeit oder aber als Auslöser von Desintegrationsprozessen einzustufen ist: Einerseits betonen VertreterInnen der Dynamischen Armutsforschung im Rekurs auf die Individualisierungsthese (Beck 1986) das Phänomen einer Verzeitlichung und Entgrenzung von Armut (Buhr 1995; Leibfried et al. 1995). Die Leute bleiben, so die These, auch in prekären Lebenslagen handlungsfähig und finden selbstkontrolliert aus Armut und Arbeitslosigkeit heraus. Die Situationsbewältigung liegt in der Hand mündiger AktivbürgerInnen die keiner sozialpolitischen Lenkung bedürfen. Als entscheidend erweist sich die subjektive Auffassung der eigenen Chancenlage, zu deren Erklärung auf Copingtheorien zurückgegriffen wird (Bude und Lantermann 2006). Die Qualität, Richtung und Intensität der individuellen Situationsbewältigung wird hiernach von individuellen Abwägungsprozessen zwischen wahrgenommenen Anforderungen und verfügbaren Ressourcen bestimmt. Wobei Motivation und Selbstkontrolle auch durch wiederholte Misserfolge geschwächt werden können und wiederholtes Scheitern an antizipierten Erwartungen individuelle Fähigkeiten zum Erkennen und Nutzen von Handlungsmöglichkeiten beeinträchtigen kann (Leibfried et al. 1995; Gebauer 2007).

Andererseits betonen sowohl das Armutsfallentheorem als auch Theorien sozialer Exklusion die Mechanismen einer durch Arbeitslosigkeit indizierten Spirale sozialer Desintegration – allerdings unter konträren Vorzeichen: In der neoklassischen Arbeitsmarkttheorie wird angenommen, das Verhalten Arbeitsloser resultiere aus einer subjektiv rationalen Abwägung der Kosten und des Nutzens der Aufnahme einer Erwerbsarbeit. Doch stehen dem kurzfristig rationalen Kalkül nicht bedachte langfristige Folgen gegenüber: Durch eine Entwertung individuellen Humankapitals reduzierten sich peu à peu die Chancen einer Wiederbeschäftigung. Nicht intendierte Folge des subjektiv rationalen Handelns sei folglich ein Zurückfallen hinter der Leistungsnorm marktorganisierter Gesellschaften. Die Arbeitslosen gerieten durch ihr eigenes, durch sozialpolitische Fehlanreize hervorge-

rufenes Verhalten in eine Falle (vgl. Mankiw 1998; Gregg et al. 1999; Pearson und
Scarpetta 2000).

Hingegen betonen VertreterInnen von Theorien sozialer Exklusion institutionalisierte Machtverhältnisse, die Desintegrationsprozesse in Gang setzen und
halten (Kronauer 2010, S. 262) sowie strukturelle Barrieren, die Arbeitslosen den
Weg zur Erwerbsintegration als zentraler Dimension sozialer Inklusion versper-
ren. Druckmittel zur Arbeitsaufnahme führten bei blockiertem Zugang zu Arbeitsmärkten zur Kopplung zweier Ausgrenzungsformen: Zur Ausgrenzung aus der
Wechselseitigkeit der gesellschaftlichen Arbeitsteilung kommt noch der Verlust
materieller Teilhabemöglichkeiten hinzu (vgl. Kronauer 2010, S. 247 f.). Folgt
man den Annahmen der Exklusionstheorie, kann also eine Erhöhung des sozialen
und ökonomischen Drucks auf Arbeitslose deren soziale Teilhabemöglichkeiten
verringern. Armut und Arbeitslosigkeit können über Marginalisierungsprozesse
in eine Spirale der Exklusion führen. Hier sind psychosoziale Belastungen durch
anhaltenden Stress durch Verzicht und Verschuldung zu nennen aber auch Stigma-
tisierungs- und Beschämungsprozesse, wenn Arbeitslose an sozialen Normen und
individuellen Aspirationen scheitern. Um Situationen zu meiden, die Armutslagen
offenlegen, werden soziale Kontakte eingeschränkt und Rückzüge aus dem öffentlichen Leben vollzogen (vgl. Elder et al. 1992; Becker und Gulyas 2012; Walker
et al. 2013). Solche Desintegrationsprozesse senken die individuellen Chancen auf
Arbeit (Paugam 1996; Gallie 1999). „But the central factor underlying this process
is poverty. Unemployment heightens the risk of people falling into poverty, and
poverty in turn makes it more difficult for people to return to work" (Gallie et al.
2003, S. 28). Eine Politik des Sozialen hätte derweil der Tatsache Rechnung zu
tragen, dass Arbeit, soziale Bürgerrechte und tragfähige soziale Nahbeziehungen
auf je eigene Weise Zugehörigkeit und Teilhabe vermitteln (vgl. Kronauer 2010,
S. 248 f., S. 262).

Drei Theorien, aus denen sich drei Wirkungszusammenhänge ableiten, die drei
konträre Handlungsempfehlungen implizieren. Die ReformerInnen der Hartz-
Kommission schenkten zu Beginn dieses Jahrtausends vor allem den Argumenten
des Armutsfallentheorems Vertrauen. So sorgten die VertreterInnen des Theorems
für eine wissenschaftliche Legitimation staatlicher Interventionen, indem sie dazu
aufriefen, den Anpassungsdrucks an den Arbeitsmarkt zu erhöhen (vgl. Gebauer
et al. 2003, S. 13). Durch eine Veränderung der institutionellen Anreizstruktur sollten die Arbeitslosen vor den nicht intendierten Folgen ihres subjektiv rationalen
Handelns geschützt werden. Das Ziel, Arbeitslose schneller in den Arbeitsmarkt
zu integrieren, legitimierte im Sinne der präferierten Theorie eine Erhöhung des
institutionellen Drucks auf erwerbslose BürgerInnen.

Meine Studie setzt sich zehn Jahre nach der Umsetzung der vierten und letzten
Hartz-Reform mit ihren Folgen bezüglich der sozialen Lage Arbeitsloser ausein-

ander. Die Forschungsfrage lautet: *Führt eine Erhöhung des Erwerbsdrucks auf Arbeitslose zu einer Beseitigung der als Problem gesehenen Arbeitslosigkeitsfalle zwischen dem System sozialer Sicherung und dem Arbeitsmarkt?* Wenn die Annahmen des Armutsfallentheorems zutreffen, müsste Armut die Dauer der Arbeitslosigkeit verkürzen (*Hypothese 1*). Wenn jedoch Exklusionsmechanismen wirksam werden, müssten Armutslagen einen negativen Effekt auf die Arbeitsmarktchancen zeigen (*Hypothese 2*). Wenn die Annahmen der Dynamischen Armutsforschung zutreffen, müsste die Arbeitslosigkeit eine hohe Dynamik aufweisen, die sich im Zeitverlauf nicht weiter verändert (*Hypothese 3*).

7.3 Forschungsstand

Die dynamische Armutsforschung setzt dem Armutsfallentheorem empirisch entgegen, dass Armut und Bezug von Sozialleistungen oft eine vorübergehende Episode im Leben von Menschen sind. Bane und Ellwood (1986) konnten bereits in den 1980er Jahren zeigen, dass es eine hohe Fluktuation unter den Beziehern wohlfahrtsstaatlicher Leistungen gibt. Ihre Erkenntnisse wurden von der deutschen Armutsforschung (vgl. Buhr und Weber 1999; Leisering und Walker 1998; Leisering und Leibfried 1999) und von internationalen Studien bestätigt (vgl. Walker 1994; Saraceno 2002; Lightman et al. 2010).

Studien, welche die These einer Arbeitslosigkeitsfalle im Sinne einer Hypothese auffassen und anhand tatsächlichen Verhaltens empirisch überprüfen, liefern widersprüchliche Ergebnisse. In einigen kann ein Einfluss von Sozialtransfers auf das Verhalten am Übergang vom System sozialer Sicherung zum Arbeitsmarkt nachgewiesen werden. Schneider und Uhlendorff (2005) konnten einen negativen Einfluss eines geringen potentiellen Arbeitseinkommens auf die Wahrscheinlichkeit, den Sozialleistungsbezug zu verlassen, feststellen. Auch Andreß und Strengmann-Kuhn (1997) kommen zu dem Ergebnis, dass im unteren Einkommensbereich weniger Arbeit angeboten wird als im Durchschnitt. Staatliche Transfers spielen hierbei aber offenbar eine geringere Rolle als der Mangel an Nachfrage nach Arbeitskräften in diesem Arbeitsmarktsegment. Andere Studien kommen zu dem Schluss, dass „an der Schnittstelle zwischen Arbeitslosenhilfe und Arbeitsmarkt nicht von einer Armutsfalle gesprochen werden kann" (Gebauer 2007). Es konnte gezeigt werden, dass der Übergang aus Arbeitslosigkeit in Beschäftigung im Wesentlichen durch individuelle Ressourcen bestimmt wird. Die relative Höhe der Sozialleistungen hat hingegen keinen Einfluss auf den Ausstieg aus dem Sozialtransferbezug (Gangl 1998; Schwarze und Raderschall 2002; Wilde 2003). Nichtpekuniäre Faktoren, beispielsweise das Beratungsverhalten des/der Sozialamtsmitarbeiters/in, haben einen höheren Einfluss auf die Ausstiegswahrscheinlichkeit als pekuniäre

(Wilde 2003). Im europaweiten Vergleich besteht weder zwischen Leistungshöhe und Arbeitslosenquote noch zwischen Leistungshöhe und Umfang der Langzeitarbeitslosigkeit ein signifikanter Zusammenhang (vgl. Piachaud 1997, S. 51 ff.). Vor dem Hintergrund der durch die Hartz-Reformen geänderten Rahmenbedingungen existieren nach wie vor kurze und lange, kontinuierliche und diskontinuierliche Phasen des Bezugs von Sozialtransfers (Graf und Rudolph 2009). Auch konnte bisher kaum positive Effekte der Hartz-Reformen auf die Beschäftigungschancen von Arbeitslosen festgestellt werden (Klinger und Rothe 2010; Fehr und Vobruba 2011). Qualitative Studien unterstreichen den Eindruck, dass staatliche Interventionen „ins Leere laufen" (Hirseland und Ramos Lobato 2010, S. 4; siehe auch Becker und Gulyas 2012). Im internationalen Vergleich wird Deutschland derweil ein besonders enger Zusammenhang von Arbeitslosigkeit und Armut bescheinigt (Gallie et al. 2003; OECD 2014). Ein Vergleich der Dynamik von Armut und Arbeitslosigkeit vor und nach der institutionellen Intervention wurde aber bisher nicht durchgeführt.[1]

7.4   Einflussfaktoren auf die Dynamik von Arbeitslosigkeit

Zunächst ist für die Beantwortung der Fragestellung zentral, die neuen Regeln des 2005 implementierten Sozialregimes zu integrieren. Doch freilich determinieren zudem weitere institutionelle, sozioökonomische und demografische Prozesse die Spielräume einzelner Arbeitskraftanbieter am Arbeitsmarkt.

- *Sozialregime* (vgl. Bundesagentur für Arbeit 2014): Mit der vierten Hartz-Reform in 2005 wurde die schrittweise Implementation der Reformen am Arbeitsmarkt abgeschlossen. Mit dem Ziel, Arbeitslose schneller in den Arbeitsmarkt zu integrieren, wurde die Grundsicherung stärker an Verhaltenspflichten gekoppelt, wie bspw. aktiv nach Stellen zu suchen und an Aktivierungsmaßnahmen teilzunehmen. Verletzungen dieser Pflichten werden strenger als zuvor durch Leistungskürzungen sanktioniert. Weitere wichtige Aspekte der Reformen waren Kürzungen der Anspruchsdauer auf vorrangige Versicherungsleistungen (Arbeitslosengeld I)[2] auf 12 Monate und die Zusammenlegung der nachrangigen Transfers „Arbeitslosenhilfe" und „Sozialhilfe" zum „Arbeitslosengeld

---

[1] Der Grund ist wohl die schlechte Datenlage. Das SOEP ist eine der wenigen Datenquellen, die auf Mikroebene Längsschnittinformationen zum Sozialtransferbezug vor und nach 2005 liefern.

[2] 2006 und 2008 wurden Kürzungen für ältere Arbeitslose zum Teil wieder zurückgenommen.

II". Bedürftigkeit und Arbeitsbereitschaft werden im neuen Regime nach engen Kriterien geprüft. Der Logik der biografisch erworbenen Ansprüche auf Versorgung und Anerkennung als vollwertige/r ArbeitsbürgerIn, wie sie der Arbeitslosenhilfe zugrunde lag, steht die Logik der „letzten sozialen Solidarität" gegenüber, bei der Hilfebedürftige erst aller biografischen und statusbezogenen Ansprüche entkleidet sein müssen, um in den Genuss der Grundsicherung zu kommen (Promberger 2009, S. 609 f.). Weitere Neuerungen waren die Einführung der Figur der Bedarfsgemeinschaft, die Personen mit gegenseitigen Unterhaltsansprüchen vereint, sowie eine Pauschalierung der Leistungen (Koch et al. 2009, S. 33).

- *Armut*: Wer in Wohlfahrtsgesellschaften von Armut spricht, greift meist auf ein relatives Konzept zurück.[3] Armutslagen werden als Grad der Abweichung vom durchschnittlichen gesellschaftlichen Lebensstandard definiert. Eine im Forschungskontext häufige Engführung des Begriffs auf die Dimension Einkommen kann mithilfe Simmels „Philosophie des Geldes" (1989, S. 254 ff.) theoretisch untermauert werden: Geld wird hier als Schrittmacher individueller Freiheit identifiziert, weil es den persönlichen Charakter wechselseitiger Abhängigkeit im Prozess der gesellschaftlichen Arbeitsteilung beseitigt und durch eine funktionale, austauschbare und anonyme Form ersetzt. Geld ermöglicht die Vereinzelung innerhalb von Gesellschaften (Deutschmann 2008, S. 46). Doch der eigentliche Nutzen des Geldes fängt erst dort an, wo es über Subsistenzbedürfnisse hinaus zur Verfügung steht. Wer lediglich froh ist, mit seinem Einkommen über die Runden zu kommen, hat nichts von der im Geld angelegten Wahlfreiheit. Was dem Armen verwehrt bleibt, ist nicht nur der Nutzen des Geldes, sondern die Fähigkeit des freien Zugriffs auf den Reichtum der Welt. Für Arme verwandelt sich das Geld von einem Vehikel der Freiheit in ein Mittel sozialer Disziplinierung. Ab welcher Einkommensgrenze dieser Zustand erreicht wird, wurde bisher nicht systematisch ermittelt. Armutsgrenzen werden stets arbiträr gezogen. Üblicherweise wird jener Bevölkerungsanteil, der weniger als 60 % des Medianeinkommens in der Gesellschaft verdient, als arm identifiziert. Um die Einkommen in Haushalten unterschiedlicher Größe vergleichen zu können, wird das bedarfsgewichtete Nettoäquivalenzeinkommen[4] verwendet. Nicht

---

[3] zur Konzeption relativer Deprivation siehe Runciman (1966, S. 10) und Merton (1995, S. 219 ff.).

[4] Die erste erwachsene Person des Haushalts geht mit dem Wert 1, alle weiteren über 14-jährigen Haushaltsmitglieder 0,5 in die Berechnung ein (neue OECD-Skala). Unter 14-jährige Haushaltsmitglieder werden mit 0,3 berücksichtigt. Wird das Gesamteinkommen des Haushalts durch die modifizierte Personenzahl geteilt, ergibt sich das bedarfsgewichtete Nettoäquivalenzeinkommen einer jeden Person im Haushalt.

gewichtete Gesamteinkommen könnten die wirtschaftliche Leistungsfähigkeit eines Haushalts nicht ausreichend abbilden, da durch eine gemeinsame Nutzung von Wohnraum und Haushaltsgeräten Einspareffekte entstehen (vgl. u. a. Klocke 2000).

Im Rückgriff auf ein Verständnis von Armut als Bedürftigkeit (Simmel 2013) wird außerdem die Annahme vertreten, im Bezug staatlicher Unterstützungsleistungen liege der eigentliche Kern von Armut. Nicht Mangellage sondern Hilfebedürftigkeit mache ‚den Armen' aus, der von anderen Statusinhabern dadurch unterschieden wird, dass von ihm kein sozialer Beitrag zu erwarten ist. Hilfebedürftigkeit stellt somit eine Verletzung der Reziprozitätsnorm sozialer Beziehungen dar. Coser (1992) argumentiert, der Akt der Gewährung finanzieller Hilfe sei nur um den Preis einer Herabwürdigung zu haben. „Hilfe zu erhalten, heißt, stigmatisiert und aus dem Kreis rechtschaffender Bürger entfernt zu werden." Solange eine Person durch ihren beruflichen Status sozial definiert sei, werde sie nicht als arm klassifiziert. Prekär Beschäftigte seien zwar arm, aber keine Armen. Erst die Annahme einer Unterstützung rücke sozial unsichtbar Arme aus den Voraussetzungen des Standes in die sozial wirksame Deklassierung. Soziale Mechanismen, die eine Zugehörigkeit zur Statusgruppe der Armen offenlegen, könnten daher Barrieren zur sozialen Teilhabe erhöhen.

Um beiden Überlegungen folgen zu können, ist Hilfebedürftigkeit analytisch von relativer Einkommensarmut zu trennen. Inklusionsbarrieren könnten sich freilich sowohl durch eine finanzielle Mangellage als auch über die gesellschaftliche Zuordnung zur Statusgruppe der Grundsicherungsbezieher ergeben.

- *Arbeitsmarktlage*: Auch in der ökonomischen Theorie wird angenommen, dass Arbeitslosigkeit einen strukturellen Effekt hat: Was immer sie ursprünglich verursacht haben mag – sie wird zu einer Ursache ihrer selbst (vgl. Baßeler et al. 2006, S. 781). Somit ist ein negativer Effekt der regionalen Arbeitslosenquote auf die individuellen Austrittschancen aus Arbeitslosigkeit zu erwarten. Ein Aufschwung der Konjunktur könnte zu Verkürzungen individueller Arbeitslosigkeitsepisoden führen.
- *Individualmerkmale*: Die Möglichkeiten am Arbeitsmarkt sind zunehmend enger mit individuellen Erfolgen im Bildungssystem verknüpft. Ungleich verteilte Qualifikationen schlagen sich in ungleich verteilten Arbeitslosigkeits- und Armutsrisiken nieder (vgl. Kreckel 1992, S. 228). Je weniger Bildungszertifikate, Qualifikationen und Erwerbserfahrung jemand vorweisen kann, desto schlechter die Stellenauswahl und desto niedriger die Löhne. In diesem Zusammenhang ist mit Selektionsmechanismen zu rechnen: Arbeitslosen, die über

nachgefragte Qualifikationen verfügen, gelingt es vermutlich schneller Arbeit zu finden. Indes führt Langzeitarbeitslosigkeit zum Veralten bzw. zum Verlust aufgebauten Humankapitals (vgl. Becker 1993).

• *Haushaltsmerkmale*: Mit Blick auf die Familienarbeit sind Statusanreize zur Einnahme anerkannter gesellschaftlicher Positionen sowie Rollenerwartungen an Väter und Mütter von Bedeutung. Genderforscher beobachten seit geraumer Zeit einen asymmetrischen Wandel der Geschlechterrollen im Sinne einer modernisierten Beibehaltung der Versorgerehe. Grundsätzlich beteiligen sich Frauen vermehrt am Erwerbsleben, kümmern sich aber nach wie vor vornehmlich um Betreuungs- und Pflegearbeiten (Ott 1992; Becker 1998; Coltrane 2000; Pfau-Effinger 2001). Mit jedem Kind erhöhen sich nicht nur der Einkommensbedarf, sondern auch der familiäre Betreuungs- und Pflegeaufwand und damit der individuelle Nutzen der Familienarbeit. Bei der Erwägung zur Aufnahme einer Erwerbstätigkeit, fallen außerdem die Kosten der Kinderbetreuung ins Kalkül. Wenn diese Ausgaben die potentiellen Einnahmen aus einer Erwerbstätigkeit übersteigen, ergeben sich keine monetären Anreize zur Erwerbsaufnahme (Becker 1965). Im Kern dürften sich grundlegende Probleme der Vereinbarkeit von Familie und Beruf für Alleinerziehende zuspitzen. So machen Frauen 90 % der Alleinerziehenden in Deutschland aus (Statistisches Bundesamt 2011). Die wenigen männlichen Alleinerziehenden leben zumeist mit älteren Kindern zusammen, die aufgrund ihrer größeren Eigenständigkeit die Vereinbarung von Erwerbs- und Familienleben erleichtern.

7.5 Empirische Befunde zur Dynamik von Armut und Arbeitslosigkeit

7.5.1 Daten und Methode

Der Eindruck, wer einmal Sozialhilfe beziehe, werde immer von Sozialhilfe leben, wurde einst durch die Abhängigkeit der empirischen Armutsforschung von Querschnittdaten begünstigt (Leisering 2008). Abhilfe schaffen Analysen im Längsschnittdesign, wie sie hier auf Grundlage des Sozio-ökonomischen Panels (SOEP) vorgenommen werden. Das SOEP eignet sich für einen Vergleich der Armutsdynamik vor und nach Hartz IV, weil es sowohl Informationen zu Armut und Arbeitslosigkeit im alten als auch im neuen Regime enthält[5]. Die Daten werden

---

[5] Die Daten des Instituts für Arbeitsmarkt- und Berufsforschung kommen hier nicht infrage, weil sie für den Zeitraum vor 2005 keine oder unzureichende Informationen liefern.

auf Aggregatebene mit Langzeitstatistiken der Bundesagentur für Arbeit (2012)
verknüpft. Arbeitslosigkeit wird als subjektive Einschätzung der Befragten über
ein Erwerbskalendarium monatsgenau erfasst. In die Zugangsstichprobe werden
diejenigen Arbeitslosen einbezogen, die zwischen Januar 2005 und Dezember
2010 eine Arbeitslosigkeitsepisode begonnen haben[6]. Pro Individuum sind mehrere Episode möglich, weil wiederholte Eintritte in Arbeitslosigkeit zugelassen und
nicht aufgerechnet werden. Untersuchtes Ereignis ist der Ausstieg aus Arbeitslosigkeit. Die Ereignisdaten werden in Zeitraum A (Januar 1999 bis Dezember 2004)
und Zeitraum B (Januar 2005 bis Dezember 2010) aufgeteilt. Wobei Episoden, die
nach Dezember 2004 (Zeitraum A) bzw. Dezember 2010 (Zeitraum B) enden, als
rechtszensiert gelten. Der Beobachtungszeitraum umfasst folglich jeweils sechs
Jahre vor und nach der Implementation von Hartz IV. Anhand von Verweildauer-
analysen wird die zeitbezogene Neigung (Hazardrate) ermittelt, aus Arbeitslosigkeit in einen anderen Zustand zu wechseln.

Zu fragen ist erstens, wie lang Arbeitslosigkeitsepisoden andauern, zweitens,
welchen Einfluss Armut auf die Verweildauern in Arbeitslosigkeit hat und drittens,
ob sich die Mechanismen vor und nach der vierten Hartz-Reform unterscheiden.
Im ersten Analyseschritt wird die Dynamik der Arbeitslosigkeit in den Zeiträumen
A und B anhand einer Kaplan-Meier-Schätzung deskriptiv verglichen. Im zweiten Schritt wird durch Schätzung eines Piecewise-Constant-Exponentialmodell
untersucht, wie die Hazardrate von zeitkonstanten Kovariaten (Ausprägung bei
Eintritt in Arbeitslosigkeit) beeinflusst wird. Dabei erfolgte eine Konzentration
auf Übergängen in Erwerbstätigkeit (Voll-, Teilzeit- und geringfügige Beschäftigung). Übergänge in Minijobs[7] wurden von der Analyse ausgeschlossen, weil
die mit Hartz II umgesetzte Reform geringfügiger Beschäftigungsformen (Mini-
jobreform) bereits 2003 implementiert wurde. Um die Schnittstelle zwischen dem
System sozialer Sicherung und dem Arbeitsmarkt im Fokus zu halten, bleiben
außerdem Übergänge in Bildung (betriebliche Aus- und Fortbildung, Schule und
Hochschule) und Sorgearbeit (Mutterschutz und Elternzeit, Hausfrau/mann) un-
berücksichtigt. Durch Aufteilung des Beobachtungszeitraums in Jahresintervalle
können periodenspezifische Effekte berechnet werden. Als Kovariablen gehen
ein: Das Sozialregime (vor und nach der Implementation der Hartz-IV-Reform in
2005), die Armutslage (Grundsicherungsbezug, relative Einkommensarmut), die

---

[6] Bestandsstichproben können zu einer Überschätzung der Arbeitslosigkeitsdauer führen, da
Kurzzeitarbeitslose eine geringe Chance haben in die Stichprobe zu gelangen. Zudem stellt
sich das Problem der Linkszensierung (Leisering 2008).

[7] Minijobs sind sozialversicherungsfreie Beschäftigungen. Die monatliche Verdienstgrenze
lag ab 1999 bei 352 € und wurde 2003 mit Hartz II auf 400 € (mittlerweile 450 €) angeho-
ben. Zudem entfiel die Begrenzung auf 15 Wochenstunden Arbeitszeit (Bundesagentur für
Arbeit 2011).

Arbeitsmarktlage (vormonatliche Arbeitslosenquote im bewohnten Bundesland), zugeschriebe Individualmerkmale (Geschlecht, Alter, Migrationshintergrund[8]), das individuelle Humankapital (Schulabschluss, subjektive Einschätzung des Gesundheitszustands, Erfahrung mit Arbeitslosigkeit, Erwerbserfahrung) und der Haushaltskontext (Haushaltsform, Anzahl und Alter der Kinder).

7.5.2 Deskription der Vergleichsgruppen

Im Ergebnis gibt es im Übergang vom alten zum neuen Sozialregime Erwerbslose, die einst nicht als arbeitslos deklariert waren, weil sie dem Arbeitsmarkt nicht zur Verfügung standen, nun aber als erwerbsfähig gelten (Tab. 7.1). So ergeben sich Unterschiede zwischen den Vergleichsgruppen, die auf eine größere sogenannte Marktnähe der Arbeitslosen im neuen Regime hinweisen. Nach 2005 befindet sich ein deutlich größerer Anteil Arbeitsloser im Arbeitslosengeld II-Bezug als zuvor im Arbeitslosen- und Sozialhilfebezug. Armut als gesellschaftliche Zuschreibung von Bedürftigkeit hat sich offenbar im Zuge der Reform deutlich verstärkt. Armut im Sinne einer relativen ökonomischen Mangellage wurde aus dem Median-Äquivalenzeinkommen jahresgenau berechnet, das im Durchschnitt bei monatlich 1414 € (Zeitraum A) bzw. 1556 € (Zeitraum B) lag. Die Armutsgrenze von 60 % dieses Einkommens wurde also im Durchschnitt bei einem Monatseinkommen unter 848 bzw. 934 € unterschritten. Im Zeitraum A und B wirtschaftete etwa ein Viertel der Arbeitslosen unterhalb dieser Einkommensschwelle. Dass sich in Zeitraum B etwas mehr Haushalte in Einkommensarmut befanden, könnte Indiz für eine unzureichende Kompensation von ökonomischen Mangellagen im neuen Sozialregime sein.

Der Wirkungszeitraum der Hartz-Reformen fällt in eine wirtschaftliche Konsolidierungsphase nach Rezessionen der 1990er Jahre sowie einer Stagnation von 2000 bis 2003. Während der Jahresdurchschnittswert der inländischen Arbeitslosenquote[9] im Vergleichszeitraum A zwischen 9,4 % (2001) und 10,5 % (1999, 2004) lag, sank die Quote im Vergleichszeitraum B von 11,7 % in 2005 auf 7,7 % im Jahr 2010 (Bundesagentur für Arbeit 2011).

Was die individuellen Merkmale und Ressourcen der untersuchten Arbeitslosen angeht, so ist die Vergleichsgruppe im Zeitraum B jünger und die Bildungsabschlüsse sind höher. Möglicherweise definierten sich nach Hartz IV mehr Schul- und Hochschulabsolvierende als arbeitslos, da sie im neuen Regime auch ohne Erwerbserfahrungen Ansprüche auf Arbeitslosengeld II geltend machen konnten.

---

[8] Menschen, die selbst oder deren Eltern eingewandert sind.

[9] Arbeitslose in Prozent der abhängig beschäftigten Erwerbspersonen.

Tab. 7.1 Vergleichsgruppen vor und nach der vierten Hartz-Reform. (Quelle: Eigene Berechnungen mit Daten des SOEP und Statistik der Bundesagentur für Arbeit (2012) © Sonja Fehr)

	Zugänge in Arbeitslosigkeit	
	1999–2004	2005–2010
	$n = 13.611$	$n = 9391$
Armutslage		
Grundsicherungsbezug[a] (%)	13	21
Relative Einkommensarmut (<60 % des Medians) (%)	25	28
Arbeitsmarktlage		
Arbeitslosenquote im Vormonat (Mittelwert) (%)	10	9
Zugeschriebene Merkmale		
Geschlecht[a]: weiblich (%)	45	46
Migrationshintergrund[a]: ja (%)	25	22
Alter[a] (Mittelwert)	42 Jahre	38 Jahre
Humankapital		
Bildungsabschluss[a]		
Noch keiner (%)	0	2
Keiner, Hauptschule (%)	54	46
Realschule (%)	31	37
Abitur (%)	14	15
Gesundheit[a]: „weniger gut-schlecht" (%)	20	17
Arbeitslosigkeitserfahrung[a] (Mittelwert)	3 Jahre	2 Jahre
Erwerbserfahrung[a] (Mittelwert)	17 Jahre	15 Jahre
Haushaltskontext[a]		
Single (%)	22	20
Paar ohne Kinder (%)	29	23
Paar mit Kindern (%)	38	43
Alleinerziehend (%)	9	13
Kinder im Haushalt (Mittelwert)	1,6	1,6
Alter des jüngsten Kindes		
bis 3 Jahre (%)	10	12
bis 6 Jahre (%)	6	7

[a] Gewichtete Ergebnisse

Dies könnte auch der Grund für geringere Erwerbs- und Arbeitslosigkeitserfahrungen im Zeitraum B sein. Außerdem finden sich ab 2005 mehr Paare und Alleinerziehende mit Kindern (insbesondere mit Kleinkindern) in Arbeitslosigkeit. Ein Indiz für eine Verschärfung der Vereinbarkeitsproblematik zwischen Arbeit und Familie, wenn Familienernährende einen hohen Betreuungsaufwand leisten.

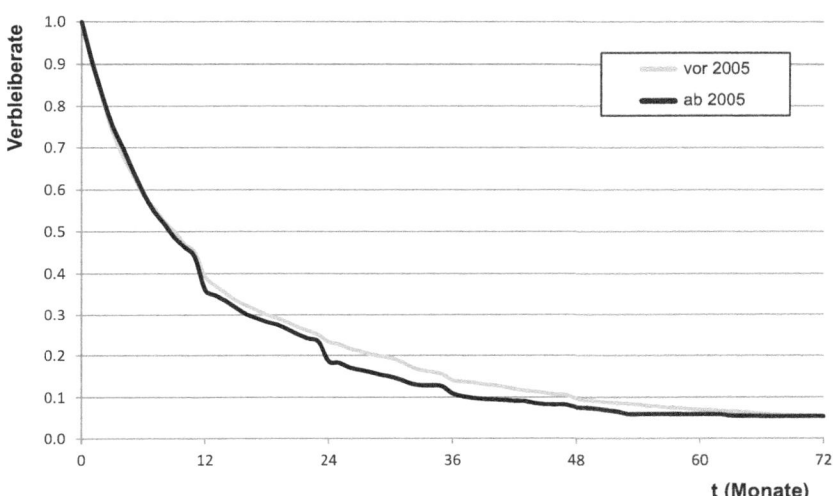

Abb. 7.1 Verweildauer in Arbeitslosigkeit vor und nach der vierten Hartz-Reform. (Quelle: Eigene Berechnungen mit Daten des SOEP, $n=23.002$, $p=0,14$; © Sonja Fehr)

7.5.3 Verweildauern in Arbeitslosigkeit

Welche Folgen haben die beobachteten Veränderungen auf die Integration der Arbeitslosen in den Arbeitsmarkt? Im ersten Schritt untersuche ich den Verlauf ihrer Arbeitslosigkeit. Von den Ereignisdaten des SOEP werden 23.002 Episoden erfasst, von denen 18.108 mit einem Ereignis enden, also nicht rechtszensiert sind. In diesen Fällen fand ein Abgang aus Arbeitslosigkeit statt.

Im Ergebnis zeigt sich sowohl im alten als auch im neuen Regime eine hohe Dynamik (Abb. 7.1): Nach zwölf Monaten haben 39 (Zeitraum A) bzw. 36 % (Zeitraum B) der Arbeitslosen ihre Arbeitslosigkeit beendet. Nach zwei Jahren sind noch 23 bzw. 19 % arbeitslos. Mit zunehmender Dauer der Arbeitslosigkeit flachen die Verweildauerkurven ab, sieben bzw. sechs Prozent bleiben länger als fünf Jahre arbeitslos. Ein Vergleich der Verläufe vor und nach 2005 illustriert marginale, nicht signifikante Unterschiede: Im ersten Jahr decken sich die beiden Kurven, doch Langzeitarbeitslosen[10] gelang der Austritt aus Arbeitslosigkeit nach 2005 ein wenig schneller. Jedoch hat der Wechsel zum aktivierenden Wohlfahrtsregime keine

---

[10] Ich übernehme die Grenzdefinition der Bundesagentur für Arbeit (2011), die Personen, die länger als 12 Monate in Arbeitslosigkeit verweilen, als Langzeitarbeitslose kategorisiert.

signifikante Veränderung der Verweildauer in Arbeitslosigkeit eingebracht. Zu hinterfragen ist jedoch, welche Faktoren hier ausschlaggebend waren. Möglicherweise wurden intendierte Effekte erzielt, während Veränderungen anderer Mechanismen die Einflüsse konterkariert haben. Um ein differenzierteres Bild zu gewinnen, leite ich die Analyse in ein multivariates Verfahren über (Tab. 7.2).

7.5.4 Ausstiegschancen aus Arbeitslosigkeit

Die Koeffizienten des berechneten Modells weisen auf die Chancen eines Übergangs aus Arbeitslosigkeit in Erwerbstätigkeit hin. Sie können sowohl als Effekte auf die Wahrscheinlichkeit als auch auf die Schnelligkeit eines Abgangs aus Arbeitslosigkeit interpretiert werden (Bernardi 2001). Positive Koeffizienten zeigen höhere, negative Koeffizienten geringere Chancen im Vergleich zur jeweiligen Referenzgruppe an.

Die Ergebnisse zeigen deutlich, dass Möglichkeiten am Arbeitsmarkt eng mit zugeschriebenen und erworbenen Individualmerkmalen verknüpft sind. Deutlich treten humankapitaltheoretisch relevante Merkmale in den Vordergrund. Arbeitslose mit größerer sogenannter Marktnähe haben bessere Chancen auf einen schnellen Abgang aus Arbeitslosigkeit. So haben RealschulabsolventInnen und noch deutlicher AbiturientInnen signifikant bessere Erwerbschancen als Personen ohne Schulabschluss. Auch eine längere Erwerbserfahrung schlägt sich in höheren Übergangschancen nieder. Zudem verringern sich mit zunehmendem Alter die Übergangschancen in Arbeit. Doch MigrantInnen haben auch bei Kontrolle der Bildung und des Alters schlechtere Chancen am allgemeinen Arbeitsmarkt.

Die Befunde eines asymmetrischen Wandels der Geschlechterrollen werden durch das Modell insofern bestätigt, dass Frauen eine signifikante Schlechterstellung bei den Abgangschancen aus Arbeitslosigkeit erfahren. Zudem machen die Frauen das Gros der Alleinerziehenden aus und tragen somit auch das Gros der höheren Risiken der Familienform. Die Effekte der Haushaltskomposition geben zudem Auskunft darüber, ob Familienernährende die Möglichkeit nutzen können, neben der Kinderbetreuung und Haushaltsführung einer Erwerbstätigkeit nachzugehen. Wie eingangs vermutet, verringern Kinder signifikant die Übergangschancen in reguläre Beschäftigung.

Ausschlaggebend für die Prüfung der Frage, ob ökonomischer Druck die Arbeitsmarktintegration Arbeitsloser beschleunigt, ist der Effekt der Armutslage. Hier zeigt sich ein deutlicher und signifikanter Effekt auf die Abgangschancen. Arme Arbeitslose haben schlechtere Chancen auf eine Erwerbsintegration. Nicht nur Armut im Sinne einer relativ niedrigen Einkommenslage, sondern auch Armut

Tab. 7.2 Einflussfaktoren auf Übergangschancen aus Arbeitslosigkeit in Erwerbstätigkeit. (Daten: SOEP 1999–2010 und Statistik der Bundesagentur für Arbeit (2012) © Sonja Fehr)

	Abgänge in Erwerbstätigkeit	
Armutslage		
rel. Einkommensarmut (<60% des Medians)	−0,304	***
Grundsicherungsbezug	−0,281	***
Sozialregime		
ab 2005 (Ref.: vor 2005)	0,187	***
Arbeitsmarktlage		
Arbeitslosenquote im Vormonat (Prozent)	−0,020	***
Zugeschriebene Merkmale		
Geschlecht: weiblich	−0,494	***
Alter (Jahre)	−0,084	***
Migrationshintergrund: ja	−0,389	***
Humankapital		
Bildungsabschluss (Ref.: keiner, Hauptschule)		
Realschule	0,421	***
Abitur	0,825	***
Gesundheit: „weniger gut-schlecht"	−0,120	
Arbeitslosigkeitserfahrung (Jahre)	−0,012	
Erwerbserfahrung (Jahre)	0,053	***
Haushaltskontext/Aufgabenteilung		
Haushaltsform (Ref.: Single/Paar ohne Kinder)		
Paar mit Kindern	−0,490	***
Alleinerziehend	−0,539	***
Kinderzahl im Haushalt	−0,154	***
Alter des jüngsten Kindes (Ref.: >6 Jahre)		
Bis 3 Jahre	−0,065	
Bis 6 Jahre	−0,092	
Zeitabhängigkeit		
1. Jahr	−0,011	
2. Jahr	−0,702	***
3. Jahr	−1,298	***
4. Jahr	−1,701	***
5. Jahr	−1,651	***
Abgänge	1647	
Log likelihood (Start/Final)	−6041/−5138	
Modell-Signifikanz	0,000	

Hazard Rates, Piecewise Constant Exponentialmodell
***p (chi2)<0,001; **p<0,05; *p<0,1; 11.006 Beobachtungen/6505 Fälle

im Sinne von Bedürftigkeit unterstützt Desintegrationsprozesse am Arbeitsmarkt. Zudem sinken im Zeitverlauf die Hazardraten: Je länger der/die Arbeitslose unbeschäftigt bleibt, desto geringer sind seine/ihre Chancen auf einen Zustandswechsel. Zudem zeigen sich strukturelle Einflüsse auf individuelle Spielräume am Übergang vom System sozialer Sicherung in den Arbeitsmarkt. Die Neuregelung des Sozialregimes zeigt einen signifikant positiven Effekt[11] auf die Übergangschancen. Nach Hartz IV hatten die Arbeitslosen bessere Chancen auf die Beendigung ihrer Arbeitslosigkeit. Zudem finden sich Hinweise auf Hysteresis-Effekte: Je höher die Arbeitslosenquote im jeweiligen Bundesland desto schlechter sind die individuellen Chancen am regulären Arbeitsmarkt.

7.6 Fazit

Ich hatte eingangs gefragt, ob eine Erhöhung des Erwerbsdrucks auf Arbeitslose zu einer Beseitigung der problematisierten Falle zwischen dem System sozialer Sicherung und dem Arbeitsmarkt führt. Zur Beantwortung der Frage wurde auf theoretische Wirkungszusammenhänge verwiesen, die sich aus dem Armutsfallentheorem, der Exklusionsforschung und der Dynamischen Armutsforschung ableiten lassen. Wenn die Annahmen des Armutsfallentheorems zuträfen, müsste Armut die Arbeitslosigkeitsphasen verkürzt haben. Wenn Exklusionsmechanismen wirksam würden, müssten Armutslagen einen negativen Effekt auf die Arbeitsmarktchancen zeigen. Wenn die Annahmen der Dynamischen Armutsforschung zuträfen, müsste Arbeitslosigkeit eine hohe Dynamik aufweisen, die sich im Zeitverlauf nicht verändert hat.

Im Ergebnis lässt sich ein signifikant positiver Effekt des neuen Sozialregimes auf die Abgangschancen aus Arbeitslosigkeit in Erwerbstätigkeit nachweisen. Der Befund bestätigt die Implikationen des Armutsfallentheorems. Arbeitslose ließen sich durch Aktivierungsmaßnahmen dazu motivieren, Suchanstrengungen im unteren Einkommensbereich des Arbeitsmarktes anzustellen. Im Sinne des Theorems konnten sie durch sozialpolitische Interventionen vor den nichtintendierten Folgen ihres subjektiv rationalen Handelns geschützt werden. *Hier bestätigt sich Hypothese 1.*

Für die Annahmen der Dynamischen Armutsforschung sprechen indes anhaltend schnelle Austritte aus Arbeitslosigkeit sowohl vor als auch nach 2005 (siehe Abb. 7.1). Ein Großteil der Arbeitslosen bleibt nach wie vor auch in prekären

---

[11] Unklar bleibt in diesem Zusammenhang, inwiefern sich vermehrte Übergänge in Aktivierungsmaßnahmen in den Ergebnissen niederschlagen.

Lebenslagen handlungsfähig und findet relativ kurzfristig aus Arbeitslosigkeit heraus. Der im politischen Diskurs geforderten Pflicht zur Übernahme von Eigenverantwortung wurde folglich sowohl vor als auch nach dem Wandel zum aktivierenden Regime nachgekommen. Im Handeln der Arbeitslosen manifestiert sich das zeitgenössische Solidarprinzip: Hier wird nicht die Armut potentiell unmündiger FürsorgebezieherInnen bekämpft, um ein Leben in Würde zu ermöglichen. Hier dominiert die Norm eigenverantwortlicher ArbeitsbürgerInnen, die sich durch den Verhaltenskanon eines kommodifizierten Subjekts ausweisen: Selbststeuerung, Selbstkontrolle, Flexibilität, rationale Lebensführung und Konformität (vgl. Promberger 2009, S. 610). *Hypothese 3 wird hier bestätigt.*

Fraglich ist, ob der Reformerfolg bei der Gestaltung von Arbeitsanreizen und Verweildauern auch die damit einhergehenden Probleme aufwiegt. Denn meine Ergebnisse geben durchaus Hinweise auf Annahmen der Exklusionsforschung: Im neuen Regime sind bei sieben Prozent der Arbeitslosen Verfestigungen von mehr als fünf Jahren andauernder Arbeitslosigkeit auszumachen. Armutslagen haben einen signifikant negativen Einfluss auf die Erwerbsintegration der Arbeitslosen. Nicht nur Armut im Sinne einer relativen ökonomischen Mangellage sondern auch Armut im Sinne von Bedürftigkeit haben sich im Zuge der Hartz-Reformen verstärkt und scheinen Desintegrationsprozesse am Arbeitsmarkt zu unterstützen. Diese Befunde widerlegen die Annahme des Armutsfallentheorems, denn aus niedrigen Einkommen erwachsen offenbar keine monetären Anreize zur Erwerbsaufnahme. *In diesem Punkt bestätigt sich Antithese 1 während die Ausgangsthese widerlegt wird.*

Zugleich verweisen die Ergebnisse des multivariaten Modells auf die Selektivität der Arbeitslosigkeitsdynamik der untersuchten Population. Wer nicht an Marktbedingungen angepasst ist, verbleibt länger unter den Arbeitslosen. Zu den marginalisierten Gruppen zählen erstens diejenigen Menschen, die über relativ wenige Bildungsressourcen verfügen. Zweitens haben Migranten auch bei Kontrolle der Bildung schlechtere Chancen auf eine Integration in die Erwerbsgesellschaft, was als Indiz für Diskriminierung gedeutet werden kann. Drittens sind ältere Arbeitslose infolge schlechterer Erwerbschancen mit der Aberkennung biografischer und statusbezogener Versorgungsansprüche konfrontiert. Und viertens haben Familien zunehmend Probleme ihrer ökonomischen Wohlfahrtsfunktion nachzukommen, denn auf dem Arbeitsmarkt erweisen sich Betreuungsverpflichtungen als Nachteil. Bezüglich der langfristigen Dynamik der hier nur skizzierten Marginalisierungsprozesse und dahinterstehenden Wirkungsmechanismen besteht allemal weiterer Forschungsbedarf.

Eine moderne, an Menschenrechten orientierte Sozialstaatlichkeit hätte die soziale Tatsache anzuerkennen, dass nicht alle Gesellschaftsmitglieder gängigen

Prinzipien entsprechen und trotzdem in den Schutz des Sozialstaatsgebots fallen müssten. Zu betonen wäre hier die Bedeutung sozialer Rechte, die BürgerInnen auch jenseits der Erwerbsarbeit Zugang zu einem kulturell angemessenen Leben gewährleisten. In Anbetracht der zeitgenössischen Politik regulativer Diskriminierung und normativen Diskreditierung der Nichterwerbstätigkeit (Lessenich 2003, S. 217) ist indes nicht anzunehmen, dass marktferneren Gruppen solidarisch finanzierte Ruhezonen und damit legitimierte Alternativrollen zur Erwerbsarbeit zugestanden werden. Entsprechen ist davon auszugehen, dass in der Betonung von Marktadaption die Exklusion derjenigen mitgeliefert wird, die den Verhaltenskanon individuellen Selbstmanagements nicht leisten können.

Literatur

Andreß, H.-J., & Strengmann-Kuhn, W. (1997). Warum arbeiten, wenn der Staat zahlt? *Zeitschrift für Sozialreform, 7,* 505–525.

Bane, M., & Ellwood, D. (1986). Slipping into and out of poverty. The dynamics of spells. *The Journal of Human Resources, 21,* 1–23.

Baßeler, U., Heinrich, J., & Utech, B. (2006). *Grundlagen und Probleme der Volkswirtschaft.* Stuttgart: Schäffer Poeschel.

Beck, U. (1986). *Risikogesellschaft.* Frankfurt a. M.: Suhrkamp.

Becker, G. (1965). A Theory of the allocation of time. *The Economic Journal, 75,* 493–517.

Becker, G. (1993). *Human capital. A theoretical and empirical analysis with special reference to education.* Chicago: University of Chicago Press.

Becker, G. (1998). *A treatise on the family.* Cambridge: Cambridge University Press.

Becker, J., & Gulyas, J. (2012). Armut und Scham. Über die emotionale Verarbeitung sozialer Ungleichheit. *Zeitschrift für Sozialreform, 58,* 83–99.

Bernardi, F. (2001). Is it a timing or a probability effect? Four simulations and an application of transition rate models to the analysis of unemployment exit. *Quality and Quantity, 35,* 231–252.

BMAS, Bundesministerium für Arbeit und Soziales. (2001). *Lebenslagen in Deutschland. Der erste Armuts- und Reichtumsbericht der Bundesregierung.* Berlin: BMAS.

BMAS (2008). *Lebenslagen in Deutschland. Der 3. Armuts- und Reichtumsbericht der Bundesregierung.* Berlin: BMAS.

BMAS (2013). *Lebenslagen in Deutschland. Der 4. Armuts- und Reichtumsbericht der Bundesregierung.* Berlin: BMAS.

Bonoli G., Victor, G., & Taylor-Gooby, P. (2000). *European welfare futures. Towards a theory of retrenchment.* Cambridge: Polity Press.

Bude, H., & Lantermann, E.-D. (2006). Soziale Exklusion und Exklusionsempfinden. *Kölner Zeitschrift für Soziologie und Sozialpsychologie, 58,* 233–252.

Buhr, P. (1995). *Dynamik von Armut. Dauer und biographische Bedeutung von Sozialhilfebezug.* Opladen: Westdeutscher Verlag.

Buhr, P., & Weber, A. (1999). Long-term recipients of social assistance in Germany. The eighties versus the nineties. In H.-J. Andreß (Hrsg.), *Empirical poverty research in a comparative perspective* (S. 315–329). Aldershot: Ashgate.

Bundesagentur für Arbeit (2011). *Arbeitsmarkt 2010. Arbeitsmarktanalyse für West- und Ostdeutschland.* Nürnberg.

Bundesagentur für Arbeit (2012). *Arbeitslosigkeit im Zeitverlauf.* Nürnberg: Bundesagentur für Arbeit.

Bundesagentur für Arbeit (2014). Arbeitslosengeld II/Sozialgeld. http://www.arbeitsagentur. de/Navigation/zentral/Buerger/Arbeitslos/Grundsicherung/Alg-II-Sozialgeld/Alg-II-Sozialgeld-Nav.html. Zugegriffen: 30. Jan. 2014.

Bundesregierung (2003). Regierungserklärung von Bundeskanzler Schröder am 14. März vor dem Deutschen Bundestag. http://www.bundestag.de/dokumente/textarchiv/2013/43257637_kw11_kalenderblatt_agenda2010/211202. Zugegriffen: 24. Juli 2014.

Bundesregierung (2004). *Agenda 2010. Deutschland bewegt sich.* Berlin: Presse- und Informationsamt der Bundesregierung.

Christoph, B. (2008). Was fehlt bei Hartz IV? Zum Lebensstandard der Empfänger von Leistungen nach SGB II. *Informationsdienst Soziale Indikatoren, 40,* 7–10.

Coltrane, S. (2000). Research on household labor. Modeling and measuring the social embeddedness of routine family work. *Journal of Marriage and the Family, 62,* 1208–1233.

Coser, L. (1992). Soziologie der Armut. Georg Simmel zum Gedächtnis. In S. Leibfried & W. Voges (Hrsg.), *Armut im modernen Wohlfahrtsstaat. Sonderheft 32 der Kölner Zeitschrift für Soziologie und Sozialpsychologie* (S. 34–47). Opladen: Westdeutscher Verlag.

Deutschmann, C. (2008). *Kapitalistische Dynamik. Eine gesellschaftstheoretische Perspektive.* Wiesbaden: VS Verlag für Sozialwissenschaften.

Elder, G., Conger, R., Foster, E., & Ardelt, M. (1992). Families under economic pressure. *Journal of Family Issues, 13,* 5–37.

Esping-Andersen, G. (1999). *Social foundations of postindustrial economies.* Oxford: Oxford University Press.

Fehr, S., & Vobruba, G. (2011). Die Arbeitslosigkeitsfalle vor und nach der Hartz-IV-Reform. *WSI-Mitteilungen, 64,* 211–217.

Gallie, D. (1999). Unemployment and social exclusion in the European Union. *European Societies, 1,* 139–167.

Gallie, D., Paugam, S., & Jacobs, S. (2003). Unemployment, poverty and social isolation. Is there a vicious circle of social exclusion? *European Societies, 5,* 1–32.

Gangl, M. (1998). Sozialhilfebezug und Arbeitsmarktverhalten. Eine Längsschnittanalyse der Übergänge aus der Sozialhilfe in den Arbeitsmarkt. *Zeitschrift für Soziologie, 27,* 212–232.

Gebauer, R. (2007). *Arbeit gegen Armut. Grundlagen, historische Genese und empirische Überprüfung des Armutsfallentheorems.* Wiesbaden: VS Verlag für Sozialwissenschaften.

Gebauer, R., Petschauer, H., & Vobruba, G. (2003). *Wer sitzt in der Armutsfalle? Selbstbehauptung zwischen Sozialhilfe und Arbeitsmarkt.* Berlin: Edition Sigma.

Graf, T., & Rudolph, H. (2009). *Dynamik im SGB II 2006–2007. Viele Bedarfsgemeinschaften bleiben lange bedürftig. IAB-Kurzbericht 5.* Nürnberg: Institut für Arbeitsmarkt- und Berufsforschung.

Grapka, M., & Frick, J. (2010). Weiterhin hohes Armutsrisiko in Deutschland: Kinder und junge Erwachsene sind besonders betroffen. *DIW Wochenbericht, 7,* 2–11.

Gregg, P., Johnson, P., & Reed, H. (1999). *Entering work and the British tax and benefit system*. London: Institute for Fiscal Studies.

Heimann, E. (1980). *Soziale Theorie des Kapitalismus. Theorie der Sozialpolitik*. Frankfurt a. M.: Suhrkamp.

Hirseland, A., & Ramos Lobato, P. (2010). *Armutsdynamik und Arbeitsmarkt. Entstehung, Verfestigung und Überwindung von Hilfebedürftigkeit bei Erwerbsfähigen. IAB-Forschungsbericht 3*. Nürnberg: Institut für Arbeitsmarkt- und Berufsforschung.

Klinger, S., & Rothe, T. (2012). The impact of labour market reforms and economic performance on the matching of the short-term and the long-term unemployed. *Scottish Journal of Political Economy, 59*(1), 90–114.

Klocke, A. (2000). Methoden der Armutsmessung. Einkommens-, Unterversorgungs-, Deprivations- und Sozialhilfekonzept im Vergleich. *Zeitschrift für Soziologie, 29*, 313–329.

Koch, S., Kupka, P., & Steinke, J. (2009). *Aktivierung, Erwerbstätigkeit und Teilhabe. Vier Jahre Grundsicherung für Arbeitsuchende*. Bielefeld: IAB-Bibliothek.

Kreckel, R. (1992). *Politische Soziologie der sozialen Ungleichheit*. Frankfurt a. M.: Campus.

Kronauer, M. (2010). *Exklusion. Die Gefährdung des Sozialen im entwickelten Kapitalismus*. Frankfurt a. M: Suhrkamp.

Leibfried, S., Leisering, L., Buhr, P., Ludwig, M., Mädje, E., Olk, T., Voges, W., & Zwick, W. (1995). *Zeit der Armut. Lebensläufe im Sozialstaat*. Frankfurt a. M.: Suhrkamp.

Leisering, L. (2008). Dynamik von Armut. In E.-U. Huster, J. Boeckh, & H. Mogge-Grotjahn (Hrsg.), *Handbuch Armut und soziale Ausgrenzung* (S. 118–132). Wiesbaden: VS Verlag für Sozialwissenschaften.

Leisering, L., & Leibfried, S. (1999). *Time of poverty in western welfare states. United Germany in perspective*. Cambridge: Cambridge University Press.

Leisering, L., & Walker, R. (1998). *The dynamics of modern society: Poverty, policy and welfare*. Bristol: Polity Press.

Lessenich, S. (2003). Der Arme in der Aktivgesellschaft. Zum sozialen Sinn des Förderns und Forderns. *WSI-Mitteilungen, 4*, 214–220.

Lightman, E., Mitchell, A., & Herd, D. (2010). Cycling off and on welfare in Canada. *Journal of Social Policy, 39*, 523–542.

Mankiw, N. (1998). *Principles of economics*. Forth Worth: Dryden Press.

Merton, R. (1995). *Soziale Theorie und soziale Struktur*. Berlin: de Gruyter.

OECD. (2014). *OECD-Wirtschaftsberichte: Deutschland 2014*. Paris: OECD Publishing.

Ott, N. (1992). *Intrafamily bargaining and household decisions*. Berlin: Springer.

Paugam, S. (1996). *L'Exclusion: l'état des savoirs*. Paris: La Découverte.

Pearson, M., & Scarpetta, S. (2000). An overview: What do we know about policies to make work pay? OECD Economic Studies, 31, 11-24. Das Paper finden Sie hier: http://www.oecd.org/eco/growth/2676194.pdf

Pfau-Effinger, B. (2001). Wandel wohlfahrtsstaatlicher Geschlechterpolitiken im soziokulturellen Kontext. In B. Heintze (Hrsg.), *Geschlechtersoziologie* (S. 487–511). Wiesbaden: VS Verlag für Sozialwissenschaften.

Piachaud, D. (1997). Soziale Sicherheit und Abhängigkeit. *Internationale Revue für Soziale Sicherheit, 50*, 47–63.

Promberger, M. (2009). Fünf Jahre SGB II. Versuch einer Bilanz. *WSI-Mitteilungen, 62*, 604–611.

Runciman, W. (1966). *Relative deprivation and social justice. A study of attitudes to social inequality in twentieth-century England.* Berkeley: University of California Press.

Saraceno, C. (2002). *Social assistance dynamics in Europe. National and local poverty regimes.* Bristol: The Polity Press.

Schneider, H., & Uhlendorff, A. (2005). Transitions from welfare to employment: Does the ratio between labor income and social assistance matter? *Schmollers Jahrbuch, 125,* 51–61.

Schwarze, J., & Raderschall, S. (2002). Welfarisation in Deutschland: Werden die Familien abhängig von der Sozialhilfe? *ifb Materialien* 8. Bamberg: Staatinstitut für Familienforschung an der Universität Bamberg.

Simmel, G. (1989[1900]). *Philosophie des Geldes.* Frankfurt a. M.: Suhrkamp.

Simmel, G. (2013[1908]). Der Arme. In G. Simmel (Hrsg.), *Soziologie* (S. 345–374). Leipzig: Duncker & Humblot.

Statistisches Bundesamt (2011). *Bevölkerung und Erwerbstätigkeit. Haushalte und Familien. Ergebnisse des Mikrozensus 2010.* Wiesbaden: Statistisches Bundesamt.

Vobruba, G. (2007). Arbeiten und Essen. Die Logik im Wandel des Verhältnisses von gesellschaftlicher Arbeit und existentieller Sicherung im Kapitalismus. In G. Vobruba (Hrsg.), *Entkopplung von Arbeit und Einkommen. Das Grundeinkommen in der Arbeitsgesellschaft* (S. 47–70). Wiesbaden: VS Verlag für Sozialwissenschaften.

Walker, R. (1994). *Poverty dynamics. Issues and examples.* Aldershot: Avebury.

Walker, R., Kyomuhendo, G., Chase, E., Choudhry, S., Gubrium, E., Nicola, J., Lødemel, I., Mathew, L., Mwiine, A., Pellissery, S., & Ming, Y. (2013). Poverty in global perspective: Is shame a common denominator? *Journal of Social Policy, 42,* 215–233.

Wilde, J. (2003). Was reizt Sozialhilfeempfänger zum Ausstieg? Eine empirische Untersuchung mit dem Niedrigeinkommenspanel. *Jahrbücher für Nationalökonomie und Statistik, 223,* 719–742.

Sonja Fehr Mag. (Magistra Artium), Dozentin im Fachbereich Gesellschaftswissenschaften am Lehrstuhl für Mikrosoziologie der Universität Kassel Promotion an der Universität Kassel zur Dynamik familialer Armut in der individualisierten Erwerbsgesellschaft. Forschungsschwerpunkte sind die Soziologie sozialer Ungleichheit sowie die Familien- und Arbeitssoziologie.

Arbeitsmarktfähigkeit unter Beobachtung. „Scheininvalidität" in der Schweiz

Benedikt Hassler

8.1 Einleitung

Die Schweiz gehört zu den Pionierstaaten der Sozialpolitik. Die bundesweit geltenden Fabrikgesetzgebungen aus dem Jahr 1877, in denen die Kausalhaftung des/der BetriebsinhaberIn für körperliche Schäden der Belegschaft festgeschrieben und der gesetzliche Mutterschutz etabliert wurden, demonstrieren dies beispielhaft (vgl. Opielka 2007, S. 193; Studer 1998, S. 168 f.). In den darauf folgenden Jahren stagnierte die Entwicklung allerdings und die Ausgestaltung des heutigen Wohlfahrtsstaates entwickelte sich vergleichsweise spät. Die wesentlichen Elemente des schweizerischen Sozialstaats wurden erst nach dem Zweiten Weltkrieg geschaffen. Grundlegender erster Meilenstein für den Sozialstaat in der heutigen Form ist die Schaffung der Alters- und Hinterlassenenversicherung im Jahr 1948 (Caduff 2007, S. 29). Bis zu diesem Zeitpunkt leisteten die Familien die soziale Sicherung vorwiegend selbst. Die Eltern sicherten ihre Kinder finanziell ab und diese garantierten den Eltern im Gegenzug die Altersvorsorge und -fürsorge. In Fällen, in denen diese wechselseitige Absicherung nicht funktionierte, sprang das staatliche Armenwesen ein, das durch die Heimatorte der betroffenen Personen organisiert und finanziert war (Caduff 2007, S. 47). Zur Einführung der Invalidenversicherung

B. Hassler (✉)
Fachhochschule Nordwestschweiz FHNW Hochschule für Soziale Arbeit,
Riggenbachstrasse 16, 4600 Olten, Schweiz
E-Mail: benedikt.hassler@fhnw.ch

© Springer Fachmedien Wiesbaden 2016
W. Aschauer et al. (Hrsg.), *Solidaritätsbrüche in Europa*,
Europa – Politik – Gesellschaft, DOI 10.1007/978-3-658-06405-1_8

kam es nach langen politischen Auseinandersetzungen erst im Jahr 1960 (vgl. Germann 2008, S. 180 ff.).

Der heutige Sozialstaat der Schweiz besteht aus verschiedenen erwerbsbasierten Versicherungen, die sich in fünf Bereiche aufteilen lassen:

- Alters-, Hinterlassenen- und Invalidenvorsorge
- Kranken- und Unfallversicherung
- Erwerbsersatz (für Dienstleistende und Mutterschaft)
- Arbeitslosenversicherung
- Familienzulagen

Ergänzt wird dieses ausdifferenzierte Sozialversicherungssystem durch die Sozialhilfe, die aus dem Armenwesen hervorgegangen ist, das Existenzminimum der empfangenden Personen sicherstellt und im Gegensatz zu den genannten Versicherungen nicht auf eine (vorhergehende) Erwerbsarbeit ausgerichtet ist.[1]

Das beschriebene Sozialversicherungssystem wurde zu einem großen Teil im Wirtschaftswunder der Nachkriegszeit konzipiert und damit in einer wirtschaftlich prosperierenden Zeit institutionalisiert. Der Sozialstaat vermittelte in dieser Form erfolgreich zwischen ökonomischer und sozialer Rationalität (Lessenich 2009, S. 155). Seine Ausgestaltung und der ausgeprägte Expansionsdrang beruhten auf einem stabilen Wirtschaftssystem mit fordistischen Normalarbeitsverhältnissen und Vollbeschäftigung der männlichen Bevölkerung im erwerbsfähigen Alter. Seit den 1970er Jahren haben sich in der Schweiz – analog zu anderen vergleichbaren Volkswirtschaften – die grundlegenden ökonomischen Bedingungen verändert. Das fordistische Normalarbeitsverhältnis büßte an Dominanz ein (vgl. Jann und Diekmann 2008), die Erwerbstätigenquote der Frauen nahm stark zu (BFS 2014), der Altersquotient[2] stieg an (BFS 2013) und die Weltwirtschaft wurde durch verschiedene Krisen erschüttert. Diese Entwicklungen in Verbindung mit der wachsenden Zahl an Leistungsbezügerinnen und Leistungsbezügern beeinflussten die Sozialversicherungen, die zunehmend mit Schwierigkeiten der Finanzierung der Renten konfrontiert waren. Gleichzeitig kam es mit dem Erstarken des Neoliberalismus zu einer grundsätzlichen Kritik am sozialstaatlichen Projekt in der Schweiz (vgl. Degen 2006, S. ff.). Die genannten ökonomischen und politischen Einfluss-

---

[1] Diese Zweiteilung in erwerbsunabhängige Sozialhilfe und erwerbsabhängige Sozialversicherungen erklärt sich durch institutionelle Pfadabhängigkeiten (vgl. North 1990). Die historische Aufspaltung in das Armenwesen einerseits und private Versicherungen andererseits war Grundlage für die unterschiedliche Funktionslogik.

[2] Der Altersquotient ist definiert als Anzahl Personen, die älter als 64 Jahre sind, geteilt durch die Anzahl 20- bis 64-Jähriger.

faktoren entluden sich seit den 1990er Jahren in mehreren Sozialversicherungsreformen.

Im Folgenden wird insbesondere die Umgestaltung der Invalidenversicherung im Fokus stehen. Als Grundlage für die nachfolgende Argumentation wird an erster Stelle ausgeführt, wie die Invalidenversicherung der Schweiz funktioniert, mit welchen Problemen sie konfrontiert ist und welche Reformen in den letzten Jahren implementiert wurden. Im Zentrum steht dabei der Begriff *Scheininvalidität*, bzw. die Bekämpfung ungerechtfertigter Ansprüche auf Renten der Invalidenversicherung durch die Observation verdächtiger Personen. Daraufhin wird dargelegt, welche Auswirkungen die beschriebenen Reformen für Bezügerinnen und Bezüger von IV-Renten mit sich bringen und was diese Entwicklungen für die innerstaatliche Solidarität bedeuten. Die in diesem Artikel vollzogene Fokussierung auf die Invalidenversicherung im Allgemeinen und die Bekämpfung der Scheininvalidität im Speziellen ist eine adäquate Vorgehensweise, da sich in diesem neuen Systemelement *pars pro toto* die grundsätzliche Stoßrichtung und Problematik der Reformen des Sozialversicherungssystems offenbaren.[3]

8.2 Invalidität und Invalidenversicherung

Die Invalidenversicherung (IV) ist wie die Alters- und Hinterlassenenversicherung (AHV) eine obligatorische Versicherung für alle Personen, die in der Schweiz wohnen oder in der Schweiz erwerbstätig sind. Ziel der IV ist es, den versicherten Personen durch Geldleistungen oder mittels Eingliederungsmaßnahmen die Existenzgrundlage zu sichern, sobald diese invalid werden. In der Schweizer Invalidenversicherung existieren drei notwendige Bedingungen für eine Anerkennung der Invalidität im Sinne eines Anspruchs auf eine Invalidenrente:

1. Es liegt ein körperlicher, psychischer oder geistiger Gesundheitsschaden vor (egal ob von Geburt an, durch Krankheit oder Unfall).
2. Es besteht eine längere oder bleibende Erwerbsunfähigkeit bzw. Unfähigkeit, sich im bisherigen Aufgabenbereich (beispielsweise im Haushalt) zu betätigen.
3. Die Erwerbsunfähigkeit ist durch den Gesundheitsschaden verursacht.

---

[3] Dieser Text stellt übersichtsartig dar, wie es zur Bekämpfung ungerechtfertigter Rentenansprüche kam und zeigt analytisch auf, welche Auswirkungen die betroffenen Personen dadurch erfahren. Die systematische Analyse zur Berichterstattung der Printmedien zum Abstimmungskampf über die 5. IV-Revision und der damit verbundenen Einführung der Betrugsbekämpfung findet sich bei Jan Weisser (2008).

Nach der Anmeldung bei der zuständigen IV-Stelle beginnt ein Abklärungsver-
fahren. Mit der Unterstützung von Fachpersonen der beruflichen Eingliederung
und der Arbeitsvermittlung sowie Ärztinnen und Ärzten des regionalen ärztlichen
Dienstes (RAD) wird ein Bild der Problemlage entwickelt. Darüber hinaus können
die IV-Stellen Gutachten von Fachärzten oder medizinischen Abklärungsstellen
(MEDAS) einholen (Kocher und Leuenberger 2009). Innerhalb dieses Abklä-
rungsprozesses wird festgestellt und festgelegt, ob ein Rentenanspruch besteht.

Die Bestimmung der Arbeitsmarktfähigkeit[4] ist damit weitestgehend eine medizinische Frage, wobei im Prozess der Prüfung des Rentenanspruchs insbesondere
Ärztinnen und Ärzte eine zentrale Rolle einnehmen (vgl. z. B. Baer et al. 2009).
Diese medizinische Abklärung basiert auf einer gesetzlichen Grundlage, die vor-
gibt, wer Anspruch auf eine Invalidenrente hat. Robert Castel (2008) schuf für die
in gesellschaftlichen Aushandlungsprozessen konstruierte Gruppe der Menschen,
die nicht fähig sind, für die eigenen Grundbedürfnisse zu arbeiten, den Begriff
der *Handicapologie*. Bei Castel ist diese Gruppe breit gefasst und beinhaltet auch
„alte Leute" und „elternlose Kinder". Gesellschaftliche Aushandlungsprozesse bestimmen die Trennlinie zwischen Arbeitsfähigkeit und -unfähigkeit (Castel 2008,
S. 27), wobei Interessen- und Machtlagen mitentscheidend sind: In der Schweiz
nimmt die IV in diesem gesellschaftlichen Aushandlungsprozess als zentrale Institution und Meinungsführerin eine wichtige Funktion ein, die Patrick Caduff und
Monica Budowski (2012) folgendermaßen auf den Punkt bringen:

> Man kann die IV als eine juristisch-politische Materialisierung der Handicapologie
> verstehen: Ihre immer wieder revidierten gesetzlichen Bestimmungen sind Ausdruck
> der zum jeweiligen Zeitpunkt herrschenden politischen Handicapologie. (Caduff und
> Budowski 2012, S. 71)

Die jeweils vorherrschende Handicapologie hat in erster Linie ökonomische Konsequenzen. Sie bestimmt, wer die bezugsberechtigten Personen von Rentenleis-
tungen der Invalidenversicherung sind. Gleichzeitig beeinflusst sie allerdings auch
die gesellschaftliche Vorstellung davon, welche Personen berechtigterweise nicht
arbeiten müssen, da ihnen eine Arbeitsstelle bzw. eine Erwerbsarbeit im ersten
Arbeitsmarkt nicht zugemutet werden kann. Die Handicapologie änderte sich in
den letzten Jahren insbesondere hinsichtlich nicht sichtbarer (und damit nicht ob-
jektivierbarer) Beeinträchtigungen, die größtenteils nicht mehr als Grund für eine
Arbeitsunfähigkeit angesehen werden. Schmerzstörungen, Fibromyalgie und an-

---

[4] In der Invalidenversicherung ist nicht von Arbeits*markt*fähigkeit sondern von Arbeitsfähigkeit sowie Arbeits*un*fähigkeit die Rede. Je nach Grad der Arbeitsunfähigkeit besteht Anspruch auf eine Viertelsrente, eine halbe Rente, eine Dreiviertelsrente oder eine ganze Rente.

dere schwer objektivierbare Störungen sind damit keine hinreichenden Faktoren mehr für einen Anspruch auf eine IV-Rente (Kirchner 2011). Dadurch richtet sich die IV zunehmend am technischen Objektivierungsvermögen der Medizin aus (Caduff und Budowski 2012, S. 76) und es kommt zu einer Unterscheidung von „echten" und „unechten" Behinderungen (vgl. Weisser 2005).[5] Durch die veränderte Gesetzgebung wird die Medizin als eine exakte Wissenschaft dargestellt, die nicht nur trennscharf zwischen gesund und krank unterscheiden kann, sondern darüber hinaus in der Lage ist, die „Restarbeitsfähigkeit" einer Person zu bestimmen.[6]

8.3   Transformation des Sozialstaats und Folgen für die Invalidenversicherung

In der Schweiz gerieten sämtliche Sozialversicherungen in den letzten 20 Jahren unter finanziellen und politischen Druck. Diese Entwicklung setzte Reformprozesse in Gang, die den Sozialstaat von einer sorgenden in eine aktivierende Ausgestaltung überführten (vgl. Lessenich 2008).[7] Eine derartige Neuausrichtung der Sozialpolitik erfolgte in der Mehrheit der Staaten Europas seit Mitte der 1990er Jahre (Schallberger und Wyer 2010, S. 17). Der wesentliche Grund für die Stärkung des Aktivierungselements bestand in erster Linie nicht in dem Wohl der Klientinnen und Klienten, sondern in den zunehmenden Erschwernissen der Finanzierung des Sozialstaats. Die möglichst flächendeckende Verbreitung von Erwerbsarbeit, d. h. Arbeitsmarktintegration für breite Bevölkerungsgruppen, ist damit Mittel zum Zweck der Finanzierbarkeit der verschiedenen Sozialversicherungen geworden (vgl. Kutzner 2009, S. 17).

Die Schweiz machte den ersten Transformationsschritt in Richtung verstärkter Aktivierung und abgeschwächter Versorgung durch die Teilrevision der Arbeitslosenversicherung (2. AVIG-Revision) im Jahr 1995 (Nadai 2009, S. 59): Das Parlament kürzte die Leistungen der Arbeitslosenversicherung und führte eine breite

---

[5] Jüngstes Beispiel hierfür ist der Einsatz sogenannter Hirnscans im Kanton Luzern zur Überprüfung von psychiatrischen oder neurologischen Erkrankungen (Reye 2014). Dabei werden beispielsweise ergebniskorrelierte Potenziale gemessen und mit den Werten von gesunden Personen verglichen, wodurch Funktionseinbußen im Gehirn festgestellt werden können (Niederer 2014).

[6] Die Schwierigkeiten dieser Abklärungen werden auch selbstkritisch in der Schweizerischen Ärztezeitung thematisiert (vgl. Conne 2003).

[7] Mit Bill Clinton, Gerhard Schröder und Tony Blair gab es in den 1990er Jahren prominente Vorbilder für eine Politik der Aktivierung mit „Fördern und Fordern" als zentralem Credo (vgl. Lessenich 2003, S. 215).

Palette an Wiedereingliederungsmaßnahmen ein. Diese Revision der Arbeitslosen-versicherung Mitte der 1990er Jahre setzte die anderen Sozialversicherungen unter Zugzwang, da diese nicht unabhängig voneinander operieren und ein Austausch an Bezügerinnen und Bezügern zwischen den verschiedenen Sozialversicherungen und der Sozialhilfe stattfindet.[8] Dementsprechend kam es zu einem „Revisions-Wettlauf", der bis zum heutigen Tag noch nicht abgeschlossen ist.

An zweiter Stelle wurden die Bedingungen des Bezugs von Geldern der Sozial-hilfe verschärft. Die Sozialhilfe ist anders als die Arbeitslosenversicherung und die Invalidenversicherung unabhängig von einer vorangegangenen Erwerbstätigkeit und kantonal geregelt, d. h. es existiert in jedem Kanton ein eigenes Sozialhilfegesetz. Der private Verein SKOS (Schweizerische Konferenz für Sozialhilfe) gibt Richtlinien für die Berechnung der Sozialhilfe vor. Diese Richtlinien dienen aber lediglich als Emp-fehlungen und werden erst durch die kantonalen Gesetzgebungen verbindlich. Die Rechtsdurchsetzung erfolgt schließlich auf kommunaler Ebene. Im Jahr 2005 wur-den analog zur Arbeitslosenversicherung aktivierende Elemente (Anreizmechanis-men durch Belohnung und Bestrafung) in die Ausgestaltung der Empfehlungen der SKOS mit aufgenommen (Nadai 2007; Schallberger und Wyer 2010, S. 21).

Als dritte Versicherung folgte schließlich die IV, die in der 4. (2003) und 5. (2008) Revision, sowie in der Teilrevision 6a (2011) die Eingliederungsbemühungen ebenfalls verstärkte und die Versorgungsleistungen minderte (vgl. Kirchner 2011, S. 108 ff.; Nadai 2009, S. 60 f.). Arbeitslosenversicherung, Sozialhilfe und Invali-denversicherung bewegen sich demnach alle in die gleiche Richtung. Sie entfernen sich zunehmend von der Versorgung und fokussieren sich verstärkt auf die Teilhabe durch Aktivierung und Eingliederung. Im Folgenden wird anhand der Invalidenver-sicherung weiter expliziert, wie und warum es zu dieser Umorientierung kam.

Der Ausrichtung der Invalidenversicherung auf das Mantra „Eingliederung vor Rente" liegt hauptsächlich eine ökonomische Logik zugrunde.[9] Je mehr Personen im Arbeitsmarkt sind, Beiträge zahlen und keine Rentenansprüche stellen, desto einfacher gelingt eine kostendeckende Finanzierung. In offiziellen Kommuniqués

---

[8] Die Thurgauer Gemeinde Arbon gab im Jahr 2013 eine Studie in Auftrag, da die Kosten der Sozialhilfe stark angestiegen waren. Die Evaluation zeigte, dass nicht etwa eine laxe Praxis des für die Sozialhilfe verantwortlichen Personals Grund für den Ausgabenanstieg war, sondern die Revisionen und verschärften Regeln der Arbeitslosen- und Invalidenversi-cherung (Eichenberger 2013). Die Sozialhilfe ist dabei aus strukturellen Gründen immer das schwächste Glied in der Kette (vgl. Knöpfel 2005).

[9] Die politisch breit abgestützte Eingliederungsfunktion war in der Invalidenversicherung aus verschiedenen Gründen schon von Anfang an institutionell eingebettet (vgl. Germann 2008). Insbesondere seit der 5. IV-Revision haben die Eingliederungsbemühungen aber nochmals eine neue Dynamik entwickelt.

wird dieser pekuniäre Beweggrund für Reformen nicht verheimlicht und immer wieder deutlich ausgesprochen. Bei der Invalidenversicherung ist in den letzten 30 Jahren die Zahl der Bezügerinnen und Bezüger stark angestiegen. Statistiken des Bundesamts für Sozialversicherungen zufolge betrug der jahresdurchschnittliche Zuwachs der Personen, die eine IV-Rente beziehen, seit dem Jahr 1980 3,0 %. Im Zeitraum von 2001 bis 2006 war der jahresdurchschnittliche Zuwachs mit 4,3 % nochmals deutlich höher (BSV 2010, S. 5). Der Anstieg der IV-Renten, die aufgrund psychischer Erkrankungen ausbezahlt wurden, war im Vergleich zu anderen IV-Zugangsdiagnosen in den letzten Jahren überproportional (BSV 2010). Ebenso ist der Zugang zur IV über die Diagnose einer psychischen Erkrankung im Vergleich mit anderen europäischen Ländern am höchsten, wobei die Länderunterschiede tendenziell abgenommen haben (vgl. Loos et al. 2009, S. 26).[10]

Diese Entwicklungen haben Auswirkungen auf die Finanzierung der Invalidenversicherung, die sich für den Zeitraum seit ihrer Schaffung im Jahr 1960 gemäß Bundesamt für Sozialversicherungen (2014, S. 4 ff.) in fünf Phasen teilen lässt (vgl. Tab. 8.1):

Tab. 8.1 Finanzierung der Invalidenversicherung, eigene Darstellung (vgl. BSV 2014, S. 4 ff.). (© Benedikt Hassler)

Zeitraum	Maßnahmen	Finanzsituation
1960–1975	Erhöhung der Renten und des Beitragssatzes	Kein Defizit
1976–1990	1987: Erhöhung des Beitragssatzes	Anhaltend leichtes Defizit; Deckungslücke von 1987 bis 1990 geschlossen
1991–2005	Anhebung des Beitragssatzes; Kapitaltransfer vom Erwerbsersatz zur IV	Verschuldung von 7,7 Mrd.
2006–2010	Neugestaltung des Finanzausgleichs und der Aufgabenteilung zwischen Bund und Kantonen (NFA) sowie 5. IV-Revision	Verringerung des jährlichen Verlustes von 1,6 Mrd. auf 1 Mrd.
2011–2013	Bund vergütet Zinsen an den AHV-Fonds. IV erhält 0,4 Mehrwertsteuerprozente	IV verringert in zwei Jahren Schulden beim AHV-Fonds um 1,2 Mrd.

---

[10] Vergleichsländer in der Studie von Loos et al. (2009) waren Schweden, Deutschland, Österreich, Niederlande und Norwegen. Beobachtet wurde die Entwicklung im Zeitraum von 1990-2007.

Anfang der 1990er Jahren zeigten sich gemäß dieser Auflistung das erste Mal – trotz entsprechender Maßnahmen – erhebliche Finanzierungsprobleme in der Invalidenversicherung. Ebenso waren die meisten Prognosen zu dieser Zeit ziemlich düster, da aufgrund des demografischen Wandels und der Abnahme der Bevölkerung im erwerbsfähigen Alter sinkende Einnahmen vorausgesehen wurden. In verschiedenen Reformen, die im Folgenden zusammengefasst dargestellt sind, versuchten die zuständigen Politikerinnen und Politiker deshalb die Anzahl der IV-Renten zu mindern, um so dem Finanzierungsproblem zu begegnen.

Die 4. IV-Revision, die am 1. Januar 2004 in Kraft getreten ist, verstärkte die Aktivierung und der Anspruch auf aktive Unterstützung bei der Jobsuche bzw. auf Umschulungen wurde ausgebaut (Guggisberg et al. 2008, S. 1). Ebenso beinhaltete die 5. IV-Revision zwei grundlegende Maßnahmenpakete zur Aktivierung und Integration von Renten-Bezügerinnen und Bezügern: Einerseits wurde in dieser erneuten Umgestaltung versucht, das Credo „Eingliederung vor Rente" nochmals stärker in der Invalidenversicherung zu verankern und konkrete Eingliederungsmaßnahmen zu definieren – mit der Früherfassung, der Frühintervention und den Integrationsmaßnahmen wurden dementsprechend neue Eingliederungsinstrumente geschaffen (vgl. Bolliger und Fritschi 2013, S. 88; BSV 2013b, S. 17). Andererseits setzte ein Kampf gegen ungerechtfertigte Rentenansprüche ein. Dieser zweite Punkt wird im folgenden Kapitel im Zentrum stehen.

8.4   Bekämpfung der Scheininvalidität

Im Jahr 2003 wurde für ungerechtfertigte Ansprüche an die Invalidenversicherung der Begriff *Scheininvalidität* geprägt. Als Urheber dieser Bezeichnung fungiert Nationalrat Christoph Blocher von der Schweizerischen Volkspartei (SVP). Auf die Frage, ob der Stress am Arbeitsplatz in den letzten Jahren zu groß geworden sei, antwortete Unternehmer und Nationalrat Blocher in einem Zeitungsinterview folgendermaßen:

> Ein Großteil dieser Invalidität ist Scheininvalidität. Manche wollen gar nicht mehr gesund werden. Für sie ist es einfacher, den Lohn durch die IV-Rente zu ersetzen. Gleichzeitig gibt es Arbeitgeber, die sich sagen: Schreiben wir ihn doch invalid. (Städler und Schilling 2003)

Wie Alan Canonica (2012) in einem kurzen geschichtlichen Abriss zu dieser Debatte ausführt, war ein derartiger Missbrauchsvorwurf nichts inhärent Neues. „Als Tabubruch kann vielmehr die Direktheit und Härte gelten, mit denen Leistungsempfängerinnen und -empfänger beschuldigt werden" (Canonica 2012, S. 33). In vorangegangen Debatten standen nicht das Individuum sondern vorwiegend die Sozial- und Arbeitslosenversicherung im Fokus, die im Verdacht standen, ihre unliebsamen Klientinnen und Klienten an die Invalidenversicherung abzuschieben (vgl. Rosenstein 2012, S. 40 f.).

Im Anschluss an die oben zitierte Aussage wurde in der 5. IV-Revision die Möglichkeit der Observation verdächtiger IV-Bezügerinnen und Bezüger geschaffen, um bestehende Missbräuche des Bezugs von Versicherungsleistungen aufzudecken und durch ein kompromissloses Vorgehen zukünftige Betrugsversuche präventiv zu verhindern. Christoph Blocher forderte im Jahr 2003 in einer Motion vom Bundesrat ein „Konzept für Vollzugsmaßnahmen zur Bekämpfung der Scheininvalidität vorzulegen, wobei die Verursacher (Scheininvalide, Arbeitgeber, Ärzte, Rekurskommission, Sozialfilz) zur Rechenschaft zu ziehen sind".[11]

Der Begriff *Scheininvalidität* erlebt im Anschluss einen medialen Höhenflug. Er wurde 2003 zum Schweizer Unwort des Jahres gewählt; dennoch oder gerade deshalb wurde der Terminus Scheininvalidität in den Medien in regelmäßigen Abständen verwendet.[12] Die Verwendung dieses Begriffs blieb allerdings auf die Schweiz beschränkt.[13] Im Anschluss an Jürgen Link (2012) kann die Debatte als diskursives Ereignis betrachtet werden, da es mit der Aussage Blochers zu einer Umwertung einer Diskursposition kam. Die SVP stellte in ihrer Motion die Authentizität der Invalidität vieler Menschen auf grundsätzliche Art und Weise infrage; insbesondere bei psychischen Erkrankungen. Diese Argumentation fügt sich nahtlos in die Sichtweise des einflussreichen amerikanischen Politologen Lawrence M. Mead ein, der in den 1980er Jahren psychische Probleme als anderen Namen für Probleme der Arbeitsdisziplin darstellte (vgl. Wyss 2007, S. 59). Blocher wies ganz in dieser Denktradition darauf hin, dass ein *Großteil* der Invaliden in Wirklichkeit arbeitsfähig sei und stellte damit sämtliche Bezügerinnen und Bezüger unter den Generalverdacht, sich Invalidenrenten ungerechtfertigt zu erschleichen. Ebenso wurde der Anstieg der Invalidenzahlen gemäß diesen Aussagen hauptsächlich auf das Anwachsen betrügerischer Aktivitäten zurückgeführt. Exogene Faktoren für die zunehmende Zahl der IV-Bezügerinnen und Bezügern mit psychischen Problemen, wie z. B. veränderte Bedingungen am Arbeitsmarkt und neue Herausforderungen in der Arbeitswelt (vgl. z. B. Haubl et al. 2013; Honeg-

---

[11] Motion eingereicht von der Schweizerischen Volkspartei am 20. Juni 2003.

[12] Eine Factiva-Datenbankrecherche stützt diese Aussage, wobei die Verwendung des Begriffs *Scheininvalidität* im Jahr 2003 (Erstnennung) und im Jahr 2007 (Abstimmungskampf zur 5. IV-Revision) am intensivsten war.

[13] Ähnliche Debatten gab es auch in anderen europäischen Ländern; allerdings mit anderen Begrifflichkeiten. So sprach man in Deutschland beispielsweise vom „Selbstbedienungsladen für Arbeitsscheue" und von „Sozialschmarotzern" (vgl. Butterwegge 2014).

ger und Rychner 1998; Sennett 2006), wurden dabei vollständig außen vor gelassen und nicht thematisiert.[14] Primäre Zielgruppe der Anschuldigungen waren die Schmerzpatienten, wozu beispielsweise Personen mit Schleudertraumata zählen. Im Jahr 2008 bezeichnete Christoph Blocher die Aussagen zur Scheininvalidität in einem Interview mit der Weltwoche als bewusste Provokation, „um das Thema zu enttabuisieren" (Gut et al. 2008).

Die Debatte zur Scheininvalidität beeinflusste wesentlich die Gesetzgebung.[15] Die 5. IV-Revision schaffte die notwendigen Grundlagen für Observationen von verdächtig(t)en Personen. Mit einer deutlichen Mehrheit (59,1 % Ja-Stimmen) stimmte das Schweizer Stimmvolk im Jahr 2007 ebendieser Revision des Bundesgesetzes über die Invalidenversicherung zu. Diese deutliche Zustimmung durch das Stimmvolk ist wenig überraschend. Das bürgerliche Bündnis von FDP, CVP und SVP unterstützte die Reformvorlage und von den großen Parteien waren lediglich die SP und die Grünen dagegen.[16] Paradox im Zusammenhang mit der Abstimmung ist der Umstand, dass im Abstimmungsbüchlein von einer Verbesserung der Lebensbedingungen der behinderten Menschen die Rede war und sich gleichzeitig fast alle Behindertenverbände gegen die Reform der Invalidenversicherung stellten (vgl. Weisser 2008, S. 109).

Die Gesetzesreform, die am 1. Januar 2008 in Kraft getreten ist, lieferte *inter alia* die notwendigen Grundlagen für die Beschattung von Personen, die im Verdacht stehen, ungerechtfertigte Renten von der Invalidenversicherung zu erhalten. Das sogenannte *Betrugsmanagement* wurde zu einem großen Teil nach Vorbild privater Versicherungen ausgestaltet und lässt sich in vier Phasen unterteilen. Die Schilderung dieser vier Arbeitsschritte basiert auf der Selbstbeschreibung durch das Bundesamt für Sozialversicherungen und ist an dieser Stelle weitestgehend unverändert wiedergegeben (BSV 2012, S. 2 f.):

1. In einem ersten Schritt geht es um das Erkennen von Verdachtsfällen. Aufgrund von Unstimmigkeiten in den Dossiers, Hinweisen von anderen Versicherungen

---

[14] Im Gegensatz zu dieser Sichtweise wurden in Experteninterviews einer vom Bundesamt für Sozialversicherungen in Auftrag gegebenen Studie die veränderten Bedingungen am Schweizer Arbeitsmarkt als Hauptursache für die steigenden psychischen Erkrankungen genannt (Ott et al. 2008, S. 111). Ebenso identifizieren G. Günter Voß und Cornelia Weiss (2013) Burnout und Depressionen als typische Erkrankung des Arbeitskraftunternehmers bzw. als Folge der verstärkten Subjektivierung von Arbeit und Gesellschaft.

[15] Ein ähnlicher Prozess von der Medienskandalisierung spektakulärer Einzelfälle bis hin zur Reaktion der politischen Akteure ging beim Sozialhilfemissbrauch vor sich (vgl. Bonfadelli 2013).

[16] FDP und CVP haben den Terminus der „Scheininvalidität" in ihren Kampagnen nicht übernommen, die SVP allerdings in ihrem Anliegen unterstützt.

aber auch Hinweisen von Dritten werden verdächtige IV-Fälle rausgefiltert. Die IV legt Wert auf die Tatsache, dass sie grundsätzlich jedem Hinweis nachgeht – selbst wenn die Anschuldigungen anonym erfolgen.

2. Darauf kommt es zu vertieften Abklärungen und Ermittlungen. Es finden unangemeldete Besuche im sozialen Beziehungsnetz der verdächtigen Personen statt, Einkommensdaten werden geprüft und Internetrecherchen durchgeführt. Darüber hinaus kann es zu unangemeldeten Besuchen bei den verdächtigen Personen kommen. Verantwortlich für diese Tätigkeiten sind sogenannte Betrugsbekämpfungsspezialisten. Für den Fall, dass sich der Verdacht erhärtet, folgt die dritte Phase der Betrugsbekämpfung.

3. In der dritten Phase werden die verdächtigen Personen observiert. Dies ist zulässig, sofern ein öffentliches Interesse gegeben ist[17] und der Eingriff die Verhältnismäßigkeit wahrt. Observationsaufträge werden in Zusammenarbeit mit der Polizei durchgeführt – es kommen allerdings auch private Firmen zum Einsatz.

4. In einem letzten Schritt werden schließlich Versicherungs- und strafrechtliche Maßnahmen eingeleitet.

Die vier Phasen der Betrugsbekämpfung lassen sich mit Michel Foucault unter Zuhilfenahme seiner Ausführungen zum disziplinierten Individuum theoretisch kontextualisieren. Foucault zufolge wäre ein perfekter Disziplinarapparat derart ausgestaltet, dass ein einziger Blick alles beobachten könnte (Foucault 2010 [1976], S. 224), d. h. eine permanente, lückenlose Überwachung möglich wäre. Durch die Ermöglichung der anonymen Meldung verdächtiger Personen wird ein solcher Apparat annähernd geschaffen. Analog zum Panopticon bei Foucault entsteht bei den beobachteten Personen – in diesem Fall bei den Rentenbezügerinnen und -bezügern – der Eindruck einer permanenten Bewachung, selbst wenn diese nicht ständig stattfindet (Foucault 2010 [1976], S. 258). Ganz im Sinne des Ziels der Sozialversicherungsreformen versucht die Disziplinarmacht dadurch, die ökonomische Nützlichkeit des disziplinierten Individuums zu verstärken und unterstützt gleichzeitig dessen politische Fügsamkeit, wodurch ein leistungsfähigeres Ganzes resultiert (Foucault 2010 [1976], S. 177, 212).

Im Jahr 2012 konnte die IV 2020 Verdachtsfälle abschließen. Davon etwas mehr als 10% nach einer Observation. In 400 Fällen bestätigte sich der Anfangsver-

---

[17] Das Bundesgericht führte in einem Entscheid am 11. November 2011 aus, wie dieses öffentliche Interesse im Falle einer Observation einzuschätzen ist: „Das öffentliche Interesse an der Einschränkung des Schutzes der Privatsphäre liegt darin, nur geschuldete Leistungen zu erbringen, um die Gemeinschaft der Versicherten nicht zu schädigen" (*BGE 129 V 323 E. 3.3.3 S. 325*).

dacht. Die daraus folgenden aufsummierten Kürzungen beliefen sich auf 300 volle Renten (BSV 2013a). Die relative Betrugszahl in der Invalidenversicherung liegt damit weit unter den Schätzungen der Studien, die vor der Einführung der Betrugsbekämpfung gemacht wurden (Leuenberger 2013, S. 66). Das Bundesamt für Sozialversicherungen weist auf die generelle „Erfolgsquote" der Betrugsbekämpfung von 20 % hin. Diese bezieht sich auf alle Verdachtsfälle, die von den „Betrugsbekämpfungsspezialisten" ausgewertet werden (BSV 2013a). Nicht thematisiert wird die Tatsache, dass sich bei vier von fünf überprüften Personen der Betrugsverdacht nicht erhärten lässt. Nach Observationen bestätigte sich der Verdacht in etwa 32 % der Fälle (BSV 2013a). Mehr als zwei Drittel der beobachteten Personen konnte folglich kein Betrug nachgewiesen werden. Gerade hinsichtlich der aktuellen Debatten und der medialen Aufregung um das Abhören von Telefonaten durch die amerikanische *National Security Agency* (NSA) ist es bemerkenswert, mit welcher Teilnahmslosigkeit die Beschattung von IV-Bezügerinnen und Bezügern in der Öffentlichkeit wahrgenommen wird. Die Kosten für die Betrugsbekämpfung beliefen sich im Jahr 2012 auf 7,5 Mio. CHF (0,7 Mio. für die Observationen). Die direkten Einsparungen – ohne Einbezug einer möglichen präventiven Wirkung – betrugen in demselben Jahr 7,6 Mio. CHF. Die hochgerechneten Ersparnisse belaufen sich allerdings auf 120 Mio., da Bezügerinnen und Bezüger über mehrere Jahre hinweg keine IV-Rente mehr bekommen (vgl. BSV 2012). Diese Hochrechnung lässt allerdings den Umstand außen vor, dass Personen möglicherweise zu einem späteren Zeitpunkt wieder einen Rentenanspruch geltend machen oder als Ausgesteuerte in der Sozialhilfe landen und sich damit das Finanzierungsproblem nicht löst, sondern verlagert.[18]

Die Bekämpfung ungerechtfertigter Rentenansprüche kann als Teilelement der Umgestaltung vom sorgenden zum aktivierenden Sozialstaat verstanden werden. Insbesondere da zeitgleich mit der Betrugsbekämpfung auch die Kriterien für einen Anspruch auf eine Invalidenrente strenger wurden. Unter den genannten Voraussetzungen werden Bezügerinnen und Bezüger von Invalidenrenten unter den Generalverdacht des Betrugs gestellt. Dieser Verdacht richtet sich allerdings nicht auf alle Individuen gleich stark, sondern wird mit anderen Stereotypen vermengt. Die SVP weist in ihren Kommuniqués in regelmäßigen Abständen auf die große Zahl ausländischer Personen hin, die sich Leistungen der Invalidenversicherung erschleichen und es sich im Ausland mit diesem Geld „gemütlich machen". An der Medienkonferenz am Abstimmungssonntag nach dem Wahlerfolg zur 5. IV-Revision sprachen Vertreter der SVP beispielsweise von der „Balkanisierung der IV" und einer „Edelsozialhilfe für unintegrierte Ausländer" (Positionspapier der

---

[18] Vgl. das in Fusszeile 8 genannte Beispiel aus der Thurgauer Gemeinde Arbon.

SVP, zitiert nach Weisser 2008, S. 110). Durch diese Aussagen kommt es zu einer
Überschneidung verschiedener Vorurteile und zu einer Mehrfachdiskriminierung.
Diese Sichtweise beschränkt sich allerdings nicht auf die politischen Parolen
der SVP, sondern schlägt sich auch auf die konkrete Praxis der Betrugsbekämpfung nieder. Beim Identifizieren von Verdachtsfällen ist ein Migrationshintergrund
ein sogenannter Risikofaktor. Das bedeutet, dass die Rentenansprüche von Ausländerinnen und Ausländern mit einer höheren Wahrscheinlichkeit auf einen allfälli-
gen Betrug hin überprüft werden. Migrationshintergrund allein ist aber noch keine
hinreichende Bedingung für einen Anfangsverdacht. Die Praxis der verstärkten
Kontrolle von Personen mit Migrationshintergrund wird mit statistischen Daten
begründet, die zeigen, dass die Wahrscheinlichkeit eines Betrugs bei Ausländerinnen und Ausländern höher ist (Kocher und Leuenberger 2009, S. 170).[19]

8.5   Abnehmende Solidarität und Paradoxa der Reformen

Diese Debatte zur Scheininvalidität ist Ausdruck einer sich mindernden Solidarität
gegenüber Personen am Rande der Gesellschaft und führt darüber hinaus dazu,
dass die noch vorhandene Solidarität weiter schwindet. Diesen zweiten Punkt führt
Michael Galuske (2004) in Bezug auf Arbeitslosigkeit treffend aus:

> [U]nd in der Tat tragen Faulenzerdebatten, und Sozialmissbrauchsvorwurf ebenso
> wie Verschärfungen von Zumutbarkeitsregeln und sanktionsflankierte Arbeitsver-
> pflichtungen dazu bei, das Bild vom unzulänglichen Arbeitslosen zu stabilisieren,
> der letztlich aufgrund mangelnder Flexibilität und Bereitschaft scheitert. (Galuske
> 2004, S. 12)

Die Analyse Galuskes lässt sich auf die Invalidität übertragen. In der Invalidenversicherung werden durch die Akzentuierung des Credos „Eingliederung vor Rente"
Personen, die nicht eingegliedert werden können, zunehmend aus der Gesellschaft
gedrängt. Ihnen wird nicht die *Fähigkeit* sondern der *Wille* zur Arbeit abgespro-
chen. Die in diesem Artikel dargestellte Debatte zur Scheininvalidität verstärkt die
Entsolidarisierungstendenz noch weiter. Zur Dimension der „Faulheit" gesellt sich
noch der Aspekt des „Schmarotzertums" und des „Betrugs". Durch diese Debatten
geraten alle Bezügerinnen und Bezüger von IV-Renten unter einen Generalverdacht. Gleichzeitig wird durch diese Diskussion auch die abnehmende Solidarität

---

[19] Durch die verstärkte Kontrolle besteht allerdings die Möglichkeit einer *self-fulfilling
prophecy* (vgl. Merton 1968). Da die Ausländerinnen und Ausländer vermehrt kontrolliert
werden, ist *ceteris paribus* der Ausländeranteil unter den IV-BetrügerInnen höher als der
Ausländeranteil in der Gesamtbevölkerung.

legitimiert. Solidarisches Verhalten erscheint zunehmend unmöglich, da ein solches durch betrügerische Aktivitäten systematisch unterwandert werde.

Über die dargestellte Solidaritätsproblematik hinaus weist die Neuausgestaltung der Invalidenversicherung drei zentrale Paradoxa auf, die bei genauer Betrachtung zutage treten:

In der 5. IV-Revision wurde einerseits durch die Ermöglichung der Observation die Betrugsbekämpfung verstärkt. Andererseits förderte die neue Handicapologie, die sich im Rahmen der 5. IV-Revision ausbildete, Betrugsversuche und damit die Scheininvalidität. Caduff und Budowski (2012) zeigen dies exemplarisch auf. Sie beschreiben am Fallbeispiel „Georg" wie es zur Konstruktion strategischer und damit meist falscher Diagnosen kommt, um Unterstützungsleistungen der IV zu erlangen. „Aus reiner Not wurde aus CFS [Chronisches Erschöpfungssyndrom, A.d.V.] Schizophrenie" (Caduff und Budowski 2012, S. 74). Dadurch, dass Krankheiten, die nicht „objektivierbar" sind, keine Ansprüche auf Invalidenrenten ermöglichen, wird die Umdeutung von Diagnosen geradezu gefördert. Die betroffene Person und unter Umständen auch die verantwortlichen medizinischen Fachpersonen werden so zu delinquentem Handeln verleitet, was wiederum mit Gewissensbissen, Schuldgefühlen und einer daraus folgenden verstärkten psychischen Belastung verbunden sein kann. Darüber hinaus ist der Zugang zu diesem spezifischen Wissen, wie Krankheiten erfolgsversprechend und unauffällig umgedeutet werden können, eingeschränkt und steht nur Personen mit entsprechenden sozialen Netzwerken zur Verfügung.

Grundlegend in den Debatten zum modernen aktivierenden Sozialstaat ist aber auch eine paradoxe Sicht auf Arbeit. Einerseits erhält die Erwerbsarbeit gemäß der Neuausrichtung des Sozialstaats, d. h. der verstärkten Aktivierung und Eingliederung, als integraler Bestandteil jeden glücklichen Lebens einen Platz an der Sonne. Andererseits werden Individuen, die sich angeblich willentlich dieser schönen Arbeit entziehen, als Personen diskreditiert, die es sich in der „*sozialen Hängematte*" gemütlich machen. Eine Erklärung für dieses Paradoxon liefert Stephan Lessenich (2008) mit der These der Neuerfindung des Sozialen, wo nicht mehr das Wohl des einzelnen Menschen zählt, sondern die Wohlfahrt der gesellschaftlichen Gemeinschaft in den Vordergrund rückt:

Untersozialisierte, d. h. arbeitsunwillige, risikopräventionsverweigernde, aktivierungsresistente Subjekte erscheinen in diesem Kontext als eine Bedrohung des Sozialen – ökonomisch als Investitionsruinen, wie politisch und moralisch, als Normabweichler und Solidaritätsgewinnler. (Lessenich 2008, S. 95)

Der moderne Sozialstaat bewertet Integration bzw. Inklusion als zentral. Die Erwerbsarbeit fungiert dabei als zentrales Eingliederungsinstrument. Gleichzeitig wird das Subjekt für ein allfälliges Scheitern der Arbeitsmarktpartizipation verantwortlich gemacht, wodurch Exklusion erst recht entsteht. Ebenso zeigt sich in diesem Artikel das von Loïc Wacquant (2005) beschriebene zentrale Paradox des neoliberalen Projekts: Ein schlanker Staat im Bereich des Sozialwesens setzt gleichzeitig einen starken Staat voraus, der für die Aufrechterhaltung der sozialen Grenzen gerüstet ist (Wacquant 2005, S. 145). Obwohl die Leistungen des Wohlfahrtsstaats abnehmen, kommt es also keineswegs zu einem Rückzug des Sozialstaats, sondern vielmehr zu einer „anschwellenden Flut gesetzgeberischer Eingriffe in Leistungshöhen, Anspruchsvoraussetzungen und Berechnungsregeln" (Vogel 2009, S. 69) sowie zu einer verstärkten Überwachung und Bestrafung.

8.6   Fazit

Die Observation von Personen, die verdächtigt werden, ungerechtfertigt Invalidenrenten zu beziehen, ist ein idealtypisches Beispiel für die allgemeine Stoßrichtung der Transformation des schweizerischen Sozialstaats. Primäres Ziel ist nicht das Wohlergehen der Bezügerinnen und Bezüger von Versicherungsleistungen, sondern die Steigerung der gesamtgesellschaftlichen Wohlfahrt in einem utilitaristischen Sinne, d. h. in diesem Falle tiefe Sozialversicherungsabgaben für die Allgemeinheit. Verstärkte Eingliederung ist das zentrale Instrument, um dieses Ziel zu erreichen. Vernachlässigt wird dabei die Tatsache, dass für eine gelungene Eingliederung nicht nur individuelle Merkmale und Ressourcen der einzugliedernden Personen entscheidend sind. Ebenso wichtig ist die Verfügbarkeit adäquater Arbeitsplätze auf dem Arbeitsmarkt sowie die Toleranz und Offenheit der Unternehmen, beeinträchtige Menschen aufzunehmen. Dies wird in der aktuellen Debatte wenig diskutiert. Darüber hinaus setzt der Eingliederungszwang einen starken Staat voraus. Die Ermöglichung der Observation von Renten-Bezügerinnen und Bezügern ist ein Schritt in Richtung der Etablierung eines solchen starken Staats. Ein gesteigerter Eingliederungserfolg aufgrund dieser Maßnahmen ist aber nicht belegt. Die Einführung einer derartigen Betrugsbekämpfung bringt jedoch nicht intendierte Folgen mit sich. Bezügerinnen und Bezüger von Leistungen der Invalidenversicherung werden unter den Generalverdacht des „Schmarotzertums" und des Betrugs gestellt – insbesondere bei nicht sichtbaren Beeinträchtigungen. Dies führt zu einer schwindenden Solidarität mit Menschen am Rande der Gesellschaft und zu einer verstärkten Stigmatisierung von Personen, bei denen die Eingliederung scheitert. Das Subjekt verschwindet dabei zunehmend hinter den Zielen von Kollektivinstanzen und es kommt zu einer „autoritären Gemeinwohlpraxis" (Lessenich 2003). Die Selbstaktivierung im Interesse der Aktivgesellschaft wird eingefordert und davon abweichendes – als unmoralisches bezeichnetes – Verhalten durch verschärfte Fremdführung sanktioniert (vgl. Lessenich 2009, S. 165). Das führt zu einer Spaltung der Gesellschaft in flexible und für das Gemeinwohl aktive, arbeitsmarktfähige Individuen und solche, die diesem Druck nicht standhalten oder sich diesen Zwängen widersetzen. Dieser Graben wird durch die öffentlichen Debatten zu Sozialmissbrauch und Scheininvalidität sowie die Praxis der Betrugsbekämpfung durch Observationen verstärkt; insbesondere da das Bundesamt für Sozialversicherungen alle Bewohnerinnen und Bewohner der Schweiz dazu ermutigt, verdächtige Personen zu melden.

Literatur

Baer, N., Frick, U., & Fasel, T. (2009). *Dossieranalyse der Invalidisierung aus psychischen Gründen. Typologisierung der Personen, ihrer Erkrankungen, Belastungen und Berentungsverläufe.* Bern: Bundesamt für Sozialversicherungen.

BFS. (2013). Indikatoren der Bevölkerungsstruktur, am Ende des Jahres. http://www.bfs.admin.ch/bfs/portal/de/index/themen/01/02/blank/key/alter/gesamt.Document.67133.xls Zugegriffen: 13. Juni 2014.

BFS. (2014). Brutto- und standardisierte Erwerbsquoten nach Geschlecht, Nationalität. http://www.bfs.admin.ch/bfs/portal/de/index/themen/03/02/blank/data/03.html Zugegriffen: 13. Juni 2014.

Bolliger, C., & Fritschi, T. (2013). Eingliederung vor Rente: Die 5. IV-Revision wirkt und hat noch Potenzial. *Soziale Sicherheit CHSS,* (2), 88–92.

Bonfadelli, H. (2013). Sozialmissbrauch in den Medien: Realität oder Medienhype? *Soziale Sicherheit CHSS,* (2), 84–85.

BSV. (2010). *Syntheseberich des Forschungsprogramms zur Invalidenversicherung FoP-IV 2006–2009.* Bern: Bundesamt für Sozialversicherungen.

BSV. (2012). *Betrugsbekämpfung in der Invalidenversicherung.* Bern: Bundesamt für Sozialversicherungen.

BSV. (2013a). *Erfolgreiche Bekämpfung des Versicherungsmissbrauchs in der IV.* Bern: Bundesamt für Sozialversicherungen.

BSV. (2013b). *IV-Statistik 2012.* Bern: Bundesamt für Sozialversicherungen.

BSV. (2014). *IV-Statistik 2013.* Bern: Bundesamt für Sozialversicherungen.

Butterwegge, C. (2014). *Krise und Zukunft des Sozialstaats* (5., aktualisierte Aufl.). Wiesbaden: Springer-VS.

Caduff, P., & Budowski, M. (2012). „Scheininvalide"? Zum Problem der Grenzziehung zwischen legitimen und „illegitimen" Krankheitsbildern. In M. Budowski, M. Nollert, & C. Young (Hrsg.), *Delinquenz und Bestrafung. Diskurse, Institutionen und Strukturen* (S. 62–82). Zürich: Seismo Verlag.

Caduff, R. (2007). *Schweizer Sozialhilfe auf dem Prüfstand. Eine kritische Analyse aus sozialethischer Perspektive.* Zürich: Rüegger.

Canonica, A. (2012). Missbrauch und Reform. Dimensionen und Funktionen der Missbrauchsdebatten in der schweizerischen Invalidenversicherung aus historischer Perspektive. *Schweizerische Zeitschrift für Soziale Arbeit, 13*(2), 24–37.

Castel, R. (2008). *Die Metamorphosen der sozialen Frage. Eine Chronik der Lohnarbeit* (2. Aufl.). Konstanz: UVK Verlagsgesellschaft.

Conne, R. (2003). Arbeitsfähigkeit und Invalidenversicherung. *Schweizerische Ärztezeitung, 84*(45), 2361–2363.

Degen, B. (2006). Entstehung und Entwicklung des schweizerischen Sozialstaats. *Studien und Quellen. Zeitschrift des Schweizerischen Bundesarchivs, 31,* 17–48.

Eichenberger, M. (2013, Okt 28). Kosten sind wenig beeinflussbar, St. Galler Tagblatt Online. http://www.tagblatt.ch/ostschweiz/thurgau/arbon/tb-ar/Kosten-sind-wenig-beeinflussbar;art120104,3620487. Zugegriffen: 26. Jan. 2015.

Foucault, M. (2010 [1976]). *Überwachen und Strafen. Die Geburt des Gefängnisses* (14. Aufl.). Frankfurt a. M.: Suhrkamp.

Galuske, M. (2004). Der aktivierende Sozialstaat – Konsequenzen für die Soziale Arbeit. *Studientexte aus der Evangelischen Hochschule für Soziale Arbeit Dresden (FH),* (4). http://www.ehs-dresden.de/fileadmin/hochschule/Veroeffentlichungen/Studientexte/Studientext_2004-04_Galuske.pdf. Zugegriffen: 03. Juni. 2015.

Germann, U. (2008). „Eingliederung vor Rente" Behindertenpolitische Weichenstellung und Einführung der schweizerischen Invalidenversicherung. *Schweizerische Zeitschrift für Geschichte, 58*(2), 178–197.

Guggisberg, J., Egger, T., & Künzi, K. (2008). *Evaluation der Arbeitsvermittlung in der Invalidenversicherung.* Bern: Bundesamt für Sozialversicherungen.

Gut, P., Köppel, R., & Kunz, A. (2008, Juni 5). Identitätskrise ist übertrieben, Interview mit Christoph Blocher, Die Weltwoche. http://www.weltwoche.ch/ausgaben/2008-23/artikel-2008-23-identitaetskrise.html, Zugegriffen: 26. Jan. 2015.

Haubl, R., Hausinger, B., & Voß, G. G. (Hrsg.). (2013). *Riskante Arbeitswelten. Zu den Auswirkungen moderner Beschäftigungsverhältnisse auf die psychische Gesundheit und die Arbeitsqualität.* Frankfurt a. M.: Campus.

Honegger, C., & Rychner, M. (Hrsg.). (1998). *Das Ende der Gemütlichkeit. Strukturelles Unglück und mentales Leid in der Schweiz.* Zürich: Limmat.

Jann, B., & Diekmann, A. (2008). *Erosion der Normalarbeit. Ein Analyse der strukturellen Veränderung auf den Arbeitsmärkten in der Schweiz und in Deutschland Erwerbsarbeit, Einkommen und Geschlecht* (S. 15–37). Wiesbaden: VS Verlag für Sozialwissenschaften.

Kirchner, J. (2011). *Menschen mit chronischen Schmerzen. Möglichkeiten und Grenzen der Arbeitsintegration.* Glarus: Rüegger Verlag.

Knöpfel, C. (2005). Sozialhilfe zwischen Arbeitslosen- und Invalidenversicherung. In R. Schiavi & A. Schwank (Hrsg.), *Invalidenversicherung und Behinderte unter Druck. Analysen, Diskussionen und Strategien für die Zukunft* (S. 53–69). Zürich: edition 8.

Kocher, R., & Leuenberger, R. (2009). Betrugsbekämpfung in der Invalidenversicherung – eine Standortbestimmung. *Soziale Sicherheit CHSS,* (3), 168–171.

Kutzner, S. (2009). Kann Sozialhilfe aktivieren? Über die Grenzen eines neuen sozialstaatlichen Paradigmas. *Sozial Aktuell, 41* (6), 16–18.

Lessenich, S. (2003). Der Arme in der Aktivgesellschaft – zum sozialen Sinn des „Förderns und Forderns". *WSI Mitteilungen, 4,* 214–220.

Lessenich, S. (2008). *Die Neuerfindung des Sozialen. Der Sozialstaat im flexiblen Kapitalismus.* Bielefeld: transcript.

Lessenich, S. (2009). Mobilität und Kontrolle. Zur Dialektik der Aktivgesellschaft. In K. Dörre, S. Lessenich, & H. Rosa (Hrsg.), *Soziologie – Kapitalismus – Kritik* (S. 126–179). Frankfurt a. M.: Suhrkamp.

Leuenberger, R. (2013). Missbrauchsbekämpfung als Aufgabe der IV. *Soziale Sicherheit CHSS,* (2), 65–67.

Link, J. (2012). Subjektivitäten als (inter)diskursive Ereignisse. Mit einem historischen Beispiel (der Kollektivsymbolik von Maschine vs. Organismus) als Symptom diskursiver Positionen. In R. Keller, W. Schneider, & W. Viehöver (Hrsg.), *Diskurs – Macht – Subjekt. Theorie und Empirie von Subjektivierung* (S. 52–68). Wiesbaden: VS Verlag für Sozialwissenschaften.

Loos, S., Schliwen, A. & Albrecht, M. (2009). *Vorzeitiger Rückzug aus der Erwerbstätigkeit aufgrund von Invalidität im Vergleich zu alternativen Austrittsoptionen. Die Schweiz im internationalen Vergleich.* Bern: Bundesamt für Sozialversicherungen.

Merton, R. K. (1968). *Social theory and social structure.* New York: Free Press.

Nadai, E. (2007). *Die Vertreibung aus der Hängematte: Sozialhilfe im aktivierenden Staat Jahrbuch Denknetz 2007. Zur politischen Ökonomie der Schweiz. Eine Annäherung* (S. 10–19). Zürich: edition 8.

Nadai, E. (2009). Das Problem der Bodensatzrosinen. Interinstitutionelle Kooperation und die forcierte Inklusion von Erwerbslosen. *Sozialer Sinn, 10*(1), 55–71.

Niederer, A. (2014, Jan. 18). Zusätzliches Puzzleteil für die IV, Neue Zürcher Zeitung Online. http://www.nzz.ch/aktuell/schweiz/ein-zusaetzliches-puzzleteil-fuer-die-iv-1.18223938. Zugegriffen: 03. Juni. 2015.

North, D. C. (1990). *Institutions, institutional change, and economic performance.* Cambridge: Cambridge University Press.

Opielka, M. (2007). Die Gemeinschaft der Schweiz – Wie Sozialpolitik den Nationalstaat sinnvoll erhält. In T. S. Eberle & K. Imhof (Hrsg.), *Sonderfall Schweiz* (S. 188–209). Zürich: Seismo Verlag.

Ott, W., Bade, S., & Wapf, B. (2008). *Nicht zielkonforme Leistungen in der Invalidenversicherung: Bedeutung und Grössenordnung.* Bern: Bundesamt für Sozialversicherungen.

Reye, B. (2014, Jan. 7). „Ein Hirnscanner ist kein Lügendetektor". Interview mit Erich Seifritz, TagesAnzeiger Online. http://www.tagesanzeiger.ch/wissen/medizin-und-psychologie/Ein-Hirnscanner-ist-kein-Luegendetektor/story/18048313. Zugegriffen: 26. Jan. 2015.

Rosenstein, E. (2012). L'activation et ses abus de langage: le cas de l'assurance-invalidité. *Schweizerische Zeitschrift für Soziale Arbeit, 13*(2), 38–50.

Schallberger, P., & Wyer, B. (2010). *Praxis der Aktivierung. Eine Untersuchung von Programmen zur vorübergehenden Beschäftigung.* Konstanz: UVK Verlagsgesellschaft.

Sennett, R. (2006). *The culture of the new capitalism.* New Haven: Yale University Press.

Städler, I., & Schilling, C. (2003, Juni 13). „Couchepin hat einen Pfusch präsentiert". Interview mit Christoph Blocher, *Tages Anzeiger.*

Studer, B. (1998). Soziale Sicherheit für alle? Das Projekt Sozialstaat. In B. Studer (Hrsg.), *Etappen des Bundesstaates. Staats- und Nationsbildung der Schweiz, 1948–1998* (S. 159–186). Zürich: Chronos Verlag.

Vogel, B. (2009). Wohlfahrtsstaatliche Daseinsvorsorge und soziale Ungleichheit. In C. Neu (Hrsg.), *Daseinsvorsorge. Eine gesellschaftswissenschaftliche Annäherung* (S. 69–79). Wiesbaden: VS Verlag für Sozialwissenschaften.

Voß, G. G., & Weiss, C. (2013). Burnout und Depression – Leiterkrankungen des subjektivierten Kapitalismus oder: Woran leidet der Arbeitskraftunternehmer? In S. Neckel & G. Wagner (Hrsg.), *Leistung und Erschöpfung. Burnout in der Wettbewerbsgesellschaft*. Berlin: Suhrkamp.

Wacquant, L. (2005). Zur Militarisierung städtischer Marginalität. Lehrstücke aus Brasilien. Das *Argument, 47*(5/6), 131–147.

Weisser, J. (2005). „Scheininvalidität" oder Immanuel Kant als Sittenwächter. *Schweizerische Zeitschrift für Heilpädagogik, 11*(5), 25–32.

Weisser, J. (2008). Wo liegt der Balkan? Missachtung im Sozialstaat. Der Abstimmungskampf um die 5. IV-Revision vom 17. Juni 2007. In E. O. Graf & F. Grob (Hrsg.), *Arbeit und Behinderung. Schwierigkeiten in und an der Arbeitsgesellschaft* (S. 99–145). Bern: Edition Soziothek.

Wyss, K. (2007). *Workfare. Sozialstaatliche Repression im Dienst des globalisierten Kapitalismus* (4. Aufl.). Zürich: edition 8.

Benedikt Hassler MA Soc, studierte an der Universität Bern Soziologie und arbeitet zurzeit als wissenschaftlicher Assistent an der Hochschule für Soziale Arbeit der Fachhochschule Nordwestschweiz. Seine Forschungsinteressen liegen im Bereich der Arbeitsmarktsoziologie und der Theorien sozialer Ungleichheit.

Zwischen Individualismus und sozialer Verantwortung. Polens eigenwilliger Weg des gesellschaftlichen Wandels

Mathias Wagner

Nach dem Zusammenbruch der politischen und wirtschaftlichen Systeme östlich des so genannten „Eisernen Vorhangs" in den Jahren 1989 und 1990 orientierten sich die Gesellschaften an dem Modell des Westens. Am Beispiel von Polen möchte ich auf die sozialen und ökonomischen Brüche verweisen, die in den Staaten vor dem historischen Hintergrund der Systemtransformation entstanden.[1] Zunächst möchte ich den/die LeserIn einladen mich bei einem Besuch auf der soziologischen Mikroebene zu begleiten. Auch unsere Forschungen beginnen immer in den alltäglichen Problemen, Gewohnheiten und Strategien der AkteurInnen. Erst wenn wir deren Handlungen verstanden haben, treten wir einen Schritt zurück und wenden

---

[1] Dem Artikel liegen zwei umfangreiche Forschungsprojekte zugrunde, die jeweils von der Universität Bielefeld (Fakultät für Soziologie) in Kooperation mit der Universität Warschau (Fakultät für Soziologie/Politologie) durchgeführt wurden: „Grenze als Ressource. Kleinhandel in der Armutsökonomie an der neuen EU-Außengrenze zwischen Nordostpolen und dem Bezirk Kaliningrad" (weiterer Kooperationspartner war die Immanuel-Kant-Universität Kaliningrad) (2005–2008 gefördert von der VolkswagenStiftung); „Wanderarbeit als Alltagspraxis. Soziokulturelle Effekte saisonaler Migration in lokalen Gesellschaften: Fallstudien aus Polen und Deutschland" (2009–2013 gefördert von der Deutsch-Polnischen Wissenschaftsstiftung). Methodisch basieren die Arbeiten auf jeweils einjährigen ethnographischen Feldaufenthalten der WissenschaftlerInnen.

M. Wagner (✉)
Fakultät für Soziologie, Universität Bielefeld, Universitätsstraße 25, 33615 Bielefeld, Deutschland
E-Mail: mathias.wagner@uni-bielefeld.de

© Springer Fachmedien Wiesbaden 2016
W. Aschauer et al. (Hrsg.), *Solidaritätsbrüche in Europa*,
Europa – Politik – Gesellschaft, DOI 10.1007/978-3-658-06405-1_9

uns einer systematischen Interpretation zu, bei der die individuelle Logik mit ihren gesellschaftlichen Einflüssen und Rückwirkungen in Beziehung gesetzt werden. Werfen wir einmal in drei Szenen Schlaglichter auf den Alltag von AkteurInnen in unterschiedlichen polnischen Regionen.

Marian Wojakowski[2] lebt schon seit fast 20 Jahren von dem Schmuggel zwischen Russland und Polen, als ich ihn 2005 kennenlerne. Es handelt sich um Kleinkriminalität in der Form eines Kleinhandels von Waren, der sich an der Grenze zu einem einträglichen Wirtschaftsbereich entwickelt hat. Gehandelt werden Zigaretten, Benzin und Diesel sowie Wodka, deren Einkaufspreise in Kaliningrad deutlich unter dem Verkaufspreis in Polen liegen. Die Differenz ermöglicht eine 50 zu 50 Teilung zwischen dem Kleinhändler und seinem Kunden, bei der beide Seiten auf einen einträglichen Gewinn kommen. Während die Grenze von russischer und polnischer Seite strikt überwacht und mit einem Zaun gesichert ist, vollzieht sich der Schmuggel über die offiziellen Übergänge.

Bevor Marian mit dem Schmuggel begann, arbeitete er mehrere Jahre zunächst als Fernfahrer und später als Kellner und Taxifahrer. Die Öffnung der bis 1990 hermetisch geschlossenen Grenze zwischen der polnischen Wojewodschaft Ermland-Masuren und der russischen Kaliningrader Oblast nutzte er für erste Fahrten zur Erkundung der Verdienstmöglichkeiten. Mittlerweile gehört Marian zu den „alten Hasen", ist den Schmugglern und Zöllnern an „seinem" Grenzübergang bekannt und fährt alle vier bis fünf Tage nach Russland um Waren einzukaufen. Im Laufe der Jahre hat er seine Erwerbsform systematisch professionalisiert. Für den Schmuggel nutzt er einen eigens präparierten Wagen mit erweitertem Tankvolumen und zugänglichen Hohlräumen. Sein informeller Kleinhandel ermöglicht ihm einen gut bürgerlichen Lebensstandard und lässt ihm genügend freie Zeit, in der er angeln geht und sich um mehrere Bienenvölker kümmert. Als ihm eine Intensivierung seines Handelsvolumens angeboten wurde, lehnte er ab. Mit dem Gewinn würden auch die Risiken steigen und seine freie Zeit schrumpfen. Die Kombination erschien ihm nicht erstrebenswert und so blieb er, wie er sich ausdrückt: „Ein kleine Fisch".

Doch der „kleine Fisch" genießt die Anerkennung der etablierten bürgerlichen Gesellschaft des Ortes. „Mit meiner Frau war ich vor kurzem in der Kreisstadt auf einem karitativen Ball, veranstaltet von Geschäftsleuten des Rotary-Klubs", erzählt Marian mir lachend. Gemeinsam mit den renommierten Persönlichkeiten der lokalen Geschäftswelt, ÄrztInnen, UnternehmerInnen und PolitikerInnen führte Marian Wojakowski, der arbeitslose Schmuggler, seine Frau zum Ball. Eigentlich, so ergänzt er seinen Bericht, sollten alle SchmugglerInnen zu solchen Veranstal-

---

[2] Alle Personennamen sind anonymisiert.

tungen eingeladen werden, schließlich wären sie auch ‚Geschäftsleute'. Obwohl uns seine Bemerkung zunächst überheblich erscheint, enthält sie doch einen wahren Kern. In der Grenzregion ist der Schmuggel kein Geheimnis. Vielmehr teilen alle EinwohnerInnen und FunktionsträgerInnen von der Gemeinde bis zum Grenzschutz das Wissen, und kennen oftmals die SchmugglerInnen auch persönlich. Bei dem Schmuggel handelt es sich um ein „offenes Geheimnis" (Haller 2000, S. 145), obwohl allgemein bekannt, vermeidet man das Thema im Gespräch. Gleichzeitig billigen die VertreterInnen der Gemeinde den Schmuggel, indem sie die KleinhändlerInnen als selbständig, aktiv und flexibel agierende AkteurInnen eines marktwirtschaftlichen Unternehmertums betrachten. Selbst bei der Beantragung von Sozialhilfe, so wird uns glaubhaft berichtet, kommt es vor, dass Arbeitslose aufgefordert werden „es doch einmal an der Grenze zu probieren".

Wechseln wir die Szene. Im Südwesten von Polen, unweit der Grenze zu Deutschland treffen wir Joanna und Edward Brożek. Seit über zehn Jahren bestreiten sie den Lebensunterhalt ihrer Familie überwiegend durch Saisonarbeiten in der deutschen Landwirtschaft. Als ErntehelferInnen sind sie manchmal gemeinsam, manchmal abwechselnd für sechs bis acht Wochen in Deutschland, kehren anschließend für zwei bis drei Monate nach Hause zurück, bis sie von neuem nach Westen aufbrechen. Die täglichen Arbeitszeiten sind lang und die Arbeiten körperlich anstrengend. Jedoch lohnen sich die Arbeiten aufgrund des Kaufkraftgewinns, den der Lohn durch die Umrechnung in Złoty erfährt. Entscheidend für die Motivation der WanderarbeiterInnen ist jedoch das niedrige Lohnniveau in ihrer Heimat. In der Kombination beider Effekte werden die Arbeiten im deutschen Niedriglohnbereich für sie attraktiv. Joanna und Edward Brożek versuchen gleichzeitig ihre wirtschaftliche Zukunft durch die Eröffnung eines kleinen Ladens abzusichern. Zusätzlich arbeitet Edward für einen internationalen Kreditgeber als örtlicher Vertreter, der Kleinkredite zu überhöhten Zinsen ohne Sicherheiten vergibt.

Die Wintermonate sind für Familie Brożek die schwerste Zeit, da bei schrumpfenden Einnahmemöglichkeiten hohe Kosten für Heizung und Kleidung anfallen. Erst im Frühjahr kann das familiäre Budget durch Erntearbeiten in Deutschland ausgeglichen werden. In den Wintermonaten besteht für Joanna Brożek die einzige Verdienstmöglichkeit in einer Heimarbeit. Vergleichbar mit dem Verlagswesen des 19. Jahrhunderts, als WeberInnen in Heimarbeit für einen Unternehmer Stoffe webten, bekommt Joanna von einem ansässigen internationalen Betrieb mehrere Säcke Zwiebeln geliefert. Joannas Aufgabe ist es, das Gemüse zu schälen. Für die geschälte Ware erhält sie rund fünf Cent pro Kilogramm. Während sie im Hausflur zwischen den Zwiebelsäcken hockt durchzieht ein beißender Geruch die Wohnung. Zum Schutz der Hände vor dem Zwiebelsaft hat sie sich Handschuhe mit abgetrennten Fingerkuppen angezogen. Vom Unternehmen wird weder Werkzeug noch ein Schutz für die Hände gestellt.[3]

Verlassen wir an dieser Stelle Familie Brożek und wenden uns noch einmal einer kleinen Gemeinde im Nordosten von Polen zu, dort treffen wir Kazimierz Nowak. Bis zum Beginn der gesellschaftlichen Transformation Polens arbeitete Kazimierz Nowak als Starkstromelektriker im Fernleitungsbau. In der Volksrepublik konnte er sich aufgrund dieses Berufes als Mitglied der „Arbeiterelite" begreifen, deren Anerkennung sich nicht nur ökonomisch niederschlug, sondern auch in einem hohen Prestige. Mit der Privatisierung der Betriebe wurde Kazimierz entlassen. In der Folge begann sein ökonomischer und sozialer Abstieg, zunehmender Alkoholkonsum bot eine Flucht aus dem Alltag und verfestige zugleich seine beruflichen Probleme. Nach dem Ende des befristeten Bezugszeitraumes für Arbeitslosengeld erhält er vom Sozialamt lediglich die Zahlungen für seine Unterkunft, die Berechtigung zum Empfang einer warmen Mahlzeit von einer „Suppenküche für Arme", sowie Bezugsscheine für ausgewählte Grundnahrungsmittel, die er in den lokalen Geschäften einlösen kann. Darüber hinaus hat sich Kazimierz in seiner Nachbarschaft ein Netz von Unterstützern aufgebaut. Gegen kleine Dienstleistungen, die vom Holzhacken, Gartenarbeiten, Reparaturen und Renovierungen im Haushalt bis zum Wagenwaschen reichen erhält er gebrauchte Kleidungsstücke, Lebensmittel oder kleine Geldbeträge. In der Nachbarschaft kennt man die Notlage von Kazimierz und unterstützt ihn auf diese Weise. Jedoch beinhaltet dieses selbstorganisierte soziale Netz auch Probleme. Es funktioniert nur, indem es durch regelmäßige Kontakte gepflegt wird, und es ermöglicht keine Bildung finanzieller Rücklagen. Letztere wären aber notwendig, wenn er versuchen würde in anderen Regionen von Polen eine Arbeitsstelle zu suchen. Zusätzlich gefährdet eine längere Abwesenheit sein fragiles Netz sozialer Kontakte. Arbeitslose, die sich im informellen Sektor eine Existenz aufgebaut haben, können ihren Wohnort nur wechseln, wenn sie das Risiko eines Verlustes ihrer sozialen Kontakte in Kauf nehmen. Misslingt ihr Umzug und sie müssen zurückkehren, haben sie eventuell ihre wirtschaftliche Basis verloren (Willisch und Eckert 2012, S. 161). Zieht man diese Gefahren in Betracht, so erkennt man die rationalen Gründe seiner Alltagsorganisation. Blendet man jedoch diesen Kontext aus, erscheint sein Leben als Beispiel

---

[3] Das Unternehmen hatte die Arbeiten zunächst in den Räumen ihres schlesischen Betriebes durchgeführt. Da die stark belasteten Abwässer ungeklärt abgeleitet wurden, führte das zum Einschreiten der lokalen Behörden. Als Reaktion vergibt der Betrieb die Arbeiten in Heimarbeit und teilt sie auf unterschiedliche Privathaushalte des Landkreises auf. Damit reduziert sich die Umweltbelastung im Einzelfall, ohne dass der Betrieb Maßnahmen zur umweltgerechten Entsorgung der Abwässer unternommen hätte.

eines Alkoholikers, dem die Anpassung an den gesellschaftlichen Wandel seit dem Beginn der 1990er Jahre aufgrund persönlicher Defizite nicht gelang.

An dieser Stelle verlassen wir unsere drei Beispiele für die Alltagsorganisation in der polnischen Schattenwirtschaft. Sie dienen hier der Illustration einer sozialen Spaltung in der polnischen Gesellschaft, deren historische Hintergründe und Entwicklungen im Folgenden skizziert werden, um den Blick für die Zusammenhänge zu schärfen. Obwohl der Beginn des gesellschaftlichen Wandels in Polen mit den markanten Daten von 1989 und 1990 verbunden ist, liegt der eigentliche Start schon in den Jahren davor begründet. In den 1980er Jahren wurde eine Reform eingeleitet, die vor allem die Wirtschaft betraf und in den Schlagwörtern „Selbständigkeit, Selbstverwaltung und Selbstfinanzierung wirtschaftlicher Subjekte zum Ausdruck kam" (Pisz 2002, S. 97). Mit den eingeleiteten privatwirtschaftlichen Veränderungen wurde die Mitsprachemöglichkeit der ArbeiterInnen erweitert. Im Zuge dieser Veränderungen etablierte sich auch eine private Schattenwirtschaft. Sie wurde stillschweigend toleriert, da man auf diesem Wege Versorgungsengpässe mildern konnte (Spak 1998, S. 31). Gleichzeitig wurden Forderungen nach einem grundsätzlichen Wandel der Gesellschaft laut, die sich in der Gründung der unabhängigen Gewerkschaftsbewegung „Solidarność" niederschlugen. Innerhalb kurzer Zeit entwickelte sie sich zu einer Volksbewegung, in der schon Mitte der 1980er Jahre mit ca. zehn Millionen Mitgliedern, ungefähr die Hälfte der arbeitsfähigen Bevölkerung organisiert waren (Klein 2007, S. 240). Zentrale Ziele der „Solidarność" waren der Aufbau einer gerechten Gesellschaftsordnung, die Unterbindung von Korruption und eine gleichberechtigte Beteiligung der Arbeiter an der Unternehmensführung (Klein 2007, S. 241 f.). Eine Motivation der Bevölkerung sich der Solidarność anzuschließen war neben der schlechten Versorgungslage die soziale Ungerechtigkeit. „Wie eine 1983 durchgeführte Umfrage ergab, war in den Augen der Bevölkerung Wohlstand weniger begründet in Bildung, qualifizierter oder regelmäßiger Arbeit, als in Raffinesse, unklaren Quellen, Rücksichtslosigkeit und Unehrlichkeit" (Trutkowski 2007, S. 24). Obwohl man Reformen wollte, herrschte eine deutliche Kritik gegenüber dem kapitalistischen System. In einer Umfrage votierten 1989 fast 40 % für die Einführung eines neuen Sozialismus (Juchler 1995, S. 81). Aus den Kämpfen mit der Regierung in den 1980er Jahren hatte die „Solidarność" einen Vertrauensvorschuss in der Gesellschaft, als sie 1990 den Schritt in die Regierungsverantwortung tat. Ausgehend von den politischen Veränderungen erfolgte in einer Schock-Strategie der ökonomische Umbau in eine kapitalistische Wirtschaftsform. In der Folge verschlechterte sich zwar die wirtschaftliche Lage eines Teils der Gesellschaft, jedoch war man bereit diese Schwierigkeiten zu ertragen, da man das Ziel einer allgemeinen Verbesserung der Lebensverhältnisse vor Augen hatte (Klein 2007, S. 248 ff.). Die soziale Akzeptanz eines sinkenden Lebensstandards beruhte zunächst auf der Vorstellung, dass bestimmte Unannehmlichkeiten in Kauf zu nehmen sind, vergleichbar mit der Einnahme einer bitteren Medizin, wenn man gesund werden will (Pisz 2002, S. 100; Juchler 1995, S. 82 f.).

Zu Beginn der 1990er Jahre entstanden soziale Differenzierungen in bisher nicht gekanntem Ausmaß. Es fehlte an sozialen Absicherungen und man hangelte sich von einer Notlösung zur nächsten, da ein zusammenhängendes Konzept fehlte (Pisz 2002, S. 104). Zunehmend wurde Kritik an den Resultaten des gesellschaftlichen Wandels laut. Während es in der Volksrepublik kaum soziale und wirtschaftliche Unterschiede gab, polarisierte sich jetzt die Gesellschaft (Wirsching 2012, S. 115 f.). „Die davon schmerzhaft betroffenen Personen und sozialen Gruppen werden sich immer stärker der Tatsache bewusst, dass sich ihr neuer Platz in der Struktur und ihre neue Position in der sozialen Hierarchie immer mehr verfestigen" (Pisz 2002, S. 101). Zwei Jahrzehnte nach der Transformation kann man heute beobachten, dass sich die soziale Struktur auch über die Generationen hinweg verfestigt.

Die Spaltung der Gesellschaft hat eine ökonomische Form, ist sozial verankert und lässt sich überwiegend geographisch lokalisieren. Abseits der wirtschaftlich prosperierenden städtischen Regionen wie Warschau, Poznań, Toruń, Gdańsk verringert sich mit zunehmender Entfernung das Einkommen (Dreyhaupt-von Speicher 2002, S. 241). In einer graphischen Darstellung der LeMonde diplomatique (2007) (zit. n. Wagner et al. 2013, S. 125) wird die extreme ökonomische Ungleichverteilung in der polnischen Gesellschaft deutlich. Verglichen mit Griechenland und Großbritannien, in denen sich der Wohlstand über breite Bevölkerungsschichten verteilt, zeigt sich, dass in Polen neben einer kleinen Anzahl mittlerer Einkommen überwiegend niedrige Einkommen von der Bevölkerung erzielt werden. Einen deutlichen Ausdruck findet die Spaltung der Gesellschaft in den Arbeitslosenstatistiken. In den 1990er Jahre stieg die offizielle Zahl auf 25 % und mehr an, sank anschließend und nahm nach der Jahrtausendwende wieder zu (Spak 1998, S. 37; Reith und Wizner 1999, S. 30). Vor allem in der Gruppe der unter 24 jährigen sind doppelt so viele wie im EU-Durchschnitt ohne legale Arbeitsmöglichkeit. Insgesamt kann es daher nicht erstaunen, wenn von 1989 bis 2003 der Anteil von Armen in der Bevölkerung von 15 auf 59 % angestiegen ist (Klein 2007, S. 267 f.). Es wird von einer Zweidrittelgesellschaft ausgegangen, bei der die Mehrzahl relativ verarmt ist (Pütz 1998, S. 63). Tatsächlich ist die Arbeitslosigkeit aber dramatischer, da es sich bei den Angaben um die offiziell registrierten Zahlen der Arbeitslosenstatistik handelt. Überprüft man die Zahlen auf der lokalen Ebene und differenziert noch einmal nach Altersgruppen, so erhält man auch in den 2000er Jahren deutlich höhere Ergebnisse. Da aber auf lokaler Ebene keine offiziellen Daten erhoben werden, ist man hier auf Schätzungen angewiesen. Im Rahmen unserer Forschungen kamen wir beispielsweise für 2005 in der Gemeinde Sępopol (Wojewodschaft Ermland-Masuren) auf eine lokale Arbeitslosenquote von 39 %, während die offizielle Zahl für die Wojewodschaft zehn Prozent niedriger lag (Wagner 2011, S. 58).

Die offiziellen Zahlen verdecken den informellen Sektor und die subsistenzwirtschaftliche Landwirtschaft. Arbeitslosigkeit versteckt sich darüber hinaus auch in der verbreiteten Praxis von kleingewerblicher Selbständigkeit. Mit finanzieller Förderung der Arbeitsverwaltung machen sich Arbeitslose selbständig, indem sie einen Lebensmittelladen oder ein Geschäft mit gebrauchter Kleidung eröffnen. Wenn die Förderung nach drei bis vier Jahren ausläuft, werden die Geschäfte geschlossen, da in der Regel die Einnahmen nicht einmal die Sozialabgaben decken. Solange die Arbeitsverwaltung die Sozialabgaben bezuschusst, besteht für den/die InhaberIn der Gewinn in der Ansammlung fehlender Beitragsjahre zur Berechnung der Rente. Mit der Aufgabe des Geschäftes durch den/die EigentümerIn verschwindet der Laden jedoch nicht, da die nächsten Interessenten schon warten, so dass der Zyklus von vorne beginnen kann.

Naomi Klein beschreibt die Reaktion der Bevölkerung dahingehend, „dass Solidarność, die von Polens FabrikarbeiterInnen aufgebaute Bewegung, die Schaffung einer permanenten Unterschicht zu verantworten hatte, empfand man als bitteren Verrat, der viel Wut und Zynismus auslöste, die im Land bis heute nicht ganz verschwunden sind" (Klein 2007, S. 268). Zudem wurden in der Wendezeit, im Zuge der Betriebsschließungen die alten Qualifikationen entwertet. Ihren Niederschlag fand die Enttäuschung in der massenhaften Abkehr der Mitglieder von der „Solidarność". Die Abkehr von der „Solidarność-Bewegung" in Verbindung mit dem Wandel zu einer kapitalistischen Wirtschaftsstruktur mit neoliberalem Überbau geht einher mit dem Verlust zivilgesellschaftlicher Strukturen. Unter dem Einfluss des Neoliberalismus werden traditionelle Solidarbeziehungen zerstört. An ihre Stelle treten verfilzte staatlich-zivile Strukturen, die als monolithischer Block einen moralischen Druck auf die Individuen ausüben, ihr Verhalten den etablierten Strukturen anzupassen (Harvey 2007, S. 109). Jedoch wäre es verkürzt, wenn wir bei dieser Negativbeschreibung verharren würden. Zugleich etablieren sich neue kulturelle Muster, in denen sich die historischen Erfahrungen mit dem soziökonomischen Wandel verbinden. Sighard Neckel (2008, S. 30 f.) beschreibt den Markt als kulturell dominanten Einfluss, der eine hegemoniale Struktur ausbildet. „Die Marktgesellschaft unserer Gegenwart trägt Züge von beidem: Alternativlosigkeit und Chancenstrukturen, letzteres vor allem deswegen, weil sich die Marktgesellschaft mit einer Anzahl von Innovationen und inneren Wandlungsprozessen verbindet, die sich auch kulturell erfolgreich macht" (Neckel 2008, S. 30 f.). Kapitalismus, so schreibt er weiter, ist eben nicht nur eine Wirtschaftsform, sondern auch eine kulturelle Struktur. Die sozioökonomische Spaltung der Gesellschaft wurde im Sinne der marktwirtschaftlichen Ideologie als Ausdruck individuellen (Un-)Vermögens interpretiert. Die VerliererInnen der Transformation werden als diejenigen charakterisiert, die ein Problem für die Gesellschaft sind, zu alt, ungebildet und verarmt. Wer arm ist, der wird als zurückgeblieben beschrieben, als jemand, der sich aus den kulturellen Werten der Volksrepublik nicht lösen konnte. Mit dieser Argumentation werden gesellschaftliche Probleme psychologisiert und den Individuen angelastet. Im Kontrast dazu zeigen die Erfolgreichen, dass sie die neuen Anforderungen der Gesellschaft durch ihre eigene Initiative bewältigt (Vonderau 2010, S. 112 f.). Ausgeblendet wird dabei die gesellschaftliche Position der AkteurInnen vor 1989. Gleichwohl die ökonomisch bedingte Differenzierung in der Volksrepublik deutlich geringer war, bestand für die Eliten doch ein bevorzugter Zugang zu den gesellschaftlichen Ressourcen. Diese Stellung konnten sie beim Beginn der Transformation zu ihrem individuellen Vorteil nutzen.[4]

Während ein Teil der Gesellschaft die finanzielle Gratifikation als Ausdruck individueller Leistung versteht, fehlt ein soziales Sicherungssystem, in dem Arbeitslose aufgefangen werden. Die Dauer des Bezugs von Arbeitslosengeld orientiert sich in Polen nicht an der individuellen Situation des Betroffenen, sondern an der durchschnittlichen Arbeitslosenquote der Wojewodschaft in der einE AntragstellerIn seinen/ihren Wohnsitz hat. Dementsprechend kann der Bezugszeitraum von drei Monaten (beispielsweise in Warschau bei ca. 4 % Arbeitslosigkeit) bis zu 18 Monaten variieren. Entscheidend ist aber der Einschnitt nach dem Ende des Bezugszeitraumes, da das Sozialsystem keine kontinuierlichen Zahlungen von Sozialhilfe an Arbeitslose vorsieht. Nach dem Auslaufen der Zahlungen von Arbeitslosengeld sind die Betroffenen auf die finanziellen Möglichkeiten und den (guten) Willen der lokalen Gemeindeverwaltungen angewiesen. Tatsächlich beschränkt sich die Zahlung von Sozialhilfe an Arbeitslose, soweit nicht zusätzlich Kriterien wie alleinerziehend, körperbehindert etc. bestehen, auf geringe Summen, deren Mindesthöhe monatlich 30 Złoty (ca. 8 €) beträgt und damit deutlich unter

---

[4] In vielen Situationen ist dieser bevorzugte Zugang zu Ressourcen recht einfach zu erklären. So verfügten die leitenden Angestellten eines staatlich gelenkten Landwirtschaftsbetriebes (PGR Państwowe Gospodarstwo Rolne) frühzeitig über Informationen bezüglich der Betriebsauflösung und hatten damit die Chance aus der Konkursmasse private Landwirtschaftsbetriebe aufzubauen. Hingegen die Alternative, eine Überführung der Betriebe in Genossenschaften, einen aufwendigen Organisationsprozess vorausgesetzt hätte, der zudem von der Regierung auch nicht vorgesehen war. Daher ist es zu erklären, dass nur ausnahmsweise und dann aufgrund der Initiative der leitenden Angestellten (überwiegend die ehemaligen Direktoren der PGR) es zur Gründung von landwirtschaftlichen Genossenschaften kam.

den Leistungen ständiger Beihilfe bleibt. In der Regel wird der Betrag auf 35 %
des Sozialhilfesatzes für Alleinstehende begrenzt (Kopacka-Klose 2008, S. 100).[5]
Da sich die Arbeitslosigkeit in bestimmten Regionen verfestigt hat, sind gerade in
den ärmsten ländlichen Gemeinden, die größten Gruppen von Langzeitarbeitslosen
ohne Anspruch auf Arbeitslosengeld anzutreffen. Einen Einblick in die schwieri-
gen wirtschaftlichen Verhältnisse zeigte sich während unserer Forschung von 2005
bis 2008 in der Gemeinde Sępopol. 57 % der SchülerInnen an der örtlichen Grund-
und Hauptschule kamen aus arbeitslosen Familien. Von diesen 249 Familien hatten
214 kein Anrecht auf die Zahlung von Arbeitslosengeld. 35 % der SchülerInnen
erhielten aufgrund der wirtschaftlichen Situation ihrer Familien Unterstützung bei
der Anschaffung von Schulheften und Büchern, sowie bei Kleidung, Fahrtkosten
und Schulspeisung. Fünf Prozent erhielten diese Hilfen nicht, da ihre Familien
kleine landwirtschaftliche Betriebe bewirtschafteten. Obwohl sie auf subsistenz-
wirtschaftlichem Niveau anzusiedeln waren, legte das Sozialamt pauschal ein Einkommen von 194 Złoty (ca. 48 €) pro Hektar zugrunde. Die verarmten Teile der
polnischen Gesellschaft, so lässt sich an dieser Stelle festhalten, verfügen über
einen Lebensstandard weit unterhalb des Standards einer kleinen Schicht, die als
Gewinner der wirtschaftspolitischen Entwicklungen gelten können.

Wege aus der Verarmung bieten die Arbeitsmigration und Tätigkeiten in der
informellen Ökonomie an. WanderarbeiterInnen finden in den westeuropäischen
Staaten befristete, häufig saisonale Arbeiten in der Landwirtschaft, auf Jahrmärk-
ten, als Reinigungskraft oder in der privaten häuslichen Pflege. Schauen wir auf
den informellen Sektor, der in Polen eine bis in die Zeit der Volksrepublik reichende Tradition mit einem breiten Angebot unterschiedlicher Waren hat. Aufgrund der
wirtschaftlichen Krise etablierte sich in den 1980er Jahren eine Schattenwirtschaft,
die von den staatlichen VertreterInnen stillschweigend toleriert wurde, und in der
Gesellschaft eine breite Akzeptanz erfuhr. Die informelle Ökonomie war auf die
formelle Ökonomie angewiesen, denn nur indem sie die Objekte und Strukturen
der formellen Ökonomie nutzen konnte, gelang es der informellen Ökonomie sich
auszubreiten. „Das zentrale Merkmal der zweiten Ökonomie – privaten Nutzen
aus kollektivem Eigentum zu ziehen – wurde offiziell als Diebstahl betrachtet,
galt im Rahmen der schattenökonomischen Strukturen jedoch nicht als negativ, im
Gegensatz zum Entwenden von Privateigentum, das moralisch sehr wohl unzuläs-
sig war" (Vonderau 2010, S. 70). Nach dem Zusammenbruch der Volksrepublik
boten die informellen Strukturen den Arbeitslosen und von Verarmung bedrohten

---

[5] Eine realistische Einschätzung ist nur in der Kombination mit den Preisen möglich. Als
Richtwert kann man sagen, dass Grundnahrungsmittel ca. ein Drittel weniger als in Deutschland kosten, hingegen bei Elektrogeräten, Benzin und Diesel die Preise angeglichen sind.

Personen Überlebensstrategien. Der informelle Sektor nahm die Arbeitskräfte auf, die im Zuge der Rationalisierung im legalen Sektor arbeitslos wurden (Altvater und Mahnkopf 2002, S. 153). Man kann daher die informelle Ökonomie als Puffer für den Arbeitsmarkt oder als Versagen von Markt und Staat ansehen, die nicht in der Lage sind, die notwendigen Dienstleistungen und Produkte bereitzustellen (Gretschmann und Mettelsiefen 1984, S. 35 ff.). In der ersten Hälfte der 1990er Jahre umfasste der informelle Bereich ca. 20–30 % des polnischen Bruttoinlandsproduktes (Juchler 1995, S. 85). Schätzungen gehen von einer Milliarde Złoty Umfang im informellen Sektors aus (Droht et al. 2000, S. 61). Daher kann es nicht verwundern, wenn 1993 nur 34 % der Haushalte ihr Einkommen über eine reguläre Beschäftigung bezogen (Pütz 1998, S. 62). „Seine positive Rolle für die Abmilderung sozioökonomischer Krisensituationen vor allem in den schwach entwickelten Regionen Polens (Osten) wird heute weder von Wirtschaftsfachleuten noch von lokalen Verantwortungsträgern in Politik und Verwaltung bestritten" (Droht et al. 2000, S. 53 f.). In den letzten 20 Jahren reicht das Warenangebot der informellen Ökonomie von Schneidereien, die für den Markt osteuropäischer Staaten produzieren, über den illegalen Abbau von Kohle bis zum Schmuggel von Zigaretten, Treibstoff und Wodka (Grygar 2010, S. 208 f.; Bruns 2010).

9.1   Kulturelle Werte und soziale Disparitäten

Versuchen wir einmal die sozialen Differenzierungen der polnischen Gesellschaft, wie sie sich im Verlauf der vergangenen 25 Jahre entwickelt haben, zu analysieren. Stellvertretend für den informellen Sektor steht der Kleinhandel mit geschmuggelten Waren. Warenschmuggel ist im Grunde eine Form der Steuerhinterziehung, die üblicherweise von staatlichen Stellen verfolgt wird. In den östlichen polnischen Grenzregionen begegnen jedoch die staatlichen VertreterInnen ebenso wie die Bevölkerung den SchmugglerInnen mit Wohlwollen. SchmugglerInnen werden als KleinhändlerInnen beschrieben, denen es gelungen ist, ihren Alltag auf eine wirtschaftliche Grundlage zu stellen. In dieser Perspektive ist der/die SchmugglerIn einE aktiveR BürgerIn, der seine staatsbürgerliche Verantwortung zeigt, indem er/ sie nach Wegen sucht, wirtschaftliche Notlagen selbstständig zu überwinden. Zugespitzt kann man sagen, der Schmuggel erscheint als eine „Schule für moderne Wirtschaftsformen". Der/die SchmuggerIn reagiert selbständig, flexibel und aktiv, ohne an den Staat mit der Bitte um Unterstützung heranzutreten. Die gesellschaftliche Beurteilung des informellen Sektors ist aber nur verständlich, wenn man die bis in die Volksrepublik reichende Erfahrung, sowie die Entwicklung nach dessen Zusammenbruch mit einbezieht.

Zu den Zielen der Volksbewegung gehörte in den 1980er Jahren der Aufbau einer politisch und ökonomisch gerechten Gesellschaftsordnung. Diese Forderung war anschlussfähig an die ideologischen Vorgaben der Volksrepublik. Sie verschwanden nicht in den späteren Jahren, sondern bilden für breite Schichten der Gesellschaft immer noch den gesellschaftspolitischen Orientierungsrahmen. Insoweit jedoch der Staat nicht in der Lage ist für die wirtschaftliche Sicherheit aller BürgerInnen zu sorgen, ist auch der/die BürgerIn von seiner staatsbürgerlichen Pflicht gegenüber den Gesetzen entbunden.[6] Mit der Systemtransformation in den 1990er Jahren geht diese Haltung eine Verbindung mit den kapitalistischen Ideologien neoliberaler Prägung ein und entwickelt sich zu der aktuellen Erscheinungsform. Gefordert wurden ökonomisch handelnde Individuen, die sich mit Initiative selbständig am Markt behaupten. „Die Formierung eines neoliberalen, selbstregulierenden Individuums, wie sie im stereotypen Bild des *homo europaeus* zum Ausdruck kommt, stellt somit eins der wichtigsten ideologischen Projekte der postsozialistischen Transformation dar" (Vonderau 2010, S. 125).

Mit der von Merton (1995, S. 156) getroffene Unterscheidung zwischen kultureller Struktur und sozialer Struktur kann die Toleranz gegenüber dem informellen Sektor erklärt werden. Während die Individuen sich bemühen, die gesellschaftlich vorgegebenen kulturellen Normen zu erfüllen, wirken zugleich die sozialen Machtverhältnisse dem entgegen. Kulturelle Werte sind ein gesellschaftliches und damit historisches Produkt, in dem sich bestimmte Interessenlagen und Machtverhältnissen widerspiegeln, die sich im unterschiedlichen Besitz der verschiedenen Ressourcen bzw. Kapitalien (Bourdieu) manifestiert. Es sind die Klassenverhältnisse der Gesellschaft, die dem kulturellen Einfluss vor allem von Mittelschichten Dominanz verschaffen. So ist davon auszugehen, dass sich im Einflussbereich der Mittelklasse Werte entwickeln, die deren ökonomischen Möglichkeiten entsprechen und zur Norm werden, während andere gesellschaftliche Gruppen an deren Umsetzung scheitern. Gleichwohl stehen alle gesellschaftlichen Gruppierungen unter dem Einfluss der kulturellen Werte, auch wenn deren Realisierung nicht mit ihrer Lebenssituation zu verwirklichen ist. Tiefgehend ist der Bruch in einer Gesellschaft, die Möglichkeiten für alle verspricht und zugleich den sozialen Aufstieg und wirtschaftlichen Erfolg für eine Gruppe versperrt. Um den Verlust der gesellschaftlichen Position zu verhindern müssen die kulturellen Werte erfüllt werden. Gelingt die Realisierung der kulturellen Werte nicht mit legalen Mitteln, so besteht die Tendenz, kriminelle Handlungen zu akzeptieren (Merton 1995, S. 137).

---

[6] Eine Rolle spielt in dieser Haltung auch die historische Erfahrung der polnischen Gesellschaft im Widerstand gegen Okkupation und Fremdherrschaft.

In der Systemtransformation entwickelten die Werte nach Selbständigkeit, Flexibilität und wirtschaftlichem Erfolg kulturelle Dominanz. Da diese Werte jedoch
für einen Teil der Gesellschaft mit legalen Mitteln und vertretbarem Aufwand nicht
zu erreichen sind, besteht in der Wahl illegaler Wege eine Alternative. Bezieht man
diese Perspektive auf die SchmugglerInnen, so sind sie diejenigen, die sich an die
kulturellen Werte der Gesellschaft angepasst haben. Jedoch können sie die kulturell dominanten Werte von wirtschaftlichem Erfolg, Flexibilität und Unternehmer-
tum nur auf illegalen Wegen erreichen. Sobald sie das kulturell dominante Ziel
erreichen, wird ihr Handeln positiv bewertet.

Im Ergebnis führt diese Entwicklung zur sozialen Integration der Akteure des
informellen Sektors. Marian Wojakowski hat diesen Aspekt in dem einleitenden
Beispiel mit seiner Bemerkung verdeutlicht, man sollte die SchmugglerInnen auch
als UnternehmerInnen in den Kreis der lokalen Honoratioren aufnehmen. Zugleich
ist die Integration eines Teils der Gesellschaft mit der Ausgrenzung anderer Gruppen verbunden. Mit der positiven Darstellung der SchmugglerInnen werden implizit diejenigen negativ beschrieben, denen es nicht gelingt, ihr Leben selbständig
zu organisieren, und die stattdessen auf finanzielle Transferleistungen angewiesen
sind. Personen, die nicht sichtbar in das Schema von Aktivität, Flexibilität usw.
passen, werden wirtschaftlich und sozial ausgegrenzt. Ausgeblendet werden die
Probleme, denen sich Betroffene gegenüber sehen und ihre aus der Biographie zu
verstehenden Lösungsstrategien. Das Beispiel von Kazimierz Nowak, der weiter
oben vorgestellt wurde, lässt sich daher aus zwei konträren Perspektiven erzählen.
Einmal als ein Alkoholiker, der keine Initiative zeigt, von Almosen lebt, unflexibel
und interessenlos ist. In einem Wechsel der Perspektive erscheint er jedoch als
eine Person, die ihre Lebenssituation kompetent im Kontext der persönlichen und
gesellschaftlichen Probleme organisiert.

Ein Faktor in dem Prozess der Marginalisierung stellt die fehlende soziale Absicherung von Arbeitslosen nach Ablauf ihres Bezugszeitraumes für Arbeitslosenun-
terstützung dar. Die gesetzlich geforderte Unterstützung für diesen Personenkreis
fordert von den Gemeinden, das physische Überleben der Betroffenen zu sichern.
Jedoch bestehen keinerlei staatliche Anstrengungen eine qualitativ ausreichende
Ernährung, beispielsweise mit Vitaminen und frischen Lebensmitteln sicherzustellen. Eine Teilhabe an dem gesellschaftlichen Leben, wie sie zumindest theoretisch
die Sozialhilfe in Deutschland sichert, ist in Polen gesetzlich nicht vorgesehen.
Da es sich aber aufgrund der seit über 20 Jahren anhaltend hohen Arbeitslosigkeit
um eine relativ große Gruppe in der Gesellschaft handelt, ist es gerechtfertigt, von
einer tiefgehenden sozialen Spaltung zu sprechen.

Einen integrierenden Effekt hat auch die Arbeit im Ausland, unabhängig davon
ob es sich um Wanderarbeit oder langfristige Arbeitsplätze handelt. Mit Familie

Brożek wurde beispielhaft die Lebenssituation der WanderarbeiterInnen skizziert. Nicht unterschlagen sollte man welche psychischen und sozialen Belastungen mit dieser Lebensweise verbunden sein können. Je nach den Anforderungen der Arbeitsplätze pendeln die Arbeiter und Arbeiterinnen (Frauen stellen ungefähr die Hälfte der Wanderarbeiter) alle zwei bis drei Monate zwischen ihrem polnischen Wohnort und westeuropäischem Arbeitsort. Wer private Putzstellen versorgt und in Grenznähe seinen Wohnsitz hat, kann seinen Arbeitsrhythmus auch mit der Rückkehr am Wochenende verbinden. Bei längerer Abwesenheit von der Familie stehen beide Teile bei der Rückkehr vor der Aufgabe, ihre Organisation des Alltags wieder aufeinander abzustimmen. In den Familien der WanderarbeiterInnen sind bei den Erwachsene und ihren Kinder Entfremdungseffekte zu erkennen. LehrerInnen und SozialarbeiterInnen beobachten bei den SchülerInnen auch Verhaltensänderungen, die sie ursächlich auf die Abwesenheit der Eltern oder eines Elternteils zurückführen (Haese et al. 2012, S. 56; Wagner et al. 2013, S. 195 f.). Regelmäßiges Arbeitspendeln über Tage oder Wochen stellt einen erheblichen Stressfaktor dar. Insoweit die mobile Lebensform als stressbelastet erlebt wird, führt sie zu einem Anstieg von Herz-Kreislauf-Erkrankungen, Störungen des Immunsystems und reduziert die Zufriedenheit in der Partnerschaft (Schneider et al. 2002, S. 39). Die emotionale Bewertung der Migrationserfahrung steht wiederum auch in einem Zusammenhang mit dem Umfang, in dem die Erwartungen sich erfüllen (Han 2005, S. 242 ff.). Wessen Hoffnung auf eine Steigerung des Lebensstandards sich in der Arbeitsmigration nicht erfüllt, wird daher auch seine Lebenssituation als belastend beschreiben. Eine momentane Stressreduzierung gelingt den WanderarbeiterInnen, während ihres Arbeitsaufenthaltes im Ausland durch die Konzentration auf ihren aktuellen Arbeitsalltag. Gerade von Pflegekräften, die in der häuslichen privaten Pflege arbeiten wird die vierundzwanzigstündige Verfügbarkeit als Stressfaktor erlebt. Jedoch auch in der Landwirtschaft relativiert sich die frei verfügbare Zeit durch überlange Arbeitszeiten und die eingeschränkte Privatsphäre in Gemeinschaftsunterkünften.

9.2   Individualisierung mit traditionellen Elementen

Die Erklärung der sozialen Differenzierung innerhalb der polnischen Gesellschaft ist ohne deren historische Entwicklung seit der Volksrepublik wie sie hier anhand von Eckpunkten skizziert wurde, nicht zu verstehen. Dazu gehört als Ausgangspunkt die Vision einer sozialen Gesellschaft ebenso wie der Einfluss westlicher Beraterteams um den Havard-Experten Jeffrey Sachs, die „Polen zu einem Experimentierfeld für freie Marktwirtschaft" im Sinne eines neoliberalen Kapitalismus machten (Sennett 2005, S. 49). Im Verlauf der neoliberalen Systemtransformation haben sich kulturelle Einstellungen gewandelt, Unabhängigkeit wurde zum zentralen Wert. Als Grundlage für die Toleranz gegenüber dem informellen Sektor diente die gemeinsame Erfahrung in der „Solidarność"-Bewegung. Hier bestand eine unklare Vision über einen Zuwachs an individuellen Freiheiten, verbunden mit einem steigenden Lebensstandard. Im Rahmen der Privatisierungen öffentlicher Güter und staatlicher Unternehmensstrukturen entstand jedoch ein neues Proletariat, dem die Aufnahme prekärer Tätigkeiten als verbleibende Perspektive offen stand. Soziale Unsicherheit wird zur Norm, während das Sozialsystem nicht mehr auf eine Unterstützung der Armen, sondern auf Ausgrenzung zielt. In der Sozialfürsorge ersetzt Mitleid das Prinzip der Solidarität (vgl. auch Wacquant 2009, S. 62, 298). In Polen wird das soziale Mitleid zudem getragen von einem caritativen Impuls der katholischen Kirche. Gut zu beobachten ist das Phänomen in den zahlreichen Aufrufen, Geld und Sachleistungen zur Unterstützung der Armen zu spenden.

Der ökonomische Wandel führte zu Veränderungen, die nicht mehr nur als stärkere Differenzierung wahrgenommen werden, sondern zur potentiellen Ausgrenzung von Akteuren führt. Unter sozialpsychologischer Perspektive muss der gesellschaftliche Wandel seit 1990 als eine fundamentale Erschütterung verstanden werden, die einen sozialen Stress erzeugte und die Individuen veranlasste, sich auf ihr unmittelbares Lebensumfeld zu konzentrieren. Sie bekommen einen „Tunnelblick" mit dem das soziale Umfeld der eigenen Klasse, die familiäre Intimität und die eigene soziale Gruppe fokussiert wird. Innerhalb weniger Monate entwickelte sich ein „the-winner-takes-all-Markt" (Sennett 2005, S. 45). Im Ergebnis ist die Herausbildung geographischer Zonen der Exklusion in ländlichen Regionen zu beobachten, innerhalb derer allmählich eine Fragmentierung einsetzt, bei der Gewinner und Verlierer nebeneinander anzutreffen sind (vgl. Bude und Willisch 2006, S. 7; Willisch 2012, S. 33).

Eine Integration kann auch über den informellen Sektor erfolgen. Wobei sich die Bewertung entlang symbolischer Verhaltensweisen von Aktivität und Selbständigkeit orientiert, hinter denen Fragen der Legalität der Erwerbstätigkeit zurücktreten. Allerdings befindet sich der/die AkteurIn in einer ungesicherten wirtschaftlichen Situation (vgl. Willisch und Eckert 2012, S. 158 f.). Bourdieu unterscheidet ProletarierIn und SubproletarierIn aufgrund ihrer Möglichkeiten der Zukunftsgestaltung. Während der/die ProletarierIn über eine minimale gegenwärtige Absicherung verfügt, die es ihm ermöglicht eine Zukunftsperspektive zu entwerfen, fehlt dem/der SubproletarierIn diese Aussicht aufgrund seiner aktuellen Lebensbedingungen (Bourdieu 1998, S. 98). Kazimierz Nowak zeigt, wie oben geschildert, exemplarisch den Zusammenhang von Arbeitslosigkeit und Abgleiten in das Subproletariat. Arbeitslosigkeit zerstört nicht nur die Widerstandskraft, sondern die daraus resultierende Armut macht physisch und psychisch krank, und die soziale Ausgrenzung wirkt stressfördernd (Staiger 2012, S. 88). Verglichen mit Kazimierz Nowak vermeidet Familie Brożek den Abstieg ins Subproletariat, indem sie sich als WanderarbeiterIn verdingen. Allein die Tatsache der Arbeitsmigration kann aber nicht als ausreichendes Zeichen für gleichberechtigte Chancen in der Gesellschaft gewertet werden. In der Freiheit des Reisens und der Freiheit der Wahl des Arbeitsplatzes erscheint zwar eine Forderung nach Demokratisierung verwirklicht, doch verbergen sich dahinter soziale Differenzen. Erfolg oder Misserfolg der Wanderarbeit resultiert auch aus der Herkunft, den verfügbaren sozialen und finanziellen Ressourcen sowie der familiären Situation also der sozioökonomischen Ausgangslage eines/einer MigrantIn.

Sowohl in Polen als auch in dem Arbeitsland (z. B. Deutschland) kommt der Arbeitsmigration eine wichtige Funktion zu. Den deutschen LandwirtInnen und UnternehmerInnen stehen billige Arbeitskräfte zur Verfügung, für die keine sozialen Folgekosten anfallen. Billige und flexible Arbeitskräfte sind das „Schmiermittel" des neoliberalen europäischen Kapitalismus. Wanderarbeit kann als die gelungene „Quadratur des Kreises" für die Wirtschaft verstanden werden. Stehen den Unternehmen doch kurzfristig niedrig entlohnte Arbeitskräfte für Tätigkeiten mit geringem Prestige zur Verfügung, die ihre Arbeit zudem als zufriedenstellend erleben. In Polen wirkt die Arbeitsmigration zugleich als Instrument zur sozialen Befriedung. Die polnischen Eliten können den Anspruch breiter gesellschaftlicher Gruppen auf Umverteilung des erwirtschafteten Reichtums mit dem Ventil der Arbeitsmigration abwehren. Arbeitsmigration schöpft den Teil der Arbeitslosen ab, die nicht in das Subproletariat abgesunken sind und hat den Nebeneffekt der Entpolitisierung, da Wanderarbeit als Chance auf schnelle Steigerung des Lebensstandards erscheint.

Wacquant (2009, S. 316) beschreibt den Neoliberalismus aufgrund einer Tendenz der Individualisierung sozialer Erscheinungen als demokratiezersetzend. In Polen besteht insoweit ein antidemokratischer Effekt, als „quasifeudale" Arbeitsverhältnisse akzeptiert werden. Feudalistisch organisierte Arbeitsverhältnisse umfassen notwendig zwei Seiten. Auf der einen Seite steht der Patriarch, der eine Leistung aus eigenem Antrieb gewährt und auf der anderen Seite einE EmpfängerIn, der die Rolle des/der BittstellerIn akzeptiert. So kann einerseits das Mitleid gegenüber Armen als Ausdruck moralischer Einstellungen verstanden werden, bei der sich die Armen anstatt auf soziale Rechte zu berufen, auf die Hilfsbereitschaft der Bessergestellten verlassen müssen. Wenden wir jetzt aber die Perspektive und schauen uns beispielhaft die Arbeitssituation polnischer WanderarbeiterInnen an, die in Deutschland in der häuslichen privaten Pflege oder in der Landwirtschaft als ErntehelferInnen arbeiten, so stoßen wir auch hier auf Arbeitsverhältnisse jenseits formaler arbeitsrechtlicher Regelungen. In dieser Überlegung spielt „Schwarzarbeit" keine Rolle, vielmehr liegt der Fokus auf offiziellen Arbeitsplätzen, bei denen die Beziehungen zwischen ArbeitgeberIn und ArbeiterIn nicht nach rechtlichen Kriterien, sondern auf der Ebene zwischenmenschlicher Beziehungen geregelt werden. In der Landwirtschaft bedeutet das beispielsweise, dass der/die ArbeitgeberIn aufgrund eigenmächtiger Kriterien über eine Fortführung des Arbeitsverhältnisses entscheidet. So droht dem/der WanderarbeiterIn bei Fehlverhalten außerhalb der Arbeitszeit die Kündigung.

Anders ausgedrückt treffen wir bei den polnischen WanderarbeiterInnen den Aspekt der sozialen Integration unter Vernachlässigung der Fragen nach Legalität und Illegalität wieder, wie sie auch im informellen Sektor anzutreffen sind. Darüber hinaus zeigt das polnische Beispiel aber auch Brüche in der neoliberalen Umgestaltung der Gesellschaft. Diese Brüche sind historisch gewachsen und können auf politische Ursachen (die Ziele der „Solidarność" als Volksbewegung in den 1980er Jahren) und religionsgeschichtliche Faktoren (eine caritative Soziallehre der katholischen Kirche) zurückgeführt werden. Dem Mitleid gegenüber Armen auf der einen Seite entspricht auf der anderen Seite auch die Unterordnung unter rechtsfreie Arbeitsverhältnisse, zumal beides mit den kulturellen Forderungen nach Flexibilität und Eigenverantwortlichkeit kompatibel ist.

Während die Solidarność-Bewegung zunächst von der Utopie einer Vergesellschaftung der Betriebe in Arbeiterselbstverwaltung getragen wurde, entwickelte sich in der polnischen Gesellschaft seit 1990 eine ökonomische Spaltung zwischen Gewinnern und Verlierern der Systemtransformation (Ellis 2005, S. 15). In seiner Grundstruktur entspricht dieser Prozess einem Effekt der Globalisierung, wie er in vielen Ländern zu beobachten ist. Entstanden ist eine Gesellschaft, bei der solidarische Aspekte zugunsten des Konkurrenzprinzips zurücktreten (Scholz 2012, S. 28). An die Stelle wohlfahrtsstaatlicher Sozialgesetzgebung trat die Verantwortung des Individuums. Im Verlauf der Systemtransformation formten sich in Polen neue Eliten, die ihren Aufstieg der Solidarność verdanken. Sie begreifen sich als VertreterInnen einer europäischen Lebensweise, deren Erfolg ein Ausdruck ihrer persönlichen Aktivität ist. Demgegenüber wird den Arbeitslosen individuelles Versagen vorgeworfen und mit dem Argument begründet, sie seien in einer überkommenen „Versorgungsmentalität" verhaftet.

Die hier beschriebene Fragmentierung der Gesellschaft weißt jedoch landestypische Besonderheiten auf, die vor dem Hintergrund historischer Erfahrungen der polnischen Gesellschaft zu interpretieren sind. In einem widersprüchlichen Prozess finden wir auf der einen Seite Elemente einer Aufkündigung der sozialen Solidarität durch die Eliten, bei dem Armut und Arbeitslosigkeit psychologisiert und die gesellschaftlichen Faktoren ignoriert werden. Auf der anderen Seite sind die Utopien der Solidarność aus den 1980er Jahren nach egalitärem Wohlstand und gleichberechtigter Teilhabe in der Gesellschaft nicht verschwunden. Soweit sich die Handlungen der betroffenen Akteure in die neoliberale Ideologie des/der aktiven, selbständigen BürgerIn einordnen lassen, begegnen sowohl die BürgerInnen als auch staatliche Institution ihren Aktivitäten im informellen Bereich mit großer Toleranz. Solange die Kriterien selbständigen Handelns erfüllt sind werden auch Tätigkeiten im informellen Sektor als wirtschaftliche Strategie akzeptiert.

Man kann also feststellen, dass in den nur gering ausgebildeten sozialstaatlichen Regelungen eine Tendenz der Entsolidarisierung in der polnischen Gesellschaft deutlich wird. Dem damit tendenziell drohenden Zerfall des sozialen Zusammenhangs wird zugleich durch caritative Hilfen sowie der Akzeptanz informeller ökonomischer Aktivitäten begegnet.

Literatur

Altvater, E., & Mahnkopf, B. (2002). *Globalisierung der Unsicherheit. Arbeit im Schatten, Schmutziges Geld und informelle Politik*. Münster: Westfälisches Dampfboot.

Bourdieu, P. (1998). *Gegenfeuer. Wortmeldungen im Dienste des Widerstandes gegen die Invasion*. Konstanz: UVK Universitätsverlag.

Bruns, B. (2010). *Grenze als Ressource. Die soziale Organisation von Schmuggel am Rande der Europäischen Union*. Wiesbaden: Verlag für Sozialwissenschaften.

Bude, H., & Willisch, A. (2006). Das Problem der Exklusion. In H. Bude & A. Willisch (Hrsg.), *Das Problem der Exklusion. Ausgegrenzte, Entbehrliche, Überflüssige* (S. 7–23). Hamburg: Hamburger Edition.

Dreyhaupt-von Speicher, P. (2002). *Die Regionen Polens, Ungarns und der Tschechischen Republik vor dem EU-Beitritt. Interregionale Disparitäten, Bestimmungsfaktoren und Lösungsansätze*. Frankfurt a. M.: Peter Lang.

Droht, A., Grimm, F., & Haase, A. (2000). *Polen aktuell*. Leipzig: Institut für Länderkunde.

Ellis, R. (2005). *Runder Tisch und Krieg an der Spitze. Die Gewerkschaft Solidarność im Umbruch 1988–1990*. Berlin: Verlag für Wissenschaft und Forschung.

Gretschmann, K., & Mettelsiefen, B. (1984). Die Schattenwirtschaft – eine Retrospektive. In K. Gretschmann, R. G. Heinze, & B. Mettelsiefen (Hrsg.), *Schattenwirtschaft. Wirtschafts- und sozialwissenschaftliche Aspekte, internationale Erfahrungen* (S. 11–42). Göttingen: Vandenhoeck und Ruprecht.

Grygar, J. (2010). Wenn Leute, Sachen und Geld migrieren. Ethnografie der Reibung an der polnisch-belarussischen Grenze. In M. Wagner & W. Łukowski (Hrsg.), *Alltag im Grenzland. Schmuggel als ökonomische Strategie im Osten Europas* (S. 199–213). Wiesbaden: Verlag für Sozialwissenschaften.

Haese, I., Eckert, A., & Willisch, A. (2012). Wittenberge: Von der Industriestadt zum Städtchen an der Elbe. In A. Willisch (Hrsg.), *Wittenberge ist überall. Überleben in schrumpfenden Regionen* (S. 49–59). Berlin: Ch. Links.

Haller, D. (2000). *Gelebte Grenze Gibraltar. Transnationalismus, Lokalität und Identität in kulturanthropologischer Perspektive*. Wiesbaden: Deutscher Universitäts-Verlag.

Han, P. (2005). *Soziologie der Migration*. Stuttgart: Lucius und Lucius UTB.

Harvey, D. (2007). *Kleine Geschichte des Neoliberalismus*. Zürich: Rotpunktverlag.

Juchler, J. (1995). Big Bang mit schrillen Tönen: Widersprüche und Widerstände bei der Implementierung des Balcerowicz-Planes in Polen. In H. Rudolph & D. Simon (Hrsg.), *Geplanter Wandel, ungeplante Wirkungen* (S. 79–93). Berlin: Ed. Sigma.

Klein, N. (2007). *Die Schock-Strategie. Der Aufstieg des Katastrophen-Kapitalismus*. Frankfurt a. M.: S. Fischer.

Kopacka-Klose, L. (2008). *Vergleich der Grundsicherung für Arbeitssuchende und Sozialhilfe in Deutschland und der Sozialhilfe in Polen im Hinblick auf die geschichtliche Entwicklung und die Lebensstandards*. Potsdam: Fachhochschule Potsdam, Fachbereich Sozialwesen (Arbeitsmaterialien des Fachbereichs Sozialwesen der Fachhochschule Potsdam, Nr. 30).

Merton, R. (1995). *Soziologische Theorie und soziale Struktur*. Berlin: de Gruyter.

Neckel, S. (2008). *Flucht nach vorn. Die Erfolgskultur der Marktgesellschaft*. Frankfurt a. M.: Campus.

Pisz, Z. (2002). Neue Elemente der Sozialpolitik im Verlauf der Systemtransformation in Polen. In A. Bieszcz-Kaiser, R.-E. Lungwitz, E. Preusche, et al. (Hrsg.), *Zurück nach Europa oder vorwärts in die Peripherie? Erfolge und Probleme nach einem Jahrzehnt der Umgestaltung in Ostdeutschland und Mittel-/Osteuropa* (S. 96–108). München: Rainer Hampp.

Pütz, R. (1998). *Einzelhandel im Transformationsprozess. Das Spannungsfeld von lokaler Regulierung und Internationalisierung am Beispiel Polen*. Passau: L.I.S. Verlag.

Reith, T., & Wizner, Z. (1999). *Wirtschaftspartner Polen* (5. völlig neu bearbeitete Aufl.). Bonn: Economica Verlag.

Schneider, K. (1999). *Der Transformationsprozess in Polen. Politische, wirtschaftliche und soziale Dimensionen des Wandels*. Bonn: Dissertation an der Philosophischen Fakultät der Rheinischen Friedrich-Wilhelms-Universität.

Schneider, N. F., Limmer, R., & Ruckdeschel, K. (2002). *Mobil, flexibel, gebunden. Familie und Beruf in der modernen Gesellschaft*. Frankfurt a. M.: Campus.

Scholz, F. (2012). Fragmentierung – Realität der Globalisierung. *Berliner Debatte Initial, 23*(1), 20–36.

Sennett, R. (2005). *Die Kultur des Neuen Kapitalismus*. Berlin: Berlin Verlag.

Spak, H. J. (1998). *Erfolgreiche Transformationsökonomie. Aspekte und Bestimmungsgründe am Beispiel der Systemtransformation in Polen*. Berlin: Berlin Verlag.

Staiger, M. (2012). Die leistungskranke Gesellschaft. Warum Armut krank macht. *Blätter für deutsche und internationale Politik, 8,* 85–91.

Trutkowski, D. (2007). *Der Sturz der Diktatur. Opposition in Polen und der DDR 1988/1989*. Berlin: Lit.

Vonderau, A. (2010). *Leben im ‚neuen Europa'. Konsum, Lebensstile und Körpertechniken im Postsozialismus*. Bielefeld: Transcript.

Wacquant, L. (2009). *Bestrafen der Armen. Zur neoliberalen Regierung der sozialen Unsicherheit*. Opladen: Barbara Budrich.

Wagner, M. (2011). *Die Schmugglergesellschaft. Informelle Ökonomien an der Ostgrenze der Europäischen Union. Eine Ethnographie*. Bielefeld: Transcript.

Wagner, M., et al. (2013). *Deutsches Waschpulver und polnische Wirtschaft. Die Lebenswelt polnischer Saisonarbeiter. Ethnographische Beobachtungen*. Bielefeld: Transcript.

Wirsching, A. (2012). *Der Preis der Freiheit. Geschichte Europas in unserer Zeit.* München: Beck.

Willisch, A. (2012). Dimensionen des Umbruchs. Der lange Weg zum schnellen Absturz und die Suche nach neuen Überlebensformen. In A. Willisch (Hrsg.), *Wittenberge ist überall. Überleben in schrumpfenden Regionen* (S. 25–45). Berlin: Ch. Links.

Willisch, A., & Eckert, A. (2012). Fahrrad, Rucksack, Nebenjob. Selbsthilfe im prekären Alltag. In A. Willisch (Hrsg.), *Wittenberge ist überall. Überleben in schrumpfenden Regionen* (S. 151–191). Berlin: Ch. Links.

Dr.phil. Mathias Wagner geb. 1955, Dr. phil., Sozialwissenschaftler, Lehrbeauftragter, Autor, wissenschaftlicher Mitarbeiter an der Universität Bielefeld. Ethnographische Forschungen zur Lebenssituation polnischer Wanderarbeiter und Schmuggler. Qualitative Sozialforschung, ethnographische Methoden, Biographieforschung, Armutsforschung, informelle Ökonomie, ländliche Entwicklung, Polen. http://www.uni-bielefeld.de/tdrc/ag_comcad/research/migratory_labour.html.

Oliver Decker, Johannes Kiess und Elmar Brähler

10.1 Die „Neue Mitte"

Wahlkämpfe werden spätestens seit der Bundestagswahl 1998 in Deutschland mit
einem klaren Ziel geführt: Sie sollen die „Neue Mitte" (Selbstbezeichnung der
damals siegreichen SPD) erreichen. Der mehr oder minder ausgeprägte Erfolg an
den Urnen führte wohl dazu, dass die damalige Opposition das „Mitte-Mantra",
wie die Berliner Tageszeitung „Der Tagesspiegel" am 3.12.2007 titelte, aufgriff.
Die Wahlkämpfenden konnten und wollten „die Mitte" so wenig verpassen wie
die Mehrheit in den Parlamenten. Nicht nur über vermutete Mehrheiten erhält man
durch diesen Adressaten Auskunft bei den WahlkämpferInnen. Auch über den geis-
tigen Zustand dieser Mehrheiten erhält man Informationen. Nach der Wahl ist vor

O. Decker (✉)
Selbst. Abteilung für Medizinische Psychologie und Medizinische Soziologie, Universität
Leipzig/Medizinische Fakultät, Ph.-Rosenthal-Str. 55, 04103 Leipzig, Deutschland
E-Mail: oliver.decker@medizin.uni-leipzig.de

J. Kiess
Fach Soziologie, Universität Siegen/Seminar für Sozialwissenschaften,
Adolf-Reichwein-Str. 2, 57068 Siegen, Deutschland
E-Mail: kiess@soziologie.uni-siegen.de

E. Brähler
Department für Psychische Gesundheit, Universitätsklinikum Leipzig AöR,
Ph.-Rosenthal-Str. 55, 4103 Leipzig, Deutschland
E-Mail: elmar.braehler@medizin.uni-leipzig.de

© Springer Fachmedien Wiesbaden 2016   211
W. Aschauer et al. (Hrsg.), *Solidaritätsbrüche in Europa*,
Europa – Politik – Gesellschaft, DOI 10.1007/978-3-658-06405-1_10

der Wahl und so warf sich auch ein FDP-Minister in einem Gastbeitrag für „Die
Welt" in die Presche für die, „die alles erarbeiten": „Die Missachtung der Mitte ist
brandgefährlich" (Guido Westerwelle in „Die Welt" vom 10.2.2010).

Das deutsche Nachrichtenmagazin „Focus" titelte 2009 zu Recht: „Die Mitte
– ein deutscher Fetisch". Wie recht die Autorin dieses titelgebenden Beitrags mit
dieser eher flapsigen, denn analytisch gemeinten Formulierung hatte, wird sich
im Folgenden noch zeigen. Ein Verständnis dessen, was die „Mitte" auszeichnet,
ist dringend geboten, weil die Formulierung in mehrfacher Hinsicht richtig lag –
wenn auch anders, als es wohl gemeint war. Nur: Was ist mit der viel beschwore-
nen Mitte und der gesellschaftlichen Lage eigentlich gemeint?

10.2 Die Mitte als WählerInnenschaft der NSDAP

Ganz egal, ob als Klasse, Milieu oder Schicht bezeichnet: Die Bestimmung einer
gesellschaftlichen Position und die Untersuchung der politischen Einstellung ihrer
Angehörigen waren von Anfang an miteinander verschränkt. Nicht erst für den
modernen Rechtsextremismus gilt der Zusammenhang von gesellschaftlicher Lage
und politischer Einstellung, schon die TrägerInnen faschistischer und national-
sozialistischer Bewegungen waren am Vorabend des „Dritten Reichs" analysiert
und beschrieben worden. So mündete die vor 1930 von dem Soziologen Theodor
Geiger vorgenommene Untersuchung des „alten" und des „neuen Mittelstandes"
in eine Analyse beider Teile als „gesegneten Boden[s] ideologischer Verwirrung"
(Geiger 1930, S. 641). Diese „Verwirrung" rührt, so schon Georg Simmel vor über
100 Jahren aus der Lage der Mitte: „Der Mittelstand allein hat eine obere und eine
untere Grenze, und zwar derart, dass er fortwährend sowohl von dem oberen wie
von dem unteren Stand Individuen aufnimmt und an beide solche abgibt." (Simmel
1908, S. 451 f.). An diesen Gedanken schließt Geiger an. Die „Verwirrung" ist
Folge der drohenden Abstiegserfahrung aus der Mitte in die Armut: „Die falsche
Scham über den Abstieg äußert sich oft genug in Hass und Verachtung [...]" (Geiger
1930, S. 646). Der Ökonom Fritz Marbach hat 1942 auf die Schwierigkeiten einer
klaren Abgrenzung des Mittelstandsbegriffs hingewiesen, aber gleichzeitig ebenfalls hervorgehoben, wie wichtig das Verständnis der sozialen Lage dieser Gruppe
zum Verständnis der nationalsozialistischen Bewegung ist (Marbach 1942, S. 11).
An Geigers Beschreibung der panikartigen Wählerwanderung einer Mittelschicht,
die – ihren ökonomischen Abstieg befürchtend – ihren Weg von den bürgerlichen
Parteien zur NSDAP einschlug, schloss dann der US-amerikanische Soziologe und
Politikwissenschaftler Seymour Martin Lipset an. Zunächst ist festzuhalten, dass
Lipsets Untersuchungen des Wahlverhaltens und der WählerInnenbewegungen am

Ende der Weimarer Republik dingfest machten, was Geiger bereits bei einer oberflächlichen Betrachtung vermutet hatte: Die WählerInnen der NSDAP waren aus den Parteien der Mitte nach rechts abgewandert. Er gab diesem Befund den Namen „Extremismus der Mitte" (Lipset 1959) und versuchte mit einem Irrglauben aufzuräumen, der bis heute weit verbreitet ist: „Gemäß dieser Auffassung neigen die Extremisten [...] zur Diktatur, während die Gemäßigten in der Mitte die Demokratie verteidigen." (Lipset 1959, S. 450). Das krasse Gegenteil, so Lipset, ist jedoch der Fall. Die inhaltliche Nähe des Liberalismus ließ ihn im Nationalsozialismus nicht etwa den Gegenpart, sondern seinen Wiedergänger finden: „Hitler, ein Extremist der Mitte [...]" (Lipset 1959, S. 456), der mit wachsender Anerkennung in derselben rechnen konnte, „je weiter die wirtschaftliche und soziale Krise in Deutschland sich ausbreitete" (Lipset 1959, S. 461). Der Begriff des „Extremismus der Mitte" kennzeichnete schon bei Lipset und Geiger weniger die ideologische als die gesellschaftliche Lage der AnhängerInnenschaft faschistischer Parteien. Ersteres, die Ideologie, war schon immer durch eine radikalisierte Ideologie der Ungleichwertigkeit gekennzeichnet.

In Nachkriegsdeutschland gewann dieses Konzept teilweise zustimmende Aufmerksamkeit, etwa durch Ralf Dahrendorf, der im Anschluss an Lipset feststellte: „Die Zerstörung der Demokratie ist ein Werk des Mittelstandes" (zit. n. Kraushaar 1994, S. 34). Aber mehr noch als Zustimmung war Lipsets Befund vom „Extremismus der Mitte" die Ablehnung sicher.

Zwar fand seine Feststellung auch in der weiteren Forschung empirische Bestätigung und ist bis heute Ausgangspunkt für die wissenschaftliche Arbeit zum Rechtsextremismus (Falter 1981; Lohmann 1994; Butterwegge 2002), doch löste „bereits eine bloße Erwähnung [der Theorie Lipsets, A.d.V.] [...] in vielen Fällen massive Gegenreaktionen aus. Offensichtlich wird mit der These vom Extremismus der Mitte ein neuralgischer Punkt getroffen. Schon der abstrakte Gedanke, daß auch die Mittelschichten der Bundesrepublik ein antidemokratisches Potential in sich bergen könnten, wird als Zumutung, ja als Provokation verstanden." (Kraushaar 1994, S. 49). Bereits die von Lipset gewählte, eigentlich paradox anmutende Verbindung von „Mitte" und „Extremismus" zielte ins Zentrum der bestehenden Gesellschaft und keinesfalls nur auf den zwischen Unter- und Oberschicht angesiedelten sozialen Ort. Denn der Begriff der Mitte bzw. des Mittelstandes ist nicht nur eine analytische Kategorie der Soziologie, sondern verbunden mit – zumeist mehr implizit, denn explizit formulierten – normativen und ordnungspolitischen Vorstellungen der Gesellschaft von sich selbst (exemplarisch Backes 2006). „Die Mittelklasse ist Maß und Mäßigung gleichermaßen, sie besänftigt die Extreme und garantiert sozialen Ausgleich." (Vogel 2009, S. 38).

10.3 Die Mitte – Woraus resultiert die Gefahr für die Demokratie?

Der erste Teil der Aussage – die Mitte als „Maß" und „Mäßigung" – stand immer im Verdacht, als bloße Behauptung die potenzielle Anfälligkeit des Mittelstandes für antidemokratische Bewegungen in Zeiten der „Panik" (Geiger) zu überdecken. Der zweite Teil, das Integrationspotenzial der Mitte, kommt ihr aber genau durch das zu, was gleichzeitig das von Geiger und Lipset beschriebene Gefahrenpotenzial für die Demokratie ausmacht. „Die Mitte" ist in ihrer namensgebenden Position zwischen gesellschaftlichem Oben und Unten Ausdruck und Beleg der sozialen Mobilität. In Zeiten wirtschaftlichen Wachstums vermittelt ihre Existenz, dass es auch Angehörigen der Unterschicht potenziell möglich und gestattet ist, ihr Los abzuschütteln und sozial aufzusteigen. Aber es gibt auch eine andere Richtung der sozialen Mobilität. Der soziale Abstieg ist nicht nur individuelles Schicksal, sondern in Zeiten wirtschaftlicher Krise für viele die vorgegebene Richtung. Und so ist, anders als die Formulierung von der „nivellierten Mittelstandsgesellschaft" vermuten lässt, der Mittelstand nur solange ein Hort der Ruhe und des Ausgleichs, wie der Abstieg Einzelschicksal bleibt. Das galt zum Beispiel für die solcherart von dem Soziologen Helmut Schelsky (1955) beschriebenen 1950er Jahre der Bundesrepublik. Es war aber eine Diagnose mit kurzer Halbwertzeit. Ende der 1960er Jahre, mit der ersten wirtschaftlichen Krise, war sie bereits überholt.

Die soziale Mobilität in einer Gesellschaft entscheidet über die politische Einstellung – weniger in den Aufwärts-, dafür aber sehr stark in den Abwärtsbewegungen. So deuten zahlreiche Befunde auf den Zusammenhang von drohenden oder tatsächlichen wirtschaftlichen Deprivations- und Desintegrationserfahrungen und politischem Extremismus hin (Heitmeyer 1994; Rippl und Baier 2005).

Vor dem Hintergrund der wirtschaftlichen Krise seit 2008 drängt sich zunehmend die Frage auf, wie das Verhältnis von wirtschaftlicher Desintegrationserfahrung und antidemokratischer Einstellung begründet ist. Seit Jahren ist eine Entwicklung beobachtbar, die mit dem Deutschen Institut für Wirtschaftsforschung (DIW) zu Recht als „Polarisierung" bezeichnet werden kann. Entlang der Einkommensentwicklung als Maß für die Schichtung der Gesellschaft macht das DIW eine stetige Abnahme der Gruppen mit mittlerem Einkommen, dafür aber eine deutliche Zunahme der untersten und höchsten Einkommen aus. Die Richtung dieser Einkommensmobilität ist nach Ansicht der Autoren eindeutig: Der Mittelstand schrumpft (Grabka und Frick 2008) und es kommt zu einer „Polarisierung der Einkommen: Die Mittelschicht verliert" (Goebel et al. 2010). Oder, je nach Vorliebe für griffige Bilder, wird „die Mitte und der Abgrund" (Drieschner 2003) beschrieben. Diese Entwicklung hat einen gesellschaftspolitischen Hintergrund, der eingangs dargestellt wurde: Bis zur aktuellen wirtschaftlichen Krise hat sich eine stabile antidemokratische, rechtsextreme Einstellung in jenen Bevölkerungsschichten gezeigt, die als Mitte bezeichnet werden kann. Entlang eines Schichtindex von Einkommensgruppen zeigten sich für Ost- und Westdeutschland ein gemeinsamer Befunde: Die Zustimmung zu rechtsextremen Aussagen im Fragebogen zur rechtsextremen Einstellung (Decker et al. 2013) war in allen Schichten gleichermaßen ausgeprägt. In Westdeutschland fanden rechtsextreme Aussagen von der prekarisierten Unterschicht bis hin zur oberen Mittelschicht gleichermaßen hohe Zustimmung. In den Jahren 2002 und 2004 erreichte die Aussagen bei der mittleren Mittelschicht und bei der prekarisierten Unterschicht die höchste Zustimmung, 2008 und 2010 bei der unteren Mittelschicht (Decker und Brähler 2010). Es ist also höchste Zeit, die Suche nach den Ursachen zu intensivieren. Das veraltende Konzept des Autoritären Charakters hat bereits einen Hinweis auf die große Bedeutung des Wohlstands geliefert.

10.4   Wohlstand als „narzisstische Plombe"

Der Zusammenhang von Deprivation und antidemokratischer Einstellung wird immer wieder beschrieben und in empirischen Untersuchungen eindrücklich bestätigt. Die Zunahme rechtsextremer Einstellung in Deutschland, aber auch in den europäischen Nachbarländern (Heitmeyer 2010; Küpper und Zick 2010; Decker et al. 2012) wird in den Zusammenhang erfahrener oder drohender Abstiegserfahrung oder wirtschaftlichen Krisensituationen gebracht. Und damit gleichzeitig das Integrationspotential einer ökonomische Teilhabe, bzw. umgekehrt der Legitimationsverlust der Gesellschaft beschrieben, wenn diese Teilhabe ausbleibt (Heitmeyer und Endrikat 2008). Dass dieser Legitimationsverlust vor allem von Ressentiment geladenen Ideologien begleitet wird, ist auffällig genug. Ob sie als Faschismus, Rechtsextremismus oder Autoritarismus gemessen werden (Feldman und Stenner 1997; Cohrs und Ibler 2009), Deprivationserfahrung hängt eng mit dieser destruktiven Abwendung von den Grundlagen eines demokratischen Miteinander und der Anerkennung des Anderen zusammen. Das gilt nicht nur für die ökonomische Deprivationserfahrung, sondern zu gleichen Teilen auch für die politische und soziale Deprivation (Decker und Brähler 2006). Der Zusammenhang scheint als gesichert gelten zu können und prägt die Forschung zum Rechtsextremismus insbesondere in Deutschland seit Jahren (Heitmeyer 1994; Endrikat et al. 2002; Schmidt et al. 2003), Es ist also kein Wunder, wenn die Deprivation als „key concept of social psychology" bezeichnet wird (Pettigrew 2001). Seitdem das Konzept der relativen Deprivation von der Arbeitsgruppe um Stouffer in die Forschung eingebracht worden ist (Stouffer et al. 1949), findet es in der Sozialpsychologie breite Rezeption (Smith et al. 2011).

Auch wenn die Bemühungen auf eine theoretische Integration zielen (Rippl und Seipel 2002), ein Manko in der Diskussion lässt sich deutlich ausmachen: Mit dem Befund alleine ist ein Zusammenhang weder erklärt noch verstanden. Dass die Vermittlungsprozesse zwischen gesellschaftlichen Lage und ihrer individuellen Wirkung selbst erklärungsbedürftig sind, ist für eine Sozialpsychologie so selbstverständlich wie die Aufgabe im konkreten Fall noch nicht erledigt ist. Zwar wurden früh die Konzepte verfeinert und zwischen „individual" und „fraternal", also der Deprivation der Peer Group differenziert (Runciman 1966), allerdings wurde dem Warum wenig Aufmerksamkeit geschenkt. Damit ist der Einflussfaktor „sozialer Abstieg" aber noch nicht in seinen Wirkungsmechanismen verstanden. Genau um den Versuch einer Antwort auf diese Frage soll es hier gehen. Ein Hinweis zur Bedeutung des wirtschaftlichen Wohlstands wurde im Rahmen der Studie „Ein Blick in die Mitte" in Gruppendiskussionen zur politischen Einstellung gefunden: Wohlstand hat in Deutschland einen historischen Index und er wirkt als „narzisstische Plombe" (Decker et al. 2008). Dieser Gedanke soll kurz ausgeführt werden: In den Diskussionen ist eine Verbindung von wirtschaftlichem Aufschwung der Nachkriegsjahre und dem Selbstwert der Menschen deutlich hervorgetreten. Mit dieser These – Wohlstand als „narzisstische Plombe" – schlossen wir inhaltlich an die Zeitdiagnose von Alexander und Margarethe Mitscherlich (Mitscherlich und Mitscherlich 1967) an, die in den 1960er Jahren über die „Unfähigkeit zu trauern" geschrieben hatten. Der von ihnen verwendete Begriff der Trauer verweist auf die psychoanalytische Theorie und beschreibt die Reaktion auf den Verlust einer Autorität oder eines Selbstwerts. Für ein sozialpsychologisches Verständnis der Nachkriegsgesellschaft nahmen sie einen Begriff aus der Individualpsychologie zu Hilfe. In Anlehnung an Sigmund Freud bezeichneten sie eine gelungene Trauerreaktion, etwa auf den Tod eines geliebten Menschen, in der Sprache der Psychoanalyse als „[…] ein langsames Ablösen von verlorenen Objektbeziehungen" (Mitscherlich und Mitscherlich 1967, S. 83). Eine solche gelungene Trauerreaktion ist gekennzeichnet durch „die definitive Veränderung der Realität durch den Verlust des Objekts zu akzeptieren" (Mitscherlich und Mitscherlich 1967, S. 80). Was für den Verlust eines geliebten Menschen gilt, wäre in Nachkriegsdeutschland dringend geboten gewesen. Von dieser psychoanalytischen Vorstellung über die Reaktion auf einen Objektverlust schlagen Mitscherlich & Mitscherlich die Brücke zur Gesellschaft. Nach ihrer Auffassung ist das Objekt, das die Deutschen verloren haben, ihr Größen-Selbst, das von Hitler als „Führer" verkörpert wurde. „Als Anlass zur Trauer wirkt […] vor allem das Erlöschen seiner Repräsentanz als kollektives Ideal. Er war ein Objekt, an das man sich anlehnte […]. Sein Tod und seine Entwertung durch die Sieger bedeutete auch den Verlust eines narzisstischen Selbst und damit eine Ich- oder Selbstverarmung und -entwertung" (Mitscherlich und Mitscherlich 1967, S. 34 f.). Und weiter: „Dieser [Führer trat, A.d.V.] an die

Stelle des Ich-Ideals jedes Einzelnen, jenes seelischen Selbstbildes, das von den kühnsten Phantasien über eigene Bedeutung, Vollkommenheit und Überlegenheit […] gekennzeichnet wird. Indem ich dem Führer folge, verwirkliche ich ein Stück dieses phantasierten Ich-Ideals" (Mitscherlich und Mitscherlich 1967, S. 71 f.).

Somit wiesen die Mitscherlichs auf den Zusammenhang der Abwehr der narzisstischen Kränkung und den Wiederaufbau in Nachkriegsdeutschland hin. Der nun eigentlich anzuerkennende Verlust dieses idealen Größen-Selbst sei durch den Wirtschaftsaufschwung nicht nur überdeckt, sondern auch ersetzt worden.[1] Zudem hätten die Deutschen nicht nur ein ideales Größen-Selbst betrauern, sondern auch den Vernichtungskrieg und den von den Deutschen organisierten Holocaust anerkennen müssen.

Dieser Befund einer narzisstischen Plombe wirft auch ein Licht auf die noch heute bestehende, relative Unfähigkeit, Demokratie als eigenes Projekt zu begreifen. Das zeigen zum Beispiel die hohen Ablehnungswerte zur Demokratie in Deutschland, wie wir sie in unserer Studie von 2006 beobachtet haben. Viele Teilnehmende an den Gruppendiskussionen konnten Demokratie ebenfalls nicht als eigenes Projekt verstehen und es ist zu vermuten, dass es sich hierbei auch um ein intergenerationell weitergegebenes Unvermögen handelt (Decker et al. 2008). Trifft die Zeitdiagnose von Alexander und Margarete Mitscherlich zu, dann trat an die Stelle des „kollektiven Narzißmus […], der durch den Zusammenbruch des Hitlerregimes auf schwerste geschädigt worden (ist), […] der wirtschaftliche Aufschwung, das Bewußtsein, wie tüchtig wir sind […]" (Adorno 1959, S. 563 f.). Demokratie wurde akzeptiert, „weil es einstweilen unter der Demokratie zu gut geht" (Adorno 1959, S. 559), aber sie wurde nicht gelebt und auch nicht vorgelebt. Selbst eine nachholende Entwicklung hat wahrscheinlich nicht alle Schichten erfasst, zumal das Sich-Begreifen als Subjekt der Demokratie sich auch an den Bedingungen brechen kann, die den Menschen täglich immer mehr zum Objekt anonymer Institutionen machen.

---

[1] Der Stellenwert des Konsums und damit des Wohlstands für die Regulation von Konflikten war nicht auf die Bundesrepublik Deutschland beschränkt, auch wenn es aus heutiger Perspektive den Anschein hat. Im Osten Deutschlands versuchte die Staatsführung ebenfalls auf die Bedürfnisse der Bevölkerung mit diesem Regulativ früh zu reagieren (Kaminsky 2001). So war die öffentliche Inszenierung von Produkten und die damit verbundenen Verheißungen in der DDR – auch ohne Marktkonkurrenz – gang und gäbe (Gries 2003) und transportierte ein nicht einzulösendes, aber dringend benötigtes Versprechen der Teilhabe an einer „Plombe". Der Machtwechsel von Walter Ulbricht zu Erich Honecker 1971 wurde nach Interpretation der historischen Quellen unter anderem durch ein forciertes Konsumversprechen und die künstliche Stabilisierung von Marktpreisen möglich (Schindelbeck 2004; Skyba 2004). Zu guter Letzt deutet die späte Forderung zur Zeit der Friedlichen Revolution auf die Lücke und die Plombe hin, welche sie schließen sollte („Entweder die D-Mark kommt zu uns oder wir zur D-Mark" war auf Transparenten der Leipziger Montagsdemonstrationen zu lesen).

10.5   Ein Zusammenhang von unerwarteter Seite: Wohlstand und (Alltags-) Religion

Man sollte aber nicht vergessen, dass die Identifikation mit einem Führer, mit allem, wofür „Hitler" stand, selbst bereits eine Reaktion war. Wenn Lipset und Geiger richtig lagen, war es ein Versuch, die „Verwirrung" zu stabilisieren, die wiederum eng mit der Wirtschaft, präzise gesagt, mit einer ökonomischen Krise zusammenhing. Das „Wirtschaftswunder" zur Stabilisierung des Selbstwertes – als „narzisstische Plombe" –und die starke Wirtschaft als „sekundären Führer" ein-zusetzen, das funktionierte wahrscheinlich deshalb so gut, weil diese Verbindung bereits existierte. Ein „Wirtschaftswunder", darauf hat gerade der Historiker Ulrich Herbert in seiner monumentalen „Geschichte Deutschlands im 20. Jahrhundert" hingewiesen (Herbert 2013), ereignete sich nicht erst im Nachkriegsdeutschland. Vielmehr wurde der Begriff bereits 1936 durch den Ökonom Hans Priester (1936) verwendet, um die wirtschaftliche Entwicklung nach der Machtübernahme der NSDAP zu beschreiben. Integriert hat dieses erste deutsche Wirtschaftswunder. Obwohl faktisch bei den BürgerInnen nichts ankam- es war ein Produktionsgü-ter und vor allem Kriegsgüterboom-, wurde durch dieses erste Wirtschaftswunder anhand „immaterieller Kollektivgüter" (Spoerer 2005, S. 434). Gemeinschaftsge-fühl und Nationalstolz hergestellt. Es gab also in Nazideutschland einen Führer als ideales Selbstobjekt, restaurierte nationale Stärke – und eine starke Ökonomie. Bis auf die Identifikation damit hatte der/die Einzelne also wenig Gewinn, aber dafür die Möglichkeit, der autoritären Aggression in einem Vernichtungsfeldzug freien Lauf zu lassen.

Deshalb war es nach dem Krieg so einfach, einen Teil für die Sache selbst zu nehmen: Die Wirtschaft als „gleichsam sekundären Führer" (Decker et al. 2014). Dass bedeutet aber auch, dass die Gegenwartsgesellschaft mit ihrem Primat des Ökonomischen einer autoritären Dynamik unterliegt. Und für einen *sekundären Autoritarismus* spricht einiges, zum Beispiel der Stellenwert, der der Wirtschaft bis heute eingeräumt wird. Die Deutschen identifizieren sich, das zeigen auch die Erhebungen des *International Social Survey Programms* seit Jahren, viel stärker als andere Nationen mit ihrer Wirtschaft (Haller und Ressler 2006; Davidov 2009).

Schon bei der antidemokratischen Reaktion auf die Weltwirtschaftskrise und den Untergang des Kaiserreiches ging es um den Verlust einer Autorität. Diese musste durch die Identifikation mit Größe und Macht ersetzt werden. Aber nicht nur das: Die sich lösende Bindung an die alte Autorität ließ eine Aggression über das Versagen genau dieser Autorität mit der aufgestauten Aggression gegen sie Bahn brechen – und in eine vernichtende Wut gegen Juden münden. Anders gesagt: Wird die Teilhabe an Macht und Wohlstand der Autorität (Führer, Wirtschaftswunder) versagt, verliert die Autorität selbst ihre Macht – und dann entladen sich die aufgestauten Aggressionen gegenüber denjenigen, die als schwächer wahrgenommen werden.

Der Zusammenhang von Ökonomie, Mitte und Rechtsextremismus ist allerdings nicht nur als eine Endlosschleife der Ersetzung zu verstehen. Der eingangs zitierte „Fetisch der Mitte" weist den Weg: Zum Warenfetisch und zur Warenästhetik (Haug 1971, 2008) als weiteren hier relevanten Zusammenhang.

Mit feinem seismografischen Gespür erkannte Ludwig Erhard, Wirtschaftsminister von 1949 bis 1963, späterer Bundeskanzler und Autor des Buches „Wohlstand für Alle" (Erhard 1957), den Stellenwert des Konsums für die Deutschen nach dem Krieg. Gleich zu Anfang der jungen Bundesrepublik rückte er den Konsum als „wesentliches demokratisches Grundrecht" in die Mitte der Nachkriegsgesellschaft (Erhard 1957). Die „langen 50er Jahre" (Abelshauser 1987) begannen und bereiteten mit ihren Konsummöglichkeiten den Boden für eine Demokratie, bevor sie mit der ersten Nachkriegswirtschaftskrise 1967 endeten und die Mitscherlichs die „Unfähigkeit zu trauern" feststellten. Es war kein Zufall, dass die NPD in dieser Zeit erstarkte und dass ihr am Ende 1960er-Jahre und in den Folgejahren der Einzug in zahlreiche Landesparlamente Westdeutschlands gelang.

Die Integrationskraft bezog die Demokratie aus dem Aufstiegs- und damit Konsumversprechen: Der Mittelstand wurde zur zentralen, scheinbar einzig verbliebenen Schicht (Schelsky 1955, S. 218). Ihr anzugehören ging mit dem Versprechen eines grenzenlosen Konsums einher (Andersen 1997). Allerdings ist das Nachkriegsdeutschland kein Einzelfall. Irgendetwas musste bereits mit dem Konsum verbunden gewesen sein, damit er für die Deutschen als narzisstisches Regulativ funktionieren konnte. Um diese Rekonstruktion muss es gehen, wenn man verstehen möchte, was es mit dem antidemokratischen Reflex auf wirtschaftliche Krisenszenarien in der Mitte der Gesellschaft auf sich hat. Hierfür bedarf es des Verständnisses einer Gesellschaft, in deren Mittelpunkt die Ware steht, deren Konsum über Wohl und Wehe ihrer demokratischen Verfasstheit entscheidet. Dass, wie Marcuse es prognostizierte, der „Kapitalismus" als Gesellschaftsform zum integrierenden Ideal werden konnte, bedeutet jene Verschiebung, die aus dem Veralten des Autoritären Charakters resultiert: Nicht mehr die Identifikation mit der Autorität ist mit dem Versprechen verschwistert, selbst an Macht und Wohlstand teilzuhaben, sondern der Wohlstand wird selbst zum idealen Objekt von Stärke und Macht. Wie ein Drogenabhängiger an der Nadel, so hängen die Gesellschaftsmitglieder an den Waren. Im Entzug kann dann für nichts mehr garantiert werden. Dabei ist die Not eine relative: „Wer sich nicht nach den ökonomischen Regeln verhält, wird heutzutage selten sogleich untergehen." (Adorno 1955, S. 47). Das macht es schwer verständlich, dass bei ausbleibender Teilhabe am Wohlstand die Aggression einsetzt, auch wenn „am Horizont die Deklassierung sich ab(zeichnet)" (Adorno 1955, S. 47). Und es lässt den Verdacht aufkommen, dass in einer Ökonomie, die auf Warenproduktion setzt, etwas offenbar dringender gebraucht wird als es die Befriedigung der Bedürfnisse notwendig machen würde. Der Hype um jedes neue Apple-Produkt illustriert dies beispielhaft. Die Bedeutung, die dieser Wohlstand hat, die Ökonomie als gemeinsames Ideal und der Konsum als individueller Ertrag derselben, ist bisher kaum erhellt worden (Siegrist 1997). Kulturwissenschaftliche Untersuchungen zum „Distinktionsgewinn" verschärfen den Erklärungsnotstand eher noch, als dass sie ihn aufheben könnten (Bourdieu 1984). Auch hier kann nur eine Richtung skizziert werden. Die Verhältnisse in dieser Gesellschaft sind immer noch von autoritären Strukturen geprägt. Das Verhältnis zur Autorität allerdings zeichnet aus, das hat Horkheimer schon 1936 festgestellt, einer Hoffnung auf „Gnadenwahl" gleichzukommen (Horkheimer 1936, S. 384). Gnadenwahl, das ist eigentlich eine religiöse Dimension. Ökonomie und Religion, wie passt das, zumal in einer säkularen Gesellschaft, zusammen?

Nehmen wir diesen Hinweis ernst und schließen an den Gedanken von Marcuse zum „Kapitalismus" als Erbe eines Führers oder einer Autorität und damit als neues gemeinsames Ideal Vieler an (Marcuse 1963, S. 69), dann bietet sich ein Ansatzpunkt. Weber (1920), ein der Kapitalismuskritik gänzlich unverdächtiger Soziologe, untersuchte den Stellenwert der Warenwelt und kam dabei zu dem Ergebnis, dass der Kapitalismus keine so große Religionsferne hat, wie die Fürsprecher einer ökonomischen Rationalität es behaupteten. Im Gegenteil: Die Waren produzierende Gesellschaft lebt nach Webers Auffassung von einem theologischen Versprechen, das die Wirkung ökonomischer Teilhabe oder des Ausgeschlossenseins von ihr schlagartig erhellt. Die kapitalistische Ökonomie ist aufs Engste mit religiöser Vorstellung verbunden. Trotz der einsetzenden Säkularisierung, so Weber, konnte auch der moderne Mensch nicht auf eine Rückversicherung, am Ende seiner Tage nicht von Gott verworfen zu werden, verzichten. Nach der christlichen Idee, dass an einem verdorrten Baum auch keine Frucht gedeihen könne, wurde der weltliche Reichtum als Ausweis der „Gnadenwahl" genommen: Die Verfügung über die Warenwelt wurde so zur Versicherung der Erwähltheit, zunächst jener durch den christlichen Gott. Weber stellte im Verlaufe seiner Untersuchungen fest, dass diese rationalisierte und bezifferbare Rückversicherung, der abstrakte Reichtum, das akkumulierte Kapital, von der Transzendenz des Bestehenden nicht ausgeschlossen zu sein, auch dringend gebraucht worden ist.

Hierin lässt sich die Verwurzelung der warenproduzierenden Gesellschaft in der Erneuerung des Heilsversprechens wieder finden. So könnte man sagen, dass die Stellung des Rechtsextremismus als „Alltagsreligion (das) Nebenprodukt missglückter Säkularisierung (ist)" (Claussen 1992, S. 163) und damit gleichzeitig die

Heilsbotschaft dieser Gesellschaft wie ihre Unzulänglichkeit illustriert. Schließlich kann es an Gnadenversicherung nie genug geben, sie wird so dringend gebraucht, dass der kapitalistische Markt, auf dem ihre Verfügbarkeit sichergestellt wird, immer expandieren muss. „Die im Geldvermögen angelegte ‚Utopie', nämlich die Verheißung privater Verfügung über die Totalität menschlicher Möglichkeiten, holt das Reich Gottes auf die Erde und stellt es dem Individuum zur Disposition." (Deutschmann 1999, S. 104). Die Rückversicherung der Gnadenwahl über den akkumulierten Reichtum – jene Logik, die Max Weber im Protestantismus ausgemacht hat – verweist nicht allein auf eine Gnade im Jenseits, sie ist der Versuch, den Trostmitteln im Diesseits habhaft zu werden. Diese Trostmittel sind Waren (Decker 2014). Nicht, dass irgendeineR wirklich glaubt, mit der Ware über ein Heilsgut zu verfügen. Aber mit der Radikalisierung der Diesseitigkeit der Gnadenwahl wird nun der Markt selbst zu fast so etwas wie einem Gott. Er kann erwählen und verstoßen und anders als alle anderen Waren erfährt der Mensch diese Verworfenheit vom Markt selbst (Türcke 2002, S. 187). Nicht mehr die Identifikation und die Unterwerfung unter eine Autorität gewähren Schutz. Die einzig verbliebene Autorität des Marktes lässt als Schutz scheinbar nur noch die Aggression gegen jene zu, die nicht mehr dazugehören. Eines scheint klar zu sein: Der Rechtsextremismus ist „unauflöslich mit missglückter Emanzipation aus vorkapitalistischen Verhältnissen verknüpft." (Claussen 1991, S. 194). Wird die soziale Akzeptanz – und das ist in einer kapitalistischen Gesellschaft immer die des Marktes – entzogen, dann werden die Prekarisierung und deren Radikalisierung in Krisen zur Gefahr für die Demokratie.

10.6 Die Mitte und der (rechtsextreme) Rand

Über die beschriebene Funktion des Wohlstands und der Ökonomie für die Mitte ist genau an jenem Ort Auskunft einzuholen, der ihr sprachlogisch eigentlich entgegengesetzt ist: Im Rechtsextremismus. Gerade in der Widersprüchlichkeit, mit einem Begriff, der auf den Rand zeigt und dabei ein Problem in der Mitte der Gesellschaft benennt, zeigt sich letztlich die Praktikabilität des Rechtsextremismusbegriffs. Der Einwand, der Begriff sei uneindeutig, wäre genau damit zu entkräften: „Rechtsextremismus" beschreibt ein Untersuchungsfeld, das eben nicht als isolierter gesellschaftlicher Ort begriffen wird, sondern als eine Erscheinung in der Mitte der Gesellschaft. Die Forderung nach Einstimmigkeit wissenschaftlicher Begriffe und Theorien hat Tücken, mit denen nicht nur die Rechtsextremismusforschung, sondern die gesamten Sozialwissenschaften zu kämpfen haben. Das hängt aber nicht mit ihren Begriffen, sondern mit ihrem Gegenstand zusammen. Das Be-

mühen um Einstimmigkeit muss scheitern, wo die Gesellschaft selbst widersprüch-
lich ist – und einen solchen Widerspruch zeigt der Rechtsextremismusbegriff an:
Der Widerspruch kann „höchst real in der Sache selbst seinen Ort haben und kei-
neswegs durch vermehrte Kenntnis und klarere Formulierung aus der Welt sich
schaffen lassen", wie Theodor W. Adorno es formulierte (Adorno 1969, S. 129).
Wissenschaft ist, auch wenn das von außen manchmal nicht den Anschein hat, die
Reduktion von Komplexität. Wo diese Komplexitätsreduktion aber nicht gelingt,
da besteht in der Vielstimmigkeit der Sozial- bzw. Gesellschaftswissenschaften ein
Problem ihres Gegenstandes, der Gesellschaft. Aus dieser Perspektive kann der
Rechtsextremismusbegriff in seiner Widersprüchlichkeit fruchtbar gemacht wer-
den als ein aus der Sache selbst kommender, als gesellschaftlicher Widerspruch.

Allerdings ist mit der Sache, deren Widerspruch im wissenschaftlichen Begriff
zum Vorschein kommt, die Gesellschaft gemeint. Die „rechtsextreme Einstellung"
bezieht sich aber auf Individuen. Der Begriff soll – unabhängig davon, ob im Hintergrund eher eine kognitive Einstellung oder das Wirken psychodynamischer
Charakterzüge angenommen wird, eine politische Haltung Einzelner abbilden.
Und das selbst dann, wenn Menschen in großer Zahl, z. B. als WählerInnen, Ge-
walttäterInnen oder Parteimitglieder beschrieben werden. Wie passt das mit dem
hier vorgebrachten Verweis zusammen, dass die Widersprüchlichkeit des sozialwissenschaftlichen Begriffs aus der Gesellschaft selbst kommt?

Die Widersprüchlichkeit der Gesellschaft zeigt sich zuallererst in der Irrationa-
lität des Individuums – wie etwa in der rechtsextremen Einstellung, die auch Auskunft über die Gesellschaft gibt, wenn sie als individuelles Phänomen beschrieben
wird. Wie bereits beim Autoritären Charakter mit den Bedingungen, unter denen er
ausgebildet wurde, die Gesellschaft analysiert wird, so ist sie auch bei der rechtsextremen Einstellung Gegenstand der Untersuchung.

Wenn „Rechtsextremismus" nicht als isolierter Rand, sondern als extremste
Ausbildung eines allgemeinen Phänomens verstanden wird, kann an ihm analysiert
werden, was sonst in der Latenz bleibt – in der solchermaßen bezeichneten Abweichung „die Norm", im Extrem „die Mitte". Dadurch ist die Möglichkeit gegeben,
ein in Frage stehendes Problem dort genauer zu betrachten, wo es am Deutlichsten
zutage tritt. Diese Herangehensweise hat in der Wissenschaft durchaus historische
Vorbilder.

So haben sich auch die AutorInnen der Studien zum Autoritären Charakter bei
ihren Analysen eben nicht für ein Randphänomen, sondern für die Bedrohung der
Gesellschaft aus ihrer Mitte heraus interessiert. Der Blick richtete sich auf den
Rand, um von dort aus die Gesellschaft umso besser in ihrem Wirken verstehen zu
können. Der Autoritäre Charakter war eine Typenbildung, die dem Anspruch nach
eine „critical typology" (Adorno 1950, S. 749) war: Mit der Beschreibung eines
Typus sollte nicht nur ein Stück historischer Wirklichkeit abgebildet, sondern auch

die Gesellschaft, die den entsprechenden „Sozialcharakter" hervorbringt, in ihren Wurzeln kritisiert werden. Dabei wurde die Abweichung als Erscheinung der Regel beschrieben, in der Abweichung wurde das Funktionieren der Norm einsichtig. Dieses für die verstehende Sozialwissenschaft verbreitete Vorgehen ist nicht zuletzt bei dem französischen Philosophen Michel Foucault anzutreffen, dessen Interesse sich immer auf die gesellschaftlichen Ränder richtete – Devianz, Krankheit und Kriminalität –, um Erkenntnisse über das Zentrum der Gesellschaft zu gewinnen.

10.7   Die „Mitte"-Studien zur rechtsextremen Einstellung in Deutschland – Empirische Befunde

Den im Folgenden ausschnittweise vorgestellten Ergebnissen liegen repräsentative Erhebungen zu Grunde, die seit 2002 im Zweijahresrhythmus vom Meinungsforschungsinstitut USUMA (Berlin) im Auftrag der Universität Leipzig durchgeführt wurden.[2] Zur Herstellung der Repräsentativität der Stichprobe wurden zunächst eine Aufteilung der besiedelten Fläche der Bundesrepublik Deutschland in Stichprobenflächen (sog. Sample-Points) vorgenommen, in denen dann geschulte InterviewerInnen im Random-Route-Verfahren ProbandInnen in den ausgewählten Haushalten nach dem Schweden-Schlüssel gewannen. Auf diesem Weg wurde je Erhebungswelle zwischen 2500 und 5000 ProbandInnen gewonnen (Beschreibungen der Stichproben vgl. Decker et al. 2003, 2010, 2012, 2014; Decker und Brähler 2005, 2006, 2008). Eingesetzt wird in jeder Erhebung der Fragebogen zur rechtsextremen Einstellung in der Leipziger Form. Der Fragebogen weist mit einem Cronbach's Alpha von 0,94 eine hohe interne Konsistenz aus, Angaben zur Faktorenstruktur, Mittelwerten und Standardabweichungen (vgl. Decker et al. 2013).

Die Aussagen, die den Befragten im Fragebogen vorgelegt wurden, werden im Folgenden sechs Dimensionen rechtsextremer Einstellung zugeordnet. Ausgehend von unserer operanten Definition der rechtsextremen Einstellung als Ideologie der Ungleichwertigkeit haben wir sechs Dimensionen der rechtsextremen Einstellung abgeleitet, die das mehrdimensionale rechtsextreme Einstellungsmuster ausmachen: Befürwortung einer rechtsgerichteten Diktatur, Chauvinismus, Ausländerfeindlichkeit, Antisemitismus, Sozialdarwinismus sowie Verharmlosung des Nationalsozialismus. Zu den einzelnen Dimensionen wurden jeweils drei Aussagen angeboten, zu denen die Befragten ihre Zustimmung oder Ablehnung auf einer fünfstufigen Skala notieren sollten. Die Verteilung der Zustimmung wird exemplarisch für das Jahr 2014 in Tab. 10.1 wiedergegeben.

---

[2] Von 2006 bis 2012 bestand eine Kooperation mit der Friedrich-Ebert-Stiftung, Forum Berlin.

Tab. 10.1 Der Fragebogen zur rechtsextremen Einstellung – Zustimmung auf Item-Ebene in %. (© Oliver Decker, Johannes Kiess, Elmar Brähler)

Rechtsextremismus		Lehne völlig ab	Lehne überwiegend ab	Stimme teils zu, teils nicht zu	Stimme überwiegend zu	Stimme voll und ganz zu
01	Im nationalen Interesse ist unter bestimmten Umständen eine Diktatur die bessere Staatsform	61,4	17,2	14,8	5,5	1,2
02	Ohne Judenvernichtung würde man Hitler heute als großen Staatsmann ansehen	61,5	16,5	14,2	5,7	2,1
03	Was Deutschland jetzt braucht, ist eine einzige starke Partei, die die Volksgemeinschaft insgesamt verkörpert	47,2	17,11	20,1	10,7	4,9
04	Wir sollten einen Führer haben, der Deutschland zum Wohle aller mit starker Hand regiert	61,9	15,1	13,8	6,9	2,4
05	Wie in der Natur sollte sich in der Gesellschaft immer der Stärkere durchsetzen	52,7	20,2	18,7	6,3	2,1
06	Die Ausländer kommen nur hierher, um unseren Sozialstaat auszunutzen	23	18,3	31,5	16,1	11,1
07	Auch heute noch ist der Einfluss der Juden zu groß	46,8	20,2	21,4	9	2,7
08	Wir sollten endlich wieder Mut zu einem starken Nationalgefühl haben	26,3	15,6	28,3	19,6	10,3
09	Eigentlich sind die Deutschen anderen Völkern von Natur aus überlegen	48,3	18,8	19,8	9,5	3,7
10	Wenn Arbeitsplätze knapp werden, sollte man die Ausländer wieder in ihre Heimat zurückschicken	29,4	20,1	26,4	14,1	10
11	Die Verbrechen des Nationalsozialismus sind in der Geschichtsschreibung weit übertrieben worden	58,9	18,9	15,3	5,3	1,7
12	Was unser Land heute braucht, ist ein hartes und energisches Durchsetzen deutscher Interessen gegenüber dem Ausland	33,6	16,9	28,1	14,8	6,6

Tab. 10.1 (Fortsetzung)

Rechtsextremismus	Lehne völlig ab	Lehne überwiegend ab	Stimme teils zu, teils nicht zu	Stimme überwiegend zu	Stimme voll und ganz zu
13	Die Juden arbeiten mehr als andere Menschen mit üblen Tricks, um das zu erreichen, was sie wollen	52,3	18,7	18,8	8	2,3
14	Das oberste Ziel der deutschen Politik sollte es sein, Deutschland die Macht und Geltung zu verschaffen, die ihm zusteht	33	18,5	27,1	15,5	5,9
15	Es gibt wertvolles und unwertes Leben	63,5	12,1	15,6	5,8	3
16	Die Bundesrepublik ist durch die vielen Ausländer in einem gefährlichen Maß überfremdet.	29,3	17,9	25,3	17,3	10,2
17	Die Juden haben einfach etwas Besonderes und Eigentümliches an sich und passen nicht so recht zu uns	51,9	18,2	19,9	8	2
18	Der Nationalsozialismus hatte auch seine guten Seiten	52,5	17,8	20,5	6,7	2,5

10.8 Die Ergebnisse der Erhebungen von 2002 bis 2014 im Zeitverlauf

Die „Mitte"-Studien der Universität Leipzig erfassen seit zwölf Jahren die rechts-extreme Einstellung in Deutschland und sind daher geeignet, Langzeittrends ab-zubilden. Im Folgenden soll die Entwicklung der sechs Dimensionen dargestellt werden, beginnend mit Abb. 10.1, welche die Zustimmungswerte bei der Befür-wortung einer rechtsautoritären Diktatur zeigt. Insgesamt verläuft der Trend klar absteigend, wobei die Werte in Westdeutschland kontinuierlich geringer ausfallen als im Osten Deutschlands.

Der Chauvinismus war in Ostdeutschland von 2002 bis 2012 auf 23,5 % an-gestiegen – jedeR Vierte hatte sich demnach manifest chauvinistisch gezeigt. 2014 ist dieser Wert erstmals wieder zurückgegangen, und zwar bis auf das Niveau von 2002 (vgl. Abb. 10.2). In Westdeutschland war in den zurückliegenden zwölf Jah-ren eine Aufwärts- und Abwärtsbewegung zu verzeichnen, die 2014 in den nied-rigsten Wert (13 %) seit Beginn der Erhebungen mündete.

Wie 2012 ist auch 2014 die parallele Entwicklung von Chauvinismus und Aus-länderfeindlichkeit auffällig. So ist die Ausländerfeindlichkeit in Ostdeutschland

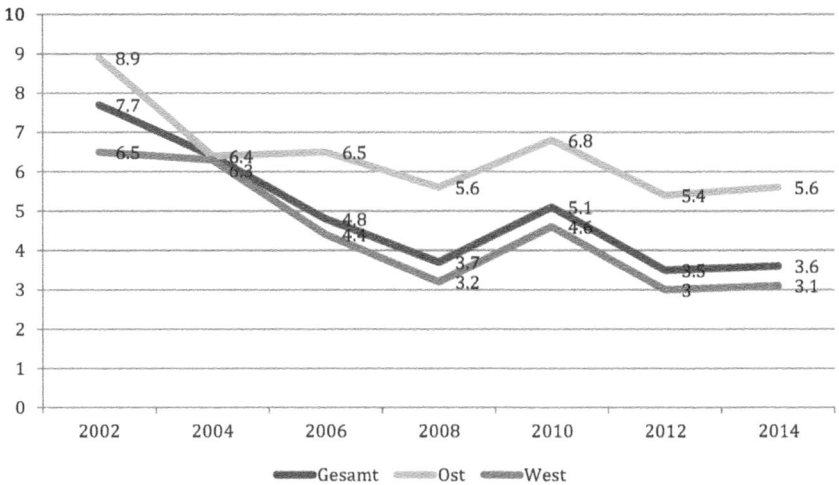

Abb. 10.1 Die Dimension „Befürwortung einer rechtsautoritären Diktatur" im Zeitverlauf 2002–2014. (© Oliver Decker, Johannes Kiess, Elmar Brähler)

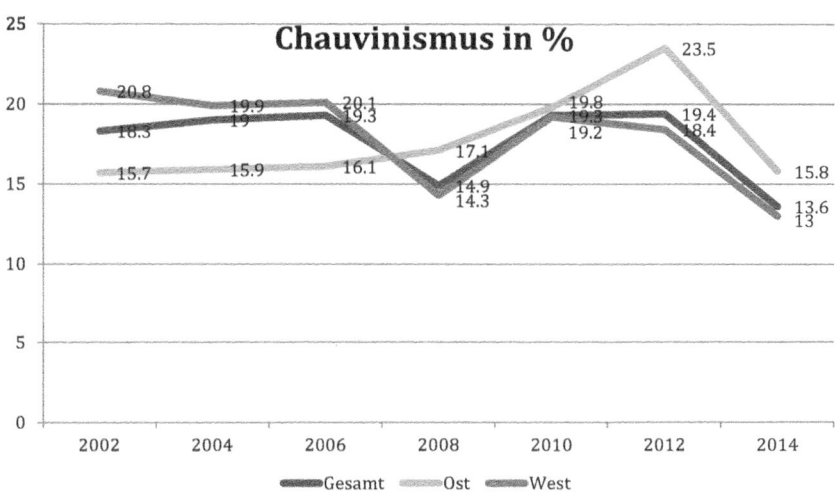

Abb. 10.2 Die Dimension „Chauvinismus" im Zeitverlauf 2002–2014. (© Oliver Decker, Johannes Kiess, Elmar Brähler)

nach dem Hoch 2012 (38,7 % – über alle drei Aussagen) stark zurückgegangen, während der Rückgang in Westdeutschland gering ausfällt (vgl. Abb. 10.3).

Auch die Dimension Antisemitismus verzeichnete in der aktuellen Erhebungs-welle einen deutlichen Rückgang, besonders in Ostdeutschland (vgl. Abb. 10.4). Insgesamt hat sich die Ost-West-Annäherung in dieser Dimension, die zu Beginn unserer Zeitreihe eine höhere Prävalenz des Antisemitismus in Westdeutschland aufwies, stabilisiert.

Weniger eindeutig ist das Bild beim Sozialdarwinismus (vgl. Abb. 10.5). In Westdeutschland zeigt sich von 2004 bis 2014 eine leicht abfallende Tendenz. In Ostdeutschland dagegen schwankt der Wert beträchtlich und liegt 2014 mit 4,6 % etwa in der Mitte zwischen der höchsten Ausprägung 2004 (9,3 %) und der nied-rigsten 2008 (1,6 %).

Dieses Bild wiederholt sich bei der Dimension „Verharmlosung des National-sozialismus" (vgl. Abb. 10.6). Dem relativ stetigen, leicht abnehmenden Verlauf in Westdeutschland stehen starke Schwankungen in Ostdeutschland gegenüber. 2014 ist der Gesamtwert so niedrig wie nie zuvor in den „Mitte"-Studien.

In Abb. 10.7 ist der Zeitverlauf für die rechtsextreme Einstellung als Gesamt-konstrukt dargestellt. Hierfür wurde ein Durchschnittswert gebildet, so dass je-weils der Prozentsatz derjenigen Befragten angegeben ist, die im Durchschnitt

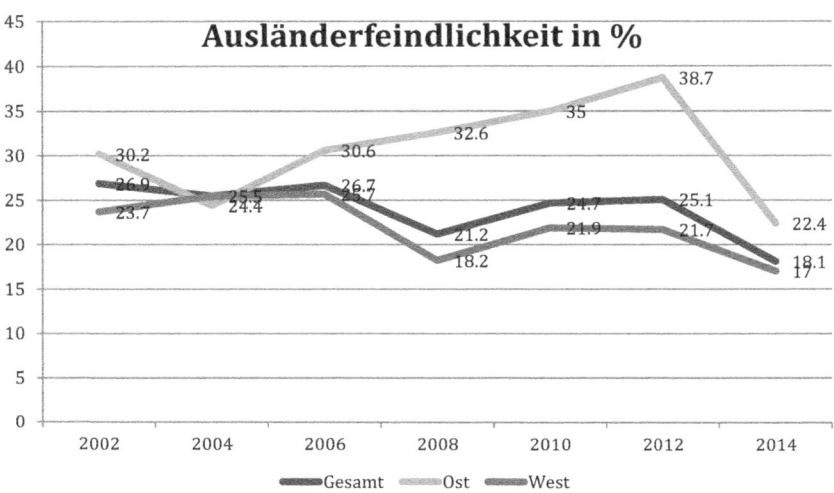

Abb. 10.3 Die Dimension „Ausländerfeindlichkeit" im Zeitverlauf 2002–2014. (© Oliver Decker, Johannes Kiess, Elmar Brähler)

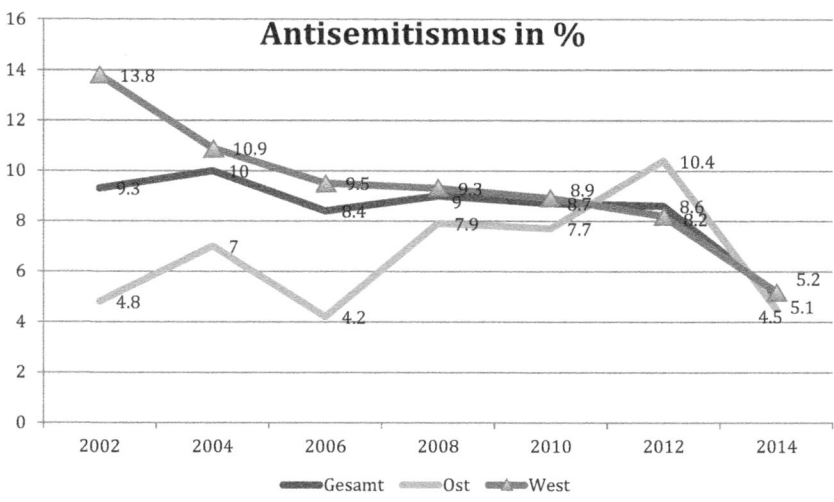

Abb. 10.4 Die Dimension „Antisemitismus" im Zeitverlauf 2002–2014. (© Oliver Decker, Johannes Kiess, Elmar Brähler)

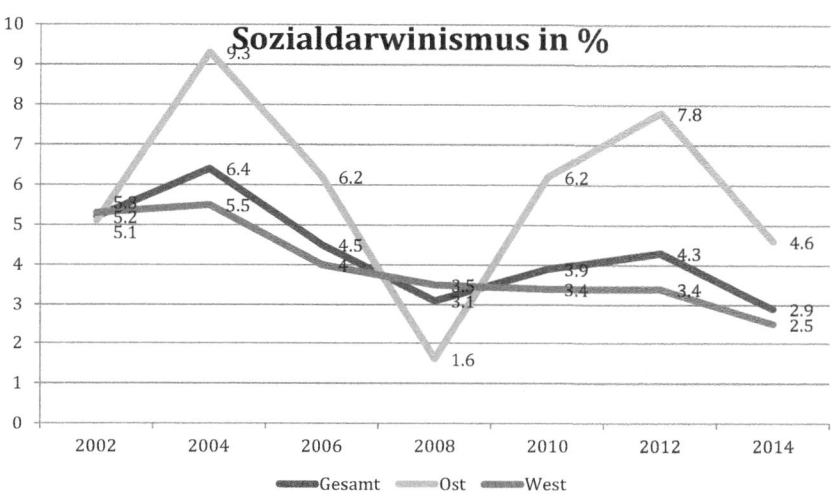

Abb. 10.5 Die Dimension „Sozialdarwinismus" im Zeitverlauf 2002–2014. (© Oliver Decker, Johannes Kiess, Elmar Brähler)

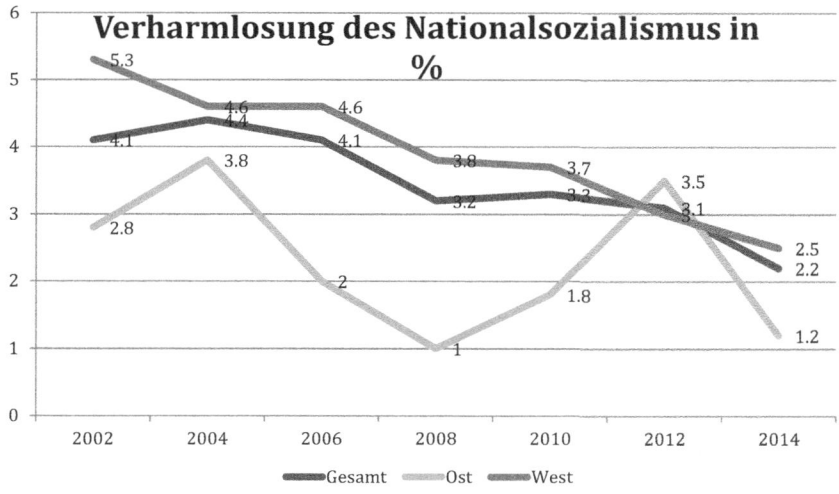

Abb. 10.6 Die Dimension „Verharmlosung des Nationalsozialismus" im Zeitverlauf 2002–2014. (© Oliver Decker, Johannes Kiess, Elmar Brähler)

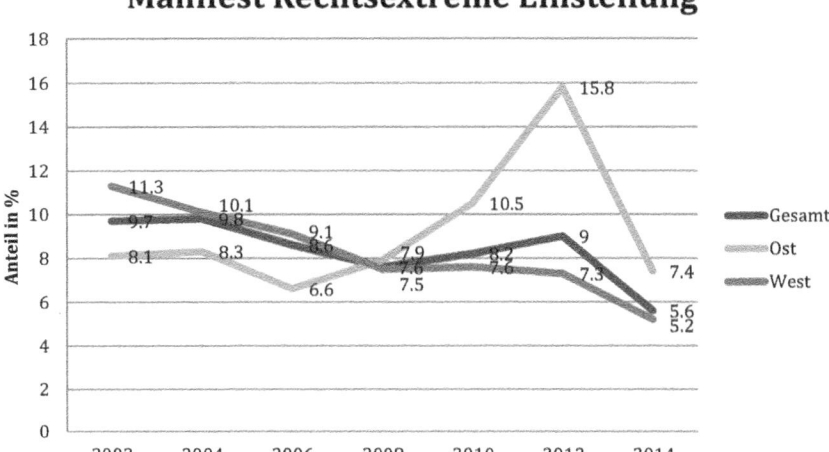

Manifest Rechtsextreme Einstellung

Abb. 10.7 Die manifest rechtsextreme Einstellung im Zeitverlauf 2002–2014. (© Oliver Decker, Johannes Kiess, Elmar Brähler)

allen 18 Aussagen des Fragebogens zustimmten. Dafür wurden die Antwortmöglichkeiten 1 („lehne völlig ab") bis 5 („stimme voll und ganz zu") addiert (Maximalwert = 90). Ab einem Wert größer 63 sprechen wir von einem geschlossenen rechtsextremen Weltbild.

Entsprechend dem Verlauf in den einzelnen Dimensionen zeigte sich auch hier über die Jahre bis 2012 ein massiver Anstieg bei den Befragten in Ostdeutschland, insbesondere zwischen den Jahren 2010 und 2012. War die rechtsextreme Einstellung als manifestes Weltbild 2004 bis 2006 noch stärker in Westdeutschland anzutreffen, so wendete sich in den Folgejahren das Blatt. Mit 15,8 % erreichten die Ostdeutschen 2012 den höchsten Wert – 2014 jedoch den geringsten Wert seit Beginn der Erhebungen. Die Häufigkeit von Menschen mit geschlossenem rechtsextremem Weltbild unterscheidet sich 2014 nicht signifikant zwischen Ost- und Westdeutschland.

10.9 Diskussion

Historisch war eine besondere Anfälligkeit der „Mitte" der Gesellschaft für antidemokratische Einstellungen zu beobachten, die den Nazis die Machtübernahme ermöglichte und die auch heute noch Grund zur Sorge bereitet. Der vorliegende

Beitrag argumentiert, dass die Gefahr insbesondere in der Plombenfunktion des kapitalistischen Konsumversprechens liegt. Ein Wegbrechen der Plombe, d. h. die Enttäuschung der geglaubten Versprechen, führt aufgrund der latent gebliebenen autoritären Grundstruktur der Gesellschaft zu autoritären Reaktion gegen Schwächere bzw. „Andere". Dies lässt sich als antidemokratische, oder wie im Falle der Leipziger „Mitte"-Studien, als rechtsextreme Einstellung empirisch beschreiben und als sekundärer Autoritarismus bezeichnen.

Die vorgestellten, einen Zeitverlauf über 12 Jahre abbildenden Ergebnisse bestätigen die theoretischen Überlegungen insbesondere insofern als die geglaubten und dann enttäuschten Versprechen auf Konsum in Ostdeutschland das Wegbrechen einer Plombe offensichtlich machen. In der Sozialforschung ist bekannt, dass die rechtsextreme Einstellung in Zeiten der wirtschaftlichen Krise zunimmt. 2014 sehen wir den umgekehrten Fall: Die Bundesrepublik Deutschland befindet sich bildlich gesprochen in einer Insellage. Die wirtschaftliche Gesamtentwicklung ist mit Wirtschaftswachstum und Exportsteigerung so gut wie seit Jahren nicht mehr. Dass die wirtschaftliche Situation damit auch noch in einem deutlichen Kontrast zu allen anderen Ländern in Europa steht, akzentuiert die Entwicklung und stabilisiert die Mitte der Gesellschaft.

Literatur

Abelshauser, W. (1987). *Die langen fünfziger Jahre*. Düsseldorf: Cornelsen.
Adorno, T. W. (1950). Types and syndroms. In T. W. Adorno, E. Frenkel-Brunswik, D. J. Levinson, & R. N. Sandford (Hrsg.), *The authoritarian personality* (S. 744–783). New York: Harper.
Adorno, T. W. (1955): *Prismen. Kulturkritik und Gesellschaft*. Frankfurt a. M.: Suhrkamp.
Adorno, T. W. (1959). Was bedeutet: Aufarbeitung der Vergangenheit? In R. Tiedemann (Hrsg.), *Theodor W. Adorno - Gesammelte Schriften* (Bd. 10.2, S. 555–572). Frankfurt a. M.: Suhrkamp.
Adorno, T. W. (1969). Zur Logik der Sozialwissenschaften. *Kölner Zeitschrift für Soziologie und Sozial-Psychologie, 14*, 249–263.
Andersen, A. (1997). *Der Traum vom guten Leben. Alltags- und Kulturgeschichte vom Wirtschaftswunder bis heute*. Frankfurt a. M.: Campus.
Backes, U. (2006). *Politische Extreme. Eine Wort- und Begriffsgeschichte von der Antike bis in die Gegenwart*. Göttingen: Vandenhoeck & Ruprecht.
Bourdieu, P. (1984). *Die feinen Unterschiede. Kritik der gesellschaftlichen Urteilskraft*. Frankfurt a. M.: Suhrkamp.
Butterwegge, C. (Hrsg.). (2002). *Themen der Rechten – Themen der Mitte: Zuwanderung, demografischer Wandel und Nationalbewusstsein*. Opladen: Leske und Budrich.
Claussen, D. (1991). Antisemitismus und Gesellschaftstheorie. In T. Brüsemeister, C. Illian, U. Jakomeit, C. Jünke, S. Lange, J. V. Lessen, R. Reinshagen, & W. Schwarz (Hrsg.), *Die versteinerten Verhältnisse zum Tanzen bringen: Beiträge zur marxistischen Theorie heute. Leo Kofler zum 80. Geburtstag* (S. 185–200). Berlin: Dietz.

Claussen, D. (1992). Die antisemitische Alltagsreligion. Hinweise für eine psychoanalytisch aufgeklärte Gesellschaftskritik. In W. Bohleber & J. S. Kafka (Hrsg.), *Antisemitismus* (S. 163–170). Bielefeld: Aisthesis.

Cohrs, J. C., & Ibler, S. (2009). Authoritarianism, threat, and prejudice: An analysis of mediation and moderation. *Basic and Applied Social Psychology, 31,* 81–94.

Davidov, E. (2009). Measurement equivalence of nationalism and constructive patriotism in the ISSP: 34 countries in a comparative perspective. *Political Analysis, 17,* 64–82.

Decker, O. (2014). *Commodified bodies. Organ transplantation and organ trade.* New York: Routledge.

Decker, O., & Brähler, E. (2005). Rechtsextreme Einstellungen in Deutschland. *Aus Politik und Zeitgeschehen, 42,* 8–17.

Decker, O., & Brähler, E. (2006). *Vom Rand zur Mitte. Rechtsextreme Einstellung und ihre Einflussfaktoren in Deutschland.* Berlin: FES.

Decker, O., & Brähler, E. (2008). *Bewegung in der Mitte. Rechtsextreme Einstellung in Deutschland 2008.* Berlin: FES.

Decker, O., & Brähler, E. (2010). Einkommensschichten und rechtsextreme Einstellung im Zeitverlauf 2002–2010. In O. Decker, M. Weissmann, J. Kiess, & E. Brähler (Hrsg.), *Die Mitte in der Krise* (S. 105–114). http://library.fes.de/pdf-files/do/07504-20120321.pdf. Zugegriffen: 26. Jan. 2015.

Decker, O., Niedermayer, O., & Brähler, E. (2003). Rechtsextreme Einstellungen in Deutschland. Ergebnisse einer repräsentativen Erhebung. *Zeitschrift für Psychotraumatologie und Psychologische Medizin, 1,* 65–77.

Decker, O., Rothe, K., Weissmann, M., Geissler, N., & Brähler, E. (2008). *Ein Blick in die Mitte. Zur Entstehung rechtsextremer und demokratischer Einstellungen.* Berlin: FES.

Decker, O., Weissmann, M., Kiess, J., & Brähler, E. (2010). *Die Mitte in der Krise.* http://library.fes.de/pdf-files/do/07504-20120321.pdf. Zugegriffen: 26. Jan. 2015.

Decker, O., Kiess, J., & Brähler, E. (2012). *Die Mitte im Umbruch. Rechtsextreme Einstellung in Deutschland 2012.* Bonn: Dietz-Verlag.

Decker, O., Hinz, A., Geißler, N., & Brähler, E. (2013). Fragebogen zur rechtsextremen Einstellung – Leipziger Form (FR-LF). In O. Decker, J. Kiess, & E. Brähler (Hrsg.), *Rechtsextremismus der Mitte. Eine sozialpsychologische Gegenwartsdiagnose* (S. 197–212). Gießen: Psychosozial.

Decker, O., Kiess, J., & Brähler, E. (2014). Die stabilisierte Mitte. Rechtsextreme Einstellung in Deutschland 2014. Leipzig: Universität Leipzig. http://www.uni-leipzig.de/%7Ekredo/Mitte_Leipzig_Internet.pdf. Zugegriffen: 26. Jan. 2015.

Deutschmann, C. (1999). *Die Verheißung des Kapitalismus. Zur religiösen Natur des Kapitalismus.* Frankfurt a. M.: Campus.

Drieschner, F. (2003) Die Mitte und der Abgrund. *Die Zeit* vom 3.7.2003, Nr. 28. Hamburg.

Endrikat, K., Schafer, D., Mansel, J., & Heitmeyer, W. (2002). Soziale Desintegration. Die riskanten Folgen negativer Anerkennungsbilanzen. In W. Heitmeyer (Hrsg.), *Deutsche Zustände* (S. 37–58). Berlin: Suhrkamp.

Erhard, L. (1957). *Wohlstand für Alle.* Düsseldorf: Econ.

Falter, J. W. (1981). Radicalization of the middle classes or mobilization of the unpolitical? The theories of Seymour Martin Lipset and Reinhard Bendix on the electoral support of the NSDAP in the light of recent research. *Social Science Information, 2,* 389–430.

Feldman, S., & Stenner, K. (1997). Perceived threat and authoritarianism. *Political Psychology, 4,* 741–770.

Geiger, T. (1930). Panik im Mittelstand. *Die Arbeit. Zeitschrift für Gewerkschaftspolitik und Wirtschaftskunde, 7*(10), 637–654.

Goebel, J., Gornig, M., & Häußermann, H. (2010). Polarisierung der Einkommen: Die Mittelschicht verliert. *Wochenbericht des DIW, 24,* 1–8.

Grabka, M. M., & Frick, J. R. (2008). Schrumpfende Mittelschicht – Anzeichen einer dauerhaften Polarisierung der verfügbaren Einkommen? *DIW – Wochenbericht, 75,* 101–108.

Gries, R. (2003). *Produkte als Medien. Kulturgeschichte der Produktkommunikation in der Bundesrepublik und der DDR.* Leipzig: Leipziger Universitätsverlag.

Haller, M., & Ressler, R. (2006). National and European identity: A study of their meanings and interrelationships. *Revue Francaise de Sociologie, 47,* 817–850.

Haug, W. F. (1971). *Kritik der Warenästhetik.* Frankfurt a. M.: Suhrkamp.

Haug, W. F. (2008). Variationen über den Spruch ‚Ich kaufe, also bin ich'. In O. Decker & T. Grave (Hrsg.), *Kritische Theorie zur Zeit* (S. 21–28). Springe: Zu Klampen.

Heitmeyer, W. (Hrsg.). (1994). *Was treibt die Gesellschaft auseinander? Bundesrepublik Deutschland: Auf dem Weg von der Konsens- zur Konfliktgesellschaft.* Frankfurt a. M.: Suhrkamp.

Heitmeyer, W. (2010). Krisen – Gesellschaftliche Auswirkungen, individuelle Verarbeitung und Folgen für die Gruppenbezogene Menschenfeindlichkeit. In W. Heitmeyer (Hrsg.), *Deutsche Zustände. Folge 8* (S. 13–48). Frankfurt a. M.: Suhrkamp.

Heitmeyer, W., & Endrikat, K. (2008). Die Ökonomisierung des Sozialen. Folgen für „Überflüssige" und „Nutzlose". In W. Heitmeyer (Hrsg.), *Deutsche Zustände. Folge 7* (S 55–72). Frankfurt a. M.: Suhrkkamp.

Herbert, U. (2013). *Geschichte Deutschlands im 20. Jahrhundert.* München: Beck.

Horkheimer, M. (1936). Autorität und Familie. In G. Schmid Noerr (Hrsg.), *Max Horkheimer – Gesammelte Schriften Bd. 3 – Schriften 1931–1936* (S. 336–417). Frankfurt a. M.: Fischer.

Kaminsky, A. (2001). *Wohlstand, Schönheit, Glück: kleine Konsumgeschichte der DDR.* München: Beck.

Kraushaar, W. (1994). Extremismus in der Mitte. Zur Geschichte einer soziologischen und sozialhistorischen Interpretationsfigur. In H. M. Lohmann (Hrsg.), *Extremismus in der Mitte. Vom rechten Verständnis deutscher Nation* (S. 23–50). Frankfurt a. M.: Fischer.

Küpper, B., & Zick, A. (2010). Macht Armut menschenfeindlich? Zusammenhänge in acht europäischen Ländern. In W. Heitmeyer (Hrsg.), *Deutsche Zustände – Folge 9* (S. 84–105). Frankfurt a. M.: Suhrkamp.

Lipset, S. M. (1959). Der ‚Faschismus', die Linke, die Rechte und die Mitte. In E. Nolte (Hrsg., 1987), *Theorien über den Faschismus* (S. 449–491). Bodenheim: Athenaeum.

Lohmann, H. M. (Hrsg.). (1994). *Extremismus der Mitte: vom rechten Verständnis deutscher Nation.* Frankfurt a. M.: Fischer.

Marbach, F. (1942). *Theorie des Mittelstands.* Bern: Francke.

Marcuse, H. (1963). Das Veralten der Psychoanalyse. In H. Marcuse (Hrsg., 2004), *Schriften* (Bd. 8). Springe: Zu Klampen.

Mitscherlich, A., & Mitscherlich, M. (1967). *Die Unfähigkeit zu Trauern. Grundlagen kollektiven Verhaltens.* München: Pieper.

Pettigrew, T. F. (2001). Summing up: Relative deprivation as a key social psychological concept. In I. Walker & H. J. Smith (Hrsg.), *Relative Deprivation. Specification, Development, and Integration* (S. 351–374). Cambridge: Cambridge University Press.

Priester, H. E. (1936). *Das Deutsche Wirtschaftswunder.* Amsterdam: Querido Verlag.

Rippl, S., & Baier, D. (2005). Das Deprivationskonzept in der Rechtsextremismusforschung: Eine vergleichende Analyse. *Kölner Zeitschrift für Soziologie und Sozialpsychologie, 57,* 644–666.

Rippl, S., & Seipel, C. (2002). Ökonomische Lage, Bildungsniveau und Fremdenfeindlichkeit. Die Bedeutung von Autoritarismus und Anomie: ein theorie-integrierendes Modell. In B. Klaus, F. Ü. Daniel, & H. John (Hrsg.), *Jugendgewalt und Rechtsextremismus. Soziologische und psychologische Analysen in internationaler Perspektive* (S. 79–92). Weinheim: Juventa.

Runciman, W. G. (1966). *Relative Deprivation and Social Justice.* London: Routledge.

Schelsky, H. (1955). *Wandlungen der deutschen Familie in der Gegenwart. Darstellung und Deutung einer empirisch-soziologischen Tatbestandsaufnahme.* Stuttgart: Enke.

Schindelbeck, D. (2004). „De Sozialismus in seinem Lauf…" Alltagskulturelle udn lebensweltliche Aspekte des Konsums in der DDR während der Ära Honecker. Koreferat zu Peter Skyba. In R. Walter (Hrsg.), *Geschichte des Konsums. Erträge der 20. Arbeitstagung der Gesellschaft für Sozial- und Wirtschaftsgeschichte 23.–26. April 2003 in Greifswald* (S. 367–377). Wiesbaden: Franz Steiner.

Schmidt, M. G., Maes, J., & Gollwitzer, M. (2003). Längsschnittliche Effekte relativer Deprivation und relativer Privilegierung auf Fremdenfeindlichkeit im wiedervereinigten Deutschland. In E. H. Witte (Hrsg.), *Sozialpsychologie politischer Prozesse* (S. 58–84). Lengerich: Pabst.

Siegrist, H. (1997). Konsum, Kultur und Gesellschaft im modernen Europa. In H. Siegrist, H. Kaelble, & J. Kocka (Hrsg.), *Europäische Konsumgeschichte. Zur Gesellschafts- und Kulturgeschichte des Konsums (18. bis 20. Jahrhundert)* (S. 13–50). Frankfurt a. M.: Campus.

Simmel, G. (1908). *Soziologie. Über die Formen der Vergesellschaftung.* Frankfurt a. M.: Suhrkamp.

Skyba, P. (2004). Konsumpolitik in der DDR 1971 bis 1989. Die Verbraucherpreise als Konfliktgegenstand. In R. Walter (Hrsg.), *Geschichte des Konsums. Erträge der 20. Arbeitstagung der Gesellschaft für Sozial- und Wirtschaftsgeschichte 23.–26. April 2003 in Greifswald* (S. 343–366). Wiesbaden: Franz Steiner.

Smith, H. J., Pettigrew, T. F., Pippin, G. M., & Bialosiewicz, S. (2011). Relative deprivation: A theoretical and meta-analytic review. Personality and Social Psychology Review. http://psr.sagepub.com/content/early/2011/12/12/1088868311430825. Zugegriffen: 26. Jan. 2015

Spoerer, M. (2005). Demontage eines Mythos? Zu der Kontroverse über das nationalsozialistische „Wirtschaftswunder". *Geschichte und Gesellschaft, 31,* 415–438.

Stouffer, S. A., Suchmann, E. A., Devinney, L. C., Star, S. A., & Williams, R. M. (1949). *The American soldier. Volume I: Adjustement during army life.* Princeton: Princeton University Press.

Türcke, C. (2002). *Erregte Gesellschaft.* München: Beck.

Vogel, B. (2009). *Wohlstandskonflikte. Soziale Fragen, die aus der Mitte kommen.* Hamburg: Hamburger Edition.

Weber, M. (1920). Die protestantische Ethik und der Geist des Kapitalismus. In M. Weber (Hrsg.), *Gesammelte Aufsätze zur Religionssoziologie I.* Tübingen: Mohr.

Priv.-Doz. Dr. phil. Oliver Decker PD Dr. phil. Sprecher des Kompetenzzentrums für Rechtsextremismus- und Demokratieforschung, Universität Leipzig und Leiter des Forschungsbereichs Werte und Einstellung der Abteilung für Medizinische Psychologie und Medizinische Soziologie. Seit 2002 zusammen mit Elmar Brähler Leiter der „Mitte"-Studien, 2015 als Visiting Professor im Studiengang Critical Theory and the Arts, School of Visual Arts, New York. Letzte Monographie: (2014) Commodified Bodies. Organ Transplantation and the Organ Trade. New York: Routledge.

Johannes Kiess MA ist wissenschaftlicher Mitarbeiter am Seminar für Sozialwissenschaften der Universität Siegen und hier beschäftigt im EU-Pojekt „LIVEWHAT – Living with Hard Times: How European Citizens Deal with Economic Crisis and Their Social and Political Consequences". Zu seinen Arbeitsschwerpunkten gehören Rechtsextremismusforschung, Europasoziologie, industrielle Beziehungen und politische Theorie.

Prof. Dr. rer. biol. hum. Elmar Brähler war Leiter der Abteilung für Medizinische Psychologie und Medizinische Soziologie der Universität Leipzig, affiliert an der Poliklinik für Psychosomatische Medizin und Psychotherapie der Universitätsmedizin Mainz. Letzte Buchveröffentlichung (zus. mit Oliver Decker und Johannes Kiess; 2015) Rechtsextremismus der Mitte und sekundärer Autoritarismus. Gießen: Psychosozial-Verlag.

Abstiegsangst und Tritt nach unten? Die Verbreitung von Vorurteilen und die Rolle sozialer Unsicherheit bei der Entstehung dieser am Beispiel Österreichs

Julia Hofmann

11.1 Einleitung

Der Begriff der „Solidarität" ist – wie alle großen philosophischen Konzepte – schwer zu bestimmen und politisch stark umkämpft (Kreisky 1999). Die gesellschaftspolitischen Diskussionen ranken sich meist um Fragen wie: Wer soll wem gegenüber solidarisch sein? Was heißt Solidarität konkret, also als gelebte Praxis? Und: Wo liegen die Grenzen der Solidarität? Solidarität wird im „Kleinen Lexikon der Politik" als „wechselseitige Verpflichtung (der, A.d.V.) Mitglieder von Gruppen oder Organisationen füreinander einzustehen" (Nohlen 2002, S. 501) definiert. Als „Zentrumsbegriff der Moderne" (Metz 1998, S. 172) geht Solidarität über reine Nächstenliebe hinaus und bildet somit ein „symbolisches Band zwischen den Mitgliedern einer Gesellschaft der Individuen" (Arendt 1974, S. 9).

Solidaritätsbrüche sind demgegenüber Prozesse und Mechanismen, bei denen Gesellschaftsmitgliedern diese Unterstützungsleistung entzogen wird. In ihrer extremsten Form können Solidaritätsbrüche auch dazu führen, dass Personen(-gruppen) nicht mehr als Teil des Ganzen anerkannt und ausgestoßen werden. Die Gren-

Teile der empirischen Analysen werden auch in Weiss, Ates & Schnell (VS Verlag, 2015) sowie in Decker, Kiess & Brähler (Cambridge Scholars, 2015) veröffentlicht. Die Autorin dankt Wolfgang Aschauer, Lisa Donat, Johannes Kiess und Hilde Weiss für Hinweise und Einwände bei vorigen Versionen dieses Textes.

J. Hofmann (✉)
Institut für Soziologie, Johannes Kepler Universität Linz/Abteilung für Wirtschafts- und Organisationssoziologie, Altenbergerstr. 69, 4040 Linz, Österreich

zen der Solidarität sind somit nicht als fix anzusehen; sie werden in gesellschaftlichen Auseinandersetzungen permanent neu verhandelt. Émile Durkheim hat diesen Prozess der Konstruktion und Rekonstruktion von Zugehörigkeit mit dem Begriff der „organischen Solidarität" zu fassen versucht (Durkheim 1893/1977, S. 111 ff.). Insbesondere in (ökonomischen) Krisenzeiten mehren sich die Auseinandersetzungen um die Grenzen von Solidarität. Eine Folge der Zunahme materieller Verteilungskonflikte kann sein, dass die Grenzen enger gezogen werden, indem zwischen „primären" und „sekundären" Gesellschaftsmitgliedern – auf Basis nationaler, kultureller, ethnischer und religiöser Zuschreibungen – unterschieden wird. Marginalisierte soziale Gruppen werden durch solche Grenzziehungsprozesse oftmals als „BürgerInnen zweiter Klasse" definiert; dadurch wird ihnen ihr Anspruch auf Solidarität diskursiv entzogen.

Ein Indikator für einen kommenden Solidaritätsbruch gegenüber marginalisierten sozialen Gruppen kann die Zunahme von Vorurteilen sein. Zwar schlagen sich Einstellungen nicht automatisch in sozialem Handeln nieder (Mummendey 1988), dennoch können sie als Nährboden für ein bestimmtes Verhalten dienen. Je verbreiteter Vorurteile in einer Gesellschaft sind, umso eher können sie also einen Solidaritätsbruch zur Folge haben und den sozialen Zusammenhalt an sich gefährden (Heitmeyer 1992; Decker et al. 2010).

Dementsprechend setzt sich der vorliegende Beitrag auch näher mit dem Thema der Vorurteile gegenüber marginalisierten sozialen Gruppen[1] auseinander. Das Konzept der „gruppenbezogenen Menschenfeindlichkeit" (Heitmeyer 2002–2011) nutzend werden zwei Ziele verfolgt: In Abschn. 1 setzt er sich mit der Verbreitung von Vorurteilen gegenüber marginalisierten sozialen Gruppen am Beispiel Österreichs auseinander. In Abschn. 2 soll geklärt werden, ob und wenn ja, welchen Einfluss soziale Unsicherheiten – also objektiv prekäre soziale Lagen – und Verunsicherungen – wie etwa subjektive Abstiegsängste – auf Grenzziehungsprozesse und Solidaritätsbrüche im Land haben.

11.2 Vorurteile und ihre Verbreitung in Österreich

Die Auseinandersetzung rund um die Entstehung und die Rezeption von Vorurteilen begleitet die Sozialwissenschaften (v. a. die Sozialpsychologie und die soziologische Einstellungsforschung) schon seit Mitte des 20. Jahrhunderts, unter anderem ausgelöst durch die von Wilhelm Reich und Erich Fromm in den 1930er Jahren

[1] In Anlehnung an Heitmeyer (2002–2011) werden die folgenden sozialen Gruppen als marginalisiert betrachtet: JüdInnen, MuslimInnen, AsylwerberInnen, MigrantInnen im Allgemeinen sowie sozial Schwache (etwa „Langzeitarbeitslose" und Obdachlose).

durchgeführten Studien zum autoritären Charakter und der Massenpsychologie des Faschismus. Die klassische Definition des Vorurteils stammt aus den 1950er Jahren von Gordon Allport, der unter anderem versucht hat, die verschiedenen Ausprägungen und Grade von Vorurteilen systematisch voneinander zu unterscheiden. Grundsätzlich geht man in der Forschung heute davon aus, dass Vorurteile die folgenden Aspekte beinhalten: eine inkorrekte Generalisierung der Einstellungs- und Verhaltensmuster von (konstruierten) Personengruppen, eine Hervorhebung ihrer „Andersartigkeit" sowie eine affektive Komponente, die von emotionaler Ablehnung bis hin zu offener Feindseligkeit reichen kann. Da viele Vorurteile kulturell verankert sind, gelten ihre Inhalte in der Gesellschaft als „normal" und werden von den einzelnen Gesellschaftsmitgliedern oft unkritisch übernommen bzw. erlernt (Weiss 2000).

Die gesellschaftliche Funktion von Vorurteilen wird von Andreas Zick wie folgend bestimmt: Es geht darum „durch Ideologien der Ungleichwertigkeit den ungleichen Zugang zu gesellschaftlichen Ressourcen – trotz formalem Gleichheitsanspruch von modernen Gesellschaften – (zu, A.d.V.) legitimieren" (Zick et al. 2011, S. 45). Vorurteile können also durch die ihnen innewohnende Absprache des Gleichheitsanspruches einen Solidaritätsbruch gegenüber marginalisierten sozialen Gruppen zur Folge haben: Personengruppen, die den Zugang zu gesellschaftlichen Ressourcen „nicht verdient" haben, muss – dieser Logik folgend – auch keine Solidarität entgegen gebracht werden.

In Österreich sind Vorurteile weit verbreitet[2]. Sieht man sich die Vorurteile gegenüber MigrantInnen im Allgemeinen[3] an, so zeigt sich, dass knapp 47% der befragten ÖsterreicherInnen eher (davon 17,3% sehr) ablehnend gegenüber

---

[2] Die Datenbasis für die hier beschriebenen Ergebnisse wurde im Mai 2012 vom Meinungsforschungsinstitut IFES im Rahmen einer Mehrthemenuntersuchung (MTU) erhoben. In einem dreiseitigen Fragebogen zum Thema „Krise und Desintegration" setzten sich 21 Items mit Vorurteilen gegenüber marginalisierten sozialen Gruppen auseinander. Beinahe alle diese Items wurden bereits in anderen sozialwissenschaftlichen Studien zum Thema „Vorurteile" verwendet. Die im Fragebogen verwendete Skala war eine vierstufige Likertskala mit den folgenden Ausprägungen: 1) stimme sehr zu, 2) stimme eher zu, 3) stimme eher nicht zu, 4) stimme gar nicht zu. An der Befragung nahmen 2000 Personen teil. Die Items zum Thema „Vorurteile" wurden im Durchschnitt von ca. 1800 Personen beantwortet. Hinsichtlich der räumlichen (Bundesland, Stadt-Land) und soziodemographischen Verteilung (Alter, Berufsstatus, Bildungsniveau, Staatsbürgerschaft/Ethnizität) entspricht die Stichprobe annähernd der österreichischen Grundgesamtheit. Eine deskriptive Statistik der einzelnen Vorurteilsitems findet sich im Anhang.

[3] Hier gemessen als additiver Index gebildet aus zwei Variablen ($r = 0,633$): „Wenn Arbeitsplätze knapp werden, sollte man in Österreich lebende Ausländer wieder in ihre Heimat zurückschicken" und „Zuwanderer sind eine Bereicherung für unsere Kultur" (invers kodiert). Der Index kann die Werte 1–8 annehmen. Die Werte 1+2 wurden als sehr feindlich definiert;

MigrantInnen eingestellt sind. Ein ähnliches Bild zeigt sich auch beim Vorurteil gegenüber Muslimen und Muslimas: 40,2 % hegen eher Vorurteile gegenüber MuslimInnen[4], davon 10,5 % sehr große. Mit dieser hohen Ablehnungsrate gegenüber Muslimen und Muslimas liegt Österreich im europäischen Spitzenfeld, wie eine vergleichbare Erhebung von Zick et al. (2011)[5] aus dem Jahr 2010 zeigt. Nur Ungarn verzeichnet etwa bei der Aussage „Es gibt zu viele Muslime in …." ähnlich hohe Ablehnungswerte wie Österreich (knapp 60 %). In Deutschland liegen die Ablehnungswerte bei knapp über 45 %; in Portugal sind sie mit unter 30 % am niedrigsten in den ausgewählten Ländern (vgl. Abb. 11.1).

Ein ähnliches Bild ergibt sich, wenn man sich die Verteilung zu der Aussage ansieht, ob die „Mehrheit der in Europa lebenden Muslime den islamistischen Terrorismus für gerechtfertigt hält" (vgl. Abb. 11.2). Auch hier liegt Österreich mit knapp 10 % überwiegender und ca. 20 % tendenzieller Zustimmung im internationalen Vergleich mit Ungarn an der Spitze, gefolgt von Großbritannien und Polen (knapp über 25 %). In Deutschland ist die Zustimmung zu dieser Aussage bei den untersuchten Ländern am geringsten (knapp über 15 %), gefolgt von den Niederlanden (ca. 20 %).

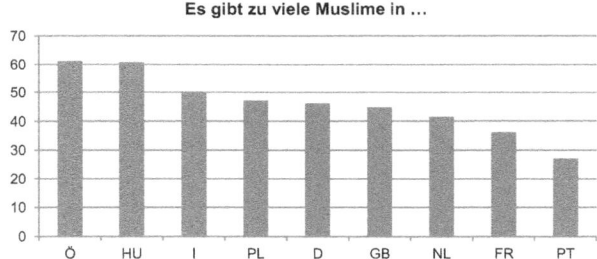

Abb. 11.1 Ablehnung von Muslimen und Muslimas in Europa (Teil 1). (Quelle: eigene Daten 2012 (Ifes); Zick et al. 2011 (Daten Ö: 2012, alle anderen Länder: 2010) © Julia Hofmann)

---

die Werte 1–4 als eher feindlich. Der Mittelwert des Index beträgt 4,69; die Standardabweichung 1,89. Der Index ist leicht linksschief verteilt.

[4] Hier gemessen als additiver Index gebildet aus zwei Variablen ($r = 0,489$): „Es gibt zu viele Muslime in Österreich und „Die Mehrheit der in Europa lebenden Muslime hält den islamistischen Terrorismus für gerechtfertigt". Der Index kann die Werte 1–8 annehmen. Die Werte 1 + 2 wurden als sehr feindlich definiert; die Werte 1–4 als eher feindlich. Der Mittelwert des Index beträgt 4,91; die Standardabweichung 1,73. Der Index ist normal verteilt.

[5] Da der globale Trend zum Anstieg der Muslimfeindlichkeit bereits vor 2010, konkret mit dem 11. September 2001, seinen Ausgang nahm, wird davon ausgegangen, dass die Ergebnisse der Studie von Zick et al. aus dem Jahr 2010 mit den österreichischen Ergebnissen aus dem Jahr 2012 verglichen werden können.

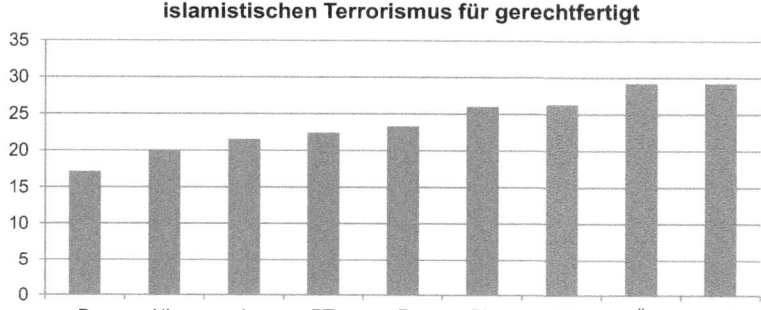

Abb. 11.2 Ablehnung von Muslimen und Muslimas in Europa (Teil 2). (Quelle: eigene Daten 2012 (Ifes); Zick et al. 2011 (Daten Ö: 2012, alle anderen Länder: 2010) © Julia Hofmann)

Neben MigrantInnen im Allgemeinen und MuslimInnen im Besonderen stellen AsylwerberInnen eine Minderheit dar, die in den letzten Jahren verstärkt mit Vorurteilen in Österreich konfrontiert ist. Dies spiegelt sich auch in den Einstellungen wider: 64 % der befragten ÖsterreicherInnen hegen eher Vorurteile gegenüber AsylwerberInnen[6], davon 19,9 % sehr große. Schlussendlich sind Juden und Jüdinnen historisch mit großen Ablehnungsraten in Österreich konfrontiert – die eher zögerliche Aufarbeitung der österreichischen TäterInnenschaft im 2. Weltkrieg hat die Beständigkeit der Ressentiments gegenüber JüdInnen im Land weiter verfestigt (Weiss 1987). 2012 waren 27,8 % der Befragten in Österreich (davon 6,5 % sehr) ablehnend gegenüber JüdInnen[7] eingestellt.

Neben ethnisch-kulturellen und religiösen Vorurteilen sind auch Vorurteile gegenüber sozial Schwachen im deutschsprachigen Diskurs allgegenwärtig. In Ös-

---

[6] Hier gemessen als additiver Index gebildet aus zwei Variablen ($r=0{,}428$): „Bei der Prüfung von Asylanträgen sollte der Staat großzügig sein" (invers kodiert) und „Die meisten Asylbewerber befürchten nicht wirklich, in ihrem Heimatland verfolgt zu werden". Der Index kann die Werte 1–8 annehmen. Die Werte 1+2 wurden als sehr feindlich definiert; die Werte 1–4 als eher feindlich. Der Mittelwert des Index beträgt 3,98; die Standardabweichung 1,55. Der Index ist linksschief verteilt.

[7] Hier gemessen als additiver Index gebildet aus zwei Variablen ($r=0{,}577$): „Juden haben in Österreich zu viel Einfluss" und „Juden versuchen heute Vorteile daraus zu ziehen, dass sie während der Nazi-Zeit Opfer gewesen sind". Der Index kann die Werte 1–8 annehmen. Die Werte 1+2 wurden als sehr feindlich definiert; die Werte 1–4 als eher feindlich. Der Mittelwert des Index beträgt 5,56; die Standardabweichung 1,73. Der Index ist rechtsschief verteilt.

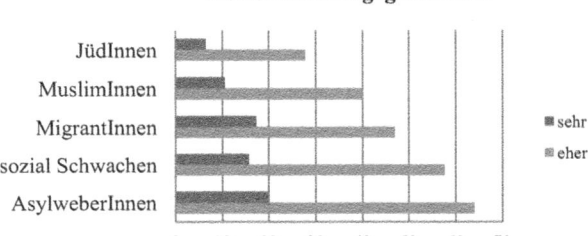

Abb. 11.3 Ausmaß sozialer Vorurteile in Österreich. (Quelle: eigene Daten 2012 (Ifes) ©
Julia Hofmann)

terreich gab es etwa in den 1990er Jahren sowie rund um die Jahrtausendwende
einen politischen und medialen Diskurs rund um die sogenannten „Sozialschma-
rotzer". Dieser spiegelt sich auch in den Einstellungen wider: 57,6 % der Befragten
sind eher (davon 15,6 % sehr) ablehnend gegenüber sozial Schwachen[8] eingestellt.
In Abb. 11.3 werden diese Zahlen ersichtlich.

Ein Vergleich mit Deutschland (vgl. Tab. 11.1) scheint aufgrund der ähnlichen
Historie der beiden Länder besonders naheliegend. Dieser zeigt, dass Vorurteile in
Österreich generell weiter verbreitet sind als im Nachbarland; teilweise ist die Zu-
stimmung zu vorurteilsbeladenen Items doppelt so hoch.

Inwieweit nehmen diese Vorurteile im Zeitverlauf ab oder zu? Da das anti-
muslimische Vorurteil noch recht „jung" ist, lassen sich hierfür keine Zeitverläufe
skizzieren. Im Gegensatz dazu gibt es jedoch zahlreiche Daten hinsichtlich der
Verbreitung von anti-migrantischen bzw. antisemitischen Vorurteilen in Österreich, die als Indizien für die Zu- bzw. Abnahme von Vorurteilen in Österreich im
Allgemeinen dienen können. Das Item „Wenn Arbeitsplätze knapp sind, sollte man
in Österreich lebende Zuwanderer wieder in ihre Heimat zurückschicken" gilt etwa
als eines der Standard-Items der Vorurteilsforschung. In Österreich wurde es unter
anderem 1998, 2003, 2008 und 2012 erhoben (vgl. Abb. 11.4). Im Zeitverlauf zeigt
sich, dass die Zustimmung zu dieser Aussage zwischen 1998 und 2003 von knapp
47 auf 40 % abnahm, während sie seit 2003 wieder stetig zunimmt. Von 2003 bis
2012 stieg die Zustimmung zu diesem Vorurteil um knapp 14 Prozentpunkte an. Im

---

[8] Hier gemessen als additiver Index gebildet aus zwei Variablen ($r=0{,}468$): „Bettler sollen
aus den Fußgängerzonen entfernt werden" und „Die meisten Langzeitarbeitslosen sind nicht
wirklich daran interessiert, einen Job zu finden". Der Index kann die Werte 1–8 annehmen.
Die Werte 1+2 wurden als sehr feindlich definiert; die Werte 1–4 als eher feindlich. Der
Mittelwert des Index beträgt 4,34; die Standardabweichung 1,62. Der Index ist leicht linksschief verteilt.

Tab. 11.1 Vergleich Österreich-Deutschland. (Quelle: eigene Daten 2012 (Ifes); Zick et al. 2011, S. 60 ff.; Heitmeyer 2011, S. 38 ff.; Decker et al. 2014, S. 50 ff.; Vierer-Likert-Skala, die Werte 1 + 2 wurden addiert © Julia Hofmann)

Vorurteile gegenüber marginalisierten sozialen Gruppen (Kategorien: stimme zu + stimme sehr zu)	Österreich (2012) (%)	Deutschland (2011/2012/2014) (%)
Wenn Arbeitsplätze knapp werden, sollte man in Österreich lebende Ausländer wieder in ihre Heimat zurückschicken	53,8	42,4 (2011)
Juden haben in Österreich/Deutschland zu viel Einfluss	28,3	19,7 (2011)
Es gibt zu viele Muslime in Österreich/Deutschland	70,0	46,1 (2011)
Die meisten Langzeitarbeitslosen sind nicht wirklich daran interessiert, einen Job zu finden	66,0	52,0 (2012)
Bettler sollen aus den Fußgängerzonen entfernt werden	63,0	35,4 (2012)
Die meisten Asylbewerber befürchten nicht wirklich, in ihrem Heimatland verfolgt zu werden	67,9	46,7 (2011), 55,3 (2014)

Gegensatz dazu stagnierte dieses Vorurteil im Nachbarland Deutschland im mehr oder weniger gleichen Zeitraum (2002: 27 %, 2011: 29 %) (Heitmeyer 2002–2011).

Ein ähnliches Bild ergibt sich, wenn man sich die Verbreitung von anti-jüdischen Ressentiments in Österreich ansieht. Befand sich die Zustimmung zu der Aussage „Juden haben zu viel Einfluss in Österreich" zwischen 1980 und 1996 konstant auf hohem Niveau (über 30 %), so nahm das Vorurteil zwischen 1996 und 2007 um knapp 15 Prozentpunkte auf 20 % ab. Zwischen 2007 und 2012 stieg es wieder auf 28 % an (vgl. Abb. 11.5).

Vorurteile gegenüber marginalisierten sozialen Gruppen nehmen in Österreich in den letzten Jahren also wieder stark zu – in diesem minderheitenfeindlichen Kontext konnte sich wohl auch das anti-muslimische Feindbild so schnell entwickeln. Wie die Bielefelder ForscherInnengruppe rund um Wilhelm Heitmeyer bereits festgestellt hat, handelt es sich hierbei um ein Einstellungssyndrom, das die

Abb. 11.4 Anti-migrantische Vorurteile im Zeitverlauf (1998–2012). (Quelle: eigene Daten 2012 (Ifes); EVS 2008; Weiss 2003 © Julia Hofmann)

"MigrantInnen in ihre Heimat zurückschicken"

Abb. 11.5 Vorurteile gegenüber JüdInnen im Zeitverlauf (1980–2012). (Quelle: eigene Daten 2012 (Ifes); Rathkolb und Ogris 2010; Weiss 2003 © Julia Hofmann)

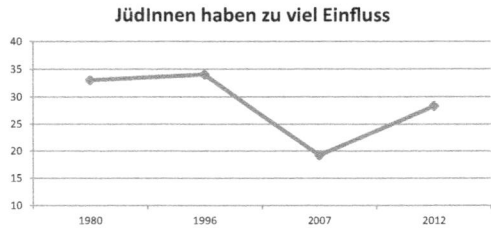

ForscherInnen mit dem Begriff der „gruppenbezogenen Menschenfeindlichkeit" (Heitmeyer 2002–2011) bezeichnet haben. Das heißt, dass Personen, die geneigt sind, einem Vorurteil gegenüber einer spezifischen (konstruierten) Gruppe zuzustimmen, auch eher dazu neigen, Vorurteile gegenüber anderen Gruppen zu übernehmen. Die hohen Zusammenhänge der einzelnen Vorurteile zeigen sich auch für Österreich in Abb. 11.6. Insbesondere die ethnischen Vorurteile (gegenüber MuslimInnen, MigrantInnen und AsylwerberInnen) korrelieren stark miteinander.[9]

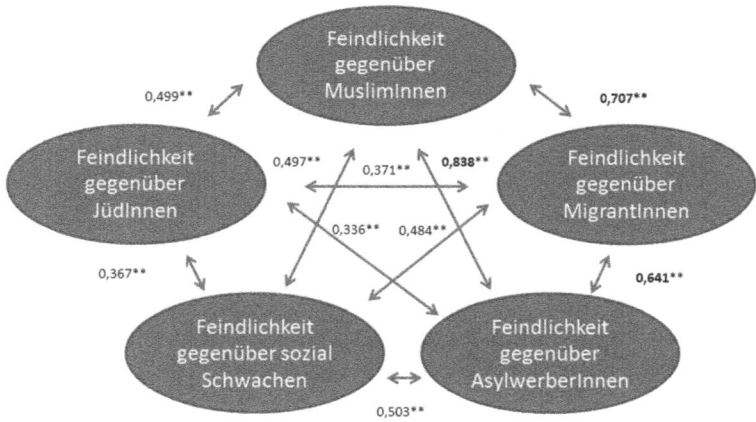

Abb. 11.6 Soziale Vorurteile als Einstellungssyndrom. (Quelle: eigene Daten 2012 (Ifes) © Julia Hofmann)

---

[9] Die empirische Überprüfung des Konzeptes mit Hilfe einer Faktorenanalyse war erfolgreich – die Faktorenanalyse schlug eine "Ein-Faktor-Lösung" vor, durch die 52 % der Varianz erklärt werden. Die einzelnen Indizes gehen mit 0,496 (Antisemitismus) bis 0,825 (Ressentiments gegenüber MuslimInnen) in den Faktor ein.

Doch woher kommt diese starke Verbreitung von Vorurteilen in Österreich? Und: Welchen Einfluss haben die aktuelle Krise bzw. die allgegenwärtigen sozialen Verunsicherungen auf die Grenzziehungs- und Abwertungsprozesse im Land?

11.3 Theorien zur Entstehung und Rezeption sozialer Vorurteile

In der Vorurteilsforschung haben sich im Laufe der Jahrzehnte mehrere wichtige Ansätze zur Erklärung der Entstehungsbedingungen von Vorurteilen herausgebildet; diese werden heute als komplementär angesehen (Fuchs 2003; Rippl und Baier 2005). Die Ansätze lassen sich nach ihrem jeweiligen Fokus unterscheiden: individuumsbezogen, institutionenbezogen sowie strukturbezogen.

Individuumsbezogene Theorien betonen beispielsweise die Rolle von individuellen Gewalt- und Unterdrückungserfahrungen (wie die Theorie der „autoritären Persönlichkeit" von Adorno et al. 1950). Darüber hinaus wird davon ausgegangen, dass Vorurteile abhängig sind von dem Wissen des/der Einzelnen über Fremdgruppen und den persönlichen Kontakten zu marginalisierten sozialen Gruppen (Theorien des differentiellen Lernens, Kontakthypothese; Informationen zur politischen Bildung 2005; Rippl 1995). Institutionenbezogene Theorien betonen demgegenüber die Rolle von Schulen und Bildungseinrichtungen sowie anderer Orte interkultureller Zusammenkunft als Möglichkeiten des Wissenserwerbs, des Austausches und der Eingliederung von marginalisierten sozialen Gruppen in die (Mehrheits-)Gesellschaft (Strohmeier et al. 2005).

Strukturbezogene Theorien, wie die Konflikttheorie, setzen an verschiedenen makrosozialen Strukturen an. Sie argumentieren etwa – und auf dieser Annahme beruht der zweite Teil des vorliegenden Artikels –, dass materielle Statuskämpfe Vorurteile auslösen bzw. verstärken können. Die These der „relativen Deprivation" geht davon aus, dass die Gefährdung des eigenen sozialen Status bzw. des Gefühls der Benachteiligung zu einer höheren Neigung zu Feindbildern führt (Pettigrew 2002). Die Verbindung zwischen relativer Deprivation und der Abwertung marginalisierter sozialer Gruppen wird über die Angst vor bzw. die Erfahrung von sozialem Abstieg erklärt. Durch diesen nehmen die sozialen Partizipationschancen und somit auch das Integrationspotential moderner Gesellschaften ab. VertreterInnen der Desintegrationstheorie (z. B. Heitmeyer und Imbusch 2005) argumentieren weiters, dass Erfahrungen des rapiden sozialen Wandels oder von Krisen Zukunftsängste, Gefühle der Anomie, der Verunsicherung oder der Perspektivlosigkeit auslösen können. Vor diesem gesellschaftlichen Problemhintergrund wird vielfach nach „einfachen" Erklärungen gesucht und Feindbilder werden verstärkt angenommen (Heitmeyer 2002–2011). Es geht darum, die Effekte sozialer Desintegration in einem gesellschaftlichen Teilbereich durch eine gelungene Integration in einem anderen gesellschaftlichen Teilbereich zu kompensieren (beispielsweise über die Aufwertung der Eigengruppe; Mansel et al. 2012). Der Desintegrationstheorie folgend können gesellschaftliche Krisensituationen also, wie oben bereits angesprochen, zu vermehrter sozialer Verunsicherung führen, die in weiterer Folge einen Anstieg an Vorurteilen mit sich bringen und zu Solidaritätsbrüchen gegenüber marginalisierten sozialen Gruppen führen können. Der Einstellungsforscher Wilhelm Heitmeyer gibt etwa an, dass Krisen häufig mit der „Abwertung schwacher, angeblich nutzloser Gruppen" (Heitmeyer 2011, S. 9) einhergehen.

An dieser Stelle muss jedoch darauf hingewiesen werden, dass Konzepte, wie „soziale Verunsicherung" und „relative Deprivation" – ebenso wie der Begriff der „Solidarität" – gesellschaftliche Konstrukte und damit nicht direkt aus objektiven Gegebenheiten ableitbar sind. Ähnlich wie der Begriff der „Solidarität" werden auch sie in gesellschaftlichen Diskursen (re-)konstruiert – je höher etwa das Ausmaß eines politischen und medialen Angstdiskurses ist, desto höher ist auch dessen Präsenz in den Köpfen der Menschen (Wodak 2009). Der Zusammenhang von Krisen, Verunsicherungen und Deprivationen mit sozialen Vorurteilen muss daher teilweise auch als eine Folge politischer und medialer Diskurse verstanden werden. Die Verknüpfung von sozialen Fragen mit Abwertungen wird häufig von bestimmten politischen Parteien und Medien vorangetrieben und von der Bevölkerung aufgegriffen. In Österreich sind beispielsweise politische und mediale Angstdiskurse und deren Verknüpfung mit Ressentiments allgegenwärtig: In einigen Tageszeitungen wird etwa immer wieder davor gewarnt, dass „österreichische Arbeitslose auf der Strecke bleiben", während gleichzeitig manche politische Parteien vor der „Invasion der Billigarbeiter" warnen (Hofmann 2012).

Wenn im Folgenden den Auswirkungen von Krisen, Verunsicherungen und Deprivationen auf soziale Vorurteile nachgegangen wird, sollen – konflikttheoretischen Überlegungen folgend – zwei Thesen forschungsleitend sein:

1. Es wird davon ausgegangen, dass die Zunahme materieller Verteilungskonflikte zu Auseinandersetzungen rund um soziale Grenzziehungen und damit zu einer Zunahme von Vorurteilen führt. Dementsprechend sollten – so These 1 – Personen, die direkt von diesen materiellen Verteilungskonflikten betroffen sind (d. h. Arbeitslose, prekär Beschäftigte oder Krisenbetroffene) eher zu Vorurteilen neigen.

2. Gleichzeitig wird davon ausgegangen, dass der Verunsicherungsdiskurs die soziale Kohäsion an sich gefährdet, d. h. dass die Verteilungskonflikte nicht nur von Personen, die direkt betroffen sind, geführt werden, sondern auch von verunsicherten bzw. relativ deprivierten sozialen Gruppen (Sommer 2010). Personen, die subjektiv verunsichert bzw. relativ depriviert sind, sollten demnach – so These 2 – eher zu Vorurteilen neigen.

11.4 Soziale Unsicherheit, Verunsicherung und relative Deprivation in Österreich

Aus der Ungleichheitsforschung ist bekannt, dass soziale Unsicherheiten und Verunsicherungen in den westlichen Gesellschaften (und demnach auch in Österreich) spätestens seit den 1990er Jahren wieder allgegenwärtig sind. Der französische Soziologe Robert Castel (2009) führt diese Wiederkehr sozialer Unsicherheit auf die Krise der Lohnarbeit und die schleichende Erosion des Sozialstaates seit den 1980er Jahren zurück. Die Bandbreite der von Castel identifizierten Probleme reicht dabei von neuen prekären Arbeits- und Lebenswelten bis hin zu Abstiegs- und Positionsängsten in der sogenannten „Mitte" der Gesellschaft. Die gegenwärtige Wirtschaftskrise und die Krisenbewältigungsstrategien lassen, Castel folgend, eine Vertiefung dieser gesellschaftlichen Spaltungen erwarten.

Zieht man alleinig ökonomische Kennziffern heran, so wird die Wiederkehr sozialer Unsicherheit in Österreich kaum deutlich: Nach zwei Jahren der annähernden Stagnation liegt das Wirtschaftswachstum laut Prognosen 2014 bei 1,5 %. Die Arbeitslosenrate ist im Verhältnis zu anderen EU-Ländern relativ gering; innerhalb der EU-28 hatte Österreich 2013 sogar die niedrigste Arbeitslosenrate zu verzeichnen (Eurostat 2014). Des Weiteren ist das System der Arbeitsbeziehungen relativ stabil; über 90 % der unselbstständig Erwerbstätigen unterliegen beispielsweise einem Kollektivvertrag (OECD 2012). Auch die sozialstaatlichen Leistungen sind weiterhin umfassend ausgebaut: Die Sozialquote liegt konstant bei 25–30 % des BIP und damit im oberen Drittel der EU-28 Staaten; der Gini-Index liegt bei 0,263, in den EU-28 bei 0,3 (Leibetseder 2012).

Diese ökonomischen Kennzahlen täuschen jedoch darüber hinweg, dass wir es auch in Österreich mit einer Zunahme sozialer Unsicherheit und von Verunsicherungen zu tun haben. ArbeitssoziologInnen weisen in diesem Zusammenhang darauf hin, dass auch das oft als „Insel der Seligen" bezeichnete Land von Wandlungsprozessen am Arbeitsmarkt und im Sozialbereich betroffen ist: Das österreichische Nachkriegsmodell (der sogenannte *Austro-Keynesianismus*) geriet Mitte der 1980er Jahre zunehmend in die Krise, die Arbeitslosenraten stiegen im Verhältnis zu den 1970er Jahren an und die notwendigen Sozialausgaben erhöhten sich (Haller 2008; Hermann und Atzmüller 2009). Seit den 1980er Jahren kam es daher zu weitreichenden Veränderungen in der Arbeits- und Sozialpolitik Österreichs, u. a. zu Flexibilisierungen am Arbeitsmarkt sowie Aktivierungs- und Sparmaßnahmen im Bereich der Sozialpolitik. Eine Folge dieser veränderten Politiken und des *Austro-Neoliberalismus* war der Anstieg prekärer Beschäftigungsverhältnisse (Geisberger und Knittler 2010) sowie stagnierende bzw. sinkende Reallöhne (Schulten 2013). Insbesondere sozial Benachteiligte, Frauen, junge Menschen und MigrantInnen wurden und werden in Österreich durch diese Politiken benachtei-

ligt; die soziale Mobilität nimmt ab, es kommt vermehrt zu sozialer Schließung
und zu einer Spaltung der Gesellschaft (Beigewum et al. 2002). Hinsichtlich der
aktuellen Wirtschaftskrise seit 2008 muss man in Österreich zwar etwas genauer
hinsehen als in den stark krisengeschüttelten Ländern, wie etwa Spanien, Irland
oder Griechenland, dennoch sind zahlreiche ÖsterreicherInnen eigenen Angaben
zufolge auch hierzulande mit kleinteiligen Krisenbetroffenheiten konfrontiert:
Über 50 % der Befragten geben etwa an, dass sie größere Investitionen seit Ausbruch der Krise verschieben mussten, knapp 60 % kaufen vermehrt im Ausverkauf,
40 % sparen in der Freizeit, d. h. sie verzichten auf Kino-, Theater- oder etwaige
andere Veranstaltungsbesuche (eigene Erhebung 2012).

Neben der Zunahme der (objektiven) sozialen Unsicherheit ist das Ausmaß
der (subjektiven) sozialen Verunsicherung ein weiterer wichtiger Indikator. Unter
sozialer Verunsicherung werden meist alle individuellen bzw. gruppenbezogenen
Ängste subsumiert, die sich auf die Bereiche der „Arbeit" und des „Sozialen" beziehen. Auf individueller Ebene kann das neben der Angst vor Verschuldung die
Angst vor Arbeitslosigkeit oder die Angst, dass sich die eigene wirtschaftliche Lage
in naher Zukunft verschlechtert, sein. Auf gruppenbezogener (meist gleichbedeu-
tend mit nationaler) Ebene versteht man unter sozialer Verunsicherung die Angst
vor Verschlechterungen oder Kürzungen im Sozialbereich sowie die Angst, dass
sich die wirtschaftliche Lage des eigenen Landes verschlechtert. Neben der sozialen Verunsicherung wird immer wieder auch das Ausmaß (individueller) relativer
Deprivation als Indikator herangezogen. Unter individueller relativer Deprivation
wird ein Gefühl der Benachteiligung verstanden, dass sich aus dem Vergleich mit
anderen Bevölkerungsgruppen ergibt. Personen, die der Meinung sind nicht ihren
gerechten Anteil in der Gesellschaft zu erhalten (meist finanziell gesehen), erfahren soziale Wandlungsprozesse – wie Habermas (1973, S. 12) es ausgedrückt hat
– „bestandskritisch" und fühlen sich in ihrer sozialen Identität bedroht.

Eigene Daten zeigen, dass insbesondere die gruppenbezogene (= nationale)
Verunsicherung in Österreich trotz der Wirtschaftsdaten und des gut ausgebauten
Sozialstaates sehr verbreitet ist: Knapp 60 % der Befragten machen sich oft (ca.
20 %) bzw. manchmal Sorgen darüber, dass sich das österreichische Sozialsystem
verschlechtert; 50 % (davon 15 % oft) sorgen sich über Verschlechterungen am
Arbeitsmarkt. Die individuelle Verunsicherung ist in Österreich zwar nicht ganz
so stark ausgeprägt wie die gruppenbezogene Verunsicherung, dennoch: Ca. 20 %
haben Angst in naher Zukunft arbeitslos zu werden und ca. 40 % machen sich Sorgen darüber, dass sich ihr Lebensstandard verschlechtern könnte (vgl. Abb. 11.7).
Dieses Ausmaß der Verunsicherung ist vergleichbar mit deutschen Daten – laut den
letzten Daten des 10-Jahres-Projekt „Deutsche Zustände" waren 2012 etwa rund
30 % der Deutschen der Meinung, dass sich ihr Lebensstandard in Zukunft ver-

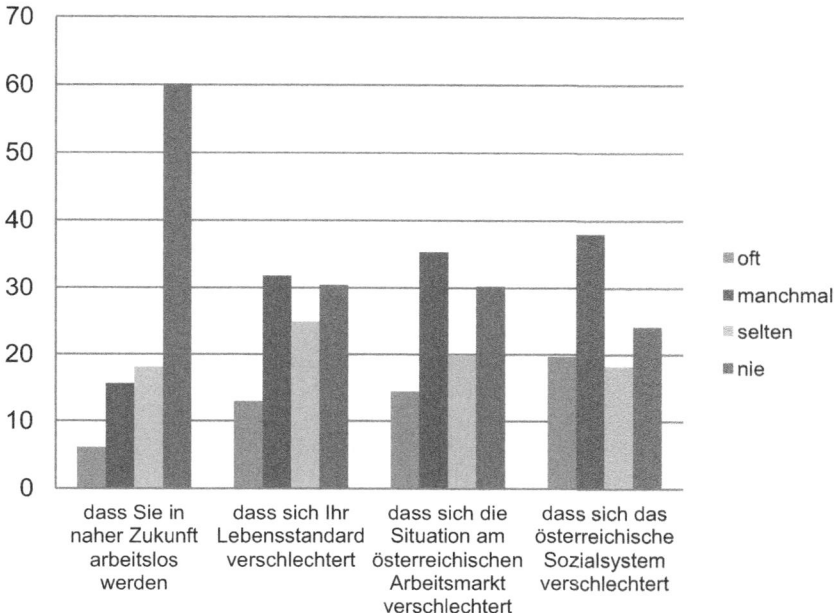

Abb. 11.7 Ausmaß sozialer Verunsicherung in Österreich. (Quelle: eigene Daten 2012 (Ifes) © Julia Hofmann)

schlechtern würde. Ebenso viele hatten Angst in nächster Zeit arbeitslos zu werden (Mansel et al. 2012, S. 114 ff.).

Gleichzeitig ist auch das Ausmaß individueller relativer Deprivation[10] mit knapp 36 % in Österreich relativ hoch – 36 % der Bevölkerung sind also der Meinung, dass ihnen weniger als ihr gerechter Anteil zu Verfügung steht. Demgegenüber sind 64 % nicht depriviert – 62 % sind zufrieden mit ihrem Anteil; 2 % sind der Meinung, dass ihnen mehr als ihr gerechter Anteil zu Verfügung steht (vgl. Abb. 11.8).

---

[10] Hier gemessen mit einem Item: „Im Vergleich dazu wie andere hier in Österreich leben: Wie viel glauben Sie, erhalten Sie persönlich? a) mehr als meinen gerechten Anteil, b) meinen gerechten Anteil, c) weniger als meinen gerechten Anteil".

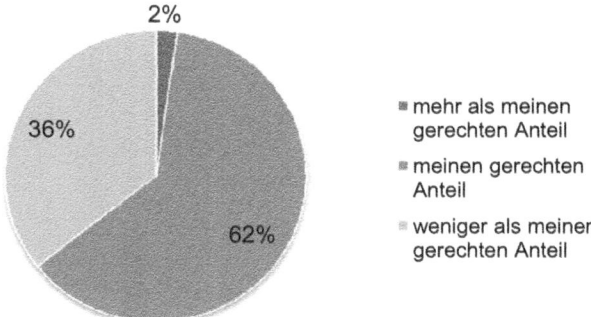

Abb. 11.8 Relative Deprivation in Österreich. (Quelle: eigene Daten 2012 (Ifes) © Julia Hofmann)

11.5   Abstiegsangst und Tritt nach unten?

Um darstellen zu können, welchen Einfluss nun objektive Faktoren, wie soziale Unsicherheit, und subjektive Faktoren, wie Verunsicherungen oder relative Deprivation, auf die Rezeption von sozialen Vorurteilen in Österreich tatsächlich haben, werden im Folgenden die Ergebnisse einer multiplen Regressionsanalyse vorgestellt. Da die verschiedenen Vorurteile, wie in Abb. 11.6 bereits gezeigt wurde, stark miteinander korrelieren und darüber hinaus alle gruppenbezogenen Ressentiments auf einen Faktor laden, wurden sie zu einer abhängigen Variable „gruppenbezogene Menschenfeindlichkeit" zusammengefasst[11]. Die Berechnungen wurden jedoch auch separat für alle hier relevanten marginalisierten sozialen Gruppen gerechnet (siehe Anhang).

Die folgenden Zusammenhänge wurden getestet:

1. Der Einfluss objektiver Unsicherheitsfaktoren (hier gemessen anhand der Erfahrung mehrmaliger Arbeitslosigkeit, von prekären Beschäftigungsverhältnissen und anhand kleinteiliger Krisenbetroffenheit) sowie
2. von subjektive Faktoren, wie sozialer Verunsicherung (hier gemessen als Verunsicherung hinsichtlich der eigenen Zukunft und der Zukunft des Landes) und relativer Deprivation, auf die Rezeption von sozialen Vorurteilen.

---

[11] Die Variable ist ein Mittelwerts-Index, gebildet aus 10 Variablen. Er kann die Werte 1–4 annehmen und ist leicht linksschief verteilt. Der Mittelwert liegt bei 2,3 und die Standardabweichung bei 6,89.

Tab. 11.2 Gruppenbezogene Menschenfeindlichkeit (Multivariate Analyse). (Quelle: eigene Daten 2012 (Ifes), signifikante Abweichungen sind fett und mit * gekennzeichnet © Julia Hofmann)

Gruppenbezogene Menschenfeindlichkeit	Unstandardisierte Koeffizienten	Standardisierte Koeffizienten
Konstante	1,173	
Sozialstrukturelle Faktoren		
Bildung	0,185	**0,339***
Alter	0,058	0,104
Einkommen	−0,049	−0,127
Geschlecht (0=m; 1=w)	−0,189	**−0,142***
Objektive Faktoren		
Mehrmalige Arbeitslosigkeit (0=nie, 1=mehrmals)	−0,153	−0,114
Prekäre Beschäftigung	0,021	0,048
Kleinteilige Krisenbetroffenheit	0,025	0,119
Subjektive Faktoren		
Unsicherheit hinsichtlich des eigenen Lebens	0,640	**0,175****
Unsicherheit hinsichtlich der Zukunft des Landes	0,111	**0,311****
Relative Deprivation (Dummy, 0=gerechter Anteil, 1=weniger als den gerechten Anteil)	−0,124	**−0,393***
Korr. R²	**0,32**	

Neben den interessierenden Einflussfaktoren, wie soziale Unsicherheit, Verunsicherung und relative Deprivation[12], wurden klassische sozialstrukturelle Merkmale wie Alter, Geschlecht, Bildungsniveau und Einkommen in die Analyse aufgenommen. Es zeigt sich jedoch, dass nur das Bildungsniveau (und einmal das Geschlecht) als Erklärungsfaktor für die Rezeption von Vorurteilen relevant ist.

Bei der Regressionsanalyse zur Erklärung von gruppenbezogener Menschenfeindlichkeit ergibt sich ein korrigiertes R² von 0,32. Die Beta-Werte zeigen, dass die Variablen „Bildungsniveau" (ß=0,339***), „relative Deprivation" (0,393*) und „landesbezogene Verunsicherung" (0,311**) am stärksten in das Modell eingehen. Die Verunsicherung hinsichtlich der eigenen Zukunft lässt sich auch als relevanter Faktor heranziehen; die Erklärungskraft liegt jedoch nur bei 0,175**. Das Geschlecht hat auch einen leichten Einfluss (−0,142*) (vgl. Tab. 11.2). Die anderen sozialstrukturellen und objektiven Faktoren verzeichnen geringe und nicht signifikante Beta-Werte. Das Ausmaß gruppenbezogener Menschenfeindlichkeit ist in Österreich also abhängig von dem Ausmaß landesbezogener (und persön-

---

[12] Die Indikatoren für Verunsicherung, Krisenbetroffenheit und Deprivation korrelieren zwar miteinander, aber keinesfalls besonders hoch (keine Multikollinearität erkennbar), sodass sie als unabhängige Variablen in die Regression eingehen können.

licher) Verunsicherung sowie von dem Ausmaß relativer Deprivation. Mit stei-
gendem Bildungsniveau der Befragten sinkt auch das Ausmaß gruppenbezogener
Menschenfeindlichkeit. Frauen sind weniger anfällig für Vorurteile als Männer.
Objektive Unsicherheitsfaktoren, wie die Erfahrung von Arbeitslosigkeit, prekärer
Beschäftigung oder kleinteilige Krisenbetroffenheiten, spielen bei der Rezeption
von gruppenbezogener Menschenfeindlichkeit demnach eine geringere Rolle als
subjektive Faktoren, wie soziale Verunsicherung oder relative Deprivation.

Bei der Erklärung der Entstehungsbedingungen von Vorurteilen gegenüber
spezifischen sozialen Gruppen ergibt sich ein leicht anderes Bild als bei der allgemeinen Analyse zur Erklärung von gruppenbezogener Menschenfeindlichkeit
(Tab. siehe Anhang): Prinzipiell zeigt sich, dass die Erklärungskraft des Modells
viel geringer ist als bei der gruppenbezogenen Menschenfeindlichkeit im Allgemeinen. Das korrigierte R^2 liegt in den separaten Analysen nur zwischen 0,10
(Ressentiments gegenüber sozial Schwachen) und 0,19 (Ressentiments gegenüber
MigrantInnen)[13]. Auch der Einfluss sozialer Verunsicherungen (landesbezogen wie
personenbezogen) variiert in den Analysen: So hat die individuelle Verunsicherung
nur einen Einfluss auf die Ressentiments gegenüber JüdInnen (ß = 0,290***) und
AsylwerberInnen (0,266**), während die landesbezogene Verunsicherung bei Ressentiments gegenüber MuslimInnen (0,214***) und MigrantInnen (0,283**) zum
Tragen kommt. Bei den Ressentiments gegenüber sozial Schwachen spielte die
soziale Verunsicherung (individuell wie landesbezogen) keine Rolle.

Demgegenüber spielt die relative Deprivation in den spezifischen Analysen
weiterhin eine wichtige Rolle. Bei allen Analysen verzeichnet sie hohe und signifikante Beta-Werte. Des Weiteren üben zwei objektive Erklärungsfaktoren einen
gewissen Einfluss auf Ressentiments in den separaten Analysen aus: das Bildungsniveau und die Erfahrung mehrmaliger Arbeitslosigkeit. Bildung hemmt die
Wahrscheinlichkeit für Vorurteile gegenüber drei sozialen Gruppen: MigrantInnen
(0,154**), AsylwerberInnen (0,203**) sowie sozial Schwachen (0,149*). Beim
Antisemitismus und der Abwertung von MuslimInnen ergibt sich hierbei jedoch
kein Zusammenhang. Der Effekt von mehrmaliger Arbeitslosigkeit auf die Rezeption von Vorurteilen zeigt sich nur bei den Ressentiments gegenüber MigrantInnen
(0,133*) und sozial Schwachen (−0,190**). Bei zweiteren geht der Einfluss jedoch in die umgekehrte Richtung: Personen, die mehr als einmal mit Phasen der
Arbeitslosigkeit konfrontiert waren, hegen – wohl aufgrund der eigenen Erfahrung
– weniger Vorurteile gegenüber sozial schwachen Gruppen.

Zusammenfassend betrachtet ergibt sich in der multivariaten Analyse also ein
heterogenes Bild. Auch wenn die einzelnen Ressentiments stark miteinander

---

[13] Das korrigierte R^2 für Ressentiments gegenüber JüdInnen liegt bei 0,16, für Ressentiments
gegenüber MigrantInnen ebenfalls bei 0,16 und für Ressentiments gegenüber AsylwerberInnen bei 0,17.

korrelieren, so scheinen die Erklärungsfaktoren für diese doch erheblich zu variieren. Die von den konflikttheoretischen Theorien vorgebrachte These des Zusammenhangs von materiellen Verteilungskonflikten, Krisenerfahrungen und sozialer Verunsicherungen mit Vorurteilen scheint in Österreich am ehesten für Vorteile gegenüber marginalisierten sozialen Gruppen im Allgemeinen (gruppenbezogene Menschenfeindlichkeit) zuzutreffen; bei den spezifischen Gruppen ist die Erklärungskraft des Modells jedoch sehr gering und es sind jeweils nur einzelne Indikatoren als relevante Erklärungsfaktoren zu begreifen.

Interessant ist die Dominanz der Variable „individuelle relative Deprivation" als Erklärungsfaktor in allen Analysen. In jüngeren deutschen Studien ergeben sich hierzu ebenfalls relevante Ergebnisse: Zick et al. (2011) zeigen, dass in Deutschland weniger der eigene soziale Status („individuelle relative Deprivation") für die Rezeption von sozialen Vorurteilen ausschlaggebend ist, als der Status der Eigengruppe (definiert als „fraternale relative Deprivation"). Aufgrund fehlender Daten konnte der Einfluss der „fraternalen relativen Deprivation" hier jedoch leider nicht getestet werden.

Dass etwa die Ressentiments gegenüber JüdInnen wenig mit objektiven Faktoren zusammenhängen, lässt sich mit einem Blick auf die historische Tradition des Landes und durch vorangegangen Studien erklären: Vorangegangene Untersuchungen konnten beispielsweise zeigen, dass sich antijüdische Ressentiments in Österreich in allen Bevölkerungsschichten, unabhängig von sozialem Status, Bildungsniveau oder Geschlecht gleichermaßen finden (Weiss 1987). Dass das Alter kein Prädiktor für antijüdische Einstellungen ist, stellt jedoch eine neuere Entwicklung dar. War bis in die 1980er bzw. 1990er Jahre in Österreich ein sogenannter „Generationeneffekt" beim Antisemitismus zu beobachten – das heißt, dass jüngere Menschen weniger anfällig waren für antijüdische Ressentiments als ältere –, so nimmt der Antisemitismus in den letzten Jahren vor allem bei den jüngeren Bevölkerungsteilen wieder stark zu (Pressedienst des Instituts für Jugendkulturforschung 2010).

Den Ergebnissen der Regressionsanalyse folgend müssen die beiden weiter oben formulierten Thesen in folgender Weise adaptiert werden: Die Zunahme materieller Verteilungskonflikte führt in Österreich nicht dazu, dass Personen, die direkt von diesen Verteilungskonflikten betroffen sind (d. h. Arbeitslose, prekär Beschäftigte oder Krisenbetroffene) eher zu Vorurteilen gegenüber marginalisierten sozialen Gruppen neigen (Zurückweisung von These 1). Nur bei den Vorurteilen gegenüber MigrantInnen finden sich leichte Anzeichen, die diese These bestätigen könnten. Bei Vorurteilen gegenüber sozial Schwachen ergibt sich demgegenüber ein völlig anderes Bild: Die Erfahrung mehrmaliger Arbeitslosigkeit lässt Personen etwa verständnisvoller gegenüber sozial schwachen Gruppen werden. These 2, die sich mit der Rolle von sozialer Verunsicherung auseinandersetzte, kann zumindest für die allgemeine Erklärung von Vorurteilen gegenüber marginalisierten sozialen Gruppen als bestätigt angesehen werden (Teilbestätigung von These 2): Je verunsicherter Individuen hinsichtlich ihrer eigenen Zukunft oder der Zukunft des Landes, in dem sie leben, sind, desto eher sind sie bereit Vorurteile über marginalisierte soziale Gruppen anzunehmen. Gleiches gilt für das Ausmaß individueller relativer Deprivation; diese ist darüber hinaus auch ein relevanter Erklärungsfaktor für (fast) alle spezifischen Vorurteile.

11.6 Schluss

Der vorliegende Artikel widmete sich dem Thema der „Solidaritätsbrüche" am Beispiel der Verbreitung von Vorurteilen gegenüber marginalisierten sozialen Gruppen. Es wurde die konflikttheoretischen Annahme geprüft, dass die Zunahme von Vorurteilen ein Indikator für soziale Spaltungen sein kann. Am Beispiel Österreichs wurde daher gezeigt, wie weit verbreitet Vorurteile gegenüber spezifischen sozialen Gruppen, wie AsylwerberInnen, MuslimInnen, MigrantInnen im Allgemeinen, aber auch Juden und Jüdinnen und sozial Schwachen sind. Der Vergleich der Zustimmungsraten zu einzelnen Items mit anderen europäischen Ländern offenbarte, dass gruppenfeindliche Einstellungen in Österreich besonders stark ausgeprägt sind. Diese nehmen, wie eine Analyse im Zeitverlauf zeigen konnte, in den letzten Jahren hierzulande darüber hinaus stark zu.

Neben der schieren Verbreitung von Vorurteilen widmete sich der Artikel der These, dass soziale Krisensituationen eine Basis für Solidaritätsbrüche gegenüber marginalisierten sozialen Gruppen darstellen können. Die Konflikttheorie postuliert, dass die Zunahme materieller Verteilungskonflikte dazu führen kann, dass die „Grenzen der Gemeinschaft" enger gezogen werden und marginalisierte soziale Gruppen zunehmend als „BürgerInnen zweiter Klasse" bzw. als „Bürde für die Gemeinschaft" definiert werden. Diese sekundären Verteilungskonflikte werden – so die Annahme – gleichzeitig von Personen, die direkt mit materiellen Problemen konfrontiert sind, geführt, als auch von Personen, die Angst vor einem drohenden sozialen Abstieg haben bzw. sich von der Gesellschaft ungerecht behandelt fühlen.

Im zweiten Teil des Artikels wurde dementsprechend versucht den postulierten Zusammenhang von sozialen Unsicherheiten, Verunsicherungen und Deprivationen mit Vorurteilen empirisch zu überprüfen. Dieser ließ sich auch bei der Entstehung und Rezeption von Vorteilen gegenüber marginalisierten sozialen Gruppen im Allgemeinen (gruppenbezogene Menschenfeindlichkeit) zeigen. Bei den Ressentiments gegenüber spezifischen Gruppen (wie etwa den Vorurteilen gegenüber

AsylwerberInnen oder sozial Schwachen) zeigte sich jedoch, dass diese Vorurteile jeweils ihrer eigenen Logik folgen. Die vorliegenden Ergebnisse sollten jedoch nicht als Widerlegung konflikttheoretischer Ansätze gelesen werden, sondern als Betonung der Heterogenität und Mehrdimensionalität von Entstehungs- und Rezeptionsbedingungen. Die Formel „Abstiegsangst = Tritt nach unten?" geht nicht für alle Feindbilder in gleichem Ausmaß auf.

Einige wichtige Fragen bleiben offen und können im Rahmen dieses Artikels nicht behandelt werden. Sie wären jedoch ein guter Ausgangspunkt für folgende Analysen: Wie lässt sich eine akkuratere Theorie entwickeln, die auf der einen Seite die Funktion von Vorurteilen als „Vehikel materieller Auseinandersetzungen" ernstnimmt, auf der anderen Seite jedoch mit der Heterogenität und der Mehrdimensionalität von Vorurteilen gegenüber marginalisierte soziale Gruppen umgehen kann? Darüber hinaus scheinen weitere Studien erforderlich zu sein, die sich präzise mit den einzelnen Vorurteilsdimensionen auseinandersetzen und spezifische Erklärungsfaktoren abzuleiten versuchen.

Literatur

Adorno, T., Frenkel-Brunswik, E., Levinson, D., & Sanford, R. (1950). *The authoritarian personality*. New York: Harper and Brothers.

Arendt, H. (1974). *Über die Revolution*. München: Piper.

Beigewum, Armutskonferenz, & Attac. (Hrsg.). (2002). *Was Reichtümer vermögen. Gewinner und VerliererInnen in europäischen Wohlfahrtsstaaten*. Wien: Mandelbaumverlag.

Castel, R. (2009). Die Wiederkehr der sozialen Unsicherheit. In R. Castel & K. Dörre (Hrsg.), *Prekarität, Abstieg, Ausgrenzung. Die soziale Frage zu Beginn des 21. Jahrhunderts* (S. 21–34). Frankfurt a. M.: Campus Verlag.

Decker, O., Weißmann, M., & Kiess, J. (2010). *Die Mitte in der Krise. Rechtsextreme Einstellungen in Deutschland 2010*. Berlin: Friedrich-Ebert-Stiftung.

Decker, O., Kiess, J., & Brähler, E. (2014). Die stabilisierte Mitte. Rechtsextreme Einstellung in Deutschland 2014. http://www.uni-leipzig.de/~kredo/Mitte_Leipzig_Internet.pdf. Zugegriffen: 25. Aug. 2014.

Durkheim, E. (1893 [1977]). *Über die Teilung der sozialen Arbeit*. Frankfurt a. M.: Suhrkamp.

Eurostat. (2014). Pressemitteilung 4/2014: Arbeitslosenquote des Euroraums bei 12,1 %. http://epp.eurostat.ec.europa.eu/cache/ITY_PUBLIC/3-08012014-BP/DE/3-08012014-BP-DE.PDF. Zugegriffen: 28. April 2014.

EVS. (2008). European Values Study 2008 Dataset. http://www.europeanvaluesstudy.eu/. Zugegriffen: 25. Aug. 2014.

Fuchs, M. (2003). Rechtsextremismus von Jugendlichen – Zur Erklärungskraft verschiedener theoretischer Konzepte. *Kölner Zeitschrift für Soziologie und Sozialpsychologie, 55*(4), 654–678.

Geisberger, T., & Knittler, K. (2010). Niedriglöhne und atypische Beschäftigung in Österreich. *Statistische Nachrichten, 6,* 448–461.

Habermas, J. (1973). *Legitimationsprobleme im Spätkapitalismus.* Frankfurt a. M.: Suhrkamp.

Haller, M. (2008). *Die österreichische Gesellschaft. Sozialstruktur und sozialer Wandel.* Frankfurt a. M.: Campus.

Heitmeyer, W. (1992). *Rechtsextremistische Orientierungen bei Jugendlichen: empirische Ergebnisse und Erklärungsmuster einer Untersuchung zur politischen Sozialisation.* München: Juventa.

Heitmeyer, W. (Hrsg.). (2002–2011). *Deutsche Zustände (10 Bände).* Frankfurt a. M.: Suhrkamp.

Heitmeyer, W., & Imbusch, P. (Hrsg.). (2005). *Integrationspotenziale moderner Gesellschaften.* Wiesbaden: VS Verlag für Sozialwissenschaften.

Hermann, C., & Atzmüller, R. (2009). *Die Dynamik des „österreichischen Modells". Brüche und Kontinuitäten im Beschäftigungs- und Sozialsystem.* Berlin: edition sigma.

Hofmann, J. (2012). Verunsicherungen spalten. Eine Analyse der Quellen von Verunsicherung und ihrer gesellschaftlichen Spaltungen. *Kurswechsel, 3,* 14–21.

Informationen zur politischen Bildung. (2005). *Vorurteile.* Bonn: Bundeszentrale für politische Bildung.

Kreisky, E. (1999). Brüderlichkeit und Solidarität. Maskuline Fahnenworte einer politischen Ethik der Moderne. In A. Godenzi (Hrsg.), *Solidarität. Auflösung partikularer Identitäten und Interessen* (S. 29–111). Freiburg: Academic.

Leibetseder, B. (2012). Spaltung oder gesellschaftliche Stratifizierung durch Sozialpolitik. *Kurswechsel, 3,* 21–29.

Mansel, J., Christ, O., & Heitmeyer, W. (2012). Der Effekt von Prekarisierung auf Fremdenfeindliche Einstellungen. Ergebnisse aus einem Drei-Wellen-Panel und zehn jährlichen Surveys. In W. Heitmeyer (Hrsg.), *Deutsche Zustände. Folge 10* (S. 105–129). Frankfurt a. M.: Suhrkamp.

Metz, K. (1998). Solidarität und Geschichte. Institutionen und sozialer Begriff der Solidarität in Westeuropa im 19. Jahrhundert. In K. Bayretz (Hrsg.), *Solidarität: Begriff und Problem* (S. 172–194). Frankfurt a. M.: Suhrkamp.

Mummendey, H. D. (Hrsg.). (1988). *Verhalten und Einstellung. Untersuchung der Einstellungs- und Selbstkonzeptänderung nach Änderung des alltäglichen Verhaltens.* Berlin: Springer.

Nohlen, D. (2002). *Lexikon der Politikwissenschaft Bd. 2: N-Z: Theorien, Methoden, Begriffe.* München: Campus.

OECD. (2012). Employment Outlook 2012. http://www.upf.edu/materials/bib/docs/3334/employ/employ12.pdf. Zugegriffen: 28. April 2014.

Pettigrew, T. (2002). Summing up: Relative deprivation and social comparison. In I. Walker & H. J. Smith (Hrsg.), *Relative deprivation. Specification, development and integration* (S. 385–401). Cambridge: Cambridge Unversity Press.

Pressedienst des Instituts für Jugendkulturforschung. (2010). *Ausgabe 28 vom 4.11.2010: Nachwahlanalyse 2010 „Wiener Jugend zwischen Engagement und Resignation".* Wien: Institut für Jugendkulturforschung.

Rathkolb, O., & Ogris, G. (Hrsg.). (2010). *Authoritarianism, History and Democratic Dispositions in Austria, Czech Republic, Hungary and Poland.* Innsbruck: Studienverlag.

Rippl, S. (1995). Vorurteile und persönliche Beziehungen zwischen Ost- und Westdeutschen. *Zeitschrift für Soziologie, 24,* 273–283.

Rippl, S., & Baier, D. (2005). Das Deprivationskonzept in der Rechtsextremismusforschung. Eine vergleichende Analyse. *Kölner Zeitschrift für Soziologie und Sozialpsychologie, 57*(4), 644–666.

Schulten, T. (2013). Europäischer Tarifbericht des WSI – 2012/2013. *WSI Mitteilungen, 65*(3), 124–130.

Sommer, B. (2010). *Prekarisierung und Ressentiments. Soziale Unsicherheit und rechtsextreme Einstellungen in Deutschland.* Wiesbaden: VS Verlag für Sozialwissenschaften.

Strohmeier, D., Atria, M., & Spiel, C. (2005). Gewalt und Aggression in der Schule. Erziehung & Unterricht. *Österreichische Pädagogische Zeitschrift, 155*(5–6), 542–547.

Weiss, H. (1987). *Antisemitische Vorurteile in Österreich.* Wien: Braumüller Verlag.

Weiss, H. (2000). Alte und neue Minderheiten. Zum Einstellungswandel in Österreich (1984–1998). *SWS-Rundschau, 40,* 25–42.

Weiss, H. (2003). A Cross-national Comparison of nationalism in Austria, the Czech and Slovac Republics, Hungary, and Poland. *Political Psychology, 24*(2), 377–401.

Wodak, R. (2009). Prejudice, Racism and Discourse. In A. Pelinka, K. Bischof, & K. Stögner (Hrsg.), *Handbook of Prejudice* (S. 409–443). Amherst: Cambria Press.

Zick, A., Küpper B., & Hövermann A. (2011). *Die Abwertung der Anderen. Eine europäische Zustandsbeschreibung zu Intoleranz, Vorurteilen und Diskriminierung.* Berlin: Friedrich-Ebert-Stiftung.

Julia Hofmann Mag.a, arbeitet als Universitätsassistentin (prae doc) am Institut für Soziologie der Johannes Kepler Universität Linz. Ihre Forschungsschwerpunkte sind die Auswirkungen sozialer Ungleichheit auf den sozialen Zusammenhalt sowie Arbeits- und Gewerkschaftsforschung. Sie ist Mitautorin im Sammelband „Horizontale Europäisierung im Feld der Arbeitsbeziehungen" (VS Verlag 2015, Hrsg. Susanne Pernicka) und hat u. a. mit Hilde Weiss einen Artikel zum Thema „Grenzziehungsprozesse und wechselseitige Wahrnehmungen zwischen MuslimInnen und der Mehrheitsgesellschaft" (erscheint in: VS Verlag 2015, Hrsg. Weiss/Schnell/Ates) verfasst.

Anhang zu Kapitel 11

Deskriptive Statistik

Ressentiments gegenüber...	Mittelwert	Standardabweichung
MigrantInnen		
Wenn Arbeitsplätze knapp werden, sollte man in Österreich lebende Ausländer wieder in ihre Heimat zurückschicken	2,33	1,11
Zuwanderer sind eine Bereicherung für unsere Kultur	2,75	1,05
MuslimInnen		
Es gibt zu viele Muslime in Österreich	2,12	1,02
Die Mehrheit der in Europa lebenden Muslime hält den islamistischen Terrorismus für gerechtfertigt	2,74	1,04
AsylwerberInnen		
Bei der Prüfung von Asylanträgen sollte der Staat großzügig sein	3,17	0,96
Die meisten Asylbewerber befürchten nicht wirklich, in ihrem Heimatland verfolgt zu werden	2,17	0,99
JüdInnen		
Juden haben in Österreich zu viel Einfluss	2,93	0,98
Juden versuchen heute Vorteile daraus zu ziehen, dass sie während der Nazi-Zeit Opfer gewesen sind	2,56	1,05
Sozial Schwache		
Bettler sollen aus den Fußgängerzonen entfernt werden	2,16	1,05
Die meisten Langzeitarbeitslosen sind nicht wirklich daran interessiert, einen Job zu finden	2,09	1,01

Quelle: eigene Daten 2012 (Ifes).

© Springer Fachmedien Wiesbaden 2016
W. Aschauer et al. (Hrsg.), *Solidaritätsbrüche in Europa*,
Europa – Politik – Gesellschaft, DOI 10.1007/978-3-658-06405-1

Multivariate Analyse

Ressentiments gegenüber JüdInnen	Unstandardisierte Koeffizienten	Standardisierte Koeffizienten
Konstante	2,024	–
Sozialstrukturelle Faktoren		
Bildung	0,062	0,095
Alter	−0,031	−0,049
Einkommen	0,113	0,123
Geschlecht (0=m; 1=w)	−0,066	−0,041
Objektive Faktoren		
Mehrmalige Arbeitslosigkeit (0=nie, 1=mehrmals)	−0,4	−0,2
Prekäre Beschäftigung	0,15	0,31
Kleinteilige Krisenbetroffenheit	0,018	0,073
Subjektive Faktoren		
Unsicherheit hinsichtlich des eigenen Lebens	0,125	*0,290******
Unsicherheit hinsichtlich der Zukunft des Landes	0,027	0,062
Relative Deprivation (Dummy, 0=gerechter Anteil, 1=weniger als den gerechten Anteil)	0,242	*0,148**
Korr. R²	*0,16*	–
Ressentiments gegenüber MuslimInnen		
Konstante	1,72	–
Sozialstrukturelle Faktoren		
Bildung	0,095	0,124
Alter	−0,016	−0,023
Einkommen	−0,029	−0,028
Geschlecht (0=m; 1=w)	−0,089	−0,05
Objektive Faktoren		
Mehrmalige Arbeitslosigkeit (0=nie, 1=mehrmals)	0,139	0,077
Prekäre Beschäftigung	0,026	0,096
Kleinteilige Krisenbetroffenheit	0,014	0,023
Subjektive Faktoren		
Unsicherheit hinsichtlich des eigenen Lebens	0,066	0,135
Unsicherheit hinsichtlich der Zukunft des Landes	0,104	*0,214***
Relative Deprivation (Dummy, 0=gerechter Anteil, 1=weniger als den gerechten Anteil)	0,358	*0,195**
Korr. R²	*0,16*	–
Ressentiments gegenüber MigrantInnen		
Konstante	1,224	–

Ressentiments gegenüber MigrantInnen	Unstandardisierte Koeffizienten	Standardisierte Koeffizienten
Sozialstrukturelle Faktoren		
Bildung	0,119	*0,154**
Alter	−0,002	−0,003
Einkommen	0,046	0,045
Geschlecht (0=m; 1=w)	−0,054	−0,029
Objektive Faktoren		
Mehrmalige Arbeitslosigkeit (0=nie, 1=mehrmals)	0,036	*0,133**
Prekäre Beschäftigung	0,034	0,059
Kleinteilige Krisenbetroffenheit	0,082	0,045
Subjektive Faktoren		
Unsicherheit hinsichtlich des eigenen Lebens	0,028	0,058
Unsicherheit hinsichtlich der Zukunft des Landes	0,139	*0,283***
Relative Deprivation (Dummy, 0=gerechter Anteil, 1=weniger als den gerechten Anteil)	0,45	*0,244****
Korr. R²	*0,19*	−
Ressentiments gegenüber AsylwerberInnen		
Konstante	*0,788*	−
Sozialstrukturelle Faktoren		
Bildung	0,155	*0,203**
Alter	0,004	0,005
Einkommen	0,047	0,045
Geschlecht (0=m; 1=w)	−0,136	−0,078
Objektive Faktoren		
Mehrmalige Arbeitslosigkeit (0=nie, 1=mehrmals)	0,157	0,089
Prekäre Beschäftigung	0,06	0,109
Kleinteilige Krisenbetroffenheit	0,019	0,071
Subjektive Faktoren		
Unsicherheit hinsichtlich des eigenen Lebens	0,127	*0,266**
Unsicherheit hinsichtlich der Zukunft des Landes	0,051	0,106
Relative Deprivation (Dummy, 0=gerechter Anteil, 1=weniger als den gerechten Anteil)	0,101	*0,106**
Korr. R²	*0,17*	−
Ressentiments gegenüber sozial Schwachen		
Konstante	1,802	−
Sozialstrukturelle Faktoren		
Bildung	0,103	*0,149**
Alter	0,054	0,086

Ressentiments gegenüber sozial Schwachen	Unstandardisierte Koeffizienten	Standardisierte Koeffizienten
Einkommen	0,054	0,058
Geschlecht (0=m; 1=w)	-0,144	-0,088
Objektive Faktoren		
Mehrmalige Arbeitslosigkeit (0=nie, 1=mehrmals)	-0,311	*-0,190***
Prekäre Beschäftigung	0,052	0,097
Kleinteilige Krisenbetroffenheit	0,029	0,117
Subjektive Faktoren		
Unsicherheit hinsichtlich des eigenen Lebens	0,054	0,122
Unsicherheit hinsichtlich der Zukunft des Landes	0,042	0,094
Relative Deprivation (Dummy, 0=gerechter Anteil, 1=weniger als den gerechten Anteil)	0,145	*0,187**
Korr. R^2	*0,10*	–

The manufacturer's authorised representative in the EU is Springer
Nature Customer Service Centre GmbH, Europaplatz 3, 69115 Heidelberg,
Germany. If you have any concerns regarding our products, please
contact ProductSafety@springernature.com

Printed and bound by CPI Group (UK) Ltd, Croydon, CR0 4YY
27/04/2026
02097646-0002